팔레스타인 실험실

The Palestine Laboratory: How Israel Exports the Technology of Occupation Around the World by Antony Loewenstein

● REC

이스라엘은 어떻게
점령 기술을 세계 곳곳에
수출하고 있는가

팔레스타인
실험실

앤터니 로엔스틴 지음 | 유강은 옮김

THE PALESTINE
LABORATORY

HD ISO 3 2 1 1 2 3 02:47:09

정의로운 미래를 위해 싸우는
팔레스타인인, 이스라엘인과 연대하며

누구를 위한 실험실인가

2023년 10월 7일 하마스의 이스라엘 공격은 그 잔인한 광경으로 세계에 충격을 주었습니다. 이스라엘군과 가자를 둘러싼 광범위한 감시 구조물을 무력화한 정교한 공격에 이스라엘은 완전히 기습을 당했습니다. 다수의 민간인을 포함한 이스라엘인 1,200명 정도가 살해되거나 납치당하고, 유대 국가는 지난 반세기 동안 전례가 없는 정도로 마비와 공포와 분노에 사로잡혔습니다.

일찍이 중동은 이런 일을 목격한 적이 없습니다. 가자에 기반을 둔 군사 집단 하마스가 중동 지역에서 가장 강력한 나라를 제압하고 잠시나마 눈멀게 만들었습니다. 하마스는 이스라엘의 오랜 믿음, 즉 가자에 꼼짝없이 갇힌 230만 명의 팔레스타인인을 세계 최대의 지붕 없는 감옥에 영원히 수용해두고도 아무 부작용이 없을 거라는 믿음에 일격을 가하려고 했습니다.

물론 이 가운데 어떤 것도 하마스가 벌인 학살을 정당화할 수는 없습니다. 그들은 비정하고 법을 어겼으며 팔레스타인의 대의에 손상을 입혔습니다.

불가피하게 이스라엘은 곧바로 압도적인 충격과 공포를 안기는 군사작전으로 대응해서 가자에서 1만 3,000명이 훌쩍 넘는, 대부분 민간인과 어린이인 팔레스타인인을 살해했고, 포위된 가자 지구의 광대한 지역을 잿더미로 만들어서 사람이 살 수 없는 땅으로 바꿔놓았습니다. 가자의 모습이 담긴 이미지들은 묵시록적인 풍경으로 제2차 세계대전 말에 연합군의 폭격을 받은 드레스덴이나 2017년 이슬람국가IS를 몰아내기 위해 미국이 파괴를 주도한 이라크의 모술을 떠올리게 합니다.

미국 대통령 조 바이든과 서방 세계 전체는 10월 7일 이스라엘 뒤에 줄지어 섰고, 가자에서 대학살극이 벌어지는데도 이스라엘의 행동을 지지하는 것을 거의 망설이지 않았습니다. 곳곳에서 가족 전체가 말살되고 동네가 깡그리 사라졌습니다. 가자에 사는 내 팔레스타인 친구들은 2009년에 처음 취재차 갔을 때부터 같이 시간을 보내곤 했는데, 집과 생계 수단을 잃었습니다. 자기들이 살던 땅에서 난민이 되어버렸습니다.

서방이 이스라엘을 지지하는 것은 분명합니다. 워싱턴, 독일, 네덜란드, 오스트레일리아, 영국이 앞다퉈 이스라엘의 싸움에 무기를 지원했습니다. 그들에게 팔레스타인인의 생명은 별 가치가 없는 게 분명합니다. 유대인인 이스라엘인의 생명은 더욱 소중하고요.

팔레스타인인들이 겪는 고통에 뻔뻔할 정도로 무관심한 이런 비정함 때문에 세계 곳곳에서 대중적 항의 시위가 벌어졌습니다. 2003년 미국이 주도한 이라크 침공에 반대하는 대규모 시위 이래로 본 적이 없는 규모이지요. 미국의 여론조사를 보면, 특히 18~35세 집단에서 바이든 행정부가 전쟁을 대하는 방식과 이스라엘의 행동을 제어하지 않는 백악관의 태도에 전면적으로 반대합니다.

정치권과 언론계 엘리트들 사이에서 걸핏하면 가자를 쓸어버리자는 제노사이드 요구가 빗발치는 가운데 이스라엘의 정치 환경은 분노로 가득 찼습니다. 이스라엘의 주요 방송 채널인 칸Kan은 이스라엘 어린이들이 가자에서 「전부 다 죽일 거야」라는 노래를 부르는 영상을 공개했습니다.

가뜩이나 허약한 대법원을 무력화하려는 극우 정부의 시도에 맞선 거대한 시위에 이미 직면해 있던 이스라엘 총리 베냐민 네타냐후는 10월 7일 드러난 정보기관과 군의 심각한 실패에 대해 아무런 책임을 지지 않는 익숙한 모습을 보여주었습니다. 네타냐후가 얼마나 오랫동안 국가 지도자 자리를 유지할지는 분명하지 않습니다.

10월 7일에 이스라엘에 그토록 잘못된 사태가 벌어진 것은 하이테크의 교만, 즉 이스라엘의 감시 기구가 철통 방비를 한다는 믿음과 하마스가 대규모 공격을 준비하고 있다는 뚜렷한 징후들을 놓친 이스라엘 정보기관의 무능이 결합된 결과로 보입니다. 이 책에서 제가 쓴 것처럼, 이스라엘이 장벽과 드론, 감청 장비 등으로 가자를 에워싼 것은 언제나 망상에 가까운 그릇된 믿음, 즉 팔레스타인인들이 계속 수감 상태를 묵인할 것이라는 믿음에 바탕을 둔 조치였습니다.

그럼에도 불구하고 이스라엘은 10월 7일 이후 가자에서 초토화 작전을 수행하며 신무기를 현장 시험하는 것을 멈추지 않았습니다. 이스라엘은 소셜 미디어에 이 전쟁 무기들을 자랑스럽게 전시하면서 잠재적인 글로벌 바이어들과 나란히 국내외 이용자들을 겨냥했습니다. 팔레스타인 실험실은 언제나 이런 식으로 작동하고 있습니다. 이 때문에 저는 이스라엘의 무기 산업이 10월 7일 이후 승승장구할 것으로 예상합니다.

20년 넘게 이스라엘-팔레스타인 문제를 보도한 사람으로서 10월

7일 사태와 그 여파는 참으로 압도적인 광경이었습니다. 하루가 멀다 하고 가자에서 사망한 팔레스타인인의 사진과 영상을 봅니다. 짓이겨진 주검과 빠져나온 뇌수의 이미지들을.

이런 일이 제 이름으로, 유대인의 이름으로 벌어지고 있고 세계 곳곳에 조직된 유대인 공동체의 상당수가 이스라엘 정부를 무조건 지지하고 있습니다. 저는 미국과 영국, 유럽과 오스트레일리아에서 '우리 이름으론 안 된다'고 외치면서 하마스의 학살과 이스라엘의 잔인한 대응 둘 다에 항의하는 소수 유대인들에게 희망을 겁니다.

언론인으로 일한 수십 년간 제 작업과 이 책에 그토록 많은 관심이 쏠리는 경험을 한 적이 한 번도 없습니다. 10월 7일 이후, 저는 지구 구석구석으로부터 말 그대로 수천 통의 메시지를 받았습니다. 대부분의 사람들이 이번 충돌을 비판적으로 보는 한 유대인의 시각에 대한 지지를 표명했습니다. 수많은 언론매체가 이스라엘의 무기 산업과 팔레스타인인들을 상대로 이 나라가 사용한 억압 기술의 실패에 관해 저를 인터뷰하고 있습니다.

이 시기에 가장 감동적인 측면이 하나 있다면, 방글라데시계 미국인 화가 데바시시 차크라바르티Debashish Chakrabarty를 발견한 겁니다. 그는 제 책에서 영감을 받은 일련의 이미지를 창조하면서 이스라엘이 어떤 식으로 세계 곳곳에서 최악의 인권 침해자들에게 가장 억압적인 기술을 판매하는지를 인상적으로 보여줍니다. 그의 작품은 온라인에서 화제가 되었습니다.

그 후 특별한 일이 벌어져서 이 이미지들을 현실 세계로 끌고 왔습니다. 그의 작품으로 만든 포스터가 방글라데시부터 미국에 이르기까지 곳곳의 친팔레스타인 집회에 등장하기 시작하면서 팔레스타인 실험실의 메시지가 한 권의 책에 그치지 않고 지구 곳곳의 활동가와 시민들에게 영향을 미치는 겁니다.

이 책에 담긴 내용, 즉 팔레스타인인을 상대로 무기를 '전장에서 시험한' 사실을 우려하는 사람들, 이 지식을 활용해서 각국 정부와 무기 제조업체에 압력을 가하기로 결심한 사람들의 운동이 몸집을 키우고 있습니다.

대부분의 저자들이 꿈이나 꿀 수 있는, 현실 세계에 영향을 미치는 일이 실제로 벌어지고 있는 겁니다.

하지만 그렇다고 해서 팔레스타인 실험실을 끝장내는 것이 이제 쉬운 일이 되었다고 볼 수는 없습니다. 10월 7일 공격과 이스라엘의 대응을 계기로 이스라엘의 끝없는 '테러와의 전쟁'을 공식화하기를 원하는 군부와 정치 세력은 대담한 용기를 얻고 있습니다. 현실적으로 이는 이스라엘을 이슬람주의 테러에 맞선 전 세계적 싸움에서 영원한 전사로 내세움을 의미합니다. 이스라엘 지지자들은 하마스를 나치스에 비유하면서 이 집단을 물리치는 데 필요한 전술에 의문을 제기하는 사람들의 입을 막습니다. 만약 이것이 팔레스타인 병원과 학교와 난민촌을 공격의 표적으로 삼는 것을 의미한다면, 그렇게 하라고 합시다.

9·11 이후 미국이 바로 이런 '논리'를 구사했는데, 세계를 어느 방향으로 이끌었는지 보십시오. 20년 넘도록 이슬람 국가들을 상대로 불법적 전쟁을 벌이고 전 지구적인 고문 프로그램을 실행했습니다. 제가 이 책에서 광범위하게 보여주는 것처럼, 이스라엘은 오랫동안 서방이 직접 나설 필요가 없도록 자국이 테러리스트들을 상대로 문명의 싸움을 벌이고 있다고 주장해왔습니다. 이런 말장난은 10월 7일 이후 가속화되었을 뿐입니다.

서방과 아랍 각국의 수도가 대체로 무시했지만, 이스라엘-팔레스타인에서 배워야 하는 한 가지 핵심적 교훈은 수십 년간 이어진 분쟁을 해결하지 않으면 위험하다는 사실입니다. 수십 년 동안 곪도록 방치된 채 한반도에서 지속되는 긴장은 오랜 전쟁과 불만을 고의로 무시하면 왜 결국 실패하는지를 여실히 보여주는 사례이지요. 관련된 세계 지도자들이 적극적으로 관여하지 않으면 호전성이 커지기만 할 뿐입니다.

이 책이 국제적으로 엄청난 반응을 얻은 사실을 보면, 전 세계가 이스라엘과 팔레스타인, 그리고 양쪽이 계속 싸우도록 부추기기 위해 활용되는 악의적인 세력들을 추적하는 엄정한 탐사 저널리즘을 갈망하고 있음을 잘 알 수 있습니다.

팔레스타인 실험실은 필연적인 현실이 아닙니다.

2023년 11월
앤터니 로엔스틴

차례

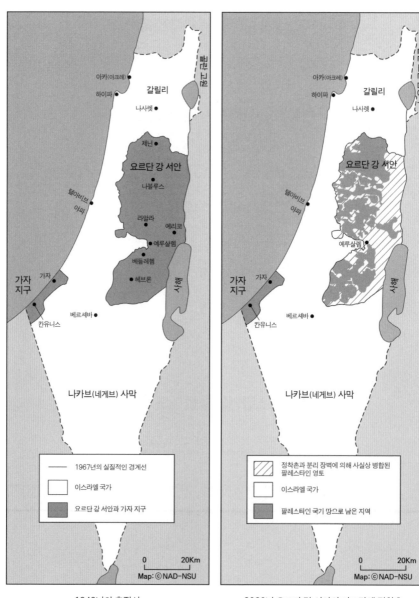

아카(아크레) ●
하이파 ●
나사렛 ●
갈릴리
골란 고원 점령지
제닌 ●
요르단 강 서안
나블루스 ●
텔아비브 ●
야파
라말라 ●
예리코 ●
● 예루살렘
베들레헴 ●
● 헤브론
가자 지구
가자 ●
칸유니스 ●
사해
베르셰바 ●

나카브(네게브) 사막

───── 1967년의 실질적인 경계선
☐ 이스라엘 국가
■ 요르단 강 서안과 가자 지구

0   20Km
Map: ⓒNAD-NSU

1949년의 휴전선

아카(아크레) ●
하이파 ●
나사렛 ●
갈릴리
골란 고원 점령지
요르단 강 서안
텔아비브 ●
야파
● 예루살렘
가자 지구
가자 ●
칸유니스 ●
사해
베르셰바 ●

나카브(네게브) 사막

▨ 정착촌과 분리 장벽에 의해 사실상 병합된
  팔레스타인 영토
☐ 이스라엘 국가
■ 팔레스타인 국가 땅으로 남은 지역

0   20Km
Map: ⓒNAD-NSU

2020년 요르단 강 서안의 이스라엘 정착촌

지금, 무슨 일이 벌어지고 있을까?

> 남아프리카공화국의 아파르트헤이트 체제는 46년간 지속되었다.
> 이스라엘은 72년째이며 계속 늘어나는 중이다.
> 네이선 스롤(《런던 리뷰 오브 북스》, 2021년)[1]

2000년대 초에 이스라엘과 팔레스타인에 관해 처음 보도했을 때만 해도 인터넷의 초창기로, 주류 미디어의 게이트키퍼들은 이스라엘의 점령에 반대하는 비판적 목소리가 들리는 것을 좀처럼 허용하지 않았다. 나는 오스트레일리아 멜버른의 자유로운 시온주의 가정에서 자랐는데, 이곳에서는 이스라엘에 대한 지지가 필수적인 종교는 아니었지만 그래도 확실히 기대되는 분위기였다. 내 조부모는 1939년에 나치 독일과 오스트리아에서 도망쳐서 난민 신세로 오스트레일리아에 왔다. 두 분은 비록 열렬한 시온주의자는 아니었지만, 그래도 장래에 유대인들이 곤경에 맞닥뜨리는 경우 이스라엘을 피난처로 여기는 게 당연했다.

전 세계의 많은 지역에 존재하는 유대인 공동체에 이런 정서가 넘쳐났지만, 얼마 지나지 않아 나는 팔레스타인인을 겨냥한 공공연한 인종주의와 이스라엘의 모든 행동에 대한 반사적인 지지가 불편해졌다. 반대의 목소리를 비난하고 몰아내는 광신적 종교 집단 같았다. 10대 시절에 유대인 친구들이 부모와 랍비들에게 들은 이야기를 그대로 떠들어 대던 기억이 난다. 그 친구들은 대부분 팔레스타인은 말할 것도 없고 이스라엘에도 가본 적이 없었지만, 공포에 바탕을 둔 서사가 지배적이었다. 유대인이 끊임없이 공격을 당하기 때문에 이스라엘이 해결책이라는 서사였다. 유대인들이 안전하다고 느끼기 위해 팔레스타인인들이 얼마나 고통을 받는지는 알 바가 아니었다. 홀로코스트를 겪으면서 왜곡된 교훈을 얻은 것 같았다. 제2차 세계대전 이전에 우리 가족이 유럽에서 탈출한 까닭에 지금 나는 오스트레일리아인이자 독일인이다. 나는 무신론자 유대인이다.

2005년에 처음으로 중동을 방문할 무렵 나는 이스라엘과 팔레스타인에 관해 여전히 환상을 품고 있었다. 나는 '두 국가 해법two-state solution'* 과 이스라엘이 유대 국가로 존재할 권리를 신봉한다고 말했다. 하지만 지금 나는 둘 다 지지하지 않는다. 첫 번째 여행 뒤 몇 년간 나는 요르단강 서안과 가자, 동예루살렘에서 보도를 하면서 점점 팔레스타인을 옥죄는 이스라엘의 행태를 기록했다. 나는 2016년부터 2020년까지 동예루살렘의 셰이크 자라 동네에서 살면서 이스라엘 경찰이 걸핏하면 팔레스타인인을 괴롭히고 모욕하는 모습을 보았다. 점령이라는 지루한 일상은 유대인이 아닌 이들에게는 억압적이었다. 나는 유대인으로서 내 이름으로 벌어지는 일들이 부끄러웠다. 지금 나는 모든 시민이 평등하게 살 수 있는 '한 국가 해법'을 지지한다.

지난 20년간 내가 변화한 과정은 이스라엘이 변함없이 보여준 모습과 나아가는 방향을 보면서 전 세계에서 점차 고조된 의식을 반영한

---

* 1995년 오슬로 협정을 통해 확립된 이스라엘-팔레스타인 분쟁 해결안. 1967년 제3차 중동전쟁 이전의 국경선을 기준으로 각각 이스라엘과 팔레스타인 국가를 건설해 공존하며, 두 국가가 더 이상 분쟁을 벌이지 않도록 하자는 것이다 - 옮긴이

다. 이 문제를 둘러싼 공적 토론은 2000년대 초 이래로 뚜렷하게 바뀌고 있다. 현지의 엄연한 사실 때문에 그렇게 된 것이다.

이스라엘의 으뜸가는 인권 단체인 베첼렘B'Tselem은 2021년 초에 펴낸 보고서에서 '요르단 강부터 지중해까지 유대인의 패권 체제'가 존재한다고 결론지었다. '바로 이것이 아파르트헤이트다.' 휴먼라이츠워치 Human Rights Watch, HRW와 국제앰네스티도 곧이어 선례를 따랐다. 반세기를 넘긴 점령과 이런 중요한 보고서들 때문에 변화가 이루어졌다. 팔레스타인인들은 수십 년 동안 목소리를 높였지만, 서구의 엘리트와 국민들에게까지 이런 변화가 침투하는 데는 시간이 걸렸다. 이스라엘의 반자유주의는 이제 도저히 부정할 수 없으며, 서구의 많은 자유주의자도 이제 거리낌 없이 그런 이야기를 한다.[2]

2021년의 한 여론조사에서 미국 유대인의 4분의 1이 이스라엘이 아파르트헤이트 국가라는 데 동의했다. 시온주의 성향이긴 해도 이스라엘에서 가장 진보적인 신문인 〈하레츠Haaretz〉의 발행인도 이를 인정한다. '시온주의의 산물인 이스라엘 국가는 민주적인 유대 국가가 아니라 분명한 아파르트헤이트 국가가 되고 있다.' 아모스 쇼켄Amos Schocken이 2021년에 한 말이다. '이 문제에 관해 많은 이야기를 할 수 있지만, 이스라엘이 민주적인 유대 국가로서 시온주의를 실현하고 있다고 말할 수는 없다.'[3]

중동 한복판에서 번성하는 민주주의 체제라는 이스라엘의 주장에 여러 사실이 이의를 제기한다. 이스라엘의 모든 언론매체와 발행인, 저자들은 대외 문제 및 안보와 관련된 이야기를 발표하기 전에 이스라엘 방위군IDF의 수석 군사검열관에게 제출해야 한다. 서구의 나라 중 이런 시스템이 존재하는 곳은 하나도 없다. 이스라엘이 탄생한 직후부터 시작된 케케묵은 규제다. 검열관은 기사의 발표를 완전히 막거나 부분적으로 삭제할 권한이 있다.[4] 타당하다고 간주되는 것은 매우 의심스럽다. 국가안보기구가 추구하는 우선 과제는 건전한 민주 국가에 필요한 것과 전혀 다르기 때문이다. 이스라엘의 수석 검열관 아리엘라 벤 아브라함Ariella Ben Avraham이 2020년에 자리에서 물러나 주요 사이버 감시 기업인 NSO 그룹에 들어갔을 때 이런 모순이 분명히 드러났다.

수십 년간 서구 언론에서 이스라엘과 팔레스타인 문제를 토론한 것은 대개 유대인뿐이었다. 점령당한 팔레스타인인들은 대화의 대상이나 주체가 아니었다. 2020년 애리조나 대학교의 마하 나세르Maha Nasser가 수행한 연구는 이런 강요된 침묵을 만천하에 드러냈다. 1970년에서 2020년 사이에 〈뉴욕 타임스〉에 실린 사설과 칼럼 중 팔레스타인인이 쓴 것은 2퍼센트가 되지 않았다. 〈워싱턴 포스트〉는 1퍼센트였다.[5] 요즘은 누라 에레카트Noura Erekat부터 유세프 무나예르Yousef Munayyer, 모하메드 엘쿠르드Mohammed El-Kurd에 이르기까지 팔레스타인인이 제시하는 다른 관점을 듣거나 보는 일이 드물지 않다.

팔레스타인에서 나오는 르포르타주는 여전히 도발적이다. 아메드 시하브-엘딘Ahmed Shihab-Eldin은 쿠웨이트계 미국인으로, 에미상을 받은 팔레스타인 혈통의 언론인이다. 그는 2015년 '바이스Vice'에 투고한 기사 이야기를 들려주었다. 스웨덴 태생의 유대인 정착민들이 동예루살렘의 실완Silwan 동네에서 팔레스타인 가족의 집을 파괴한 사건을 다룬 내용이었다. 그의 촬영팀이 정착민들이 어린 팔레스타인 소녀의 인형을 집 밖으로 던지면서 배관을 철거하고 가구를 부수는 광경을 찍었다. '바이스'는 이 장면을 삭제했다.

"이봐 친구, 정착촌은 너무 논쟁적이잖아." '바이스'의 편집자가 시하브-엘딘에게 한 말이다. "어떤 사람들은 그게 불법이라고 하지. 이스라엘은 그렇게 생각하지 않아. 그러니 이런 대립을 보여주면 안 돼. 한쪽의 주장을 너무 많이 드러내서 그렇잖아도 복잡한 기사를 더 복잡하게 만들잖아."

글로벌 스파르타의 창끝으로!

전통적으로 유대인을 혐오하는 집단들조차 팔레스타인인에 대한 이스라엘의 가혹한 대우와 국가가 지원하는 인종 프로파일링*에 열광한다. 2021년 1월 6일, 미국 의회의사당 앞에서 벌어진 집회에서 이스라엘 국기가 휘날렸다. 우파 시위대는 이후 의사당을 습격했다. 이스라엘 국기는 미국 전역에서 남북전쟁 시절의 남부연합 깃발과 나란히 나부끼고 있다.[6] 영국과 독일을 비롯한 여러 나라의 극우 시위대는 집회에서 이스라엘 국기를 흔든다.

대안우파 지도자 리처드 스펜서Richard Spencer는 2018년 이스라엘을 존경한다고 한껏 목소리를 높였다. "유대인은 다시 한 번 전위에 서서 미래를 위해 정치와 주권을 재고하면서 유럽인들이 나아갈 길을 보여주고 있습니다." 전체 시민을 위한 민주주의라는 환상을 짓밟고 유대인의 우위를 공식화한 이스라엘 민족국가법Nation State Law이 통과된 직후에 한 말이다. 스펜서는 '백인 시온주의자'를 자처한 바 있다.

그는 이스라엘이 무슬림 무리에 맞서 서구 문명을 보호하는 최전선에 서 있다는, 극우파가 널리 공유하는 믿음을 활용하고 있었다. 세속주의는 성공적인 애국적 협력을 차단한다. 독실한 종교가 목표다. 유대 국가는 튼튼한 국경을 자랑스럽게 옹호하고, 유엔 같은 국제기구가 자국

---

* 피부색이나 인종을 기준으로 용의자를 특정하는 수사 기법. 팔레스타인인이 불심검문이나 몸수색의 표적이 된다 – 옮긴이

문제에 간섭하려는 시도를 거부하며, 다른 누구보다도 유대인을 위한 국가임을 홍보한다.

팔레스타인 지식인 에드워드 사이드Edward Said는 유대 국가의 진정한 기원에 관해 분명히 알았다. '시온주의는 유럽의 민족주의, 반유대주의, 식민주의에서 자라난 온실 속 화초였다.' 1984년에 그가 쓴 글이다. '반면 아랍과 이슬람의 반식민 정서의 거대한 물결에서 생겨난 팔레스타인 민족주의는 비록 퇴행적인 종교적 정서의 기미가 있기는 하나 1967년 이후 세속적인 탈제국주의 사상의 주류 안에 자리를 잡았다.'[7]

바로 이런 극단적 형태의 민족주의가 50년 넘도록 상업화되었다. 시르 헤베르Shir Hever는 이스라엘 점령의 경제적 측면에 관한 가장 통찰력 있는 전문가로 손꼽힌다. 그가 말해준 것처럼, 이스라엘의 무기 제조업체들은 팔레스타인인들을 짐승 취급하는 생생한 경험을 반영하는 특정한 메시지를 퍼뜨린다. "이스라엘의 무기 회사들이 제품을 팔기 위해 유럽에 가서 하는 말을 듣고 있으면, 똑같은 주문呪文을 반복할 뿐입니다. 그들은 이 유럽인들이 순진하기 짝이 없다고 말하죠. 그들은 자기들도 인권을 가질 수 있다고 생각합니다. 자기들한테도 프라이버시가 있다고 생각하는데, 말도 안 되는 소리죠. 우리는 그들이 테러리즘에 맞서 싸우는 유일한 방법이 사람들을 외모와 피부색으로 판단하는 것뿐이라는 걸 압니다."

종족민족주의 국가ethnonationalist state라는 이스라엘의 지위는 1948년 탄생 때부터 존재했지만, 21세기에 접어들어 그 지위가 한층 강화되고 있다. 이 정책을 가장 성공적으로 추구한 이스라엘 지도자는 베냐민 네타냐후인데, 그는 팔레스타인 땅을 영원히 점령해야 한다고 열렬히 믿었다. 그는 이스라엘 역사상 최장기 총리였지만, 12년이 넘도록 정부를 이끈 끝에 2021년에 마침내 물러났다. 하지만 2022년 이스라엘 역사상 최대 규모의 우파 연합을 이끌고 다시 당선되었다. 그의 비전 자체가 승리를 거두었다. 이스라엘을 모델로 삼도록 많은 나라를 설득했기 때문이다. 네타냐후주의는 그 자신보다 오래 살아남을 이데올로기다.

미국의 네오콘 엘리엇 에이브럼스Elliott Abrams는 '이스라엘의 역할은 하나의 모델로 기능하는 것'이라고 말했다. 그는 대통령 조지 W. 부시와 도널드 트럼프 아래서 '테러와의 전쟁'의 핵심 설계자로 일한 인물이다. 2022년 5월 예루살렘에서 열린 보수 진영 회의에서 발언하면서 그는 전 세계가 '군사적 힘과 혁신, 출산 장려의 본보기'인 유대 국가를 본받아야 한다고 촉구했다.[8]

이스라엘은 점령당한 팔레스타인인들을 상대로 장비를 편하게 사용해보고 '전장에서 시험한' 무기라고 홍보하면서 세계 최고의 무기 산업을 발전시키고 있다. 이스라엘 방위군 브랜드를 활용한 덕에 이스라엘의 보안 기업들은 세계에서 가장 성공적인 기업 대열에 합류했다. 팔레스타인 실험실Palestine laboratory은 이스라엘의 독보적인 홍보 포인트다.

이스라엘의 사이버 기업 NSO 그룹이 만든 악명 높은 휴대전화 해킹 소프트웨어 페가수스Pegasus를 생각해보라. 그리고 이스라엘이 국제적으로 외교적 지지를 결집시키기 위해 페가수스를 활용하면서 네타냐후 시대에 그것이 얼마나 급속히 확산되었는지를 보라. 2019년 〈뉴욕타임스〉에서 맥스 피셔Max Fisher와 어맨다 타웁Amanda Taub은 이렇게 말했다. '이스라엘의 구식 종족민족주의와 팔레스타인인에 대한 강경책은 한때 국제사회의 골칫거리였지만 이제 하나의 자산이 되고 있다.'[9]

이런 이점은 오래전부터 현재진행형이었다. 레바논 내전을 다룬 언론인 로버트 피스크Robert Fisk의 중대한 저서 『애처로운 나라Pity the Nation』를 읽다 보면, 이스라엘이 레바논을 침공해서 점령한 재앙이 일어난 1980년대 초에 이미 군사적·수사적 각본을 개발 중이었음을 뚜렷이 알 수 있다. 이스라엘인들은 이후 자기네 공군의 치명적인 공격을 설명하면서 '외과 수술 같은 정밀성'이라는 용어를 사용했다. 무고한 레바논인이 수없이 살해당했기 때문에 이 용어는 거짓말이었다.

하지만 내가 이 책에서 보여주는 것처럼, 이스라엘은 레바논에서 군사적으로 허우적거리긴 했어도 그 전쟁을 자국의 무기와 전술을 알리는 홍보 포인트로 활용했다. 이스라엘의 선전은 유대 국가가 자신들의 내부 문제에 도움을 줄 수 있다는 환상에 매료된 나라들에 매력적인 묘약을 제시했다. 그런 주장에는 어느 정도 진실이 있었지만, 그 인간적 대가는 작지 않았다.

네타냐후주의는 팔레스타인인들의 열망을 짓밟고자 한다. 버락 오바마 대통령은 임기 중에 다른 민족을 영원히 점령하는 것은 '지속 가능하지 않다'고 주장했다. 인종주의와 식민주의는 이미 지나간 다른 시대의 유물이기 때문이다. 네타냐후는 격렬하게 이의를 제기했다. 유대인 작가 피터 베이너트Peter Beinart가 설명하는 것처럼, 네타냐후에 따르면 '미래는 오바마가 정의하는 자유주의 – 관용, 동등한 권리, 법치 – 가 아니라 권위주의적 자본주의의 것이었다. 공격적이고, 종종 인종차별적인 민족주의를 경제적·기술적 힘과 결합하는 정부가 미래의 주인이었다. 미래에는 오바마가 아니라 자기를 닮은 지도자들이 배출될 것이라는 말이었다'.[10]

네타냐후와 그의 후계자들이 신봉하는 메시지는, 이스라엘은 서유럽과 서구의 다른 지역들이 신봉하는 다문화적 가정을 거부하는 이상적인 근대 민족국가라는 것이다. 2017년 어느 회담에서 네타냐후는 마이크가 꺼진 줄 알고 헝가리와 체코공화국 지도자들에게 속내를 털어놓았다. 팔레스타인과의 평화회담이 진전되어야만 기술 협력을 할 수 있다는 유럽연합의 주장을 곧이곧대로 믿지 말라는 이야기였다.

네타냐후의 말이 옳았다. 유럽연합은 이스라엘의 점령 행위에도 불구하고 이스라엘 기업들과의 협력을 멈추지 않았다. 그의 발언은 의미심장했다. "유럽은 생명을 유지하면서 번성할지, 아니면 시들어서 사라질지 결정해야 합니다. (……) 내가 정치적으로 올바르지 않은 말을 해서 충격을 받으신 것 같군요. (……) 우리는 유럽 문화의 일부입니다. 유럽은 이스라엘에서 끝납니다. 이스라엘 동쪽에는 유럽이 없지요."

네타냐후는 자신이 하는 일을 자랑스러워했다. 이스라엘의 언론인 기드온 레비Gideon Levy는 2016년 당시 총리였던 그와 자신이 일하는 신문사 〈하레츠〉 편집위원들이 함께 가졌던 사적인 모임에 관해 내게 말해주었다. 네타냐후는 네 시간 동안 발언했다. 레비에 따르면 그는 의기양양해서 음식이나 음료에 손도 대지 않았고, 세계지도를 뒤에 둔 채 자신이 생각하는 대외 정책의 성과를 일일이 열거했다. 인도, 동유럽, 아프리카, 아시아, 미국과 우호 관계를 구축한 것도 그중 하나였다. 그는 이스라엘이 무기와 사이버 기술, 담수화 기술에서 세계 최고라고 말했다.

'그가 내건 세계지도에 칠해진 색깔로 보건대, 거의 전부 우리 수중에 들어온 세계였다.' 레비가 나중에 보도한 내용이다. '144명의 정치인과 만난 뒤 남은 것이라곤 서유럽과의 문제뿐이다. 다른 모든 이들은 우리 편이거나 거의 다 넘어왔다(그의 말이 정확한 것으로 보인다).'[11] 네타냐후는 서유럽이 이제 별로 중요하지 않다고 보았다. 레비가 내게 말한 바에 따르면 서유럽은 자유주의와 문화, 민주주의를 대표하는데, 네타냐후는 그것들을 시끄러운 폭도로 인식한다. 그런데 이렇게 말하는 것과 달리, 유럽연합은 이스라엘의 최대 무역 파트너이며, 팔레스타인 점령이 더욱 가혹해지는 와중에도 네타냐후 집권 시기에 이스라엘과의 유대를 강화했다.

네타냐후의 후임자인 나프탈리 베넷 총리는 2015년 이스라엘이

'자유의 횃불' 역할을 해야 한다고 더욱 공공연하게 선언했다. 경제장관이자 극우 유대고국당Jewish Home의 지도자인 베넷은 요르단 강 서안에서 카메라에 직접 대고 말했다. 이스라엘이 사방에서 무슬림 테러리스트들에게 포위되어 있다고 경고한 뒤 그는 이렇게 주장했다. "이스라엘은 글로벌 대테러 전쟁의 최전선에 서 있습니다. 여기는 자유로운 문명 세계와 급진 이슬람이 부딪히는 전선이에요. 우리는 급진 이슬람의 물결이 이란과 이라크에서 유럽까지 넘쳐흐르는 것을 막고 있습니다. 여기서 테러와 싸우는 우리는 런던과 파리, 마드리드를 보호하는 셈입니다." 베넷은 요르단 강 서안을 절대 포기할 수 없는 이유를 설명했다. "만약 우리가 이 땅 조각을 포기하고 적에게 넘겨준다면, 라나나Raanana(이스라엘의 도시)에 사는 우리 아이 넷이 위험한 상황에 빠질 겁니다. 미사일 한 방이면 내 아이들이 몰살당할 거예요."

그는 유럽인들에게 경고하는 것으로 이야기를 마무리했다. 이스라엘의 점령이 부도덕한 짓이라고 감히 말하는 서구의 모든 이들에게 민주주의를 위한 전 지구적 투쟁에서 이스라엘을 창끝으로 삼으라는 경고였다. "당신들이 벌이는 민주주의를 위한 전쟁은 여기서 시작됩니다. (……) 표현의 자유를 위한 당신들의 전쟁도 바로 여기서 시작되고요. 존엄과 자유를 위한 전쟁도 바로 여기서 시작됩니다."

글로벌 스파르타라는 이스라엘은 예나 지금이나 이스라엘 지도자들이 공유해온 이미지다. 2021년 8월 탈레반이 아프가니스탄을 되찾은 뒤 네타냐후는 이 경험을 통해 자신이 배운 교훈에 관해 페이스북에 썼다. '올바른 원칙에 관해 말하자면, 우리는 안전을 지키기 위해 남들에게 의존해서는 안 되며, 어떤 위협에도 우리 자신의 힘으로 스스로를 지켜야 한다.'

상상도 못할 일

이스라엘은 홀로 버티면서 자국의 독립을 유지하기 위해 극단적인 무력을 행사하는 것도 부끄러워하지 않는 나라로 존경받는다.[12] 앤드루 페인스틴 Andrew Feinstein은 불법 무기 산업에 관한 세계적인 전문가다. 남아프리카공화국의 정치인 출신으로 언론인이자 저술가다. 그는 세계 최대의 항공 산업과 에어쇼 박람회인 2009년 파리 에어쇼에 참가한 경험을 내게 들려주었다. 그는 임시로 마련된 호화 호텔에서 이스라엘 최대의 방위 산업체인 엘빗시스템스 Elbit Systems가 전 세계에서 모인 엘리트 바이어를 상대로 자사의 장비를 홍보하는 광경을 보았다. 엘빗은 킬러 드론에 관한 홍보 영상을 보여주고 있었는데, 이스라엘이 가자와 요르단 강 서안에서 벌이는 전쟁에서 활용하는 장비였다.

영상은 몇 달 전에 찍은 것으로, 점령지에서 팔레스타인인들을 정찰하는 모습이 담겨 있었다. 한 표적이 암살당했다. 페인스틴의 설명에 따르면 영상이 상영되는 동안 "매력 넘치는 젊은 여자들이 있었는데, 그중 한 명이 맨 앞줄에 특별히 마련된 좋은 좌석에 앉은 사람들 바로 옆에서 무릎을 꿇고 있었습니다. 장성들과 조달 담당 장교들이었죠. 나는 가까스로 장성 한 명 뒤에 자리를 잡고 그들이 듣는 이야기에 귀를 기울였습니다. 젊은 여자가 그에게 설명해주는 모습을 보니 내가 다 흐뭇할 정도였어요".

몇 달 뒤, 페인스틴은 드론 공격을 조사하면서 영상에 담긴 사건으로 어린아이들을 비롯한 무고한 팔레스타인인 다수가 살해된 사실을 발견했다. 파리 에어쇼에서는 이 핵심적인 사실이 언급되지 않았다. "이때 처음으로 이스라엘의 무기 산업과 그들이 자신을 홍보하는 방식을 알게 되었죠. (……) 다른 어떤 무기 생산국도 그런 실제 장면을 보여줄 생각을 못할 겁니다."

페인스틴은 글로벌 전쟁에 촉수를 뻗치고 있는 양대 방위 도급업체인 록히드마틴이나 BAE시스템스가 바이어들에게 '예멘의 무고한 민간인들을 폭격하는 실제 장면이나 중동의 어느 곳에서 벌어지는 드론 공습'을 보여주는 건 상상도 못할 일이라고 말했다. "이스라엘은 국가 운영이나 경제 방향에서 워낙 상식과 동떨어진 나라입니다. 전반적으로 법을 무시하고 국제법에도 아랑곳하지 않죠. 이스라엘은 그런 건 신경도 쓰지 않습니다."

우리 무기를 팔 수만 있다면…

퓰리처상을 받은 역사학자 그렉 그랜딘Greg Grandin은 호평을 받은 2006년 저서 『제국의 작업장: 라틴아메리카, 미국, 제국적 공화국의 형성Empire's Workshop: Latin America, the United States, and the Making of an Imperial Republic』에서 워싱턴은 전통적으로 라틴아메리카를 '개입 축소의 시기에 전열을 가다듬고' 이웃 나라를 통제하는 새로운 방법을 실험할 수 있는 '작업장이나 훈련장으로 여긴다'고 주장한다.[13] 팔레스타인은 이스라엘의 작업장이다. 바로 문 앞에 있는 피점령 민족으로서 가장 정밀하고 성공적인 지배 기법의 실험장이 되어 수백만 명의 예속민을 제공한다.

이스라엘의 이상적인 종족민족주의 모델은 이런 메시지를 상업화할 수 있는 능력에 의존하고 있다. 몇몇 나라는 단순히 반정부 활동을 정탐하거나 방해하기 위해 이스라엘의 무기나 기술을 원하며 자기들 나름의 종족종교적 국가를 세우는 데는 관심이 없지만, 다른 많은 나라는 이스라엘의 인종적 우월성에 관한 신화를 신봉하며 이를 자국에서 그대로 모방하고자 한다. 이스라엘의 방위 산업이 부도덕한 것은 그래야만 성장할 수 있기 때문이다. 그들은 북한이나 이란, 시리아 같은 공식적인 적국을 제외하고 누구에게든 무기를 판매한다.

이스라엘의 군사분석가이자 언론인인 요시 멜만Yossi Melman에 따르면 이스라엘은 20세기와 21세기 내내 그가 말하는 이른바 '스파이 외교 espionage diplomacy'를 활용해서 국제 관계를 진전시켰다.[14] 그의 말마따나 이스라엘 군부는 감시와 죽음의 도구가 지구 곳곳에 퍼지는 것에 신경 쓰지 않는다. '수상쩍은 정권에 그런 침투 장비를 판매하면 어떤 위험이 있는지 잘 알'면서도 아랑곳하지 않는다. 이스라엘은 '무기 거래상과 안보 도급업자, 기술의 귀재들을 길러내고, 그들을 숭배하며, 조국을 위해 일하는 건드릴 수 없는 영웅으로 변신시킨다'.

바야흐로 세계가 귀를 기울이는 중이다. 2021년 이스라엘의 무기 판매는 최고를 기록해서 이전 2년간의 실적을 55퍼센트나 능가하는 113억 달러로 급등했다. 유럽은 러시아가 우크라이나를 침공하기 전에도 이스라엘산 무기의 최대 수입국이었고, 아시아와 태평양 지역이 그 뒤를 이었다. 로켓, 방공 시스템, 미사일, 사이버 무기, 레이더 등은 유대국가가 판매한 장비의 일부에 지나지 않는다. 그 결과 이스라엘은 현재 전 세계 10대 무기 판매국에 속하며, 인도와 아제르바이잔, 그리고 중동 지역에서 충돌을 악화시키는 튀르키예 등 여러 나라에 광범위한 장비를 판매하고 있다. 이스라엘의 인권변호사 에이타이 맥Eitay Mack이 폭로한 세부 내용에 따르면 이스라엘 정부는 2007년 이후 들어온 방산 계약을 전부 승인했다.

어떤 나라든 자국의 이익 말고 다른 이익을 추구하는지는 논란의 여지가 있지만, 이스라엘은 민주 국가를 자처하면서도 전 세계에서 잔학 행위에 대해 목소리를 높이거나 제재하지 않는다는 점에서 거의 독보적이다. 이런 태도는 이스라엘의 방위 산업에 분명 도움이 되지만 다른 측면에서는 거의 도움이 되지 않는다. 2022년 러시아가 우크라이나를 침략했을 때, 이스라엘은 곧바로 러시아를 비난하거나 우크라이나를 지지하지 않았다. 대신에 시리아의 이른바 테러리스트 표적을 계속 폭격할 자유를 원하기 때문에 바샤르 알아사드 대통령의 후원자인 모스크바를 달래야 했다.

우크라이나의 대통령 볼로디미르 젤렌스키가 2022년 3월 동영상 링크를 통해 이스라엘의 크네셋(의회)을 상대로 연설을 하면서 무기를 포함한 실질적인 지원을 요구했을 때, 이스라엘 내부에서 굉장히 어색한 상황이 펼쳐졌다. 젤렌스키는 우크라이나의 위태로운 상황을 홀로코스트와 비교하면서 제2차 세계대전 당시 우크라이나가 유대인을 살해하는 데 공모한 사실과 오늘날 우크라이나 군대 내부에 네오나치 병사들, 즉 아조우 대대Azov Battalion가 존재한다는 점을 편의상 무시했다. 이스라엘 정치인 심카 로트만Simcha Rotman은 젤렌스키의 지원 요청을 거부했다. "어쨌든 우리는 도덕적인 나라입니다. 나라들 중에서 밝은 빛이지요." 로트만은 젤렌스키가 홀로코스트 시절에 자기 나라가 유대인을 도와준 것처럼 우크라이나인을 지원해달라고 이스라엘에 요청한 것에 분노했다.

2022년 4월 젤렌스키는 자국 언론인들에게 이스라엘이 우크라이나가 이상으로 삼는 모델이라면서 자신의 비전을 설명했다. "우리는 자신만의 얼굴을 가진 '거대한 이스라엘'이 될 겁니다. 우리는 군대나 국민방위대National Guard* 대리인들을 무기를 소지한 채 극장과 슈퍼마켓, 군중

---

* 2023년 4월에 내각에서 구성을 승인한 보안대. 극우파인 국가안보장관 이타마르 벤-그비르Itamar Ben-Gbir가 추진한 2,000명 규모의 보안대는 주로 이스라엘 팔레스타인계 시민을 겨냥한 것이지만 이스라엘 시위대도 표적이 될 수 있다 - 옮긴이

안에 배치한다고 해도 놀라지 않을 겁니다. 우크라이나는 절대로 처음부터 우리가 바라는 대로 되지 않을 것입니다. 그건 불가능하죠. 자유주의를 버리지 못하는 유럽인은 그렇게 되지 못할 겁니다. 우크라이나는 분명 모든 가정과 모든 건물, 모든 사람의 힘에서 생겨날 겁니다."[15] 며칠 뒤, 나토NATO의 지원을 받는 싱크탱크 애틀랜틱 카운슬Atlantic Council은 버락 오바마 대통령 시절 주이스라엘 대사를 지낸 대니얼 B. 샤피로Daniel B. Shapiro가 우크라이나가 '거대한 이스라엘'이 될 수 있는 경로를 제시한 '로드맵'을 출간했다.[16]

이와 관련해서 우크라이나의 유대계 대통령은 2021년 말에 열린 키이우 유대인 포럼 중에 이스라엘을 칭찬한 전력이 있다. 그의 말에 따르면 유대 국가는 '종종 우크라이나인들에게 선례'가 되며 '우크라이나인과 유대인 모두 자유를 소중히 여긴다'. 2021년 하마스와 이스라엘이 충돌했을 때, 젤렌스키는 하마스가 쏜 로켓이 이스라엘 도시들에 떨어지고 있기 때문에 이스라엘이 '피해자'라고 트윗을 올렸다.

이스라엘은 1990년대에 발칸 반도에서 위기가 터졌을 때 세르비아가 저지른 범죄를 비난하려 하지 않는 등 전쟁 시기에 종종 양다리를 걸쳤다. 1994년 세르비아인들이 사라예보의 몇몇 시장을 폭격해서 민간인 100여 명이 사망했을 때에도 이스라엘은 공격자와 피해자를 구별하려 하지 않았다.[17]

1994년 르완다에서 벌어진 제노사이드를 둘러싸고 이스라엘이 보인 태도는 더욱 좋지 않았다. 이스라엘 정부는 르완다의 생존자들을 돕기 위해 환경장관 요시 사리드Yossi Sarid가 이끄는 의료지원단을 급파했다. 하지만 지원단은 순전히 전시용일 뿐이었다. 그들은 잔인한 후투족 정권에 무기를 판매한 바 있었기 때문이다. 르완다 정권은 100일 만에 투치족 80만여 명을 살해했다. 이렇게 르완다에 보낸 무기 중에는 우지

기관단총과 수류탄도 있었는데, 둘 다 제노사이드 전 단계와 진행 당시에 운송되었다. 이스라엘이 후투족이 주도한 대량 학살을 지원하는 것에 대해 질문을 받은 사리드는 이렇게 대답했다. "우리는 우리 무기가 어디로 가는지를 통제할 수 없습니다."[18]

전 세계가 제노사이드 전 단계에서부터 실제로 벌어지는 시기에 이르기까지 르완다에서 벌어지는 사태를 알았지만 어떤 행동도 하지 않았다. 현대 기술이나 강화된 감시 도구가 잔뜩 있었지만, 서구 열강이 범죄자들을 무장시키는 와중에도 그것을 저지하는 데 사용되지 않았다. 이스라엘은 최소한 방대한 감시 역량을 활용해 투치족에 상황을 통보하는 식으로 대량 학살을 억제하려고 노력할 수도 있었지만, 그 대신 모닥불에 엄청난 양의 기름을 쏟아부음으로써 학살에 직접 가담했다.

영국 작가이자 미술가인 제임스 브라이들James Bridle은 대중 감시의 위험성을 경고하는 2019년 저서 『새로운 암흑시대New Dark Age』에서 이렇게 설명했다. '감시는 완전히 반동적인 산업으로 드러난다. 지금 당장 무언가를 할 수 없고 기존 권력의 더러운 이해관계에 전적으로 종속되기 때문이다. 르완다와 스레브레니차(1995년에 세르비아계 민병대가 보스니아 무슬림 8,000여 명을 살해한 도시)에서 보이지 않은 것은 잔학 행위의 증거가 아니라 그것에 대응하려는 의지였다.'[19]

2022년 이스라엘이 러시아에 신중한 태도를 보인 것은 놀라운 일이 아니다. 블라디미르 푸틴이 오래전부터 이스라엘의 감시 기업 셀레브라이트Cellebrite가 판매한 전화 해킹 기술을 이용해서 반정부 인사와 정치적 반대파를 감시했기 때문이다. 푸틴은 이 기술을 수만 번 활용했다. 우크라이나가 2019년부터 NSO 그룹의 강력한 전화 해킹 도구인 페가수스를 요청했음에도 이스라엘은 이를 팔지 않았다. 모스크바의 분노를 사고 싶지 않았기 때문이다. 이스라엘은 그리하여 러시아가 독재로 치닫는 데 공모했다.

　러시아가 우크라이나를 침략하고 며칠 만에 전 세계 방위 도급업체의 주가가 급등했다. 이스라엘 최대의 방위 도급업체인 엘빗시스템스의 주가도 전년도에 비해 70퍼센트 이상 폭등했다. 수요가 가장 많은 이스라엘 무기는 미사일 요격 시스템이다. 미국 시티그룹의 금융 애널리스트들은 무기 제조업체에 투자하는 것이 윤리적 행동이라고 주장했다. '자유민주주의의 가치를 옹호하고 억제력을 창출하면…… 평화와 글로벌 안정을 유지하게 되기 때문'이라는 논리였다.[20]

　이스라엘의 사이버 기업들은 수요가 매우 많았다. 이스라엘 내무장관 아옐레트 샤케드Ayelet Shaked는 유럽 각국이 이스라엘의 무기를 원하기 때문에 이스라엘이 경제적으로 이득을 볼 것이라고 말했다.[21] 샤케드는 은밀한 내용을 소리 높여 말하면서 위기의 순간에서 기회를 포착하는 것을 부끄러워하지 않았다. 이스라엘 방위 산업의 한 관계자는 〈하레츠〉에 이렇게 말했다. '우리에게는 전례 없는 기회가 주어지고 있으며, 그 잠재력은 정말 대단하다.'[22]

치명적 교류

　전문적인 점령 기술을 수출하는 것은 이스라엘만이 아니다. 일부 미국인들은 유대 국가에 직접 가서 그 기술을 배워 자국으로 가져오는 데 열심이다. 2004년 미국에 소재한 친이스라엘 단체로 시민권 단체를 표방하는 반비방연맹Anti-Defamation League, ADL은 미국 경찰 대표단을 이스라엘에 보내기 시작했다. 연맹은 2001년 9·11 사태 이후 이스라엘의 대테러 활동 방식이 미국의 경찰관들에게 소중한 통찰을 주기를 기대했다. 그 후 1,000여 명의 경찰관이 반비방연맹 프로그램과 그 밖의 친이스라엘 단체를 통해 이스라엘을 방문했다. 경찰관들은 이스라엘이 자살폭탄 공격과 첩보 수집, 테러 활동에 관해 알려주는 내용을 배운다.

반비방연맹은 인권의 언어로 자신을 포장하는 – 하지만 팔레스타인의 동등한 권리에 관해서는 절대 언급하지 않는다 – 친이스라엘 극렬로비 단체로 오랜 역사를 갖고 있다. 1990년대에 로이 불럭Roy Bullock이라는 연맹 직원이 좌파 단체와 아프리카계 미국인 단체에 잠입해 이스라엘의 적으로 간주되는 인사들에 대한 정보를 수집했다.[23] 이 사람은 또한 남아프리카공화국 아파르트헤이트 정권에도 정보를 전달했다. 이 활동은 오늘날까지 이어지는 익숙한 패턴에 딱 들어맞는다. 반비방연맹의 핵심 목표는 예나 지금이나 유대 국가 비판자들을 표적으로 삼는 것이다.[24]

2020년 5월 미국 흑인 조지 플로이드를 살해한 경찰관 데릭 쇼빈이 이스라엘에서 훈련을 받으면서 무릎으로 목을 누르는 치명적인 제압법을 배웠다는 소문이 퍼지긴 했지만, 이를 입증하는 증거는 전혀 없다. 그렇다 하더라도 이스라엘 방위군은 걸핏하면 이렇게 팔레스타인인을 질식시키는 방법을 사용한다. 반비방연맹의 전국 법 집행 이니셔티브 책임자인 데이비드 C. 프리드먼David C. Friedman에 따르면 경찰 교류 프로그램의 목표는 '두 민주 국가의 법 집행 기관 사이에' 연계를 구축하는 것이었다. 이스라엘에 간 미국 경찰관들은 '돌아와서 시온주의자가 된다. 그들은 많은 이들과 달리 이스라엘과 이 나라의 안보 요구를 이해한다'.[25]

미국 법 집행 당국은 이스라엘에서의 훈련 없이도 충분히 폭력적이고 인종주의적이었지만, 미국 보안 기관의 이스라엘화는 9·11 직후에 가속화되었다. 미국의 법 집행 기관은 정당한 이유 없이 아프리카계 미국인을 비롯한 소수자를 괴롭히고 학대하고 체포하고 살해한 오랜 역사가 있다. 그 뿌리는 미국 국경 안에서 노예제와 백인 우월주의를 유지하고 옹호한 역사에 있다－그리고 이스라엘이 팔레스타인인을 다루는 방식을 그대로 따라 한다. 그들은 확실히 서로를 방문하는 동안 서로에게 배웠다. 2022년 9월, 이스라엘 국경경찰 책임자인 아미르 코헨Amir Cohen 소장은 미국 국경순찰대장 라울 오티스Raul Ortiz의 초청을 받았다. 오티스는 이스라엘이 시위를 해산시키고 진압하기 위해 사용하는 '비치명적인' 방법을 배우는 데 관심이 있다고 말했다. 코헨은 시위대에 최루가스를 투하하는 이스라엘의 드론을 보여주었다.[26]

냉전 당시 미국은 50여 개국에 인력을 보내 경찰관들에게 반정부 세력 진압 훈련을 시켰다.[27] 오늘날 대중 감시, 드론, 안면 인식 기술이 일상적 현실이 되면서 미국의 많은 흑인은 경찰이 자신들의 도시를 점령하고 있다고 생각한다. 이스라엘의 감시 기업 셀레브라이트는 미국 각지의 무수히 많은 경찰서에 전화 해킹 툴을 판매하고 있다.[28] 2005년 미국 의사당 경찰 책임자 테런스 W. 게이너Terrence W. Gainer는 '이스라엘은 대테러 활동의 하버드'라고 꼬집었다.[29]

'흑인의 생명도 소중하다Black Lives Matter, BLM' 운동은 팔레스타인 식민화를 미국의 법 집행 기관이 소수자를 다루는 방식과 공공연하게 연결시켰다. 아프리카계 미국인 의원 코리 부시Cori Bush는 2021년에 이런 트윗을 올렸다. '흑인과 팔레스타인의 해방 투쟁은 상호 연결되어 있으며, 우리 모두가 자유를 얻을 때까지 우리는 포기하지 않겠다.'

미국이 이스라엘에 경찰 대표단을 보내는 것에 반대해서 가장 성공적으로 캠페인을 이끈 것은 미국의 활동가 단체인 '평화를 위한 유대인의 목소리Jewish Voice for Peace'였다. 이 단체는 2017년에 이 프로그램들을 겨냥해 '치명적 교류Deadly Exchange'를 반대하는 캠페인에 착수했다. '미국과 이스라엘의 국가 폭력이 하나로 수렴되는' 현장에 반기를 든 것이다.[30]

조지 플로이드가 경찰에 살해당한 직후에 반비방연맹의 고위 운영

진은 비공개 내부 메모에서 경찰 대표단 파견을 끝낼 것을 권고했다. '미국의 군사화된 경찰의 수중에서 무척 현실적인 경찰 폭력이 벌어지는 현실에 비춰볼 때 우리는 우리가 이 문제에 이바지하는 것은 아닌지 같은 어려운 질문을 스스로에게 던져야 한다. 미국 법률을 집행하는 미국 경찰이 이스라엘 군인들과 만날 (문자 그대로) 필요가 있는지 우리는 자문해야 한다. 또한 우리가 훈련시키는 이들이 귀국하자마자 무력을 행사할 가능성이 있는 건 아닌지 자문해야 한다.'[31] 하지만 결국 반비방연맹은 이 프로그램을 계속 진행하기로 결정했다.

'치명적 교류' 프로그램의 배후 인물 중 한 명이자 이스라엘 방위군 출신으로, 격렬한 점령 비판자로 변신한 에프라임 에프라티Efraim Efrati는 이 문제를 조사한 결과 이스라엘의 점령이 이를 배우고 본국에 돌아가 적용하고자 하는 이들에게 얼마나 강력한 자극이 되는지 내게 생생한 사례를 들려주었다. "많은 미국 경찰이 이스라엘에서의 훈련에 냉소적이라고 들었습니다. 실질적인 조언보다는 승진을 하고 공격적인 정신 자세를 배우는 기회로 보았죠."

다양한 사례

이 책에서 주로 초점을 맞추는 내용은 주민을 통제하고 분리하는 방법을 실험하는 현장으로서 팔레스타인이 가진 잠재력이다. 이스라엘이 어떤 식으로 점령을 수출하고 왜 이것이 그토록 매력적인 모델인지 검토하다 보면, 이 유대 국가가 지구상에서 가장 영향력 있는 나라로 손꼽히는 이유가 드러난다. 다음에 이어지는 각 장에서는 이스라엘의 도구와 추적 때문에 민주주의의 가능성이 축소되는 많은 나라의 사정을 자세히 살펴볼 뿐만 아니라 비슷한 사고로 무장한 종족민족주의 집단을 증대시키고 영향을 미치려는 캠페인도 폭로하고자 한다.

이스라엘 기업들이 점령을 통해 돈을 번다는 것은 전혀 논쟁적인 견해가 아니다. 이 책에는 팔레스타인에서 무슨 일이 벌어지고 있으며, 이 모델을 다른 시나리오에서 어떻게 적용할 수 있는지를 잘 보여주는 이스라엘 대기업의 사례가 가득하다. 하지만 이스라엘에서 가장 유명한 탐사언론인으로, 〈뉴욕 타임스〉 전속 기자이자 호평을 받은 2018년 저서 『선제공격해서 죽여라 : 이스라엘 표적 암살의 은밀한 역사 Rise and Kill First: The Secret History of Israel's Targeted Assassinations』의 저자인 로넨 베르그만 Ronen Bergman과 이야기를 나누었을 때, 그는 이의를 제기했다.

베르그만은 '점령의 도덕성은 의심스럽다'고 인정했다. "동등한 권리를 부여하지 않은 채 다른 영토에 있는 다른 민족을 통제하는 것은 이스라엘 민주주의에 도전하는 행위입니다." 하지만 점령을 어떻게 마케팅 도구로 활용하는지에 관해 답변을 재촉하자 그는 이렇게 답했다. "팔레스타인인을 상대로 제품이 사용되는 것을 자랑하면서 자사 제품을 홍보한 회사는 알지 못합니다. 물론 그런 제품은 대부분 대테러 장비이며, 따라서 이 제품의 표적이 되는 단체와 개인들이 어디 출신인지를 통해 추측할 수 있죠. 대외적으로 홍보하는 내용과, 별로 제한받지 않는다고 느끼는 잠재적 고객과 만나는 자리에서 하는 이야기에는 차이가 있습니다."

그는 BDS(불매, 투자 철회, 제재) 운동*이 성장함에 따라 이스라엘의 방산 기업들은 '그들 관점에서 솔직하게 팔레스타인인들을 언급하는 데 신중할 필요가 있다'고 말했다. "잠재적 구매자의 관심을 끌기 위해 (팔

---

* 2005년 7월 팔레스타인에서 창립된 운동체. 이스라엘이 점령지에서 철수하고, 요르단 강 서안의 분리 장벽을 철거하고, 이스라엘 내의 아랍-팔레스타인계 시민에게 완전한 평등을 보장하고, 팔레스타인 난민의 귀환권을 존중하도록 압력을 가하기 위해 국제사회가 불매, 투자 철회, 제재 Boycott, Divestment, Sanctions에 나설 것을 촉구한다 - 옮긴이

레스타인) 점령지에서 신형 기관총을 사용한다고 자랑하면 역효과가 날 게 분명하니까요." 그렇지만 증거는 분명하며, 이 책에서는 점령이 어떻게 해서 이상적인 마케팅 도구인지를 자세히 살펴보고자 한다.

이 책은 폭정은 정밀 기술과 그렇게 쉽게 공존할 수 없다고 경고한다. 그 배후에 도사린 종족민족주의 사상이 수많은 사람들에게 매력적으로 보이는 것은 민주주의 지도자들이 사람들의 기대를 충족시키는 데 실패했기 때문이다. 2020년 퓨리서치센터가 34개국에서 수행한 조사에서 응답자의 44퍼센트만 민주주의에 만족하는 반면, 52퍼센트는 만족하지 못한다는 사실이 밝혀졌다.

종족민족주의 이데올로기는 책임성 있는 민주주의가 쇠퇴할 때 성장한다. 그리고 이스라엘은 궁극적인 모델이자 목표가 된다.

1

✛ 필요하다면 기꺼이 팔게요! ✛

나는 비유대인들이 무기를 어디다 쓰는지에는 관심이 없다.
중요한 건 유대인이 수익을 얻는다는 사실이다.
1980년대 과테말라에서 활동한 이스라엘 고문[1]

칠레에서 쿠데타가 벌어졌을 때 다니엘 실버만Daniel Silberman은 여섯
살이었다. 1973년 9월 11일, 다니엘은 북부의 추키카마타 시에서 가족
과 살고 있었다. 엔지니어인 아버지 다비드 실버만은 민주적으로 선출
된 사회주의자 대통령 살바도르 아옌데의 동지이자 친구로, 칼라마 구
리 광산의 총감독으로 일했다. 냉담자 유대인인 실버만 가족은 1971년
에 이 사막 지역으로 이주했다. 다니엘이 내게 말한 바에 따르면 그곳에
사는 칠레인들은 '사막에 꽃을 피우고 싶다고 말한 1950년대의 (이스라
엘 총리 다비드) 벤-구리온처럼 변화에 몰두했다'. 추키카마타에 사는
다른 유대인 가족은 몇 되지 않았다.

다니엘은 1998년 〈가디언〉에 쓴 글에서 '1973년 9월 11일은 우리
의 삶을 영원히 바꿔놓은 날'이라고 말했다.[2] '군대가 정부를 장악하면
서 수도 산티아고에 있는 라모네다(칠레의 대통령궁)에 포격을 퍼부어 대통
령(아옌데)을 비롯한 많은 사람을 죽이고 수백 명을 체포했으며, 거리에

서 사람들에게 총격을 가했다. 숱하게 많은 사람이 국립경기장에 끌려왔다 — 연행된 군중을 구금할 만큼 넓은 장소는 그곳뿐이었다. 훗날 그 정권이 악명을 떨치게 되는 모욕과 고문은 바로 그곳에서 시작되었다.'

실버만 가족의 삶은 소용돌이 속으로 휘말려 들어갔다. 쿠데타 직후 산티아고에 돌아온 다니엘의 아버지는 자신이 운영하던 광산에서 많은 노동자가 군대에 살해당한 끝에 아우구스토 피노체트 장군이 이끄는 정권에 자수했다. 아버지는 잘못한 게 전혀 없었기 때문에 목숨을 부지할 줄 알았다. 하지만 방어권도 보장받지 못한 채 군사법원에 회부된 아버지는 1,300만 달러를 횡령했다는 허위 혐의를 받았다.

아버지는 징역 13년형을 선고받았고, 어머니와 자녀들은 다비드를 면회할 수 있었지만 성기에 전기충격을 가하는 등 숱한 구타와 고문을 받은 아버지는 몸이 크게 상했다. 교도소 바깥에서는 비밀경찰이 밤낮으로 다니엘의 가족을 미행했고, 어머니는 어디에서도 일자리를 구할 수 없었다. 가족은 집안에서 운영하는 봉제 작업장에서 돈을 벌어 목숨을 부지했다.

남편이 당한 고문과 학대에 격분한 다니엘의 어머니는 세계 곳곳의 영향력 있는 사람들에게 남편의 석방을 요청하는 편지를 쓰기 시작했다. 1974년 후반 무렵, 칠레 정부의 조사 결과 남편의 재판 전체가 불법으로 판정되고 남편이 사면을 받자 어머니는 자신의 노력이 성공을 거두었다고 생각했다. 피노체트 정권이 제시한 조건 하나는 다비드를 석방하고 가족 전체를 망명 보낸다는 것이었다. 다니엘의 어머니는 곧바로 이스라엘에 사는 친척들에게 조만간 그곳으로 가겠다고 연락했다.

하지만 1974년 10월 4일, 다비드는 산티아고 교도소에서 납치된 뒤 영원히 사라졌다. 다니엘은 비록 시신이나 매장지를 확인하지는 못했지만 가족들은 아버지가 1974년에 살해된 것으로 생각한다고 말했다. "아버지에 대한 기억이 희미합니다." 다니엘의 말이다. "아버지 무덤도 없고, 유해도 찾지 못했지요." 1974년에서 1977년 사이에 칠레 관리들은 가족에게 다비드의 행방에 관해 거짓말을 늘어놓았다. 다니엘은 피노체트가 아버지한테 개인적인 복수를 하려고 살해한 것으로 생각한다고 말했다(1973년 쿠데타 이전에 두 사람은 아는 사이였다).

1977년에 이르러서야 실버만 가족은 마침내 영원히 칠레를 떠나 이스라엘에 정착했다. 오랜 세월이 흘러 칠레에서 민주주의가 부활한 뒤인 1991년, 정부가 이끄는 위원회가 진실을 인정했다. 다비드는 DINA(칠레의 정보기관)가 수행하는 작전의 일환으로 교도소에서 납치된 것이었다. 가족은 몇 푼 안 되는 보상금을 받았지만 아버지의 죽음에 관한 결정적인 내용은 듣지 못했다.

다니엘이 미국과 이스라엘이 피노체트의 지배와 아버지의 죽음에 국가적으로 공모한 전모를 알게 되는 데는 오랜 시간이 걸렸다. 1999년 미국 대통령 빌 클린턴이 문서를 공개하면서 미국 중앙정보국CIA이 칠레의 쿠데타 지도자들을 잘 알았고 그들을 승인하고 지원했음이 입증되었다. 미국 대통령 리처드 닉슨은 1970년 아옌데가 당선되기 전에 그의 기반을 약화시키려다가 실패했지만, 아옌데가 집권한 뒤 워싱턴은 그의 통치 능력을 효과적으로 억누르는 활동을 했다. 아옌데의 통치를 뒤흔들기 위한 비밀 작전이 승인되었고, 칠레 군부 인사들은 쿠데타 전에 미국 관리들과 연락하면서 쿠데타의 성공을 보장하기 위한 지원을 요청했다. 1973년 9월 21일 미국 중앙정보국은 다음과 같은 전신을 보냈다.

칠레 군부의 지배적인 분위기는 지금의 기회를 활용해 칠레에서 공산주의의 남은 흔적을 모조리 뿌리 뽑자는 것이다. 가혹한 탄압 계획이 마련되었다. 군부는 학생과 온갖 성향의 좌파를 포함해 다수의 인사를 검거

해 구금하는 중이다.[3]

　미국 중앙정보국은 성급하게도 그러한 사태가 가져올 결과의 중대성을 간과했다. 기밀 해제된 1974년 3월 21일자 전신은 상황을 오판하는 내용이었다. '군사 정부는 피에 굶주린 게 아니다. 정부는 인권 침해 주장과 관련된 수많은 비난의 표적이 되었다. 많은 비난은 정치적으로 부추겨진 허위이거나 순전한 과장에 불과하다.' 실제로 1973년에서 1990년까지 피노체트의 공포정치 기간에 최소한 5,000명이 살해되고 3만여 명이 고문을 당했다. 더욱이 미국 관리들은 1970년대와 1980년대에 콘도르 작전Operation Condor을 지원하고 부추겼다. 칠레, 아르헨티나, 우루과이, 볼리비아, 파라과이, 브라질, 페루, 에콰도르 등 미국의 지원을 받는 8개국의 독재 정권은 이 집단행동에서 자국 내에서만이 아니라 지역 전체에서 정치적 반대파를 납치, 고문, 강간, 살해했다.[4]

　1998년 10월 런던에서 영국이 에스파냐의 발타사르 가르손Baltasar Garzón 판사가 인권 침해 혐의로 발부한 국제 체포영장으로 피노체트를 체포한 뒤 서구가 칠레의 군사 정부에 관여한 사실을 자세히 담은, 미국이 보유하고 있던 문서 증거가 속속 쏟아져 나오며 공개되었다. 피노체트는 1년 반 동안 런던에서 가택연금을 당한 끝에 2000년 3월에 자유인으로 풀려나 칠레로 돌아갔다. 피노체트 독재 정권의 피해자들은 정의를 되찾지 못했다.[5]

　다니엘은 피노체트의 가택연금에 대해 칠레 국민들이 보인 반응에 놀라면서도 슬펐다고 말했다. "그자가 재판을 받게 되리라고 기대할 수 없었습니다. 우리는 그자가 체포되고, 칠레에서 (1973년 쿠데타 이후) 벌어진 일에 관해 전 세계적으로 관심이 높아진 것에 만족했어요. 중도파부터 좌파까지 칠레에서 보인 반응은 놀라웠고, 갑자기 민족주의가 등장해서 불만의 목소리를 냈지요. 어떻게 일개 에스파냐 판사가 피노체트를 재판하려고 하나? 그자를 재판에 회부해야 한다면 우리가 해야 한다는 거였죠."

피노체트의 잔인한 통치에서 이스라엘이 어떤 역할을 했는지는 여전히 수수께끼에 싸여 있다. 이스라엘은 자국이 수행한 역할에 관한 문서를 전부 공개하지는 않았지만, 이스라엘과 칠레 군사 정부의 추악한 관계를 보여주는 자료가 충분히 공개되었다. 이스라엘은 국민들을 탄압하는 것을 돕기 위해 칠레의 인력을 훈련시킨 데서 그치지 않았다. 1976년 미국 의회에서 대칠레 무기 금수령이 통과된 뒤, 1980년 4월 24일 칠레 주재 미국 대사관은 전신을 보내 이스라엘이 피노체트의 주요한 무기 공급자임을 인정했다. 1984년 4월 10일자로 보낸 또 다른 전신에서는 이스라엘이 여전히 피노체트 정권의 주요한 무기 공급자라는 미국 국무부 차관의 발언을 인용했다.[6] 이렇게 이스라엘로부터 국방 장비가 꾸준히 공급된 탓에 미국이 내린 무기 금수 조치의 힘은 약해졌다. 이스라엘은 이 조치의 당사자가 아니었기 때문이다.[7]

"이스라엘이 피노체트 정권을 지원했다는 사실을 발견했을 때 개인적으로 충격을 받고 고통스러웠습니다. 우리 가족에게 두 번째 기회를 준 나라였으니까요. 이스라엘 국민들은 (이런 협력에 대해) 대체로 관심이 없어요. 많은 이들이 유대인이 고통을 받았고, 거친 세계에서 살아남으려면 우리는 세계 곳곳에 친구를 두어야 한다고 믿으니까요."

1988년 2월 5일자 미국 중앙정보국 보고서는 일부가 삭제되었는데 미사일, 탱크, 항공기 등 이스라엘이 칠레 군사 정권에 보낸 정밀 무기가 자세히 소개되어 있었다. '우리가 볼 때, 이스라엘은 노동당 정부일 때에도 칠레에서 민주주의를 복원하는 것을 지원하기 위해 산티아고와의 군사적 관계를 위험에 빠뜨릴 가능성이 낮다.'[8]

이스라엘은 피노체트 정권에 막대한 규모의 지원을 제공했지만, 들리는 바로는 소수의 외교관만 이런 지원에 저항했다. 이스라엘 신문 〈하레츠〉의 2022년 기사에 따르면 1973년 쿠데타 이후 칠레 주재 이스라엘 대사 모세 토브Moshe Tov는 유대인이 대다수인 약 300명을 투옥되거나 살해당하기 전에 구하기 위해 분주히 뛰어다녔다. 독재 정권은 이런 활동을 저지하려고 산티아고의 이스라엘 대사관에 나타나 자신들이 들어가서 임시로 그곳에 머물고 있는 반정부 인사 30여 명을 찾겠다고 요구했지만, 토브 대사가 직접 정부 비판자 전원이 안전하게 국외로 나갈 수 있도록 공항까지 호송해주었다.[9]

하지만 이런 주장이 과연 믿을 만한지를 둘러싸고 심각한 의문이 제기되며, 이를 입증할 공식 문서 증거는 전혀 없다. 오히려 기밀 해제된 당시의 전문電文에 따르면 토브는 정권 비판이 불공정하다고 판단했고, 워싱턴에서 피노체트의 이미지를 끌어올리는 데 조력했다.[10]

2015년, 다니엘은 피노체트 정권에서 살아남은 다른 이들과 함께 인권변호사 에이타이 맥의 도움을 받아 이스라엘에서 소송을 제기했다. 그들은 이스라엘 당국에 칠레 군사 정권과 제휴한 내용을 공개하라고 요구했다. 이스라엘 시민 에이탄 칼린스키Eitan Kalinsky 또한 법적 청원과 함께 진술서를 제출했다. 에이탄과 그의 부인은 1989년 세계 최대의 유대인 비영리 단체인 이스라엘 유대인기구Jewish Agency에 의해 칠레로 파견되었다. 피노체트의 통치가 막바지에 이른 당시에 두 사람은 독재에 반대하는 대중 집회에 참석했다. 진술서에서 에이탄은 자신들이 본 광경을 설명했다.

산티아고에서 벌어진 한 시위에 물감을 섞은 물대포 차량이 동원되었는데, 물감 색깔이 진녹색을 포함해서 몇 분마다 바뀌었다. 하쇼메르 하차

이르Hashomer Hatzair(세계적인 시온주의 청년 운동 단체)에서 온 특사가 내게 말했다. "봐요, 하르치 키부츠 연합Hakibbutz Haartzi 하쇼메르 하차이르라고 쓰여 있는데요." 우리는 누구나 그게 베이트 알파 키부츠Kibbutz Beit Alfa(이스라엘 북부에 있다)에서 만든 것임을 알았다. 물감 물대포는 거대한 수압으로 사람들을 뒤로 밀어냈고, 한 가게의 유리창도 깨졌다. 나는 이스라엘 특사여서 국가를 비판할 수 없었기 때문에 속으로 고통을 삭였다.

우리를 향해 이스라엘이 어떻게 피노체트를 지지할 수 있느냐고 물은 것은 좌파 성향의 부모님이었다. 나는 이스라엘에 대해서는 나쁜 말을 하지 않았지만, 집에 와서 벽에 대고 고함을 질렀다. 물대포를 맞은 시위는 격렬해졌다. 시위대는 쉽게 포기하지 않았다. 물대포를 쏴야만 겨우 그들을 밀어낼 수 있었다. 다른 이들이 오래된 도시에 있는 대학들 근처에서 벌어지는 시위에서는 물대포를 더 대대적으로 쐈다고 말해주었다. 그때서야, 그러니까 쿠데타(1973년)에 항거하는 1989년 9월의 시위에서야 나는 물대포를 보았다.[11]

다니엘과 동료 청원인들은 이스라엘에서 소송을 진행하면서 몇 년간 카프카 소설 같은 다툼에 직면했다. 이스라엘 체제는 어떤 실체적인 내용도 공개하려 하지 않았다. 처음에 이스라엘 정부는 피노체트 집권 시기에 이스라엘과 칠레가 교환한 서신이 전혀 없다고 주장했다. 그 후 실제로 문서고에 관련 문서 1만 9,000건이 존재했다는 사실을 인정한 뒤에는 표면상 존재하지 않은 문서를 일일이 뒤져서 정리, 편집할 인력이 없다고 말했다. 이후 70년간 이 파일을 공개할 수 없다고 말한 뒤에 나온 발언이었다.

법원은 처음에 청원인들 편을 들면서 정부에 관련 문서를 찾아볼 직원을 임명하라고 권고했다. 판사는 청원인들이 공무원을 만나서 지정된 시간 동안 얼마나 많은 문서를 공개할 것인지 일정을 짜보라고 제안했다. 1년 뒤 이스라엘은 1981년 당시의 칠레에 관한 별 의미 없는 12쪽 분량의 문서를 주었다. 청원인들이 고등법원에 항소하자 정부는 약 400건의 문서를 검토했으나 다니엘 실버만 가족에 관한 언급은 전혀 찾지 못했다고 주장했다.

다니엘 실버만과 청원인 그룹은 정부가 문서를 국가문서고에서 군 문서고로 옮겼다는 소문을 들은 뒤 2019년 대법원에 상고했다. 이스라엘군 문서고는 정보공개 요청을 받지 않기 때문에 영원히 문서를 파묻어둘 수 있다. "대법원은 언제나 우리에게 발언 기회를 주었지만, 우리나라가 민주 국가라는 인상을 주려는 요식 행위 같았습니다."

2019년 대법원은 사건 심리를 기각했다. 답변을 바라는 가족들에게 공감을 표시하면서도 이 정보를 공개할 수 없다는 궁극적인 이유로 보안을 거론했다. 재판관 한 명은 청원인들에게 모사드(이스라엘의 정보기관)에 요청해보라고 제안했다. 그들이 요청하는 정보가 모사드에 있을 수도 있었기 때문이다. 다니엘은 모사드에 관련 문서가 일부 있다는 의미로 받아들였지만, 담당 변호사는 아무런 결과도 얻어내지 못했다.

동료 청원인 릴리 트로브만Lily Traubman은 칠레 군사 정권에 아버지가 살해당한 뒤 1974년에 가족이 이스라엘로 도망쳐 온 사람으로, 지금은 북부에 있는 메기도Megiddo 키부츠에 살고 있다. 트로브만은 지금도 1973년 쿠데타 이후 칠레에서 목격한 상황이 악몽처럼 떠오른다. "실종된 사람들, 고문 받고 살해당한 사람들에 관해 들었습니다." 2015년 〈하레츠〉 기자에게 한 말이다. "이제 더는 은신처에서 빠져나올 수 없는 상황이 되자 밖에서 어떤 일이 벌어지는지 전혀 알지 못했지요."[12]

다니엘 실버만과 마찬가지로 트로브만도 칠레의 암흑기에 이스라엘이 어떤 역할을 했는지 투명하게 밝힐 것을 끈질기게 요구해야 한다는 의무감을 느꼈다. "그곳에서 무슨 일이 벌어졌는지를 알고 이해하려면 자유라는 보편적인 가치만 있으면 됩니다. 오늘날 이스라엘이 남수단(유대 국가가 억압적 정부에 무기를 제공하고 있다)과 손잡는 걸 보면, 이런 관계가 계속 존재하는 게 입증됩니다. 이런 일이 다시 일어나지 않게 하고, 역사적 정의를 실현하려면 과거 사실을 공개해야 해요. 과거 때문만이 아니라 미래를 위해서도 중요한 일입니다."

다니엘은 현재 유대인과 아랍인 학생들을 대상으로 이스라엘이 세계에서 어떤 역할을 하는지, 그리고 그것이 팔레스타인 영토 점령과 어떤 관계가 있는지 설명하면서 시간을 보낸다. "저는 이스라엘 시민들은 이 거래의 수혜를 받지 못한다고 말합니다. 수익은 무기상들에게 돌아가죠. 세계의 깡패들과 거래를 하는 셈입니다. 이스라엘 기업들이 활용하는 홍보상의 이점은 우리가 (팔레스타인) 점령지에서 실전 테스트를 거친 장비를 판다는 거예요. 방위 산업의 원동력은 팔레스타인인들과의 분쟁을 영원히 지속시키려는 의지입니다. 이스라엘이 독재 정권을 지원할 때 도덕적 고려는 전혀 생각하지 않습니다. 돈을 벌고 강력한 나라가 되기만 하면 되는 거죠."

이스라엘이 아버지를 죽인 이들과 공모했다는 사실을 점점 알게 되면서 다니엘은 정치적 좌파의 길로 이어지는 여정을 계속 이어나갔지만, 이스라엘에서 좌파는 점점 줄어드는 소수파 신세다. 작은 아랍인 마을에 있는 어느 학교에서 10대 초반 아이들을 모아놓고 강연을 했을 때, 아이들은 칠레에 아랍 세계 바깥에서 가장 큰 규모의 팔레스타인 공동체가 있다는 것, 그리고 그 나라에서는 유대인과 팔레스타인인이 대체로 우호적인 관계를 유지한다는 것을 알게 되었다.[13] "(내가 이야기를 나누는) 유대인 학생들은 완전히 민주적인 나라에서 살고 있다고 생각해요. 아랍인 학생들은 자신들이 차별을 받고 있고 2등 시민이라는 걸 알죠."

"우리는 항상 이 나라가 중동에서 유일한 민주 국가라는 말을 듣습니다. 하지만 몇 마일만 도로를 달려가면 팔레스타인인들은 똑같은 권리를 누리지 못하죠. 우리는 보고 싶은 그림만 봅니다. 이스라엘의 많은 사람은 지금도 우리가 세계에서 가장 도덕적인 군대라고 말하는데, 정말 우스운 이야기죠."

시온주의적 군국주의와 독자적으로 생존 가능한 지역적 방위력을 구축한 역사는 이스라엘이 건국되기 전부터 시작되었다. 유대 국가와 그 지지자들은 무기 개발이 자신들에게도 이익이 된다는 점, 그리고 그 무기를 세계시장에 판매하고 선전할 수 있는 잠재력을 금세 간파했다. 팔레스타인 실험실이 탄생한 순간이다.

세계의 폭군들과 손잡다

1948년 이스라엘의 탄생은 세계 각지의 많은 유대인들에게 기적과도 같은 일이었지만, 팔레스타인 사람들에게는 재앙이었다. 1948년 5월 14일, 유대인기구 의장 다비드 벤-구리온은 2,000년 만에 처음으로 이스라엘 유대 국가의 수립을 선포했다. 같은 날 미국 정부는 이스라엘의 정당성을 승인했다. 하지만 이스라엘에 대한 워싱턴의 지지는 자애로움의 표출이었던 것만은 아니다. 당시의 사고를 이해하려면, 프랭클린 D. 루스벨트의 친구인 조지 비들 George Biddle 이 신생 국가를 방문한 뒤인 1949년 〈애틀랜틱〉에 기고한 글이 도움이 된다. 비들은 이스라엘을 지지한다는 점을 분명히 밝히면서 유대 국가가 제 궤도에 오르면 중동에 대한 서구의 이익이 보장될 것이라고 주장했다. 그는 유대인들이 원래 '기름때투성이'인데다 '케케묵은' 사람들이었다고 평한 것처럼 그들을 썩 좋아하지는 않은 듯하다. 하지만 이스라엘에 도착한 뒤 유대인들은 갑자기 '아름다운 신체와 건강한 활력, 정중한 태도, 온화한 성격'을 얻었고, 미국 대통령이자 건국의 아버지, 노예주인 토머스 제퍼슨과 비슷해졌다.[14] 비들은 자신이 본 아랍인들을 무시했지만 그들이 '숱하게 많은 북아메리카 인디언만큼이나 위험하다'고 생각했다. 백인이 아닌 그들은 '더럽고, 병이 많고, 냄새가 지독하고, 몸이며 이빨 곳곳이 썩었고, 해충이 우글우글했다'.[15]

팔레스타인 사람들이 당한 대학살은 이루 헤아릴 수 없는 규모였다. 1947년에서 1949년 사이에 전체 190만 명의 인구 중 최소한 75만 명이 강제로 쫓겨나 신생 국가의 국경 밖에서 난민이 되었다. 팔레스타인인들은 이를 '나크바Nakba', 즉 재앙이라고 부른다. 7개월 동안 531개의 마을이 파괴되고 1만 5,000명이 살해되었다. 남은 팔레스타인인들은 구타와 강간, 구금을 당했다.

거친 세계에서 살아남은 억압받은 사람들이라는 신화는 이스라엘의 방위 정책을 설명하는 데 크게 도움이 된다. 이스라엘은 1948년에 한 행동을 책임지지 않았기 때문에 이스라엘의 정치·군사 엘리트들은 잇따라 식민화와 점령의 도구가 세계인들에게 매력적으로 통한다고 확신하게 된다. 1948년 당시, 그리고 1967년 6일 전쟁 이후에 야기된 불의를 진지하게 인식한 나라나 국제기구가 거의 없기 때문이다.

1948년의 유령들은 21세기에도 울려 퍼진다. 야이르 라피드Yair Lapid는 2022년에 이스라엘 총리가 되었을 때 1948년에 팔레스타인인들이 강제로 쫓겨난 예루살렘의 주택을 임시 주거지로 삼았다.

1930년대 중반 무렵 독일과 오스트리아에서 새로 이주한 유대인들은 팔레스타인의 도시를 산업화하는 데 힘을 보탰다. 그리고 현지 공장에서 만든 무기는 다가오는 영국 위임통치 당국과의 충돌을 대비해 시온주의자들이 만들거나 훔친 무기고의 핵심적인 일부였다.[16] 1939년 이후 유대인 수만 명이 영국인들에게 군사훈련을 받았는데, 제2차 세계대전이 끝난 뒤 유대인들이 자신들만의 나라를 세우고자 했을 때 이는 소중한 자산이 되었다.[17] 나치에 맞서 싸운 이들을 포함해 전쟁 이후 팔레스타인에 도착한 유대인의 숫자만 보아도 시온주의자들은 영국인과 아랍인 양쪽에 맞서 효과적으로 싸울 수 있었다.

독자적으로 생존 가능한 국방력을 발전시킨 이스라엘은 1950년대 중반부터 국경 너머로 살상 도구를 판매하기 시작했다. 몇 년 뒤 벤-구리온 총리는 '외무부에서 이의를 제기하지만 않으면 어떤 경우든 외국에 무기를 판매할 것'이라고 역설했다. 1950년대에 정부 소유의 방산 기업들이 발전했고 1960년대에는 민간이 소유한 기업들이 성장했다. 현재 이스라엘 최대의 민간 무기 제조업체인 엘빗도 그때 성장한 기업이다. 1966년에 설립된 엘빗은 순식간에 이스라엘 탱크와 항공기에 쓰이는 필수적인 장비 공급업체로 올라섰다. 몇 년 뒤 엘빗은 민주 국가와 독재 국가 양쪽 모두에 무기를 수출하는 주요 업자로 올라서서 미군을 비롯한 많은 나라와 긴밀하게 협력하면서 드론부터 야간투시경과 지상 감시 시스템, 최첨단 살상탄에 이르기까지 광범위한 장비를 개발했다. 엘빗은 지금도 이스라엘 군경과 긴밀하게 제휴하며, 심지어 출판 산업으로까지 확장했다.[18]

1967년 이스라엘이 요르단 강 서안과 가자, 동예루살렘, 골란 고원을 신속하게 장악하면서 시작된 군사적 진전은 그 후 결코 멈추지 않았다. 이 승리 덕분에 이스라엘은 팔레스타인 주민들을 통제하기 위한 장치를 구축하는 동시에 이 장비를 판매하기 위한 수출 시장을 찾을 수 있었다. 유대 국가는 관심 있는 나라들을 먼 데서 찾을 필요가 없었다. 억압적인 샤Shah(국왕)가 통치하는 이란과 아파르트헤이트 체제인 남아프리카공화국 등 대부분 독재 국가였다.

1980년대 중반 무렵 이스라엘은 20년 가까이 동예루살렘과 요르단 강 서안, 가자, 골란 고원을 점령하고 있었다. 1984년부터 1988년까지 〈뉴욕 타임스〉 예루살렘 지국장으로 일한 토머스 프리드먼Thomas Friedman은 1986년에 '이스라엘 경제는 어떻게 해외 무기 판매에 중독되었는가'라는 제목으로 특집 기사를 내보냈다. 프리드먼의 기사에는 한계가 있었지만 – 가령 이스라엘의 팔레스타인 점령이나, 심지어 '팔레스타인'이라는 단어조차 언급하지 않는다 – 핵심 명제는 정확했다. '인구가 400만 명에 불과한 이스라엘이 세계 10대 무기 수출국으로 올라섰고, 이스라엘의 사업가들은 세계적으로 손꼽히는 무기상이다.'[19] 그 전에나 후에나 이스라엘의 무기 거래와 독재 정권 지원을 그렇게 객관적으로 설명한 기사는 거의 보지 못했다.

프리드먼은 이스라엘 내부의 무기 거래 반대자들과 그 필요성을 믿는 지지자들 사이의 언뜻 모순적인 감정을 명쾌하게 설명했다.

유대 국가가 경제적으로나 외교적으로나 생존하기 위해 무기 판매에 의존해야 한다는 견해에 대해 이 나라의 일부 사람들은 대단히 우려한다. 그들의 자아상만이 아니라 시온주의 유토피아에 대한 전망과도 충돌하기 때문이다. 하지만 '현실주의자'를 자처하는 다른 많은 이들은 무기 판매가 모든 민족국가, 특히 언제나 아슬아슬하게 사는 이스라엘 사회의 필연적인 현실이라고 맞받아친다. 이스라엘이 무기를 팔지 않는다 해도 다른 나라들이 팔 것이며, 예루살렘은 세계를 조금도 바꾸지 못한 채 무기 판매가 안겨주는 경제적·전략적 이득을 놓치게 된다는 것이다. 현실주의자들은 어쨌든 생존은 비폭력만큼이나 도덕적인 정언명령이라고 주장한다. 포기한 꿈보다는 변색된 유토피아가 낫다는 것이다.

충분히 많은 이스라엘인이 방위 산업에 정말로 반대하고 있는지는 분명하지 않다. 아마 프리드먼은 유대 국가의 일부 사람들이 한때 박해를 받았던 유대인이 이제 세계 곳곳에서 박해자들과 협력하고 있다는 생각에 소스라치게 놀라고 있음을 보여주기 위해 이른바 이상주의자들의 비율을 과장했을 것이다. 프리드먼은 이스라엘 노동자의 약 10퍼센트인 14만 명이 무기 거래에 관여하고 있음을 보여주는 수치를 인용했다.[20]

프리드먼의 기사가 나오기 3년 전에 〈뉴욕 타임스〉에 실린 한 기사는 이스라엘 국민에 대한 그의 소망적 사고를 약화시키는 내용이었다. 하이파 대학교의 심리학 교수 베냐민 베이트-할라미Benjamin Beit-Hallahmi는 다음과 같이 설명했다. '다른 이들이 더러운 일(독재 체제와 공모하는 일)이라고 여기는 것을 이스라엘인들은 옹호 가능한 의무이자 어떤 경우에는 고귀한 소명으로 간주한다. 이스라엘에는 이런 전 지구적 모험주의에 대해 사실상 반대 여론이 전혀 없다. (……) 많은 이스라엘인은 지역과 지구 차원의 경찰관 역할을 매력적으로 생각하며, 후한 보상을 받을 것으로 기대하는 일을 언제든 계속하려고 한다.'[21]

프리드먼의 기사에는 이스라엘 국방장관 다비드 이브리David Ivri가 언급했다는 핵심적인 말이 들어 있었다. 이브리는 이스라엘의 무기, 안보 산업이 글로벌 시장에서 강대국과 경쟁할 수 있는 것은 '이스라엘군이 전장에서 첨단 기술을 시험하기' 때문이라고 말했다. 팔레스타인 실험실 운영은 이스라엘이 팔레스타인 영토를 점령하는 한 거의 언제나 국가 정책이었다.

프리드먼의 기사는 이스라엘 대테러 부대 전前 사령관들이 이끄는 이스라엘 기업의 홍보물처럼 읽히는 구절로 끝을 맺는다. 이 부대는 '자위, 산업 보안, 테러 대응 등의 모든 측면에서 이스라엘이 쌓은 전문성 - 그들 자신이 개발하는 데 기여한 전문성 - '을 배우고자 하는 기업과 개인을 상대로 자위 강좌를 연다. 이 사람들이 수십 년간 팔레스타인 주민을 지배하면서 이런 지식을 획득했다는 사실은 언급되지 않는다. 대신에 프리드먼은 투어앤시큐어Tour and Secure라는 기업과 그들이 홍보 책자에서 40여 년간 '테러에 맞서 싸운' 경력을 과시하는 내용을 인용한다.

이스라엘은 처음부터 평판이 좋지 않은 정권에 방위 장비를 판매했다. 1950년대에 공산주의 반군과 전쟁을 벌이던 미얀마도 그중 하나다. 이스라엘이 초기에 가장 성공시킨 무기는 건국 직후인 1940년대 말에 처음 설계한 우지 기관단총이다. 이스라엘은 90여 개국에 우지를 판매했는데 스리랑카, 로디지아(지금의 짐바브웨), 벨기에, 독일 등의 군대에서 주력 총기로 사용한다.

이 모든 게 가능했던 건 벤-구리온이 건국 초기에 총기 생산 산업을 구축하는 게 유대 국가에 유리할 것임을 인식했기 때문이다. 1952년 이스라엘이 서독으로부터 받은 거액의 배상금은 무기 부문에 필요한 투자 자원이 되었고, 이스라엘은 배상금의 상당 부분을 무기 개발과 실용화 가능한 핵무기 개발 연구에 비밀리에 이전했다. 프랑스와 미국에서 들어오는 막대한 원조가 독일의 배상금과 결합해서 방위 산업이 이스라엘의 주요한 수출 사업이 되었다.

적으로 여기는 나라들에 둘러싸인 이스라엘은 중동에서 상대적으로 고립된 탓에 어쩔 수 없이 자국산 무기를 개발해야 했다. 주요 글로벌 강대국, 특히 1956년에서 1967년 사이의 프랑스와 1967년 6일 전쟁 이후 미국이 유대 국가에 가장 든든한 군사 지원을 해주었다. 군국주의는 이스라엘의 지도 원리가 되었고, 그 후 줄곧 생명력을 유지하고 있다. 팔레스타인인들과의 분쟁을 끝내는 것은 사업에 좋지 않으며 이스라엘의 건국 이데올로기를 훼손할 수 있다. 냉전 시대에 우리는 미국이 이스라엘을 지원하고 소련이 시리아와 이집트를 지원하는 가운데 숱한 대리전

이 이어지는 광경을 보았다. 1981년에 〈월스트리트 저널〉은 이렇게 썼다. '이스라엘인들은 비록 미국이 자국의 강경파 정책을 비판하고 있지만, 이스라엘이 미국의 무기 개발을 위한 일종의 전투 실험실 역할을 해왔다는 사실을 간과한다고 불만을 토로한다.'[22]

이스라엘의 무기가 국가의 경제적 생존을 떠받치는 중추라는 사실은 아무리 강조해도 지나치지 않다. 연구자 하임 브레셰트-자브너Haim Bresheeth-Žabner는 『독보적인 군대 : 이스라엘 방위군은 어떻게 나라를 만들었는가An Army Like No Other: How the Israel Defense Forces Made a Nation』에서 '경제는 수류탄을 위해 오렌지를 포기했다'고 말한다.[23] 이스라엘 정부가 공개하지 않는 탓에 정확한 수치를 구하기는 불가능하지만, 오늘날 300여 개의 다국적 기업과 6,000개의 스타트업에서 수십만 명을 고용하고 있다. 판매량이 폭증해서 2021년 방위 수출이 역대 최고인 113억 달러에 달했다. 2년 만에 55퍼센트가 증가한 것이다. 이스라엘의 사이버 보안 기업들 또한 매출이 급증해서 2021년에 100건의 거래로 88억 달러를 손에 넣었다. 같은 해에 이스라엘의 사이버 기업들은 이 분야 세계 자금의 40퍼센트를 차지했다.

이스라엘의 관점에서 보면, 팔레스타인 실험실에는 예나 지금이나 단점이 거의 없다. 이스라엘은 수십 년간 워싱턴과 긴밀하게 협력하면서 종종 미국이 공개적인 지원보다는 은밀한 지지를 선호한 지역에서 활동했다. 가령 이스라엘은 냉전 시기에 미국 의회가 미국 기관들의 공식적인 활동을 봉쇄한 과테말라와 엘살바도르, 코스타리카의 경찰을 지원했다.

이스라엘과 미국은 2000년대에 접어들어서까지도 콜롬비아의 암살대death squad*를 훈련, 무장시켰다. 전 마약 밀매업자로 극우파 준군사

---

* 1970~1980년대에 남아메리카에서 반정부 인사를 납치, 살해한 준군사 집단이나 비밀경찰을 총칭하는 표현이다 – 옮긴이

집단을 이끈 카를로스 카스타뇨Carlos Castaño는 대필 작가가 쓴 자서전에서 이렇게 설명한다. '나는 (1980년대에) 이스라엘에서 엄청나게 많은 것을 배웠다. 나 자체, 즉 내가 이룬 인간적·군사적 성취는 모두 이스라엘 덕분이다. 나는 이스라엘인들에게서 준군사 집단 개념을 그대로 베꼈다.'[24] 들리는 말로, 카스타뇨는 자국에서 도망친 뒤 2004년 이스라엘에 도착했다고 한다.

콜롬비아는 오래전부터 중앙아메리카 지역에서 미국의 가장 중요한 전략적 동맹국이었다. 2022년 콜롬비아 정부가 임명한 진실규명위원회는 1958년부터 2016년 사이에 벌어진 내전 당시의 암울한 현실에 관한 조사 결과를 공개했다. 미국은 콜롬비아 동맹 세력이 암살대를 운영하고 있음을 알면서도 지원을 늘린 사실이 밝혀졌다.

지금까지 글로벌 사우스는 (주로) 이스라엘과 미국의 무기로 통제되고 평정되었다. 반유대주의도 극단주의도 자산이나 국민을 약탈하는 국가와 협력하는 데 전혀 장애물이 되지 않았다. 이 공모 체제는 확립되고 수십 년 뒤인 지금도 여전히 순조롭게 작동하는 중이다. 냉전 시기에나 9·11 이후의 환경에서도 그 어떤 것도 이 체제가 발전하는 것을 중대하게 가로막지 못했다.

이스라엘의 인권변호사로 자국의 과거와 현재의 방위 정책을 투명하게 공개할 것을 앞장서 요구한 에이타이 맥은 이 상황을 다음과 같이 요약해주었다.

수십 년간 이스라엘의 방위 부문은 별로 변한 게 없습니다. 이 부문은 여전히 인권에 무관심하고 책임성이 결여되어 있습니다. 내가 국방부와 공무원들에게 청원을 제기하면서 접근하면 지금도 냉전 시절처럼 대응하기 때문에 문제가 되지요. 미국이나 유엔이 남수단이나 아제르바이잔, 미얀마 등 여러 곳에 무기 금수 조치를 내리기도 하지만 이스라엘은 아랑곳하지 않고 관여하지요. 이 문제는 절대 바뀌지 않습니다. 저는 과거를 폭로하려고 노력하는 중입니다. 역사가 되풀이된다는 클리셰 때문이기도 하고 이스라엘이 함구령과 검열을 활용해서 정보가 유출되는 것을 막기 때문이기도 하지요.

20세기와 21세기에 가장 타락한 몇몇 정권에 이스라엘이 관여한 역사를 인식할 필요가 있다. 이 역사는 공론장에서 거의 토론되지 않으며, 많은 자세한 내용이 이스라엘 문서고에 여전히 감춰져 있다. 이스라엘은 자신들이 고립되고 종종 보이콧 당하는 나라라고 주장하고 있지만, 많은 나라와 은밀하게 긴밀한 관계를 맺어왔다. 1950년대부터 줄곧 이스라엘이 군사적 영향력을 행사한 파란만장한 역사를 파악할 수 있으며, 이를 통해 기회주의적이고 부도덕한 대외 정책이 드러난다. 다른 주요 강대국과 그들이 지구 차원에서 맺는 관계와 별다르지 않다. 가령 미국과 프랑스는 종종 독재자들과 공모하지만, 이스라엘은 언제나 자신들은 세계에서 고귀하고 독특한 국가라고 주장해왔다.

종족민족주의 정권을 지원하는 게 이스라엘 대외 정책의 유일한 초점은 아니지만, 이스라엘이 무장시키고 훈련시킨 무수히 많은 나라의 사례를 보면 이런저런 종족 집단을 표적 공격하려는 다른 나라가 끊임없이 등장한다.

시온주의의 아버지 테오도르 헤르츨Theodore Herzl은 1896년에 쓴 선구적인 팸플릿 『유대 국가The Jewish State』[25]에서 이렇게 썼다. '그곳(팔레스타인)에서 우리는 아시아에 맞서는 유럽 장벽의 한 구간이 될 것이며, 야만에 맞서 싸우는 문명의 전초기지 역할을 할 것이다.'[26] 1999년에서 2001년까지 나라를 이끈 전 총리 에후드 바라크Ehud Barak도 비슷한 의미가 담긴 비유를 사용했다. 이스라엘이 '정글 한가운데에 있는 대저택'이라는 비유는 중동에서 무슬림 야민인들에 둘러싸인 문명국가라는 주장이었다.

이런 언어가 중요한 것은 이스라엘과 외부자들의 관계에 휘말리는 비유대인들에 대한 경멸을 드러내기 때문이다. 내가 자유주의적인 유대인 부모 밑에서 자라면서 들었던 것처럼, 유대인들은 흔히 학교나 종교 교육에서 유대인은 선택된 사람이며 하느님 및 사회와 독특한 관계를 맺는다고 배운다. 우리는 타인을 도울 수 있고 도와야 했다(다만 이런 공감에는 정해진 한계가 있어서 팔레스타인인은 제외되었다). 이는 비유대인들에 대한 인종적 우월감을 번성하게 해주면서 그들의 생명을 경시하는 것을 정당화하는 신념 체계다. 2010년 총리 베냐민 네타냐후는 이사야서의 구절을 언급하면서 이스라엘은 '웅대한 나라를 가진 자랑스러운 민족이자 언제나 이방의 빛으로서 역할을 다하고자 하는 민족'이라고 말했다.

이스라엘이 세계 곳곳의 민족들에게 영감이 될 것이라는 기대 속에 시온주의자들은 지금도 걸핏하면 이런 표현을 사용한다. 2022년 유월절 주간에 〈타임스 오브 이스라엘〉 편집인 데이비드 호로비츠David Horovitz는 '우리 지도자들이 이스라엘이 이룩한 현대의 기적을 수호하는 지혜를 얻기'를 바란다고 썼다 - 그 나침반을 사용해서 이스라엘의 생존, 그리고 번성하는 유대 국가이자 민주 국가로서, 이방의 참된 빛으로서 발전하기를 바란다고.[27]

'유대인에게 좋은 것'이라는 말은 이스라엘과 유대인 디아스포라 사이에서 흔히 쓰이는 구절이다 - 온갖 방식으로 끔찍한 정권들과 범죄적으로 공모하는 행위를 정당화하는 데 사용된다. 1983년부터 1993년까지 대통령을 지낸 하임 헤르조그Chaim Herzog는 이런 이데올로기를 부끄럽게 여기지 않았다. "우리는 건국 이래 역대 모든 이스라엘 정부를 인도한 하나의 기준을 (대외 정책) 관계의 길잡이로 삼아야 한다. '유대인에게 좋은 것인가?'라는 질문이 그것이다." 노엄 촘스키가 1983년 저서 『숙명의 트라이앵글 : 미국, 이스라엘, 팔레스타인인 The Fateful Triangle: The United States, Israel, and Palestinians』에서 언급한 것처럼, 이른바 유대인의 이익에만 초점을 맞추는 것은 '정복당한 사람들이 아니라 유대인에게 미치는 영향에 의지하는 주장'이었다. '피정복민의 권리와 소망은 깡그리 무시된다. 자유주의적 시온주의자나 서구 지식인들 사이에서 보기 드문 입장이 아니다.'[28]

이스라엘의 역사는 1967년 전과 후라는 두 시대로 구분할 수 있다. 6일 전쟁 이전에 이스라엘의 정책은 고귀하지는 않았지만 그래도 적어도 (이따금) 억압에 반대한다는 수사적 인상은 풍겼다. 아파르트헤이트 체제였던 남아프리카공화국을 예로 들어보자. 1963년 외무장관 골다 메이어Golda Meir는 유엔 총회에서 이스라엘은 '어느 곳에 존재하든 간에 아파르트헤이트와 식민주의, 인종적·종교적 차별 정책에 당연히 반대한다'고 말했다. 유대인들은 피해자가 된다는 것이 무슨 의미인지를 잘 알았기 때문이다. 이스라엘은 탈식민 자유를 누리는 아프리카의 신생 독립국들과 손을 잡았고, 아프리카 나라들은 유엔에서 이스라엘을 지지했다. 많은 이스라엘인이 그때나 지금이나 이스라엘을 식민지의 굴레에서 해방되는 것과 비슷한 해방 투쟁으로 보았다. 그들은 시온주의가 식민주의에 물들었다는 견해를 혐오했다.[29]

냉전과 변화하는 정치적 풍향을 등에 업고 이스라엘은 군사 강국의 지위를 점점 높여갔다. 유대 국가는 1967년 이후 전투 경험을 갖춘데다가 동예루살렘, 요르단 강 서안, 가자, 골란 고원 등의 팔레스타인인을 점령한 독특한 위치에 서 있음을 자각했다. 이러한 무기, 장비, 지배 이데올로기의 시험장은 소련이 공급한 무기와 군대에 맞서는 소중한 자산이었고, 세계 각지에서 새로 발견한 우방들에게 점차 보급되었다. 이스라엘은 소련과 그 대리 세력에 맞서 미국뿐만 아니라 독재 국가와 민주 국가에 이르기까지 다양한 미국의 동맹국들과 동맹을 맺었다. 1970년대부터 오늘날까지 이스라엘은 팍스 아메리카나를 유지한다는 목표에서 워싱턴의 믿음직한 보조자였다.[30] 많은 서구 국가에는 이득이 되는 동맹 관계였지만 아시아와 남아메리카, 아프리카 사람들에게는 그다지 이득이 되지 않았다.

언론인 사샤 폴라코-수란스키Sasha Polakow-Suransky는 이스라엘과 남아프리카공화국 아파르트헤이트의 은밀한 관계를 다룬 저서『무언의 동맹The Unspoken Alliance』에서 1967년이 이스라엘 방위 정책의 분수령이었다고 말한다. 소련과 아랍의 선전에 도움을 받아 '이스라엘이 보호를 필요로 하는 홀로코스트 생존자들의 나라라는 이미지는 점차 서구의 제국주의적 앞잡이라는 이미지로 퇴색되었다'. 그 후 많은 제3세계 국가가 이스라엘에 등을 돌렸고, '이스라엘 정부는 강경한 현실 정치realpolitik를 위해 도덕적 대외 정책의 마지막 흔적조차 내팽개쳤다'. 그다음부터 세계에서 가장 잔인한 폭군들과 손을 잡는 일이 이어졌다.[31]

샤 치하의 이란과 이스라엘의 관계는 불쾌한 정권의 편을 든 초기 사례다. 이스라엘 국가문서고에서 새롭게 기밀 해제된 문서들을 보면 이스라엘이 유대 국가를 절대 공식적으로 인정하지 않은 이슬람 국가와 관계를 유지하려고 필사적으로 노력한 정황이 드러난다(테헤란 당국은 뇌물을 받고 비공식적으로 이스라엘을 인정하기는 했다).[32] 이스라엘의 건국 지도자 다비드 벤-구리온은 1961년에 테헤란을 방문해 이스라엘과 이란의 친선 관계를 왜 공개할 수 없는지를 설명했다. "우리끼리 비밀로 합시다. 양국 관계는 결혼하지 않은 남녀의 진정한 사랑과도 같습니다. 그런 방식이 좋습니다."

샤가 집권한 수십 년간, 특히 1950년대부터 줄곧 이스라엘은 막대한 양의 이란산 원유를 사들이는 한편, 테헤란은 이스라엘을 자국 원유를 다른 나라에 판매하기 위한 중개인으로 활용했다. 이스라엘은 이란이 진짜 공산주의자든 상상의 공산주의자든, 샤에 반대하는 모든 세력을 잔인하게 진압하는 걸 알았지만, 이에 대해 어떠한 유감 표명도 하지 않았다.

1965년 5월 5일, 이란 주재 이스라엘 대표 메이어 에즈리Meir Ezri는 본국에 보낸 보고서에서 이란 외무장관 아바스 아람Abbas Aram과 회담한 내용을 이야기했다. 아람은 이스라엘이 샤를 드러내놓고 지지하는 모습 때문에 자국과 아랍 세계의 관계가 영향을 받을 수 있다고 걱정했다. 그러자 에즈리는 이렇게 대꾸했다. "중동에 대한 이스라엘의 전반적인 이해관계는 이스라엘의 친구로 여겨지는 샤가 이끄는 가운데 주권을 유지하고 번영하는 이란의 존재입니다. (······) 우리는 이란이 아무리 노력을 기울여도 아랍인들이 이란과 계속 우방으로 남을 것이라고 믿지 않습니다. 우리는 양국 간 우정 때문에라도 이란의 가장 중대한 이익을 겨냥한 아랍 세계의 시도에 관해 우리가 아는 내용에 이란이 관심을 기울이도록 촉구할 수밖에 없습니다."[33]

이스라엘과 이란의 무시무시한 비밀경찰 사바크Savak가 정확히 어떤 협력 관계를 맺었는지는 분명하지 않다. 문서들을 보면 이란의 고위 관리들이 이스라엘 방위군에 자국의 경호원 훈련을 요청한 사실을 알 수 있다. 샤는 이스라엘 항공기와 탱크를 구매하길 원했고, 이스라엘 쪽은 샤의 요청을 흔쾌히 받아들였다. 1960년대 말부터 이란과 이스라엘 관리들 사이에 협상의 골자를 놓고 의견 교환이 이뤄진다. 1968년에서 1972년 사이에 이란은 이스라엘산 박격포와 무전 장비, 그 밖의 국방 장비를 구입했다. 이스라엘은 자국 땅에서 이란 경찰관을 훈련시켰다. 이스라엘 총리 골다 메이어는 1972년에 샤를 만나 '페르시아, 이스라엘, 튀르키예, 에티오피아 등 공산주의에 맞서는 국가 간 협력을 강화해야 한다'고 말했다.

이스라엘 관리들은 샤에 대한 이란 국민들의 증오가 고조되는 모습에 주목했다. 하지만 이스라엘 정부는 이런 사실에 아랑곳하지 않고

1970년대 말까지도 이란이 위험에 빠져서는 안 된다고 판단하고는 잔인한 탄압을 해결책으로 촉구했다. 1977년 이스라엘은 핵탄두를 탑재할 수 있는 지대공미사일을 비롯한 광범위한 군사 장비로 이란을 지원할 가능성을 논의했다. 하지만 워싱턴은 이런 계획을 짓밟으면서 이스라엘에 소형 무기만 판매해야 한다고 말했다(그럼에도 샤와 이스라엘이 관여한 총 무기 판매액은 12억 달러로 추정된다).[34]

1978년 12월 30일, 이스라엘 외무부의 중동국장 야엘 베레드Yael Vered는 외무부 내부에 전문을 보내 이스라엘의 이익을 최대한 보장하려면 '군부와 군사 정권, 진정한 군사 정부가 수립되어 극단적으로 강경하게 나서야 한다'고 말했다. '군사 쿠데타의 형태로든 샤가 암묵적으로 동의하든 간에 군대가 먼저 나서야 한다.'

1979년 2월 망명 지도자 아야톨라 호메이니가 이란에 도착하자 샤의 종말이 시작되었다. 이스라엘 관리들은 미국인들이 쫓겨날 경우에 이란이 구매했던 무기를 사용하기 위해 여전히 외국의 지원을 받을 필요가 있다고 기대하는 말을 사적으로 남기긴 했지만 말이다. 이스라엘 외무부의 정치연구국장 핀하스 엘리아브Pinchas Eliav가 평가한 것처럼, 1979년 1월 샤가 축출되어 이집트로 망명길에 나선 것은 중동의 다른 독재 정권에 경고가 되었다. 이스라엘은 이란 대중이 자국이 지지하는 독재자에 맞서 봉기하는 힘을 목격했는데, 이는 '급진 정권을 비롯해 중동 지역의 모든 정권에 위험을 알리는 전조였다.'[35]

지금까지 이스라엘이 관계를 맺은 독재 정권의 숫자를 보면 아찔할 정도다. 1965년과 1966년 무슬림이 다수인 인도네시아에서 공산주의자들이 대규모로 숙청되어 최소한 50만 명이 사망한 뒤, 이스라엘은 (미국, 오스트레일리아, 그리고 대다수의 서구 강대국과 나란히) 1967년에 완전히 권력을 잡은 수하르토 장군의 정권과 유대를 돈독히 하는 데 열중했다. 기밀 해제된 문서에 따르면 이스라엘 모사드는 학살이 벌어지고 불과 몇 달 안에 사태의 전모를 파악했다. 하지만 모사드는 소고기, 옥수수, 석유, 면직물 생산 등 여러 상업적 사업을 놓고 독재 정권과 더 긴밀한 관계를 개시했다. 이스라엘이 제노사이드를 주도한 인도네시아 장군들의 뒤를 열심히 받쳐주는 극비의 관계였다.[36]

1965년부터 1989년까지 루마니아를 통치한 독재자 니콜라에 차우셰스쿠 시절을 생각해보라. 기밀 해제된 당시의 문서에서 드러난 것처럼, 이스라엘은 차우셰스쿠가 반유대주의자임을 알았지만 수십 년간 그와 친선 관계를 유지했다. 부쿠레슈티에서 보낸 1967년 3월 30일자 전문에서 이스라엘 대사는 루마니아 지도자가 '이스라엘을 미국의 유대인을 비롯해 경제적 능력과 국제적 연줄을 활용할 수 있는 부유한 유대인들의 중심지로 본다'고 말했다.[37]

차우셰스쿠의 루마니아는 1967년 6일 전쟁 이후에 이스라엘과 외교 관계를 유지하고, 유엔에서 이스라엘 반대표가 점점 많아지는 가운데서도 찬성표를 던진 동유럽의 유일한 나라였다. 이스라엘 관리들의 평가에 따르면 차우셰스쿠는 이스라엘과 유대인의 자금이 세계를 지배한다고 믿으면서 이스라엘과 관계를 잘 유지하면 워싱턴도 잔인한 공산당 독재인 자신의 정권을 상대할 것으로 기대했다. 이 관계는 실현되지 않았지만, 이스라엘은 차우셰스쿠가 루마니아의 홀로코스트 생존자들이 출국하는 것을 오랫동안 막았음에도 공개적으로 그를 비난하지 않았다. 세계무대에서 이스라엘이 벌이는 행동을 외교적으로 지지하는 루마니아가 절대적으로 필요했기 때문이다.[38]

다른 사례를 살펴보자. 프랑수아 '파파독' 뒤발리에François "Papa Doc" Duvalier와 그의 아들 장-클로드 '베이비독' 뒤발리에Jean-Claude "Baby Doc" Duvalier 일가가 통치한 1957~1986년 동안 아이티는 이스라엘에서 우지

기관단총, 장갑차, 항공기에 무기 시스템을 장착하기 위한 장치 등을 받았다. 뒤발리에 왕조는 3만~6만 명을 살해했지만, 그럼에도 불구하고 이스라엘 외무부는 파파독의 비위를 맞추기 위해 그가 쓴 책을 번역 출간했다. 책 초반부의 한 쪽에는 파파독의 사진 아래에 '향후 평생 동안 아이티 대통령'이라는 설명이 붙어 있었다. 그 보상으로 아이티는 1967년 6일 전쟁 이후 이스라엘을 강력하게 지지했다.

이스라엘 변호사 에이타이 맥과 인권운동가들은 2019년 뒤발리에 치하의 아이티와 이스라엘의 관계에 관한 국방부 문서를 손에 넣기 위해 정보공개를 청구했지만 법원은 기각했다. 텔아비브 지방법원의 판사 하가이 브레너Hagai Brenner는 2021년 2월에 청구를 기각하면서 이 문서들을 공개하면 '국가가 크게 곤란해질' 수 있다고 주장했다.

원래 문서들에는 이스라엘 관리들이 아이티인에 대해 인종차별적이고 모욕적인 언어를 구사한 내용이 담겨 있었다. 브레너 판사는 아이티의 가난과 피부색을 조롱하는 내용 때문에 문서를 공개할 수 없다고 주장했다. 판사는 '50년 전에는 수용되었지만 지금은 특히 부정적으로 여겨지는 모욕적인 용어를 사용한 부분이 있는 문서철은 국가 이미지와 대외 관계에 해를 끼칠 수 있다'고 말했다. 브레너는 또한 문서 공개를 허용하면 이스라엘을 겨냥한 BDS(불매, 투자 철회, 제재) 운동에 도움이 될 수 있음을 걱정했다.

1967년 전쟁의 여파 속에서 이스라엘은 당시 독재 정권이었던 파라과이와 거래를 맺었다. 아우슈비츠에서 유대인 수백 명을 대상으로 실험을 하면서 도살한 이른바 '죽음의 천사'인 요제프 멩겔레Josef Mengele 박사를 포함한 나치 전범들을 품어준 나라였다. 가자에 사는 팔레스타인 인구의 10퍼센트 정도인 6만 명에게 돈을 주어 파라과이로 이주시키는 것을 골자로 하는 거래였다. 이주한 팔레스타인인에게는 5년 안에 파라과이 시민권을 주겠다고 약속했다. 유출된 이스라엘 내각의 한 문서에서 드러난 것처럼, 모사드 수장 즈비 자미르Zvi Zamir는 파라과이가 '그들의 정의대로 공산주의자가 아닌 무슬림 아랍인 6만 명'을 받아들이는데 동의한다고 주장했다.[39] 이 계획은 현실화되지 않았고, 실제로 이주한 팔레스타인인은 총 30명뿐이었다.

이 계획이 틀어진 것과, 1969년 남아메리카에서 나치 수색을 중단하기로 한 이스라엘의 결정 사이에는 모종의 관계가 있었다. 이스라엘 정부의 최고위급이 유대인 학살자를 찾는 것보다 팔레스타인인을 추방하는 것을 더 선호했음을 보여주는 악마의 협정이었다.

대학살의 뒷배

1960년대 말 이스라엘이 잠재적인 우방과 파트너, 적을 바라보는 관점에서 일종의 혁명이 일어났다. 그 이유는, 이스라엘이 그 이전에는 계몽된 나라였기 때문이 아니라 1967년부터 이스라엘과 세계의 관계의 추진력에서 원칙이라는 환상이 완전히 사라지고 오로지 팔레스타인 영토와 사람들을 더 많이 통제하기 위해 지지를 얻는 방법을 찾는 데만 바탕을 두었기 때문이다.

독재자의 논리는 이해하기 어렵지 않다. 영원히 통치를 계속하고 싶다는 욕망이다. 이스라엘은 1970년대부터 줄곧 여러 가지의 핵심적인 이유에서 독재 정권의 믿음직한 파트너였다. 그때나 지금이나 많은 정권이 이스라엘과의 파트너십 덕분에 워싱턴 및 영향력 있는 미국의 유대인 공동체와 긴밀하게 손잡을 수 있기를 기대한다.

잔인한 소모사 일가는 1936년부터 1979년까지 니카라과를 지배했고, 이스라엘은 소모사 독재가 종말을 맞을 때까지 계속 무기를 공급했다. 사회주의 정치 조직 산디니스타가 1980년대에 정부를 장악하고 미국 대통령 로널드 레이건이 공산주의에 맞서는 전쟁이라는 명목 아래 중앙아메리카에서 테러전을 벌였을 때, 이스라엘은 이 지역에서의 역할을 한층 확대해서 미국의 대산디니스타 군사작전에 참여해달라는 요청을 받았다. 미국의 일부 유대인 단체는 소모사 정권과 연계되어 있었는데, 니카라과에 반유대주의가 팽배했다는 거짓 정보를 퍼뜨려서 결국 미국과 이스라엘이 잔인한 콘트라 반군*을 지지하게 만들었다. 이스라엘이 1980년대에 콘트라 반군에 보낸 AK-47 소총 중 일부는 레바논의 팔레스타인해방기구PLO로부터 압수한 것이었다(1982년 이스라엘이 레바논을 침공한 이후에). 1984년 NBC의 한 보도는 콘트라 반군 지도자와의 인터뷰를 대대적으로 다루었는데, 그는 이렇게 말했다. "우리는 이스라엘 정부가 레바논에서 PLO로부터 챙긴…… 무기를 일부 받았습니다." 보도는 이 극우 집단이 소련제 기관총을 사용했는데 이스라엘이 '워싱턴의 재촉을 받아 반군의 4분의 1을 무장시켜주었다'고 언급했다. 미국 중앙정보국은 콘트라 반군을 훈련시키는 과정에서 이스라엘 정보장교들의 지원을 받았고, 민병대(콘트라 반군)는 이스라엘의 예비역 및 퇴역 군 지휘관을 직원으로 둔 민간 군사 기업에서 제공하는 훈련을 받았다.[40]

레이건이 공산주의와의 전쟁을 벌이고 워싱턴이 니카라과부터 온두라스와 엘살바도르, 파나마에 이르기까지 우파 암살대와 손을 잡은 가운데[41] 이스라엘은 무기와 실전 경험을 제공하는 데 필수적인 역할을 한 것으로 평가받았다. 1985년에서 1987년 사이에 미국과 이스라엘이 니카라과의 콘트라 반군에 자금을 대주기 위해 이란에 무기를 판매한

---

* 1979년부터 1990년대 초반까지 집권했던 니카라과의 산디니스타 민족해방전선 정부에 반대한 친미 반란군 집단의 총칭이다 – 옮긴이

'이란-콘트라 사건'에서 유대 국가가 맡은 역할은 또 다른 냉소적인 사례다. 두 나라는 이란이 억압적인 나라임을 알면서도 사담 후세인 치하의 이라크와 전쟁을 벌이는 이란을 돕는 게 바람직하다고 보면서 자금을 지원했다. 그 결과 이란-콘트라 사건이 폭로되면서 이스라엘과 이란 사이에 더 이상의 협력 관계는 공식적으로 단절되었고, 오늘날 테헤란은 중동에서 유대 국가의 주적이다.

이스라엘은 후안 페론 치하에서 세간의 이목을 끄는 많은 나치 인사 ― 홀로코스트 설계자인 아돌프 아이히만도 그중 한 명이었다 ― 를 반갑게 맞이한 아르헨티나 같은 국가와 제휴하는 데 열중했는데 1970년대부터 이는 그 지역 전체에서 잘 알려진 이야기였다. 아르헨티나의 군사 독재는 1976년부터 1983년까지 지속되었는데, 이 시기에 아르헨티나인 약 3만 명이 살해되거나 실종되었다. 군사 정권은 교도소에 갇힌 유대인들을 고문했는데, 기밀 해제된 문서를 보면 이스라엘은 이런 행태에 신경도 쓰지 않은 것 같다.[42]

이스라엘은 처음부터 아르헨티나 정부의 유대인 탄압을 알고 있었지만, 어떠한 반대도 표명하지 않았다. 요르단 강 서안 점령에 대해 아르헨티나의 지지를 얻는다는 자국의 의제가 더 중요하다고 판단했기 때문이다. 이스라엘은 아르헨티나의 독재 정부에 무기를 판매하면 그곳에 사는 유대인들에게 도움이 될 것이라고 주장했지만, 설득력 없는 변명일 뿐이었다. 아르헨티나 전역에는 노골적인 반유대주의가 만연했고, 유대인 여성에게는 특별한 고문 기법이 사용되었으며, 아르헨티나의 강제수용소에는 히틀러의 사진과 나치의 상징이 가득했다.[43]

이스라엘의 학자이자 독립 언론인인 존 브라운John Brown은 이 시기에 이스라엘과 아르헨티나가 실제로 어떤 관계였는지를 밝혀냈다. 브라운(본명이 아니다)은 1800년대 미국의 노예제 폐지론자 존 브라운에게 영감을 받았다. 그는 독재 정권의 야만성이 정점에 달한 1978년 부에노스 아이레스에서 태어났다. 좌파 유대인인 브라운은 아르헨티나 정부가 어떤 식으로 '수많은 유대인을 학살한 기본적으로 나치 정권인지'에 관한 자료가 담긴 문서들을 발견했다. 그는 '이스라엘이 외교적 이익을 얻기 위해 이스라엘 방위군의 이름과 훈련을 활용했다'고 내게 말해주었다.

이스라엘은 점령 정책 때문에 국제적으로 고립될 위험성이 있음을 알았다. 1985년 전 크네셋 대외관계위원장 요하나 라마티Yohanah Ramati는 플로리다 국제대학교에서 연설을 하면서 자기 나라가 어떤 계산을 했는지를 잔인할 정도로 솔직하게 털어놓았다.

이스라엘은 불가촉천민 국가입니다. 사람들이 무언가에 대해 물을 때면 우리는 이데올로기에 관한 질문을 허용하지 않습니다. 이스라엘이 도우려 하지 않는 유일한 정부 체제가 있다면 그건 반미 국가일 겁니다. 또한 미국이 직접 도와주기에 불편할 수 있는 나라를 우리가 도울 수 있다면, 그렇게 하지 않으면 누워서 침 뱉기가 될 겁니다.[44]

1980년대에 중앙아메리카를 지배하려는 워싱턴의 목표에 기꺼이 참여하는 것이 이스라엘이 분명히 바라는 바였다. 이스라엘 경제장관 야코프 메리도어Yaakov Meridor는 1980년대 초에 이스라엘은 세계 초강대국 미국이 직접 무기를 팔지 못하거나 그럴 생각이 없는 곳에서 미국의 이익을 챙기는 대리인이 되기를 원한다고 말했다. "우리는 미국인들에게 말할 겁니다. 대만에서 우리와 경쟁하지 말라. 남아프리카공화국에서 우리와 경쟁하지 말라. 카리브 해나 그 밖에 당신네가 직접 무기를 팔수 없는 지역에서 우리와 경쟁하지 말라. 우리가 대신해주겠다. (……) 이스라엘은 당신들의 중개인이 될 것이다."[45]

1983년 〈뉴욕 포스트〉는 모사드와 미국 중앙정보국이 레바논, 아프가니스탄, 중앙아메리카, 아프리카 등지에서 합동 작전을 진행한다는 협약에 서명했다고 보도했다. 핵심 목표는 소련의 영향력에 대항하는 것이었다. 그 보상으로 이스라엘은 미국의 거대한 감시 기구로부터 중동의 군대 이동에 관해 훨씬 더 많은 정보를 얻었다.[46]

이스라엘과 미국이 과테말라의 제노사이드 정권을 군사적·외교적·이데올로기적으로 엄호한 1970년대와 1980년대에 이런 현실 정치가 전면에 드러났다. 미국 중앙정보국은 1954년 과테말라의 쿠데타를 지원했는데, 그 후 과테말라는 수십 년간 폭력이 횡행하고 우파 정권이 득세했다. 이 시기의 핵심 목표는 농촌 '평정'이었는데, 이런 시도와 나란히 '모범 마을'을 만들어 원주민을 강제 이주시켰다. 1960년에서 1996년 사이에 벌어진 내전에서 약 20만 명이 살해되었다.

이스라엘이 과테말라 정권을 지원한 가장 효과적인 방법 하나는 이스라엘의 민간 기업 타디란 이스라엘 전자산업Tadiran Israel Electronics Industries이 컴퓨터 감청 센터를 설립한 것이다. 1979년 말 혹은 1980년 초부터 가동되기 시작한 센터에는 최소한 전체 인구의 80퍼센트에 달하는 이름이 보관되어 있었다. 이스라엘 언론은 센터가 추구하는 목표가 '수도에서 게릴라 운동을 추적하는' 것이라고 보도했으며, 이 시설이 파나마 운하 지대의 포트굴릭에 있는 미국 육군 남부사령부와 연결되어 있다는 소문이 자자했다. 당시로서는 굉장히 정교했던 이 기기는 개인 가정에서 전기나 물 사용량의 변화를 탐지함으로써 인쇄기를 사용하는 경우에 반정부 활동에 주목할 수 있었다.[47] 2008년 타디란은 이스라엘 최대의 방산 기업인 엘빗시스템스에 합병되었다.

이스라엘과 과테말라 폭정의 결합은 에프라인 리오스 몬트가 대통령에 오르면서 더욱 공고해졌다. 1982년부터 1983년까지 통치한 리오스 몬트는 마야 원주민을 대상으로 대규모 폭력을 저질러서 최대 7만 5,000명을 살해한 것으로 추정된다. 이스라엘도 공공연하게 관여했다. 이스라엘 언론은 1982년 3월 23일에 리오스 몬트가 쿠데타를 일으켰을 때 이스라엘군 고문들이 작전을 도왔다고 보도했다. 리오스 몬트는 ABC의 한 기자에게 쿠데타가 압도적인 성공을 거둔 건 '우리의 많은 병사들이 이스라엘인들에게 훈련을 받은 덕분'이라고 말했다.[48] 기밀 해제된 문서들에서 밝혀진 바에 따르면, 이스라엘은 몬트를 강력하게 지원하면 요르단 강 서안 점령에 대한 지지를 끌어내고 몬트가 과테말라 대사관을 예루살렘으로 이전하도록 만들 수 있다고 기대했다.[49]* 몬트는 2013년 과테말라 법원에서 그가 저지른 제노사이드에 대해 유죄 판결을 받았다. 그는 과테말라에서 전직 국가수반이 이런 범죄로 재판에 회부된 최초의 사례가 되었고, 징역 80년형을 선고받았다. 기나긴 법적 다툼 끝에 재심이 진행 중이던 2018년 몬트는 91세의 나이로 사망했다.

이스라엘과 과테말라는 반란 진압 활동을 애호한다는 동질감으로 굳게 결속했다. 이스라엘은 유대 국가의 점령에 맞선 팔레스타인의 저항에 몇 년째 싸우고 있었고, 리오스 몬트는 마야족 인디오를 상대로 전쟁을 벌이는 중이었다. 이스라엘은 조언과 군사 장비, 훈련을 아낌없이 제공했다. 댄 래더가 진행하는 「CBS 이브닝 뉴스」는 1983년에 이스라엘이 과테말라에서 보여준 탁월한 역량은 '요르단 강 서안과 가자에서 게릴라를 격퇴하기 위해 고안되어 시험을 거친' 것이라고 설명했다. 과테말라에 파견된 이스라엘 고문 아마치아 슈알리Amatzia Shuali 중령은 이스라엘 정부의 메시지를 마음에 또렷이 새겼다. '나는 비유대인들이 무기를 어디다 쓰는지에는 관심이 없다. 중요한 건 유대인이 수익을 얻는

---

* 예루살렘은 예나 지금이나 국제사회에서 이스라엘의 수도로 인정받지 못했기 때문에 대사관 이전은 이스라엘에 중요한 의미가 있었다 - 옮긴이

다는 사실이다.'[50]

마야족 인디오를 말살하기 위한 리오스 몬트 전략의 핵심은 그들을 팔레스타인인과 똑같은 존재로 여기고 그에 따라 다루는 것이었다. 과테말라 군사 정권의 국내 지지자들 중 일부는 원주민들이 '팔레스타인화'하고 있으며, 따라서 이른바 혁명 활동을 탐지하기 위해 민병대를 결성해 농민들을 이간질해야 한다고 주장했다. 이 전략은 부족 공동체들 사이에 긴장과 폭력을 유도하는 처방이었고 결국 인디오들은 강제 이주당하고, 실종되고, 고문을 받고, 살해되었다.

가장 악명 높은 학살은 1982년 12월 6일 도스에레스라는 작은 마을에서 벌어졌는데, 약 300명이 살해되었다. 충격적으로 잔인한 학살이었다. 학살자들은 대형 망치로 두개골을 부수고 시체를 우물에 던져 넣었다. 이스라엘도 도스에레스 학살에서 일익을 담당했다. 1999년 유엔 진실위원회는 유골을 발굴하기 위해 이 지역을 방문한 뒤 펴낸 법의학 보고서에서 '회수된 모든 탄두의 증거가 이스라엘제 갈릴 소총에서 발사된 총탄 파편과 일치한다'고 자세히 설명했다.[51]

희생자들에게 정의를 회복하는 일은 현재진행형 싸움이다. 2019년 이스라엘에서 변호사 에이타이 맥은 국방부가 과테말라의 제노사이드에 관여한 사실을 공개하도록 강제하기 위한 법적 투쟁을 시작했다. 하지만 이 글을 쓰는 시점까지 어떤 문서도 대중에 공개되지 않았다.

반성 없는 만행과 증거 없애기

1982년 이스라엘은 이웃한 레바논에 독자적으로 군사적 모험에 나서 학살을 벌였다. 실패로 끝난 이 모험은 이스라엘의 힘의 한계에 대해 경고하는 계기가 되었다. 하지만 이 군사행동은 이스라엘의 장비를 널리 알리는 효과적인 마케팅 도구였다. 언뜻 보면 모순되는 것 같지만, 대규모의 방위 산업을 보유한 다른 나라에도 비슷한 효과를 발휘했다. 워싱턴은 제2차 세계대전 이래로 대규모 전쟁에서 승리하지 못했지만 방위 부문은 세계에서 가장 거대하고 수익성이 높다. 스톡홀름 국제평화연구소SIPRI에 따르면 베트남과 이라크, 아프가니스탄에서 실패를 겪긴 했어도 2015년에서 2020년 사이에 전 세계에서 거래되는 무기의 37퍼센트를 차지하는 미국의 비중은 전혀 손상되지 않았다.

이스라엘은 팔레스타인해방기구를 근절하기 위해 레바논을 침공했다고 주장하면서 2000년에야 철수했고, 이 과정에서 민간인 수만 명을 살해한 주역이었다. 레바논 내전이 고조된 1975년에서 1990년 사이에 20만 명이 살해된 것으로 추산되며 1만 7,000명이 실종되었다. 당시 이스라엘의 하급 정보원 관리 장교였고, 훗날 국내 정보부 신베트Shin Bet의 3인자로 올라선 하임 루보비치Haim Rubovitch는 이렇게 말했다. '우리는 아무 이유도 없이 무수히 많은 사람(팔레스타인인)을 체포했다.'[52]

이 시기에 전쟁범죄는 흔하디흔한 일이었다. 전 이스라엘 방위군 참모총장 모르데하이 구르Mordechai Gur는 1978년 언론 인터뷰에서 민간인을 표적으로 삼는 것을 용인할 수 있다고 자랑스럽게 말했다. 인터뷰어는 구르에게 이스라엘 방위군이 사람들을 '구별하지 않고' 포격하느냐고 물었다. 구르는 이렇게 대답했다. "아비브님 학살(1970년 레바논 국경 근처에서 이스라엘 버스가 폭탄 공격을 받아서 어린아이 아홉 명을 포함해 민간인 열두 명이 사망한 사건) 이후 승인을 받지 않고 남레바논의 마을 네 곳을 포격했습니다." 인터뷰어가 다시 물었다. "민간인과 비민간인을 구별하지 않았단 말이지요?" 구르가 답했다. "어떤 구별이요?"[53]

1986년 부분적으로 기밀 해제된 문서를 보면 미국 중앙정보국은 이스라엘이 레바논에서 국방 혁신을 이룬 것을 언급했다. 미국은 이스라엘이 첨단 드론, 즉 '원격 조종 비행체'와 나란히 유인 항공기를 사용하고 베카 계곡에서 시리아의 군사 자산을 파괴한 것을 언급했다(이스라엘은 1982년 그곳에 배치된 시리아의 지대공미사일 시스템을 파괴했다). 미국은 베트남 전쟁에서 초기형 정찰용 드론을 배치한 바 있었지만, 미국 중앙정보국은 이스라엘의 노하우와 기술 발전에 깊은 인상을 받았다. 보고서에서 미국 중앙정보국은 파키스탄, 인도, 시리아, 한국 같은 나라들이 드론 구매에 열성을 보인다고 말했다.

그렇지만 워싱턴 당국은 1990년대 중반 무렵 당시 새롭게 등장하던 드론이 확산되면 '감시 역량이 향상되어' 제3세계에서 미국의 '안보 이익'이 줄어들 수 있음을 우려했다. 미국 중앙정보국은 드론이 '중동과 아시아의 긴장이 높은 지역에서 충돌을 막고 안정을 유지하는 데 도움이 될 수 있다'고 보았지만, 미국 정부는 '테러리스트들'이 드론을 사용해 미국의 이익을 해치는 자살 공격을 벌일 수 있다고 걱정했다.[54]

이 시기에 이스라엘이 레바논에서 야기한 여러 참사는 알려진 것도 있고 잘 알려지지 않은 것도 있다. 가장 악명 높은 사건은 1982년 9월 베이루트에 있는 사브라와 샤틸라 난민촌에서 이스라엘의 지원을 받는 팔랑헤 민병대가 저지른 학살이다.[55] 최대 3,500명의 민간인이 살해되었다. 당시 이스라엘 국방장관 아리엘 샤론Ariel Sharon은 후에 이스라엘 카한 위원회Kahan Commission에 의해 유혈 사태의 간접적 책임자로 지목되었지만, 자신이 한 행동에 대해 엄중한 대가를 치른 적이 없다.

이스라엘의 대리인인 남레바논군SLA, 이스라엘 방위군, 신베트가 1985년에서 2000년 사이에 키암에서 운영한 고문 교도소를 비롯해 잘 알려지지 않은 참사도 있다. 수감자 5,000여 명이 전 프랑스군 병영이었던 이 교도소를 거쳐갔다. 생존자 중 한 명인 아미네는 2017년 「알자지라 잉글리시」에 나와 이렇게 말했다. "수감자들은 항상 발가벗은 채였고, 뜨거운 물과 찬물 세례를 받고 전기충격까지 받았습니다. 고문을 하고 나면 상처에 소금을 뿌렸습니다."[56]

이스라엘 방위군은 이 시설의 심문자와 교도관들에게 급여를 주고, 남레바논군에 무기를 제공했으며, 고문 기법을 훈련시켰다. 이스라엘은 2006년 헤즈볼라와 전쟁을 벌이는 동안 이 교도소에 포격을 가해서 남아 있던 증거를 대부분 파괴했다. 변호사 에이타이 맥은 2020년 4월 이스라엘 방위군에 이스라엘이 이 교도소에서 어떤 역할을 했는지 자세한 내용에 관한 정보공개 청구를 했다. 2022년 기밀 해제되어 공개된 문서들을 통해 수감자를 무기한 구금하고, 음식을 충분히 제공하지 않고, 학대한 사실이 확인되었다. 한 문서에는 신베트가 '수감자를 교도소에 구금한 것과 관련해서 우리(이스라엘)와 ○○(삭제됨)들의 책임을 줄이도록 결정을 내려야 한다'고 명시되어 있다.[57]

맥은 또한 2020년 10월 이스라엘 고등법원에 제출된 청원도 배후에서 조직했다. 1976년 8월 텔알자타르가 몇 주간 포위당한 시기에 대부분 민간인인 팔레스타인인이 최대 3,000명 학살당한 사건을 비롯해 1975년에서 1982년 사이에 레바논에서 팔레스타인인 수천 명을 살해한 잔인한 기독교도 민병대들을 모사드가 지원했음을 보여주는 더 많은 증거를 공개하라는 청원이었다.

당시에 이스라엘은 국가안보를 내세우면서 레바논에 관여한 이유를 정당화했고, 다른 나라들은 이 유대 국가의 과감한 행동에 감탄하면서 그들로부터 배우고자 했지만, 좀 더 실존적인 문제가 작동하고 있었다. 중동에 관한 1998년 저서 『베이루트에서 예루살렘까지From Beirut to Jerusalem』에서 〈뉴욕 타임스〉의 언론인 토머스 프리드먼은 잘 알려지지 않았으나 실제로 이스라엘군이 벌인 임무를 잘 보여주는 일화를 소개했다.

특히 두 표적이 아리엘 샤론 군대의 관심을 끈 듯 보였다. 하나는 팔레스타인해방기구 연구센터였다. PLO 연구센터에는 총기나 탄약, 전투원이 전혀 없었다. 하지만 더 위험한 것들이 있었다 – 팔레스타인에 관한 책자들, 팔레스타인 일가가 소유한 토지 문서, 팔레스타인 아랍인의 생활에 관한 사진들, 팔레스타인 아랍인의 생활에 관한 역사적 문서 자료, 그리고 무엇보다 중요한 지도 등이었다. 아랍인 마을이 모두 표시된 1948년 이전의 팔레스타인 지도들이었다. 이스라엘 국가가 세워진 뒤 많은 마을이 지도에서 삭제되었다. 연구센터는 팔레스타인인들의 유산 – 하나의 나라로서 자격증과도 같은 유산 – 을 담은 방주와도 같았다. 어떻게 보면 샤론이 베이루트에서 본국으로 가장 가져가고 싶은 것은 바로 이것이었다. 이스라엘 병사들이 연구센터의 담장에 남겨놓은 낙서에는 이런 말이 있었다. '팔레스타인인? 그게 뭐냐? 팔레스타인인들아, 엿이나 먹어라. 아라파트야, 니 에미 내가 따먹을 건데.' (팔레스타인해방기구는 후에 1983년 11월 포로 교환의 일환으로 이스라엘이 문서고 전체를 반환하게 만들었다.)[58]

몇몇 정부에는 예나 지금이나 이런 태도가 대단히 매력적이었는데, 그 이유를 알기는 어렵지 않다. 그것은 상대를 군사적으로 파괴하는 동시에 잃어버린 것을 기억하는 능력과 역사까지 지워버리려는 욕망이다. 감시 기술이 여기에 추가되고 고분고분하지 않은 신민들을 대상으로 시험까지 거치면 성공적으로 저항하기가 훨씬 어려워진다.

2

＋ 더없이좋은사업기회 ＋

이스라엘인들은 아침에 눈을 뜨면서부터 분쟁에 대해 생각하지 않습니다.
나프탈리 베넷(이스라엘 총리, 2021년 9월)

1990년대에 냉전이 끝났을 때, 이스라엘의 대외 방위 태세는 근본적으로 바뀌지 않았다. 독재를 지지하는 한편 지구 곳곳에서 돈을 펑펑 쓰는 미국을 보완하거나 때로는 대체하는 행태가 조금도 줄어들지 않았다. 소련이 붕괴하면서 이스라엘 정치와 언론 엘리트들의 전략적 계산이 바뀐 한편, 이제 반박의 여지가 없는 세계 초강대국은 미국 하나뿐이었다. 더욱이 이스라엘의 무기 산업은 군비 확충을 필요로 하는 독재 정권이라는 끊임없는 현금줄에 중독된 상태였다. 이스라엘의 으뜸가는 국방 전문 언론인 요시 멜만은 내게 이렇게 말했다. "안보 문화 전체가 이스라엘의 기득권 세력을 국가 안의 국가로 변신시켜놓았습니다." 그가 하고자 하는 말은 무기 거래상들이 지휘권을 쥐고 있다는 것이었다.

하지만 이스라엘은 1991년 걸프전 당시 이라크의 스커드 미사일 42기에 포위된 상태임을 깨달은 뒤 1990년대부터 줄곧 워싱턴으로부터 군사적 자율권을 확대하는 쪽으로 움직였다. 이 공격 당시 미국은 이스라엘을 도와주지 않았고, 많은 이스라엘인은 조지 H. W. 부시 행정부가 중동에서 가장 가까운 동맹국을 노골적으로 내팽개쳤다는 사실에 격분했다.

그리하여 이스라엘 정부는 점차 민영화를 받아들이면서 사회주의적 뿌리를 대부분 포기했다. 2000년대까지 수출에 관여하는 이스라엘의 대다수 방산 기업은 정부 소유였다. 첨단 기술 부문은 막대한 액수의 국가 지원을 받은 덕분에 새롭게 태동하는 사이버 부문과 방위 부문에서 미국 기업들과 긴밀한 유대를 형성할 수 있었다.[1] 이스라엘은 키랴트 갓Kiryat Gat 같은 노동계급 도시를 개발해서 첨단 기술 생산의 중심지로 만들었다.

이스라엘은 이제 미국의 원조에 과거만큼 의존하지 않지만 여전히 미국으로부터 가장 많은 원조를 받는 나라다. 경제적으로는 맞는 말이지만, 이스라엘은 수십 년에 걸친 점령과 가자를 상대로 빈번하게 전쟁을 벌인 끝에 전 세계로부터 쏟아지는 비난의 쓰나미에 맞서 미국의 외교적 보호도 받는다. 미국의 지원은 여전히 이스라엘의 상대적 힘에 결정적으로 중요하다. 그런데 1981년 미국의 원조는 이스라엘 경제의 약 10퍼센트에 해당했지만, 2020년에 이르면 연간 40억 달러에 가까운 미국 원조의 비중이 1퍼센트 정도로 떨어졌다.[2] 이런 이유로 이스라엘은 요르단 강 서안의 불법 유대인 거주지나 가자에 대한 공격, 동예루살렘의 주택 파괴 등을 축소하라는 미국의 온건한 압력조차 거의 아랑곳하지 않는다.[3]

6일 전쟁 이후 시기에 이스라엘이 식민화 정책 때문에 쏟아지는 국제적 비판에 직면한 반면, 21세기에는 이스라엘과 많은 아랍 국가, 그리고 아프리카와 라틴아메리카 나라들 사이에 점점 동맹이 형성되었다. 이스라엘은 현재 자국 미사일 방어 기술의 대부분을 생산한다. 일부 사람들의 우려(그리고 소망)와 달리, 세계적 고립은 나타나지 않았다. 이스라엘의 여론조사에 따르면 유대인 시민의 대다수는 팔레스타인인과의 분쟁을 해결하는 문제를 지나치게 걱정하지 않으며, 고립을 두려워하지도 않는다. 현재 상태에 아무런 불만이 없다.[4]

냉전이 종언을 고했지만 이스라엘과 폭력적 독재 정권의 공모는 조금도 줄어들지 않았다. 이스라엘의 인권변호사 에이타이 맥은 유대 국가가 1994년 르완다의 제노사이드에서 어떤 역할을 했는지 알아내려고 노력하는 중이다. 이스라엘은 일찍이 1960년대부터 후투족이 투치족을 학살한 사실을 알면서도 무시한 오랜 역사가 있다. 드러난 증거에 따르면 이스라엘은 1994년 4월 6일 제노사이드가 시작되었을 때에도 수류탄과 총기, 탄약 등의 무기를 계속 보냈다. 그 후 100일 동안 르완다인 80만~100만 명이 학살되었다.

2020년 5월 맥은 이스라엘 고등법원에 르완다의 반인도적 범죄를 원조하고 사주한 무기 거래상과 정부 관리들에 대해 정부가 범죄 수사를 개시할 것을 요구하는 청원을 제출했다. 그는 르완다로 무기를 수송한 조종사의 동영상 인터뷰도 갖고 있었지만, 고등법원은 국가안보를 이유로 이 증거를 기각했다. 그리고 이스라엘은 제노사이드에 공모한 유일한 나라가 아니었다. 르완다군은 프랑스 무기로 무장했고, 파리 당국은 잔학 행위를 저지른 이들과 긴밀한 동맹자였다.

이스라엘의 전문 기술 수출은 1990년대에도 멈추지 않았고, 수십 년에 걸친 점령 끝에 일부 나라들 사이에서 오래전에 확립된 이스라엘의 따돌림 신세는 오슬로 평화협정 과정의 전성기에 약화되기 시작했다. 분쟁이 종말을 고할 것이라는 (잘못된) 추정이 횡행하던 때였다.

과테말라의 제노사이드에서 사용된 악명 높은 이스라엘제 갈릴 소총은 결국 1980년대 말 콜롬비아 마약왕들의 손에 들어갔다. 2018년 엘빗시스템스가 인수한 이스라엘 밀리터리 인더스트리Israel Military Industries, IMI가 만든 이 총기는 콜롬비아에 대대적으로 확산된 이스라엘 무기의 일부였다. 미국 검찰수사관 E. 로런스 바르셀라 Jr.E. Lawrence Barcella Jr.는 1990년 〈워싱턴 포스트〉에 이스라엘 정부가 수많은 자국산 무기가 결국 콜롬비아로 간 사실을 잘 알았던 게 분명하다고 말했다. "통상적으로 그런 식으로 사업을 하는 게 아니라면 사람들은 이스라엘 정부가 당연히 의문을 품을 것이라고 기대했을 겁니다."[5]

미국과 콜롬비아 수사관들은 이 무기들이 이스라엘 용병들과 메데인의 코카인 카르텔 두목인 호세 곤살로 로드리게스 가차 사이에 이루어진 은밀한 거래의 일부임을 알아냈다. 당시 가차는 콜롬비아를 장악해 네오파시즘 국가를 만들고자 했다.[6] 1970년대와 1980년대에 이스라엘군의 일부 세력이 라틴아메리카에서 벌인 활동을 생각하면, 이스라엘인들이 이 프로젝트를 도와줄 것이라고 기대하는 것도 무리는 아니었다.

수십 년 뒤에도 콜롬비아의 엘리트들은 여전히 이스라엘의 손아귀에 있었다. 위키리크스는 2009년 보고타 주재 미국 대사관에서 미국 국무부에 보낸 전문을 공개했는데, 이스라엘 방위군 작전국장을 지낸 이스라엘 지브Israel Ziv 소장(예비역)이 설립한 이스라엘 기업 글로벌CST Global Comprehensive Security Transformation가 콜롬비아에 진출해 있음이 드러났다. 이 기업은 콜롬비아 무장혁명군FARC을 상대로 전쟁을 벌이는 콜롬비아군을 지원하는 계약을 맺었다. 전문은 통렬한 내용이었다.

3년간에 걸쳐 지브는 우리와 같은 조건을 붙이지 않고 USG(미국 정부)의 지원에 맞먹는 지원을 싼값에 제공하겠다고 약속함으로써 (콜롬비아) 전 국방관 (후안 마누엘) 산토스의 신임을 얻었다. 우리와 GOC(콜롬비아 정부)는 글로벌CST가 라틴아메리카에서 활동한 경험이 없으며 그들이 내놓은 제안이 국내의 필요보다는 이스라엘 장비와 서비스 판매를 지원하는 쪽으로 고안되었음을 알게 되었다.

산토스는 대통령 시절인 2011년에 만들어진 글로벌CST의 홍보 영상에서 이 회사가 '풍부한 경험을 갖춘 사람들'이라고 칭찬했다. 산토스는 이스라엘의 어느 TV 프로그램에 나와 이 기업이 활용하는 이스라엘 훈련 교관들 덕분에 신이 난다고 말했다. "콜롬비아 사람들은 라틴아메리카의 이스라엘인이라는 비난까지 받았는데, 제 개인적으로는 정말 자랑스러운 비난입니다." 프로그램은 콜롬비아가 2008년 에콰도르까지 급습해 콜롬비아 무장혁명군의 2인자 파울 레예스Paul Reyes를 살해한 사건을 언급했다. 진행자는 이 작전을 치켜세웠다. "나블루스와 헤브론에서 효과가 입증된 방법이 갑자기 에스파냐어를 구사하기 시작합니다."[7]

트럼프 정부의 재무부는 2013년 이래로 내전 중인 남수단 정부와 반군 양쪽에 무기와 탄약을 공급한 혐의로 2018년에 지브에게 제재를 부과했다. 지브는 농산물이 부족한 가난한 나라를 도왔을 뿐이라고 주장하면서 자신이 무기 거래상임을 부정했다. 그런데 미국은 2020년 2월 이유도 제시하지 않은 채 제재를 철회했다. 2015년 유엔이 작성한 보고서는 이스라엘 무기가 수단의 내전을 자극하고 있다고 확인했다.

우리가 전문가다!

2001년 9월 11일, 뉴욕과 워싱턴을 겨냥한 테러 공격이 벌어지자 이스라엘의 방위 부문은 상승 기류를 탔고, 유대 국가가 수십 년간 벌여온 테러와의 전쟁은 국제화되었다. 공격 당일 밤, 전 총리 네타냐후는 미국 TV에 나와서 이 공격이 양국 관계에 어떤 의미인지에 대해 질문을 받았다. "아주 좋은 일이죠." 곧바로 대답한 그는 서둘러 말을 바로잡았다. "음, 아주 좋은 건 아니지만 당장 공감대가 생길 겁니다." 그는 이 공격을 계기로 '양 국민 간에 유대가 강화'될 것이라고 생각했다. "우리는 지난 수십 년간 테러를 겪었기 때문입니다. 하지만 미국은 이제야 대규모 테러의 출현을 경험하고 있지요."[8] 그로부터 7년 뒤인 2008년 4월, 네타냐후는 이스라엘의 바르일란 대학교에서 연설을 하면서 같은 메시지를 되풀이했다. "지금 우리는 한 사태로부터 이득을 얻고 있는데, 트윈 타워와 펜타곤 공격, 그리고 이라크에서 미국이 벌이는 싸움이 그것입니다." 이 사건들 때문에 "미국의 여론이 우리 쪽에 유리하게 돌아섰습니다".[9]

네타냐후의 말은 일부만 맞았다. 서구 대중이 끝없이 이어지는 점령에 점차 혐오를 느낄 것임을 고려하거나, 심지어 신경 쓰지도 않았기 때문이다. 그렇지만 2004년 무렵 이스라엘 경제는 2000년의 닷컴 불황과, 겁먹은 국제 투자자들을 몰아낸 팔레스타인 인티파다의 충격에서 회복했다. 이스라엘 기업들은 수년간 이스라엘에서 성가시게 연차 주주총회를 열지도 않았다. 외국인 주주들이 거의 참석하지 않았기 때문이다.

하지만 이스라엘에는 세계가 원하는 제품이 있었다. 무기 산업은 국토안보 부문을 완전히 포괄해서 수십억 달러의 국가 재원을 미사일, 드론, 감시 장비 등에 유치했다. 분명한 메시지가 담긴 움직임이었다. '우리는 건국 이래로 계속해서 테러와의 전쟁을 벌이고 있다. 이제 이 전쟁을 어떻게 끝내는지 보여주고자 한다.'[10]

2008년 세계 금융위기 이후 경제 붕괴를 딛고 일어선 이스라엘의 회복력은 독특한 자결권의 서사로 구성되었다. 외교위원회Council on Foreign Affairs가 출간한 『스타트업 국가 : 이스라엘 경제 기적 이야기Start-Up

Nation: The Story of Israel's Economic Miracle』라는 책은 이런 서사를 가장 압축적으로 보여준다. 미국의 이라크 점령 자문역을 역임한 댄 시뇨어Dan Senor와 〈예루살렘 포스트〉의 논설실장을 지낸 매형 솔 싱어Saul Singer가 공저한 책이다. 이 책에서 내세우는 명제는 이스라엘이 번성한 것은 다양한 요인 때문이지만 주로 강력한 징병제 덕분이라는 것이었다. 두 저자는 이스라엘 방위군은 세계의 본보기라고 주장했다. 이스라엘 정부와 IT 스타트업들이 긴밀한 관계를 이루면서 정부가 기업에 자금을 비롯한 여러 지원을 제공하기 때문이었다.[11]

2014년에 한 인터뷰에서 싱어는 책의 명제를 확장해서 이스라엘 자체가 하나의 스타트업 기업이라고 설명했다. "바로 그런 아이디어가 많은 추진력과 위험 감수를 현실로 전환시킨 거지요." 더욱이 이스라엘은 "(대부분 유대인인) 이민자들의 나라인데, 이민자들은 추진력이 강하고 기꺼이 위험을 감수하려는 경향이 있습니다."[12] 여러 해에 걸쳐 숱하게 한 인터뷰에서 싱어와 시뇨어는 많은 시간을 할애해 '혁신'에 관해 이야기했지만, 수익을 극대화하기 위해 실제로 무엇을 개발하는지에 관해서는 말을 아꼈다. 방산 기업들의 주된 목표는 점령을 현금화하는 한편 다른 민족을 통제한 경험을 글로벌 시장에 판매하는 것이었다.

『스타트업 국가』의 한 절에서 저자들은 이스라엘 방위군과 미군에 관해 열변을 토하는데, 두 군대 모두 비록 방식은 달라도 리더십과 성공 모델을 제공한다는 믿음을 토로하면서 두 군대가 지난 수십 년간, 특히 무슬림 땅을 점령하는 과정에서 어떤 일을 했는지 현실을 완전히 무시한다. '이스라엘의 기업가 대다수가 군 복무에서 심대한 영향을 받았다. (……) 군대 전력은 실리콘밸리에서는 흔하지 않고 미국 재계의 상층부에서도 보편적인 현상이 아니다.'[13]

추정컨대 유대인이 다수인 국가를 지켜야 한다는 이스라엘 유대인들의 집단적 믿음이 세계 최고 수준의 무기와 기술을 발전시키는 데 필수적이었다. 이스라엘 기업가 존 메드베드Jon Medved는 이런 점이 미국에는 불리하다고 비교했다. '미군 경력에 관해 말하자면 실리콘밸리는 전혀 알지 못한다. 이라크와 아프가니스탄 출신이라니, 굉장한 리더십 재능을 얼마나 낭비한 건가.'

이런 사고방식에 힘입어 네타냐후는 10여 년간 이스라엘을 세계를 선도하는 기술 개발국의 반열에 올려놓으면서 무기와 감시, 사이버 장비의 전문성을 쌓았다. 이스라엘 정부와 민간 기업 양쪽 모두 자신들의 제품을 팔레스타인인을 대상으로 실전에서 효과적으로 시험한 것이라고 홍보했다. 예를 들어 이스라엘의 기술은 미국-멕시코 국경에서 내키지 않는 사람들을 차단하는 해법으로 판매되었다. 이스라엘 기업 엘빗은 이민자들을 쫓아내는 주역으로 활약했다. 유럽의 각국 정부 또한 난민을 추적 관찰하기를 원했기 때문에 이스라엘 에어로스페이스 인더스트리Israel Aerospace Industries, IAI의 드론이 이런 임무에 배치되었다.

하지만 스타트업 국가 이데올로기는 끊임없는 마케팅이 필요하다. 경쟁이 치열하기 때문이다. 2022년 IAI는 잠재적인 신입사원을 대개 급여 수준이 더 높은 IT 부문에서 끌어들이기 위한 광고 캠페인에 착수했다. 광고는 젊은 이스라엘인들에게 방위 부문에서 일하는 것이 가장 윤리적인 결정이라고 설득하는 것을 목표로 삼았다. 모든 사람이 설득되지는 않았는데 한 사람은 트위터에서 이렇게 대꾸했다. '그들(IAI)은 그냥 (IT 업계에서 일하는 경우처럼) 수많은 사람들이 포커에 중독되게 만드는 코드를 작성하는 대신, IAI에서 일하면서 바로 그 사람들을 유도미사일과 드론, 스마트 폭탄으로 죽이는 코드를 작성하세요, 라고 말했어야 했다.'[14]

"사이버는 거대한 산업입니다." 2017년 텔아비브 대학교에서 열린

제7차 연례 사이버안보회의에서 네타냐후가 한 말이다. "이 산업은 기하급수적으로 성장하고 있습니다. 영구적인 솔루션이 존재할 수 없는 탓에 끝 모르게 성장하는 산업이니까요." 〈포브스〉 칼럼니스트 길 프레스Gil Press도 이 회의에 참석했는데, 나중에 그는 이스라엘 외무부의 브리핑이 끝난 뒤 이스라엘에서 급상승하는 사이버 부문의 성공은 정부의 대대적인 지원과 군을 '스타트업 인큐베이터이자 가속장치'로 삼은 덕분이라는 결론에 다다랐다고 말했다. 이스라엘은 종종 새로운 사이버 방위를 전 세계에 판매하기에 앞서 자국에서 시험하는 식으로 820억 달러에 달하는 세계 사이버 안보 산업의 많은 부분을 점유하고 있었다. 이것이 실제로 의미하는 바는 이스라엘 기업들이 가정한 많은 '문제'가 이스라엘 방위군의 베테랑들에 의해 '해결'된다는 것이었다.[15]

2001년 9월 11일 이후 20여 년간 이스라엘이 감행한 도박은 이스라엘의 방위와 감시 부문에 대한 전 세계의 관심이 급증하는 성과를 낳았다. 2020년 이스라엘은 군에 220억 달러를 지출하는 한편 세계 12위의 군수 공급업자가 되어 3억 4,500만 달러 이상의 무기를 판매했다.

실제로 전 세계가 주목했다. 이스라엘에 대한 미국 여론은 2001년 이래로 급락하고 있었다. 자유주의와 민주주의를 옹호하는 유권자들은 점차 이스라엘의 행동에 회의를 품었다. 유대인 공동체는 이제 합의가 불가능한 지경에 이르렀다. 2021년 주요 유대인 민주당원들이 이끄는 단체인 유대인유권자연구소Jewish Electorate Institute가 여론조사를 수행한 결과, 유대인의 34퍼센트가 '이스라엘이 팔레스타인인을 대하는 방식이 미국의 인종차별과 비슷하다'는 데 동의하고, 25퍼센트는 '이스라엘은 아파르트헤이트 국가다'라는 데 동의했으며, 22퍼센트는 '이스라엘이 현재 팔레스타인인을 상대로 제노사이드를 저지르고 있다'는 데 동의했다.

2022년 주요 친이스라엘 로비 단체인 미국유대인위원회American Jewish Committe가 수행한 여론조사에서도 이런 추세가 확인되었다. 유대계 미국 젊은이의 44퍼센트 가까이가 이스라엘과 긴밀한 유대감을 느끼지 못했고, 밀레니얼 세대의 유대계 미국인 중 20퍼센트 이상이 이스라엘과 팔레스타인에 하나의 민주적 국가를 만드는 것을 지지했다. 같은 해에 퓨리서치센터가 수행한 또 다른 연구에 따르면 30세 이하의 미국 젊은이들은 이스라엘인과 팔레스타인인을 똑같이 우호적으로 여겼다.

서구의 많은 나라에서 이스라엘의 이미지가 나빠지긴 했지만, 런던부터 뉴욕에 이르기까지 동요를 낳은 핵심 원인인 점령을 계속하려는 이스라엘 주류 집단의 욕망은 거의 영향을 받지 않았다. 어느 편인가 하면, 서구에서 여론이 악화되자 이스라엘 유대인들은 오히려 더 호전적으로 현재 상태를 유지하는 데 열중했다. 그렇게 하더라도 사실상 정치적으로나 군사적·외교적으로나 아무런 대가도 치를 필요가 없었기 때문이다. 9·11 이후 테러와의 전쟁이 벌어지자 이스라엘은 이를 등에 업고 다른 나라들이 내키지 않는 인구 집단을 상대로 싸움을 벌이는 것을 도와주는 수십 년 된 관행을 더욱 강화했다. 이제 세계 유일의 초강대국이 민주당 대통령이든 공화당 대통령이든 상관없이 똑같은 짓을 벌이고 있었기 때문에 이스라엘도 별다른 어려움을 겪지 않았다.

이스라엘의 전술을 빌린 스리랑카

그리하여 이스라엘은 '테러와의 전쟁'에 전적으로 동의하면서, 이를 통해 막대한 수익을 올렸다. 21세기 초에 가장 성공적이면서도 유혈적인 반란 진압 전쟁으로 손꼽히는 것은 스리랑카 정부가 '타밀 호랑이

Tamil Tigers' 군사 집단을 괴멸시킨 것이다. 이스라엘은 콜롬보 당국이 내전에서 성공적인 전과를 거두는 과정에서 거의 알려지지 않았지만 핵심적인 역할을 했다. 2009년에 끝난 사반세기에 걸친 내전으로 주로 타밀족인 20만 명이 살해되거나 실종되었다. 이스라엘은 크피르Kfir 전투기를 판매하고 스리랑카 경찰에서 인정사정없이 잔인한 집단인 특공대를 훈련시켰다. 스리랑카는 내전의 막바지 단계에서 이스라엘의 전술을 차용하면서 폭력을 멈추라는 비정부기구와 인권 단체, 외국 정부들의 호소를 무시했다. '타밀 호랑이'가 거의 몰살당하고 지도자 벨루필라이 프라바카란Velupillai Prabhakaran이 살해되고서야 스리랑카 군대는 전투를 중단했다.

이스라엘은 또한 싱할라족 정치인들이 타밀족의 대다수가 거주하는 스리랑카 북부와 동부에 싱할라족 집단 거주지를 건설하고 유지하는 것을 도왔다. 타밀족이 다수인 지역 곳곳에 완충지대를 만들어 비공식적으로나마 타밀족 지역을 점령하는 것이 목표였다. 2009년 이후 이런 계획이 계속되어 싱할라족의 식민화가 중단 없이 이어지고 있다. 이런 발상은 이스라엘이 요르단 강 서안을 점령한 채 요새화된 유대인 집단 거주지를 무수히 많이 만들면서 팔레스타인 주권을 부정하고 있는 데서 직접 빌려온 것이다.[16] 이스라엘은 또한 2021년 스리랑카가 보유한 크피르 전투기를 개량하는 5,000만 달러 규모의 계약을 체결했다.

미얀마의 인종 청소

르완다의 제노사이드 당시 이스라엘이 정확히 어떤 역할을 했는지는 대중의 시야에서 여전히 감춰져 있는 한편, 이 유대 국가는 종족 청소를 벌이는 또 다른 정권을 기꺼이 지원하고 나섰다. 미얀마는 2018년 소수 무슬림 로힝야족을 상대로 제노사이드를 자행한 혐의로 유엔의 비난을 받았다. 미얀마군은 잔혹한 군사작전에서 방화, 강간, 살인 등을 무기로 활용한 바 있었다. 하지만 이스라엘은 전혀 개의치 않았고, 2015년 미얀마의 비밀 대표단이 이스라엘 방위 산업체와 해군, 공군 기지를 방문해 드론, 휴대전화 해킹 시스템, 소총, 군사훈련, 전함 등의 거래를 교섭했다.[17]

야드바셈 홀로코스트 기념관을 찾은 뒤 페이스북에 글을 쓴 방문객 중 한 명은 미얀마군 총사령관 민 아웅 흘라잉Min Aung Hlaing이었다. 방문 중에 흘라잉 장군은 레우벤 리블린 대통령과 이스라엘 방위군 참모총장을 만났다. 흘라잉은 유엔의 미얀마 진상조사단에서 인권 침해에 가장 큰 책임이 있는 인물로 특별히 거명한 여섯 명 중 한 명이었다. 2018년 이스라엘과 미얀마는 '홀로코스트에 대해, 그리고 불관용, 인종주의, 반유대주의, 외국인 혐오 등의 부정적인 영향에 관한 홀로코스트의 교훈에 대해 가르치는 프로그램을 개발하는 데 협조하기로 하는' 교육 협약을 맺었다. 하지만 대중적 압력 때문에 결국 2019년 이스라엘 외무부는 이 협약을 포기해야 했다.

국제적 무기 수출 금지령이 내려지고 미얀마가 제노사이드 혐의를 받는 와중에도 미얀마의 고위 대표들은 2019년 텔아비브에서 열린 이스라엘 최대의 무기·안보회의에 군복을 입고 참여할 수 있었다. 몇몇 언론인이 이 방문에 관해 보도하면서 남수단 관리들도 참가했음을 폭로한 뒤, 이스라엘은 마지못해 국제적 무기 수출 금지령이 시행되는 동안 미얀마 대표자들이 이스라엘 무기박람회에 참가하는 것을 가로막는 데 동의했다.[18]

이런 메시지는 미얀마 주재 이스라엘 대사에게 도달하지 않아서,

그는 아웅산 수치를 비롯한 미얀마 지도자들을 지지하는 트윗을 올렸다가 2019년 〈하레츠〉에 보도된 뒤 재빨리 삭제했다. 아웅산 수치는 헤이그 국제사법재판소에 회부된 제노사이드 사건에서 미얀마를 대변하기로 예정된 상태였다. 로넨 길로르Ronen Gilor 대사는 기사 링크와 함께 행운을 빌었다. '올바른 평결과 행운이 있기를!'[19] 2021년 2월 군부가 쿠데타를 벌이고 며칠 뒤, 길로르는 꿀 제조업 경쟁 입찰을 따낸 미얀마 출신 자매 두 명의 사진을 트위터에 올렸다. 나중에 삭제하긴 했지만 그런 다음 다시 트윗을 올렸다. '이 어려운 시절에는 인간이 세계이고, 인간은 복잡하다. 하지만 미얀마 사람들은 아름답고 엄청나다.'[20]

이스라엘은 2018년 미얀마에 대한 장비 판매를 모두 중단했다고 주장했지만, 이스라엘 내의 무기 거래를 둘러싸고 온통 비밀의 장막이 쳐진 탓에 이런 발언의 정확한 의미나 진실성은 분명하지 않았다.[21] 두 나라의 유대는 여전히 탄탄해서 이스라엘 주재 미얀마 대사는 2017년 이스라엘 점령 50주년을 기념하기 위해 요르단 강 서안 구시에치온Gush Etzion 정착촌에서 열린 행사에 참석한 몇 안 되는 외국 고위 관리 중 한 명이었다. 미얀마 대사는 2017년 이스라엘 언론을 만난 자리에서 이스라엘이 자국에 판매한 무기에 대해 어떤 제한도 부과한 적이 없다고 인정했다.[22] 새롭게 기밀 해제된 이스라엘 문서들에서 알 수 있듯이, 이스라엘은 1948년 건국 이래로 독보적인 사업 기회에 주목해왔다. 국제사회에서 우호적으로 이스라엘을 지지해주면 그 대가로 막대한 양의 살상 무기를 판매하는 것이다. 미얀마가 소수민족을 대상으로 최악의 잔학 행위를 벌이는 동안에도 이스라엘은 무기 판매와 훈련을 더욱 확대했다.[23]

2019년이 되어서야 이스라엘은 마침내 '라카인 주에서 로힝야족을 겨냥해 벌어진 잔학 행위'를 비난했지만, 이스라엘의 인권변호사 에이타이 맥에 따르면 이는 '길로르 대사가 쓴 트윗이 미얀마군의 범죄를 돕고 사주하기 위해 군수품 수출을 승인한 이스라엘 국방부와 외무부 관리들의 범죄 의도mens rea의 증거로 사용될 수 있다는 인식에서 나온 행동일 가능성이 높았다'.[24] 많은 나라가 미얀마에 방글라데시 난민촌에 있는 로힝야족 난민의 무사 귀환을 허용하라고 요구했지만, 이스라엘은 예외였다. 1948년에 강제로 쫓겨난 팔레스타인 난민들이 이스라엘 국가로 돌아오는 것을 허용하려는 생각이 전혀 없었기 때문이다.[25]

독재자를 지지하다

2021년 네타냐후가 정치적으로 패배한 뒤에도 아무것도 바뀌지 않았다(그리고 2022년 11월 네타냐후가 재선된 뒤 복귀한 결과 그가 물꼬를 튼 추세는 더욱 심화되기만 할 것이다). 네타냐후는 집권하는 동안 각국 독재 정권에 대한 이스라엘의 지지를 공공연히 증대시키는 한편, 아마 전임자들보다 한결 자연스럽게 독재를 끌어안았으며, 나프탈리 베넷 총리도 전혀 다르지 않았다. 2021년 10월 국방장관 베니 간츠Benny Gantz는 무기 판매와 관련된 회담에 참석하기 위해 싱가포르를 방문했다. 이스라엘 정부는 언론이 이 출장에 관해 보도하지 않도록 압력을 가하려 했다. 무기 거래를 중단하기보다는 겉모습에 더 신경 쓰는 분위기였다. 싱가포르는 표현의 자유를 허용하지 않는 일당 국가다. 일찍이 2019년에 간츠는 이스라엘이 '제노사이드를 저지르는 정권'에 무기를 판매해서는 안 된다고 말한 바 있었다. '이스라엘은 도덕적 민족이자 도덕적 국가이며, 국제 관계에서 그런 식으로 행동해야 한다.' 싱가포르는 수백만 명을 죽이지는 않았지만 모범적인 민주주의라고 보기는 어렵다.

독재자를 지지하는 것은 이스라엘에서 양당에 공통되는 입장이다.

적도기니 부통령 테오도로 응게마 오비앙 망게는 2021년 7월 이스라엘을 방문해 베넷 정부와 회동을 가졌다. 그의 아버지 테오도로 오비앙 응게마 음바소고는 세계 최장기 독재자로, 1979년 이래로 잔인하게 나라를 통치하고 있다. 아들은 후계자로 지명된 상태다. 이스라엘에 체류하는 동안 그는 방산 계약 업체로부터 자살 공격 드론을 구매하고 예루살렘에 있는 야드바셈 홀로코스트 기념관을 방문하는 영예를 누렸다.[26]

테러리즘에 대한 공포와 성적 매혹

점령을 현금화하는 능력은 2001년 9월 11일 테러 공격 이후 폭발적으로 고조되었다. 하지만 세계 곳곳에서 적극적으로 나선 나라들에 전달된 메시지는 단순히 테러에 맞서 싸우고 테러 기지를 파괴한다는 것 이상이었다. 스코틀랜드 사회학자이자 감시 연구 전문가인 데이비드 라이언David Lyon에 따르면 그것은 21세기에 사회가 어떤 모습이어야 하는지를 완전히 다시 상상하는 것이었다. 국토안보 산업의 대대적인 성장은 다음과 같은 사실을 입증해주었다.

(이제 감시는) 낡은 민족국가의 틀을 넘어서 직장과 가정, 놀이와 이동 등 모든 일상생활의 특징이 되었다. 모든 것을 내려다보는 빅브라더라는 하나의 눈동자에서 훌쩍 벗어나 이제 무수히 많은 기관이 다양한 목적으로 일상적인 활동을 모조리 추적한다. 전산화된 관리 파일만이 아니라 영상, 생체 정보, 유전 정보 등 추상적 데이터까지 처리해서 유동적인 네트워크 시스템 안에 프로필과 위험성 분류로 만들어진다. 여기서 중요한 것은 이런 프로필과 위험성을 분류하고 평가함으로써 계획하고

예측하고 방지하는 것이다.[27]

이스라엘은 9·11이 일어나기 오래전부터 이런 문제의 전문가로 유명했지만, 이 사건 덕분에 자신들의 전문 역량을 전 세계에 판매할 수 있었다. 예를 들어 2004년 아테네 올림픽과 2008년 베이징 올림픽에서 이스라엘 기업들이 행사장 보안을 담당했다. 이스라엘이 군중 관리 기법, 지휘통제실, 도시 안전 등의 서비스를 제공하는 최고이자 가장 믿음직스러운 나라로 자리매김했기 때문이다. 감시와 촘촘한 보안이 필수적이라고 여겨지는 여러 분야 중에서도 원자력발전소 보호, 공항 보안, 법 집행 등과 함께 거의 어떤 보안 문제에 대해서든 자동적으로 이스라엘의 전문성이나 장비가 해답으로 제시되었다.

9·11 이후 수십 년간 주류 언론에서는 테러리즘을 어떻게, 그리고 누가 정의하는지 좀처럼 묻지 않았다. 많은 나라와 애국적 언론 지지자들이 테러리즘과 싸우는 이스라엘의 '전문성'을 높이 평가하는 것은 이 문제를 둘러싼 공적 토론이 대부분 피상적이고, 팔레스타인의 대의가 특히 9·11 이래 극단주의와 연결되었기 때문이다. 언론에 나와서 하마스를 헤즈볼라와, 알카에다를 ISIS와, 탈레반을 이란이슬람공화국과 일부러 뒤섞어가며 크고 작은 반란 세력이 제기하는 끝없는 위험에 관해 부풀려서 이야기하는 테러리즘 전문가들은 너나없이 이 세력들이 모두 똑같이 비합리적인 유대인 혐오 집단이며, 오직 군사적 수단으로만 물리칠 수 있다고 주장한다.

언론이 친이스라엘 게스트를 초청해서 가차 없는 대테러 기법을 옹호하게 하는 것은 손쉽고 논쟁적이지 않으며, 이런 정책의 비판자 또는 이를 직접 경험한 무슬림이나 아랍인을 내세우는 것은 위험하다. 앞의 상황이 펼쳐지면 강력한 이스라엘 로비 집단은 만족할 테지만, 뒤의 상황이 벌어지면 격분해서 편집진과 기자들에게 다시 아랍인들의 말에 귀를 기울이기 전에 신중하게 생각하라고 압력을 가할 것이다. 그리하여 자기검열이 이루어지는데, 나는 이스라엘과 팔레스타인에 관해 20년간 보도하면서 이런 사례를 숱하게 많이 들었다. 이와 똑같은 협소한 관점이 계속해서 공공 영역을 지배한다.

많은 편집인과 기자가 친이스라엘 단체의 후원을 받아 무상으로 이스라엘 여행을 다니면서 팔레스타인인과 이란인이 애들 잡아먹는 귀신으로 등장하는 디즈니 스타일의 분쟁을 구경하고 있긴 하지만 친시온주의 로비만 작동하는 것은 아니다. (대개) 언변이 좋은 이스라엘 대변인들과, 가자에서 벌어지는 전쟁과 끝없는 점령을 유대인이 다수인 국가가 생존하기 위한 자구책으로 묘사하는 그들의 능력에 대해 여전히 공감하는 이들이 상당히 많다. 비판자들의 입에 재갈을 물리기 위해 흔히 사용되는 중상모략인 반유대주의라는 (그릇된) 비난을 받지 않으려고 거의 누구나 이스라엘에 의문을 제기하는 듯 보이기를 바라지 않는다.

런던 퀸메리 대학교에서 국제법과 인권을 가르치는 이스라엘 학자 니브 고든Neve Gordon은 이스라엘이 매력을 발휘하는 이유에 대해 좀 더 자세한 설명을 제시한 바 있다. 그는 2009년 〈로스앤젤레스 타임스〉에 쓴 글에서 이스라엘이 보이콧을 당해 마땅한 아파르트헤이트 국가라고 비난하고 몇 년 뒤 파트너와 함께 이스라엘을 떠났다. 같은 해에 발표한 이스라엘의 국토안보 산업 호황에 관한 논문에서 고든은 이스라엘을 (유대인을 위한) 자유의 요새를 자임하는 자칭 민주주의의 맥락 속에서 분석했다. '테러와 싸우는 이스라엘의 경험이 매력적인 것은 이스라엘인들이 테러리스트를 죽일 뿐만 아니라(군사주의적 세계관) 테러리스트를 죽이는 것이 반드시 신자유주의적인 경제적 목표에 어긋나지 않고 오히려 그런 목표를 진전시키기도 하기 때문이다.'

고든은 계속해서 이스라엘이 내세우는 민주주의에 대한 믿음은 결코 민주적이라고 주장하지 않는 이웃 나라들과 다르다고 설명한다.

이런 매력은 형사 사법 체계의 많은 영역에서, 즉 고문 금지, 신속한 재판을 받을 권리, 경찰의 임의 수색을 받지 않을 권리, 무기한 구금 금지와 피구금자의 신원 공개 등의 정당한 법 절차(몇 가지 방식만 언급하자면)의 유예를 포함하는 국토안보 방식을 통해 테러리즘과 싸우는 것은 민주주의의 가치와 상충하지 않는다는 (현실적이거나 가정된) 인식에서 생겨난다. 그리하여 테러와 싸우는 이스라엘의 경험이 궁극적으로 매력을 발휘하는 이유는 군사주의적 세계관을 신자유주의적 경제 의제 및 민주적 정치체제와 연결시키는 능력에 있다.[28]

그리고 테러리즘의 공포로 이스라엘 군사주의를 정당화하지 못한다면 성적 매혹을 활용하면 된다. 알파건걸스Alpha Gun Girls, AGA는 2018년 이스라엘 방위군 재향군인 오린 줄리Orin Julie가 창설한 단체다. 노출이 심한 위장복 차림으로 이스라엘 무기를 어루만지는 여자들은 미국의 유사한 총기 문화를 고스란히 보여주면서도 시온주의 의제를 강하게 풍긴다. 줄리의 소셜 미디어 게시물에는 총기를 찬양하는 미사여구와 함께 이런 문구들이 도배되어 있다. '아무리 힘들더라도 우리는 조국을 지킬 것이다!' 2019년 텔아비브에서 열린 방위, 국토안보, 사이버 박람회ISDEF에서 알파건걸스는 소총을 애무하고, 남자 팬들과 함께 포즈를 취하고 사진을 찍었으며, 가슴 사이즈, 신발과 옷 사이즈, 팔로어 숫자 순서로 인스타그램 아이디가 나열된 책자를 나눠주었다. 사인을 받으려는 사람들이 긴 줄을 이루었다. 여자들은 걸핏하면 사막에서 옷에 가짜 피를 묻힌 채 포즈를 취하는 모습을 보여준다.[29]

소셜 미디어에서 총기를 선전하는 여자 모델들은 이스라엘에서 새로운 현상이었는데, 오린 줄리는 선구자를 자처하면서 2018년 〈타임스 오브 이스라엘〉에 자신은 '정말로 이스라엘을 사랑하며' 알파건걸스를 창설한 건 시온주의의 필수적 일부인 엘빗이나 이스라엘 웨펀스 인더스트리Israel Weapons Industries 같은 기업을 홍보하기 위해서라고 설명했다. 이스라엘 감시 장비의 마케팅과 생산을 연구한 듀크 대학교 문화인류학 박사과정의 소피아 굿프렌드Sophia Goodfriend는 '소셜 미디어와 초국적 민간 방위 산업은 전쟁의 강건한 미학을 민주화하고 있다'고 말했다.[30] '알파건걸스는 전쟁을 미학화함으로써 폭력을 부정하고 점령을 정상화하는 이스라엘의 능력을 수출한다. (……) 하이힐과 착탈식 천사 날개를 차려입은 이스라엘의 혼란스러운 에로티시즘은 오늘날 초국적인 상품이 되었다.'

줄리는 온라인에서 폭발적인 반응을 얻었는데, 어떤 이들은 줄리의 외모와 총기 다루는 기술을 칭찬한 반면 다른 이들은 '영아 살해자'라고 비난했다. 어쨌든 이스라엘 무기를 성애화하는 것은 온라인에서 점점 고조되는 이스라엘의 점령 정책에 대한 비판을 맞받아치는 뻔뻔한 방법이자 유대 국가를 친이스라엘 우파가 주축인 엄청난 수의 전미총기협회NRA 지지자들과 연결하는 전술임에 의심의 여지가 없다.

대상화된 성적 대상이라는 이런 시온주의는 건국 이후 시기에 강하고 단호한 여성 시민을 홍보하기 위해 선전물에서 여군을 활용한 이스라엘로부터 멀리 떨어진 것이 아니었다. 정치적 의제는 감춰지지 않았고, 또한 항상 명백한 것은 아니어서 보는 사람들은 민족주의와 커다란 총기가 유대 국가를 유지하는 데 필수라고 믿을 수밖에 없었다. 고도로 군사화된 사회가 없이는 50년이 넘는 점령을 유지하는 게 불가능하기 때문에 부정할 수 없는 사실이다. 알파건걸스는 점령으로 고통받는 이들을 완전히 무시함으로써 점령을 탈정치화하려고 시도했다.

점령의 민영화

이스라엘의 점령이 점차 사유화되는 것은 불가피한 일이었다. 수많은 이스라엘 기업이 점령을 둘러싼 기반 시설을 유지하는 데 관여하는 가운데 이들 기업은 국가에 서비스를 판매하고, 팔레스타인인들을 대상으로 최신 기술을 시험하고, 더 나아가 전 세계에 기술을 홍보하기 위한 혁신적 방법을 발견했다. 이스라엘은 1980년대 중반부터 신자유주의를 받아들였고, 주요 국유기업의 민영화가 1990년대에 가속화되었다. 그렇지만 방위 산업은 이처럼 점차 민간의 수중에 들어가는 와중에도 이스라엘이 추구하는 목표와 친점령 이데올로기를 뒷받침하는 대외 정책 의제의 연장으로 기능하고 있다.

신자유주의적 전환이 야기한 인간적 대가는 파괴적인 규모였다. 이스라엘은 OECD 국가 중 소득 불평등이 가장 심하다. 2020년 빈곤율은 유대인 인구의 경우는 23퍼센트, 아랍인 인구는 36퍼센트였다.

점령의 외주화는 다양한 형태를 띠는데, 요르단 강 서안에서 기존 상태를 강제하는 믿음직한 파트너 역할을 하는, 서구가 지지하는 팔레스타인 자치정부Palestinian Authority, PA도 그중 하나다. 2008년 말과 2009년 초의 가자 전쟁 시기에 팔레스타인 자치정부 당국이 충돌에 항의하는 팔레스타인 시위대를 진압하는 가운데 이스라엘이 가자에 지상군을 투입했다.[31] 팔레스타인 자치정부는 이후 계속해서 자국민에 대한 탄압을 확대했다. 현재 자치정부는 요르단 강 서안에서 경찰국가를 운영하는 한편 하마스는 가자에서 잔혹한 통치를 하고 있다. 팔레스타인인들에게는 현실성 있는 정치적 대안이 거의 없다.

많은 팔레스타인인이 점령이 어떻게 민영화되고 있는지 알지 못하는 것은 그들을 괴롭히고 모욕하는 상대가 국가 공무원이든 사적 개인이든 아무런 차이가 없기 때문이다. 국가든 기업이든 자신들이 지배하는 이들에 대해 책임지지 않는다. 나는 2005년부터 요르단 강 서안 전역을 연구하며 돌아다닐 때 끊임없이 이런 현상을 보았다. 유대 국가가 나눠주는 몇 안 되는 노동허가증 하나를 운 좋게 손에 쥔 팔레스타인인이 학교나 직장, 이스라엘에 갈 때 통과해야 하는 수많은 검문소는 안면 인식 기술과 생체 정보를 활용해서 그들의 모든 움직임을 기록한다.

이 과정을 능률화한다는 신기술의 목적은 그것을 완전히 비인간화하겠다는 것이다. 이는 종종 현실에서 인간들 사이에 이루어지는 상호작용을 완전히 없애는 결과로 이어진다. 이스라엘 보안 담당자가 검문소를 통과하는 팔레스타인인에게 소리 질러 지시를 할 때 우렁찬 목소리가 스피커에서 흘러나오는 식이다. 2016년 민영화된 경비원들이 칼란디아 검문소에서 스물네 살인 여성 마람 살리 아부 이스마일Maram Salih Abu Ismail과 열여섯 살인 남동생 이브라힘 타하Ibrahim Taha를 죽였을 때, 누구도 책임을 지지 않았다. 이른바 보안 서비스가 외주화되면 경비원들에게 발포와 살상을 허용하는 이스라엘의 정책이 한층 더 광범위하게 적용된다. 바로 이 점이 중요하다. 권한이 남용되면 국가는 범죄를 민간 기업 탓으로 돌리기 때문이다.

칼란디아 검문소에서 만난 한 팔레스타인 남자는 이스라엘 공무원이나 민간 경비원 중 어느 쪽이 자신을 멈춰 세워 검문하든 '아무 차이가 없다'고 말했다. 결과는 똑같기 때문이다. 나블루스에 있는 안나자 대학교에서 의학과 심리학을 전공하는 스물두 살인 학생 레함Reham은 매번 검문소를 통과하려고 대기하는 게 '비참한' 일이라고 말했지만, 검문소가 점차 민영화되고 있다는 건 미처 알지 못했다. "군인이나 경찰 개인에 따라 달라요. 간혹 그냥 보내주기도 하죠. 말을 걸지도 않고요. 보통은 여자가 남자보다 더 못되게 굴어요. 왜 그런지는 모르겠지만요."[32]

유엔에 따르면 요르단 강 서안 전역에서 팔레스타인인의 이동을 방해하는 검문소와 방어벽이 총 593개나 있다. 2005년 제2차 인티파다가 끝난 이래로 이스라엘과 요르단 강 서안, 가자를 연결하는 검문소 30여 개 중 절반 이상이 전면 또는 부분적으로 민영화되었다. 민영화된 보안 작업을 담당하는 이스라엘의 보안 기업들 중 일부는 대개 이스라엘군 재향군인들을 직원으로 둔다. 이들 기업은 또한 요르단 강 서안 정착촌에서도 활동한다. 이런 민간 기업으로는 G1시큐어솔루션스G1 Secure Solutions, 말람팀Malam Team, 모딘에즈라히Modi'in Ezrachi 등이 있는데, 정착민 단체들이 주요 고객이다.[33] 이런 민영화 모델은 이스라엘의 광범위한 집단에 이익을 제공하는 동시에 이스라엘 본토와 점령지가 전혀 구분되지 않도록 하는 데 효과적이다.

이스라엘 관리들은 여전히 일시적으로 점령하고 있을 뿐이라고 주장하기 때문에 유대 국가 내에서는 서서히 진행되는 점령의 민영화에 관한 활발한 논의가 전혀 없다. 이스라엘 언론에서는 안보 문제를 다룰 때를 제외하면 요르단 강 서안과 가자의 식민화를 거의 보도하지 않는다. 정책 결정권자들은 아웃소싱을 '검문소의 민간화'나 팔레스타인인들의 '자율권' 등으로 묘사하고 있다.[34]

경제학자 시르 헤베르는 2018년 저서 『이스라엘 안보의 민영화The Privatisation of Israeli Security』에서 당국이 '무수히 많은 민간 군사·보안 기업 private military and security companies, PMSCs 및 무기 기업과 계약을 유지하는 데 필요한 자원을 투자하려 하지 않거나 못할 때에만' 이 과정이 정치 문제로 비화한다고 말한다. '그런 순간이 닥치면 이스라엘 안보 엘리트들의

핵심 기능이 팔레스타인인들을 점령하고 탄압하는 것이라는 사실이 폭로될 것이다.'[35]

헤베르는 책에서 요르단 강 서안과 가자의 점령을 민영화하고 유지하는 이스라엘의 전문적 역량에 관해 자세히 다루지만, 그가 내게 말해준 것처럼, 팔레스타인을 통제하는 이스라엘 모델은 비슷한 사고를 지닌 세계 곳곳의 지도자들에게 점점 영감을 주지 못하고 있다. "권위주의 정권은 분명 여전히 이스라엘이 팔레스타인인들을 어떻게 관리하고 통제하는지 배우고 싶어 하지만, 배우면 배울수록 이스라엘이 실제로 팔레스타인인들을 아주 효과적으로 통제하지는 못한다는 걸 간파하죠. 세계 곳곳의 우파 집단과 정치인들은 여전히 이스라엘을 강력히 지지하지만(특히 암울한 사례인 브라질의 자이르 보우소나루 전 대통령을 보세요) 인종주의, 인종 프로파일링, 민족주의에 점점 초점이 모아지고 '세계에서 가장 강한 군대'에 대한 경외심은 줄어드는 것 같습니다."

감시와 통제

그렇다 하더라도 모든 지표로 볼 때 향후 수십 년간 민영화된 군산복합체는 계속 성장 일로를 달릴 것이다. 2021년 7월 회계 기업 KPMG는 방위 부문에 투자를 촉구하는 보고서를 공개했다. KPMG의 분석에 따르면 코로나19 때문에 세계는 한층 더 불안정해졌지만, 불안정은 방위 산업에 좋은 조건이다. '세 주요국 - 미국, 중국, 러시아 - 이 국방 역량에 더 많은 돈을 쏟아부으면서 다른 나라들의 방위 지출에 낙수 효과를 유도하는 오늘날 세계의 안정은 냉전 시대 이래로 가장 허약한 상태다.'[36]

전통적인 군사 하드웨어의 경우에는 헤베르의 평가가 옳을지 모르지만, 이스라엘제 드론과 사이버 기술 판매는 호황을 구가하는 중이다. 2022년 초 러시아가 우크라이나를 침략하고 며칠 만에 이스라엘 언론은 유럽에서 이스라엘 군사 장비 주문이 폭증할 것이라는 기사로 가득 찼다. 이스라엘이 이 기술을 제공하는 유일한 나라는 아니지만 서구와 중국, 러시아가 새로운 냉전을 벌임에 따라 이스라엘의 역할이 커질 것이다. 여러모로 볼 때, 이스라엘 점령의 어떤 측면 – 팔레스타인인 통제, 인종 프로파일링, 기승을 부리는 민족주의 – 이 매력적인지는 중요하지 않다. 결국 종족민족주의자들은 이스라엘의 경험에서 배울 수 있다고 판단하는 것은 무엇이든 골라잡을 것이기 때문이다.

거의 규제를 받지 않는 이스라엘의 감시 산업은 세계를 선도하는 중이다. 2022년 텔아비브에서 열린 국방박람회는 이스라엘 최대 규모의 무기박람회로, 인권 침해로 악명 높은 바레인, 벨라루스, 필리핀, 우간다, 모로코, 나이지리아 등을 포함해 90개국의 경찰과 군대에서 1만 2,000명이 참가했다. 인공지능 중심의 감시 장비가 소개되어 주목을 끌었다.[37] 이스라엘 방위 부문의 고위 인사들도 참석했다. 신속하게 검문소를 통과할 수 있는 제품 등 많은 제품이 사용자의 편의를 향상시키는 것으로 광고되었지만, 진짜 목적은 원치 않는 인구 집단을 표적 감시하는 능력을 향상시키는 것이었다.[38]

이스라엘은 강한 군대와 워싱턴 엘리트 집단과의 긴밀한 유대 덕분에 필연적으로 수혜자가 되었다. 자금이 계속 공급될 것이다. 2020년 전 세계는 군비 지출에 거의 2조 달러를 썼다.[39] 2021년 9월 바이든 행정부 시기에 정해진 2022년 국방수권법National Defense Authorization Act, NDAA의 예산은 7,680억 달러로 미국 역사상 최대 규모였다. 1997년 미국의 한 관리가 국제투명성기구의 조 로버Joe Roeber에게 말한 바에 따르면 미국 중앙정보국은 1990년대 중반에 작성한 비밀 보고서에서 무기 산업이 세계

무역에서 나타나는 부패의 40~45퍼센트를 차지한다고 결론지었다.[40]

KPMG 보고서가 부추기는 환상은 원격 살인과 드론에 대한 투자 증대 덕분에 '가까운 미래에 군대는 원격으로 움직이게 된다'는 것이었다. 공공연하게 언급되지는 않았지만, 분명한 함의는 무기 제조업체들이 과거의 지저분하고 추악한 무기에서 벗어나 깔끔하고 덜 유혈적인 원격 형태의 전투로 나아가는 중이라는 것이었다.[41]

한편 점령의 민영화는 속도를 높이는 중이다. 애니비전AnyVision은 다양한 카메라로 요르단 강 서안 전역에서 팔레스타인인들을 은밀하게 감시하는 이스라엘의 스타트업 기업이다. 회사나 이스라엘 정부나 카메라의 위치는 공개한 바 없다. 그리하여 요르단 강 서안 전역에 있는 이스라엘 검문소 수십 곳에서 인공지능이 생체 인식 및 안면 인식과 통합된다. 애니비전은 자사의 기술은 인종이나 성별을 기준으로 차별하지 않으며, 자신들은 '윤리적인' 제품만 만들어낸다고 주장한다. 2019년 NBC 뉴스에서 요르단 강 서안에서 회사가 하는 활동에 관해 질문을 받자 최고경영자 에일론 에치테인Eylon Etshtein은 처음에 NBC 기자를 고발하겠다고 위협하면서 점령이 존재한다는 사실조차 부정했다. 결국 팔레스타인 활동가들에게 돈을 받았다는 혐의로 NBC 기자를 고발했다.[42] 에치테인은 나중에 순간적으로 감정을 참지 못했다면서 사과했다.

애니비전은 요르단 강 서안에서 실제로 어떤 역할을 하고 있는지에 관해 말을 아끼지만, NBC 뉴스는 빅데이터를 사용해 팔레스타인인 전체를 추적하는 구글 아요시Google Ayosh라는 프로젝트를 폭로했다. 애니비전은 팔레스타인인에 대한 대규모 감시를 통해 자사 시스템을 실험하는 중요한 기반으로 이스라엘의 팔레스타인 점령을 계속 활용한다. 그러면서 자신들은 팔레스타인인 공격자를 저지하려는 시도에 초점을 맞춘다고 말한다.[43]

애니비전은 러시아, 중국(홍콩), 미국 등 40여 개국에서 카지노, 제조 시설, 심지어 피트니스 센터까지 포함한 수많은 장소에서 프로그램을 운영하는 글로벌 기업이다. 회사는 2021년 말 우스토Oosto로 사명을 바꾸었고, 그해에 AI 기반 감시 장비를 추가로 개발하기 위해 2억 3,500만 달러를 끌어모았다. 전 모사드 수장 타미르 파르도Tamir Pardo가 고문을 맡고 있으며, 이스라엘군 정보기관 유닛 8200Unit 8200 출신들이 직원으로 일한다. 애니비전은 자사가 '시각지능을 통해 더 안전한' 세계를 건설하는 중이라고 홍보한다.

애니비전에 강렬한 인상을 받은 마이크로소프트는 2019년 이 회사에 일시적으로 7,400만 달러를 투자했다가 대대적인 반발에 부딪혔다. 이스라엘 국방부 방위수출관리국Defense Export Control Agency, DECA의 전 국장에 따르면 '팔레스타인 로비 집단이 미국 민주당'에 압력을 가하자 2020년 마이크로소프트는 애니비전과의 관계를 단절했다. 다만 자체적으로 안면 인식 기술을 계속 개발하는 중이다.[44] 바이든 행정부의 전 대변인 젠 사키Jen Psaki는 애니비전의 '위기 소통 컨설턴트'로 일했는데, 2017년 오바마 행정부에서 나온 뒤 바이든의 백악관에 다시 들어가기 전까지 어느 시점에서 최소한 5,000달러를 벌었다.[45]

이런 AI 기술을 실행하는 기업은 애니비전만이 아니다. 안면 인식은 2026년까지 전 세계적으로 116억 달러의 가치에 달할 것으로 추정되는 성장 산업이다. 코사이트AI Corsight AI는 이스라엘이 일부 소유한 안면 인식 기업으로, 잔혹하기로 악명 높은 멕시코와 브라질 경찰, 그리고 이스라엘 정부와 협력하고 있다.[46] 이스라엘군 대령 출신인 다니 티르자Dany Tirza는 코사이트AI와 손잡고 경찰 바디캠을 개발했다. 군중 속에서 얼굴을 가리고 있는 개인도 곧바로 식별해서 몇 년 전에 찍은 사진과 대조할 수 있는 카메라 기술이다. 티르자는 요르단 강 서안의 불법 정착촌인 크파르아두밈Kfar Adumim에 살고 있는데, 서안 곳곳을 모자이크처럼 갈라놓는 이스라엘 분리 장벽의 핵심 설계자 중 한 명이다. 그는 이스라엘 방위군과 팔레스타인인의 '마찰'을 줄일 수 있다면서 이스라엘 검문소에 안면 인식 기술을 도입할 것을 지지한다.[47]

이스라엘 방위군은 점점 확대되는 카메라와 휴대전화 연결망을 갖춘 광범위한 안면 인식 기술을 활용해 요르단 강 서안에서 모든 팔레스타인인을 기록한다. 2019년을 시작으로 이스라엘 군인들은 블루울프Blue Wolf 앱을 사용해 팔레스타인인의 얼굴을 캡처한 뒤 이를 '팔레스타인인 페이스북Facebook for Palestinians'이라는 방대한 이미지 데이터베이스와 대조했다. 군인들은 팔레스타인인을 가장 많이 촬영하는 사람은 포상을 받을 것이라는 말을 들었다.[48]

이 시스템이 가장 극단적인 곳은 헤브론 시로, 안면 인식과 수많은 카메라를 활용해서 때로는 집 안에 있는 팔레스타인인들까지 추적 감시한다. 걸핏하면 팔레스타인인들에게 제노사이드를 위협하는 극단적인 유대인 정착민들은 오히려 감시 대상이 아니다. 이스라엘 방위군은 이 프로그램이 '팔레스타인 주민들의 삶의 질을 향상시키기' 위해 고안된 것이라고 주장했다.

2022년, 이스라엘은 헤브론에서 군중 통제를 위한 원격통제시스템을 설치했다. 최루가스와 고무탄, 섬광수류탄을 발사할 수 있는 장비였다. 시스템을 개발한 이스라엘 기업 스마트슈터Smart Shooter는 인공지능을 활용해 표적을 정확히 찾을 수 있다고 주장한다. 스마트슈터는 국제 방위박람회마다 단골로 참가하는 기업으로, 10여 개국에 장비를 판매했다.

블루울프는 교육 수준, 사진, 보안 등급, 가족사 등 요르단 강 서안에 거주하는 사실상 모든 팔레스타인인의 개인 정보를 망라한 울프

팩Wolf Pack 데이터베이스의 축소 버전이었다. 2022년 요르단 강 서안에서 근무하는 군인들은 교대 시간마다 최소한 50명의 팔레스타인인의 세부 정보와 사진을 블루울프 시스템에 입력하라는 지시를 받았고, 그 양을 채워야 교대 근무를 마칠 수 있었다.[49] 이런 조치를 정당화하는 보안상의 근거는 전혀 없었다. 중국이 신장 자치구에서 위구르족을 대상으로 시행하는 조치와 비슷하다. 중국은 감시 기술을 활용해 주민들을 추적하는 동시에 위협하는데, 베이징은 국제사회에서 이스라엘보다 훨씬 많은 비난을 받는다.

터무니없이 낙관적인 주장과 달리, 이런 기술이 과연 효과가 있는지는 확실하지 않다. 이스라엘의 인권변호사 에이타이 맥은 기업들이 큰돈을 확보하기 위해 점령을 유지하는 데 있어 자사 제품의 효용을 과장한다고 내게 말했다. "신베트(점령을 강제하는 데 필수적인 역할을 하는 이스라엘의 국내 보안 기관) 활동에서 많은 비중을 차지하는 부분은 정교한 기술이 아니라 사람(친구, 가족, 지역사회 성원)을 활용한 감시에 바탕을 둡니다. 신베트가 구체적으로 어떤 기술을 사용하는지에 관한 정보를 획득할 방법은 없지만 민간 기업의 기술이 아닌 건 분명해요." 다시 말해, 원치 않는 인구 집단의 이동을 통제하는 데는 여전히 인간과 통신 정보가 중요하며, 인간이 쓸모를 다하려면 아직 오랜 시간을 기다려야 한다.

〈하레츠〉 기자 기드온 레비에 따르면 신베트는 팔레스타인인을 '고문하는' 것을 한껏 즐겼다. '신베트 활동의 대부분은 점령당한 주민들을 폭압적으로 통제하는 식으로 점령을 유지하는 것과 관련되어 있다.' 레비는 유닛 8200의 활동을 상기시키면서 결론을 내렸다. 신베트는 '사람을 고문하고 사람 목숨을 가지고 장난치는 등 어떤 수단도 배제하지 않는다. 자신의 목적을 위해 인간의 약점을 악용하고, 개인의 권리를 모조리 침해하며, 팔레스타인인을 인간으로 대하지 않고, 밤낮으로 팔레스타인인을 염탐하며, 아이 방을 포함해 팔레스타인인의 집과 침실을 습격하고, 그들이 어떤 색의 속옷을 입는지까지 안다. 신베트는 점령의 썩은 악취가 퍼져나가는 하수관이다'.[50]

부도덕한 행태에 어떻게 대응해야 할까?

방위 부문과 맞서 싸우는 가장 유명한 이스라엘 변호사는 에이타이 맥이다. 예루살렘에서 오래 거주한 부드러운 목소리의 주민이자 대중의 잔소리꾼인 그는 2021년 노르웨이로 이주했다. 정부가 독재자들과 교류하는 것을 대체로 무시하는 나라에서 여전히 보기 드물게 목소리를 높이는 인물이다. 그는 또한 요르단 강 서안과 동예루살렘의 팔레스타인인들을 대변하고 그들을 대신해 이스라엘 군경을 상대로 민사소송을 제기한다.

2020년 그는 예루살렘의 야드바셈 홀로코스트 기념관이 전범과 인권 침해자들을 초청하는 것을 중단하라고 요구하며 싸웠지만 승리하지는 못했다. 이스라엘 고등법원은 헝가리 홀로코스트 생존자인 베로니카 코헨Veronica Cohen 교수를 비롯한 65명을 대신해 그가 제기한 청원을 기각했다. 논쟁적인 지도자들이 기념관을 방문하는 것은 '교육적 가치'가 있을 수 있으며 이스라엘 정부의 외교에 방해가 될 수 없다는 이유에서였다. 맥은 2020년 기념관에서 열린 아우슈비츠 해방 75주년 기념행사에 아프리카와 동아시아, 라틴아메리카 참석자가 한 명도 없고 대신 유대-기독교 정체성을 지닌 백인만 참석한 것은 우연한 일이 아니라고 말했다.[51]

맥은 청원을 제출한 뒤 야드바셈에서 이런 이례적인 반응을 끌어냈다. '야드바셈은 외국 관리들이 국제법에 규정된 중범죄에 관여하거나 지지한다는 청원을 둘러싸고 제기된 보도와 소문을 알지 못하며, 아무튼 그런 것들을 확인하거나 반박할 수 없다.' 명색이 제노사이드와 대중 폭력을 연구한다는 기관이 스리랑카 대통령 마힌다 라자팍사가 타밀족을 상대로, 필리핀의 로드리고 두테르테가 빈곤층을 상대로 벌인 사례 등 예전 초청 인사들이 자행한 범죄를 구글에서 검색하지도 못했다.[52]

맥이 내게 말한 바에 따르면 그가 추구하는 목표는 '이스라엘의 현실이나 이미지를 바로잡는' 게 아니라 '제노사이드와 반인도적 범죄, 중대한 인권 침해를 막는 것이다. 이스라엘이 세계 곳곳에서 이런 범죄에 공모하고 있기 때문이다'. 그는 기를 쓰고 비판자들을 침묵시키려 하는 이스라엘의 위선을 전 세계에 폭로하고 싶었다. 이스라엘은 '수십 년간 팔레스타인인들에 대한 탄압을 받아들이기만 하면 그들이 눈가림을 하는 파시스트 정권이든 반유대주의 정권이든 상관하지 않고 지지해놓고도 자국을 비판하는 이들에게는 거리낌 없이 반유대주의 카드를 휘두른다'. 이스라엘 국가문서고에서 10만 쪽 이상의 자료를 읽은 맥은 건국 초기부터 유지된 일관성을 발견했다. '과거에 이스라엘은 전화 도청을 도왔고 지금은 휴대전화를 해킹한다.'

백인 유대인 남성인 맥은 이런 작업을 하면서 한 번도 위협을 받은 적이 없는 자신의 특권적 위치를 인정했다(베이트 알파 키부츠의 어느 이스라엘 여자는 예외다. 그녀는 맥이 키부츠 작업장이 폭동 진압 장비를 생산한다고 비난하는 사실이 마음에 들지 않았다). "그건 특권적인 괴롭힘입니다. 많은 이스라엘인에게 우리가 제노사이드를 지지한다고 말하는 건 문제지요. 그들은 자신이 군수품 수출업자라고 말하지만, 사실은 무기 거래상입니다. 나는 극우파에서 극좌파까지 이스라엘 정치 스펙트럼 전체에서 많은 지지를 받고 있습니다. 어떤 이들은 내가 유대인의 도덕심으로 행동한다고 말합니다

(물론 우파는 팔레스타인 점령을 문제라고 여기지 않지만요).”

맥이 말하는 사람들 중 한 명은 예루살렘 근처의 말레아두밈Ma'aleh Adumim 정착촌에 거주하는 엘리 요세프Eli Yosef다. 그는 이스라엘이 독재 정권에 무기를 판매하는 것에 기본적으로 반대하는 우파다. 독실한 유대인인 요세프는 2018년 〈하레츠〉에 이렇게 말했다. “우리는 2,000년 동안 증오를 받았는데, 이제 와서 악당들을 무장시킵니까? 그건 기본적인 문제예요. 내가 사랑을 할 줄 모르고 관심 있는 거라곤 돈뿐이어서 돈을 벌기 위해서는 영혼이라도 팔 수 있다면, 전부 끝난 겁니다. 정신적 자살인 거죠. 이건 실제 자살의 서곡입니다. 악의 씨를 뿌릴 수는 있고 악을 거둘 줄은 모른다면, 눈이 먼 게 분명해요.”[53]

이스라엘이 독재자들에게 무기를 판매하는 것에 반대하는 또 다른 인물 역시 불법 정착촌에 살고 있다. 랍비 아비단 프리드만Avidan Freedman은 베들레헴 근처의 에프라트에 사는데, 맥과 접촉한 적이 있다. 그는 얀슈프Yanshoof의 사무처장인데, 히브리어로 ‘올빼미’를 뜻하는 이 단어는 ‘무기 수출, 투명성, 감독’의 약자이기도 하다.

“국가는 독재 정권에 무기를 판매하지 않는다고 말하죠.” 프리드만이 〈하레츠〉에 한 말이다. “아프리카의 독재 정권에 소규모로 무기를 판매하는 것은 이따금 금지됩니다. 하지만 난 현 상황을 받아들이고 싶지 않아요. 즉 나는 이스라엘 시민으로서 이런 행동에 대한 책임을 공유합니다. 우리는 이 행동에 대해 죄책감과 책임을 공유합니다 – 그리고 더 나아가 엘리트 부대에서 복무하는 젊은이들은 문제가 많은 나라에서 군대를 훈련시키죠. 그런 도덕적 부패는 결국 온갖 방식으로 우리에게 돌아옵니다.”[54]

맥은 이스라엘 방위 정책의 피해자들을 위해 쉴 새 없이 일하는 활동가다. 2022년 그는 다르푸르의 제노사이드에 관여한 수단의 모하메드 함단 '헤메티' 다골로Mohamed Hamdan "Hemeti" Dagolo 장군을 체포하도록 이스라엘 정부에 압력을 가하는 캠페인을 이끌었다. 이스라엘은 2021년에 수단의 독재 정부와 관계를 구축하려 하면서 다골로를 비밀리에 초청한 바 있었다.

2021년 6월 이스라엘 대법원이 아주 극단적인 상황을 제외하고는 국가의 방위 수출에 이의를 제기하는 어떤 청원도 받아들이지 않겠다고 결정한 뒤 맥의 법적 전략은 바뀌었다. 판사들은 정부가 누구에게 무기를 판매할지에 관해 자체적으로 판단할 수 있다고 말했다.[55] 맥과 동료들은 이스라엘 기업 셀레브라이트가 러시아나 중국 같은 독재 정부에 감시 장비를 판매하는 것을 막으려고 노력한 바 있었다.

이스라엘의 각급 법원은 이와 같이 실행 가능한 선택지를 차단했고, 맥은 그에 따라 대응했다. "이스라엘 법정에 서는 대신 법적·대중적 캠페인을 벌이면서 계속 변호사 활동을 하고 싶습니다. 이스라엘이 아파르트헤이트 국가라고 말하면서 계속 법정에 나갈 수는 없어요."

3

평화를 가로막다

> 오늘날 이스라엘은 국가와 비정규 전투원들이 충돌하는
> 비대칭 전쟁을 위한 완전히 정치적인 모델을 제공한다.
> 요탐 펠드만(이스라엘 다큐멘터리 「더 랩 The Lab」(2013년)의 감독)[1]

팔레스타인인을 죽이거나 다치게 하는 것은 피자를 주문하는 일만
큼 쉬워야 한다. 2020년 이스라엘군이 설계한 앱의 배후에 놓인 논리는
바로 이것이었다. 전장의 지휘관이 전자 장치에 표시된 표적에 관한 세
부 정보를 부대에 보내면 병사들이 그 팔레스타인인을 신속하게 무력화
할 수 있는 앱이었다. 이 프로젝트를 담당한 오렌 마즐리아흐 Oren Matzliach
대령은 '이스라엘 디펜스' 웹사이트에 이 공격은 '스마트폰으로 아마존
에서 책을 주문하거나 피자집에서 피자를 주문하는 일과 비슷할 것'이
라고 말했다.[2]

이런 식의 비인간화는 끝없는 점령이 낳은 불가피한 결과다. 이는
또한 수출 자산이다. 전 세계에서 점점 많은 정권이 이스라엘이 정치적
학살 politicide 을 자행하면서도 무사한 비결을 배우는 데 매력을 느끼고 있
다. 이 용어는 이스라엘 학자이자 사회학 교수였던 고故 바루흐 키멀링
Baruch Kimmerling 에 의해 이스라엘과 팔레스타인에 적용되었는데, 2003년

그는 이스라엘의 국내·외교 정책이 '주로 팔레스타인인에 대한 정치적 학살이라는 하나의 주요한 목표에 맞춰져 있다'고 주장했다. '정치적 학살이란 하나의 정당한 사회적·정치적·경제적 실체로서 팔레스타인인의 존재를 해체하는 것을 궁극적 목표로 삼는 과정을 의미한다. 이 과정은 또한 필연적이지는 않더라도 이른바 이스라엘 땅에서 팔레스타인인을 부분적으로, 또는 완전히 종족 청소하는 것을 포함할 수도 있다.'[3]

2021년 10월 이스라엘의 '독실한 시온주의당Religious Zionist Party' 지도자이자 베냐민 네타냐후 총리의 협력자인 극우파 의원 베잘렐 스모트리치Bezalel Smotrich가 크네셋에서 아랍인 의원들에게 다음과 같이 말했을 때 이스라엘에서 정치적으로 솔직한 보기 드문 순간이 찾아왔다. "당신들이 여기에 앉아 있는 건 순전히 실수 때문이야. (건국 총리 다비드) 벤-구리온이 일을 마무리하지 않고 1948년에 당신들을 몰아내지 않았기 때문이지." 이스라엘에서 가장 인종주의적이고 동성애 혐오적인 정치인의 말이긴 하나 1948년에 종족 청소가 벌어졌음을 인정한 셈이다.

이는 새로운 시각이 아니었다. 실제로 이것이 1948년 이래 국가 이데올로기였다. 2021년 이스라엘 국가문서고에서 기밀 해제된 문서들을 통해 팔레스타인인들에 대한 태도가 1940년대 이래 별로 바뀌지 않았음이 드러났다. 적어도 이스라엘 군대와 정치권의 일부 고위 엘리트들 사이에서는 이스라엘이 존재하는 시기 내내 아랍인을 이웃 나라로 강제 추방하는 것이 공식 정책이었다. 이스라엘 토지관리청Israel Lands Administration, ILA[*]의 부청장 레우벤 알로니Reuven Aloni는 1965년의 한 회의에서 이상적인 목표는 '인구 교환population exchange'이라고 말했다. 그는 '언젠가 향후 10, 15, 20년 안에 전쟁이든 전쟁에 준하는 사태든 간에 아랍

---

[*] 이스라엘 전체 국토의 93퍼센트를 차지하는 공유지를 관리하는 정부 기관 – 옮긴이

인들을 이동시키는 것이 기본적 해법이 되는 상황이 찾아올 것'이라고 낙관하며 '우리는 이를 최종 목표로 생각해야 한다'고 말했다.[4]

1948년부터 1966년까지 아랍계 시민들을 통치한 군정 사령관 여호수아 베르빈Yehoshua Verbin은 1948년에 종족 청소가 벌어진 사실을 인정했다. '우리는 아랍인 50만 명을 쫓아내고, 주택을 불태우고 - 그들의 관점에서 보면 - 그들의 땅을 약탈했다. 땅을 돌려주지 않고 우리가 차지했으니까.' 그때나 지금이나 제시된 '해법'은 키멀링의 명제와 소름 끼칠 정도로 흡사했다. 아랍인들을 사라지게 만들든지, 그렇게 할 수 없으면 불평등한 처지로 내몰아서 더 나은 삶을 찾아 다른 곳으로 이주하고 싶게 만들어야 했다. 키멀링은 세계 곳곳에서 이스라엘의 '성공'을 모방하길 원하는 다른 나라와 관리들에게 정치적 학살이 잘 팔리는 수단이 되었다고 덧붙일 수도 있었다.

2002년 이스라엘 군사학자 마틴 밴 크리벨드Martin van Creveld는 오스트레일리아 방송에 출연해 자신이 생각하는 유대 국가가 직면한 딜레마에 관해 설명했다.

이스라엘 군인들은 아주 용감합니다. (……) 그들은 이상주의자이며……조국에 봉사하기를 원하고 자신을 증명하길 원하지요. 문제는 자기보다 훨씬 약한 상대를 놓고는 자신을 증명하지 못한다는 겁니다. 그들은 윈-윈이 아닌 루즈-루즈 상황에 놓여 있어요. 만약 당신이 강하고 약자와 싸운다면, 상대를 죽이는 경우에 비열한 악당이 됩니다. (……) 상대가 당신을 죽이게 내버려둔다면 머저리가 되고요. 따라서 여기에 다른 이들도 우리 전에 겪었던 딜레마가 존재하며, 내가 아는 한 이 딜레마에서 빠져나갈 길은 없습니다. 이스라엘군은 결코 최악의 악당이 아니었습니다. 이스라엘군은, 예를 들면 미군이 베트남에서 저지른 것과 같은 악행을 벌이지 않았지요. (……) 네이팜탄을 사용하지 않았고 수백만 명을 죽이지도 않 았습니다. 따라서 모든 게 상대적이지만, 앞에서 한 이야기로 돌아가자면, 정의상 만약 당신이 강하고 약자들과 싸우고 있다면 어떤 짓을 하든 간에 범죄가 됩니다.[5]

밴 크리벨드가 사실을 잘못 말한 건 아니지만, 그는 70여 년간 점령 을 계속한 끝에 지배의 이데올로기가 얼마나 매력적으로 바뀌었는지를 과소평가했다. 이스라엘의 국토안보 산업은 그 도구와 전략을 효과적으 로 현금화하면서 전장에서 테스트를 거친 사례들을 통해 분리에 대한 믿음, 즉 이스라엘이 팔레스타인을 지배하는 한 팔레스타인인과 이스라 엘인을 서로 갈라놓아야 한다는 믿음이 어떻게 중단기적으로 해법이 되 었는지를 보여주었다. 키멀링의 주장에 따르면 분리주의자들은 '종족 청소와 정반대되는 해법'을 원했지만 '그 해법은 현실적으로나 심리적 으로나 비슷한 결과를 낳을 것이다. 그것은 얽히고설킨 여러 감정에 뿌 리를 둔다. 불신, 공포, 아랍인에 대한 혐오가 이스라엘을 주변의 문화적 환경에서 분리하려는 욕망과 결합된다'.[6]

분리주의는 이스라엘 주류에서 점점 부상하는 이데올로기다. 이스 라엘의 저명한 역사학자 베니 모리스Benny Morris는 2020년 로이터 통신 에 팔레스타인인들을 시야에서 없애버리는 것이 이스라엘 유대인들의 이상적 해법이라고 말했다. "이스라엘인들은 팔레스타인인이 싫어졌습 니다. 그들은 팔레스타인인과 가급적 얽히고 싶지 않고 팔레스타인인들 이 주변에서 최대한 없어졌으면 좋겠는데, (이스라엘과 요르단 강 서안 사이의 분리) 장벽은 이런 상황을 만드는 데 도움이 됩니다."[7] 모리스는 그 원인을 2000년부터 2005년 사이에 제2차 인티파다 당시 팔레스타인 인들이 벌인 자살 폭탄 공격 탓으로 돌렸다. 제2차 인티파다 기간에 팔레스타인인 3,100여 명과 이스라엘인 1,038명이 사망하고, 팔레스타인인 6,000명이 체포되고, 팔레스타인 주택 4,100채가 파괴되었다.[8]

분리를 바라보는 또 다른 사고방식을 밀어붙인 것은 요르단 강 서안 정착민 미카 굿맨Micah Goodman이었는데, 들리는 말로는 2021년 이스라엘 총리 나프탈리 베넷이 집권했을 때 굿맨의 말에 귀를 기울였다고 한다. 베넷은 굿맨이 제시한 비전이 '충돌을 축소시킨다'고 NPR에 설명했다. "대다수 이스라엘인은 요르단 강 서안에 계속 머물면 우리에게 미래가 없고 요르단 강 서안을 떠나도 미래가 없다고 느낍니다. 대다수 이스라엘인은 이런 함정에 빠져 있습니다." 팔레스타인인과의 '분쟁'이 조만간 해결될 가능성이 없기 때문에 이 난제를 해결하기 위해 굿맨은 이스라엘이 '안보를 축소시키지 않은 채 점령을 축소하는 단계 속에 분쟁을 축소하기 시작'할 수 있다고 말했다. '무슨 말인가 하면, 팔레스타인인들이 이스라엘인을 위협할 수 있는 규모를 증가시키지 않으면서 이스라엘이 팔레스타인인을 통제하는 규모를 축소한다는 것이다.' 이것이 실제로 의미하는 바는 현재 상태를 유지하는 것이었다.[9]

소셜 미디어 전략과 잔인한 서사

분리주의의 가장 효과적인 사례는 가자를 포위해 팔레스타인인 200만여 명을 거대한 장벽 안에 가둬둔 채 드론으로 끊임없이 감시하고, 이따금 미사일로 공격하며, 이스라엘과 이집트가 철저하게 국경을 폐쇄하고 관리하는 것이다. 2021년 말 이스라엘이 11억 1,000만 달러의 비용을 들여 가자와 맞닿은 경계선 전체에 65킬로미터 길이의 최첨단 장벽을 완공했을 때, 이스라엘 남부에서는 완공을 기리는 축하 행사가 열렸다. 〈하레츠〉는 이 장벽을 '공학과 기술의 복잡한 시스템'이라고 묘사했다. 유럽으로부터 건설 지원을 받아야 했던 '세계 유일의 최첨단 장벽 시스템'이었다.[10]

이스라엘 총리 아리엘 샤론이 가자에서 유대인 정착민 9,000명을 철수시키기 3년 전인 2002년, 이스라엘 역사학자 밴 크리벨드는 이런 전망을 내놓았다. "(유일한 해법은) 우리와 상대편 사이에 장벽을 세우는 겁니다. 향후에 아주 오랫동안 어떤 종류의 마찰도 피할 수 있도록…… 새들도 넘기 힘들 정도로 높은 장벽을 말이죠. (……) 지금 당장 제대로 된 장벽을 세우면 적어도 가자에서는 48시간 안에 이 문제를 공식적으로 끝낼 수 있습니다. 그리고 물론 누구든 장벽을 기어 넘으려 하면 죽이면 되겠죠."[11]

오늘날 가자는 이스라엘의 독창적 지배 기술을 테스트하기 위한 완벽한 실험실이다. 가자는 팔레스타인인들을 무한정 가둬둔다는 종족민족주의의 궁극적인 꿈이다. 가자를 둘러싼 장벽은 1994년에 처음 세워진 이래로 다양하게 업그레이드되었다(2001년 팔레스타인인들에 의해 파괴되기는 했지만). 오늘날 가자 주민들은 최신 기술과 기법을 시험하는 통제 실험을 강요당하고 있다. 하지만 가자에서 지금 벌어지는 일은 점차 세계에서도 나타나는 중이다. 팔레스타인 건축가 야라 샤리프Yara Sharif는 '오늘날 세계 곳곳에서 도시의 팔레스타인화가 벌어지는 중'이라고 말했다. '파괴와 말살만이 아니라 극적인 기후변화에 의해서도 일어나고 있다.'[12]

2012년 11월 이스라엘이 방어 기둥 작전Operation Pillar of Defense이라는 이름으로 벌인 가자 포격은 팔레스타인인 174명과 이스라엘인 6명을 죽이고 1,000여 명에게 부상을 입힌 7일 전쟁이었다. 이 작전의 사망자 수가 상대적으로 적었던 반면, 2008년과 2009년 초에 이스라엘이 벌인 주물납 작전Operation Cast Lead에서는 가자 주민 1,400명이 사망했다. 이 충돌을 계기로 이스라엘 방위군이 다양한 소셜 미디어 플랫폼에서 전쟁을 묘사하는 방식이 혁명적으로 바뀌었다. 일부 서구 국가의 여론이 이스라엘의 군사행동에 반발하는 것을 우려한 가운데 벌어진 이른바 인스타 전쟁instawar은 하마스 대원을 살해하거나 팔레스타인 '테러리스트'를 체포한 것을 자랑스럽게 발표하기 위해 만든 인포그래픽과 군사작전을 트위터로 생중계하기 위한 일사불란한 기획이었다. 이렇게 제작된 콘텐츠는 이따금 할리우드 스타일의 거대한 예산이 투입된 액션영화 분위기를 풍겼다.

이스라엘의 소셜 미디어 전략은 자국 군대의 임무에 국내와 전 세계의 지지자들을 포섭하는 것을 목표로 삼았다. 이 과정에서 지지자들이 직접 이스라엘의 행동을 지지하는 트윗이나 페이스북 게시물, 인스타그램 이미지를 게시하도록 요청하면서 이스라엘 방위군은 다른 나라들도 온라인에서 민족주의적 열정을 자극함으로써 손쉽게 모방할 수 있는 집단적 임무를 만들어냈다. 방어 기둥 작전 당시 이스라엘 방위군은 이스라엘 지지자들에게 '테러리스트'가 살해된 시간을 자랑스럽게 공유하는 동시에 유대 국가가 피해자임을 세계인들에게 상기시키도록 부추겼다. 소셜 미디어를 무기화하는 것을 통해 이스라엘 지지라는 대의로 일종의 대규모 징집을 진행한 것이다.[13]

이 작전은 전쟁을 구경거리로 만드는 것이었고, 이스라엘 방위군은 이를 실현하기 위해 거액을 쏟아부었다. 이스라엘 방위군은 미디어 예산을 투입해 최소한 장교 70명과 사병 2,000명을 동원, 이스라엘의 공식 프로파간다를 고안하고 가공하고 퍼뜨렸으며, 거의 모든 소셜 미디어 플랫폼에 이스라엘 방위군 콘텐츠가 넘쳐나게 만들었다.

오늘날 이스라엘 방위군의 인스타그램 페이지에는 강경한 군사주의적 상징들과 나란히 동성애와 페미니즘을 지지하는 메시지가 정기적으로 부각된다.[14] 2021년 10월 1일, 이스라엘 방위군은 여러 소셜 미디어 플랫폼에 분홍색 조명에 감싸인 본부 사진과 함께 이런 메시지를 올렸다. '지금 싸우고 있는 이들을 위해, 죽어간 이들을 위해, 살아남은 이들을 위해 이스라엘 방위군 본부는 분홍색 불을 밝혔습니다. #유방암인식제고를위한달.' 팔레스타인계 미국인 활동가 유세프 무나예르는 트위터에서 이런 반응을 보였다. '엄청나게 많은 가자 여성이 유방암으로 고통받으면서도 걸핏하면 적절한 치료와 제때 생명을 구하는 처치를 거부당하고 있다. 바로 이 군대가 200만 명을 잔인하게 포위하고 있기 때문이다.' 하지만 인스타그램에서는 대부분의 댓글이 이스라엘 방위군을 칭찬하는 내용이었다.

현재 미군도 이스라엘 방위군이 이런 식으로 벌이는 정보전 전략을 똑같이 따라 한다. 미국 중앙정보국은 2021년 '휴먼스 오브 CIA Humans of CIA'라는 이름으로 소셜 미디어 캠페인을 개시했다. 좀 더 다양한 공동체에서 인력을 충원하기 위한 캠페인이다. 미국 중앙정보국은 이스라엘 방위군의 '깨어 있는 woke' 태도에 깊은 인상을 받았다. 제2차 세계대전 이래로 미국 중앙정보국이 각국 정부를 뒤흔들고 전복하는 데서 어떤 역할을 했는지를 생각할 때 사람들의 입에 가장 많이 오르내린(그리고 조롱받은) 캠페인은 라틴계 여성 정보요원이 다음과 같이 선언하는 영상이었다. "나는 범불안장애 진단을 받은 시스젠더 밀레니얼입니다. 나는 인터섹셔널 intersectional *이지만, 내 존재는 해당 사항에 체크를 하는 게 아니에요. 나는 가면증후군에 시달리곤 했는데, 서른여섯 살인 지금 여자가 무엇이 될 수 있는지, 또는 무엇이 되어야 하는지에 대한 그릇된 가부장적 관념을 내면화하는 걸 거부합니다."

---

* 범불안장애 진단을 받은 라틴계 시스젠더 여성인 것처럼 여러 정체성이 교차한다는 뜻이다 - 옮긴이

이스라엘의 소셜 미디어 전략은 유대 국가가 벌이는 작전을 서구의 가치와, 또는 적어도 테러리즘(보는 사람의 관점에 따라서는 '저항')에 대한 군사적인 대응을 지지하는 정책과 연결함으로써 전 세계에서 지지를 이끌어내려는 정교한 시도다. 이스라엘 방위군의 소셜 미디어 담당국 창설자이자 이스라엘의 미국유대인위원회 책임자인 아비탈 레이보비치Avital Leibovich (퇴역) 중령은 2014년 방어적 우위 작전Operation Protective Edge 중에 이렇게 말했다. '소셜 미디어는 이곳 이스라엘에 사는 우리가 싸우는 교전 지역이다.' 이스라엘과 하마스가 7주 동안 전투를 벌이면서 어린아이 500명을 포함해 다수가 민간인인 팔레스타인인 2,250명과 대부분 군인인 이스라엘인 70명이 사망한 작전이었다.

공개적으로 언급하지 않은 이스라엘 방위군의 정보 전략 목표는 점령을 영속화하기 위해 유대인의 트라우마를 무기화하는 것이다. 이스라엘 방위군은 무수히 많은 게시 글과 밈을 통해 이스라엘이 팔레스타인인과의 끝없는 싸움에서 당한 희생을 강조하는 것이 승리하는 길이라고 믿는다. 이 논리에서 팔레스타인인들은 자신이 겪은 곤경에 대해 분노할 권리가 없으며 그들의 트라우마는 아예 존재하지 않는다. 그리하여 점령에 저항하는 것은 정당하지 못한 행위로 간주된다. 이런 메시지 보내기 이데올로기는 다른 나라들에 호소력을 발휘한다. 대부분의 나라는 반란 세력이나 국내 반대파를 상대로 전쟁을 벌이는 경우 속도와 정교함에서 이스라엘에 상대가 되지 않기 때문이다. 전술은 언제나 똑같다. 반응이 좋지 않은 트윗이나 페이스북 게시물에 부정적으로 대응하는 방법은 더 많은 게시물과 트윗을 올리는 것뿐이다. 앞서 올린 게시물이 빨리 잊히도록 수많은 잡음으로 인터넷을 뒤덮으면 된다.

2021년 존제이 형사행정학 칼리지의 사회학자 마리사 트라몬타노Marisa Tramontano는 방어적 우위 작전의 소셜 미디어 캠페인에 관한 연구에서 이스라엘 방위군이 수많은 시각적·문자적 도구를 활용해 가자와 요르단 강 서안에서 자신들이 벌인 행동을 정당화한다는 것을 발견했다. '이스라엘은 여러 집단이 독자적으로 퍼뜨리는 소셜 미디어 담론에 어느 정도 힘입어 이슬람을 혐오하는 헤게모니 연합의 일원으로 자신들을 우뚝 세운다. 이 연합 덕분에 이스라엘은 미국이 벌이는 글로벌 대테러 전쟁의 최동부 전선에 자리잡는다.'[15]

디지털 혁명이 탄생하던 시기에 이스라엘이 팔레스타인에서 벌이는 악행을 사진과 동영상으로 찍어 퍼뜨리면 팔레스타인의 대의에 도움이 되리라는 기대가 있었다. 점령에 대한 전 세계적 인식이 급격히 높아졌다는 점, 그리고 이는 정착민이나 이스라엘 군대와 팔레스타인인의 대결 장면을 편집 없이 그대로 보여준 덕분이라는 점에는 의심의 여지가 없다. 하지만 이스라엘 국가가 팔레스타인인들이 겪고 있다고 말하는 현실을 부정하기 위해 명백한 시각적 이미지를 의도적으로 선별한다는 증거도 많다. 이스라엘인들은 우리가 모두 직접 목격하는데도 팔레스타인인들이 자신들의 상황에 대해 거짓말을 하고 있다고 주장한다. 이스라엘이 팔레스타인인을 상대로 잔학 행위를 벌이는 것을 볼 수 있다 하더라도 팔레스타인인을 인간으로 보지 않는 사람들에게는 통하지 않는다. 그들에게 팔레스타인인은 응징하고 죽여야 마땅한 인종 집단일 뿐이다. 이스라엘 사람들이 오른쪽으로 이동함에 따라 도덕적 불편도 드문 현상이 되었다.[16]

이스라엘의 소셜 미디어 전사들은 자신들의 임무를 9·11 이후 워싱턴이 벌이는 싸움과 연결하는 것이 공감과 지지를 이끌어내는 데 필수적임을 안다. '이른바 팔레스타인 테러라는 위협은 이스라엘의 트라우마 서사에서 핵심 요소가 된다. 여러 세대에 걸친 유랑과 제노사이드의 트라우마에 일상적인 위협이 겹쳐진다.' 트라몬타노의 주장이다.

더 구체적으로 보면, 이스라엘의 행동은 도덕적이고 합법적인 것으로 제시되며, 국가가 현재 처한 곤경은 이스라엘의 비극적인 과거에 비춰 설명된다. 계속해서 뉴욕 시가 불타는 이미지들은 이스라엘의 군사작전을 9·11의 '트라우마'에 대한 미국의 군사적 대응과 직접적으로 연결 짓는다. 거꾸로, 하마스는 정당한 근거로 내세울 수 있는 트라우마도 없는 야만적이고 비합리적인 적으로 그려진다. 알카에다나 자칭 이슬람국가 등의 서사와 무척 흡사하다.[17]

이스라엘 방위군은 2014년 가자 전쟁 시기에 다양한 방위 미디어 통로를 통해 신무기를 소개하면서 일종의 열병식을 거행했다. 이스라엘과 국제 언론에서 소개된, 아니 더 정확한 용어로 말하자면 광고된 기술에는 폭탄, 탱크 포탄, 엘빗의 헤르메스Hermes 드론 등도 있었다.[18] 전쟁이 끝나고 몇 주 뒤, 텔아비브 주재 미국 대사관이 아시아와 유럽, 남북 아메리카의 잠재적 시장을 상대로 주최한 행사인 '이스라엘 무인 시스템Israel Unmanned Systems' 연례회의에서는 엘빗의 드론을 포함해 가자 전쟁에서 사용된 몇몇 무기가 집중적으로 소개되었다.[19]

이스라엘의 다음번 실험은 가자 주민들이 이스라엘의 장벽을 따라 항의 시위를 벌인 귀환 대행진Great March of Return 시기에 실시간으로 이루어졌다. 2018년 3월을 시작으로 팔레스타인인들이 가자 포위를 중단하고 이스라엘이 강탈한 땅으로 돌아갈 권리를 보장할 것을 평화적으로 요구하는 가운데 전 세계에서 대대적으로 관심이 집중되었다. 2018년 3월에서 2019년 12월 사이에 저격수들의 공격으로 대부분 민간인인 팔레스타인인 223명이 살해되고 8,000명이 총상을 입었다. 일부는 평생 고쳐지지 않는 장애가 남았다. 이스라엘 방위군은 3월 31일에 트윗을 올렸다(하지만 곧바로 삭제했다). '어제 우리는 3만 명을 보았다. 우리는 태세를 갖추고 정확한 증강 병력과 함께 도착했다. 엄격하게 통제된 가운데 모든 임무를 수행했다. 모든 게 정확히 측정되었고, 우리는 모든 총탄의 탄착점을 안다.'

이스라엘은 국제형사재판소나 국내의 제재를 전혀 걱정할 필요가 없이 자신만만하게 행동했기 때문에 즈비카 포겔Zvika Fogel (예비역) 준장은 2018년 4월 이스라엘 라디오에 나와 인터뷰를 하기도 했다. 포겔은 가자가 포함된 이스라엘 남부사령부 총참모장을 지낸 인물이었다. 이스라엘 저격수들이 어린아이를 포함한 팔레스타인인 수천 명을 살상한 뒤, 라디오 진행자 론 네시엘Ron Nesiel은 포겔에게 이스라엘 방위군이 '저격수 투입을 재고'해야 하지 않느냐는 질문을 던졌다. 포겔은 저격수 투입은 적절한 조치라면서 이렇게 대답했다. "이 아이나 다른 누군가가 폭파 장치를 숨기거나 사각지대가 있는지 확인하거나 이스라엘 국가 영토에 들어와 우리를 죽일 테러리스트를 침투시키려고 장벽에 구멍을 내기 위해 접근하면…… 죽음으로 응징해야 합니다."

"죽음으로 응징해야죠." 장군은 주장했다. "내가 볼 때 물론 그자의 다리나 팔을 맞혀 저지할 수만 있다면 - 아주 만족하죠. 하지만 그 정도에 그치지 않고, 누구 피가 더 진한지 묻고 싶다면, 물론 우리 피가 더 진하죠."[20]

무기 판매와 그 영향력

귀환 대행진은 실험실인 동시에 전시장이었다. 팔레스타인 시위대에 사용된 가장 정교한 신무기인 '시오브티어스Sea of Tears'는 원하는 위치에 최루가스통을 떨어뜨리는 드론이었다. 이스라엘은 정확도를 자랑했지만, 팔레스타인 여자와 아이들이 가득한 천막에 최루가스통이 여러 개 떨어졌고 기자들이 모여 있는 장소에도 떨어졌다. 이스라엘 경찰은 2021년 4월 요르단 강 서안에서 시위대에 최루가스 수류탄을 투하하는 드론을 사용하기 시작했다. 한 달 뒤, 이스라엘은 드론 비행대를 활용해 폭동과 시위만이 아니라 가자에서 발사된 로켓에 피해를 입은 지역까지 추적하겠다고 발표했다. 2022년 이스라엘은 요르단 강 서안에서 '표적 살해용' 무장 드론 사용을 승인한다고 발표했다.

이스라엘 국경경비대는 2018년 대규모 시위가 시작되기 전에 가자에서 시험했다고 알려진 다장이노베이션Da Jiang Innovations의 중국제 드론을 개조했다. 이스라엘 기업 에어로노틱스Aeronautics와 협력해서 이 드론을 실전에서 필요한 용도에 맞게 바꾼 것이다. 국경경비대 사령관 코비 샤브타이Kobi Shabtai는 이스라엘 채널 2 뉴스의 질문에 이렇게 말했다. "이 드론은 우리 병력에 대한 모든 위험을 무력화할 뿐만 아니라 우리가 아직 도달하지 못한 장소까지 접근하게 해줍니다." '시오브티어스'가 곧바로 효과를 발휘하자 이스라엘 무기·기술 인프라 개발관리청 마파트Maf'at는 가자에서 위력을 보인 첫날 밤 이후 드론 수백 대를 구매했다.

또 다른 혁신적 장비인 '스컹크워터skunk water' 드론은 물대포에서 액체를 방출하는 것으로, 옷과 몸에 오랫동안 역한 냄새를 남겼다. 이스라엘 기업 에어로노틱스가 이런 혁신의 주역이었는데, 이미 요르단 강 서안과 예루살렘에서 시위대의 접근을 막기 위해 사용된 기술이었다. 2020년 초 요르단 강 서안의 점령 반대 활동가들은 이스라엘이 조종하는, 말하는 드론이 상공을 날아다니면서 팔레스타인 시위대에 '집으로 돌아가라'는 메시지를 내보낸다고 보고했다. 이스라엘 활동가들은 히브리어로 '적 옆에 서지 말라'는 말을 들었다.[21]

이스라엘 단체 '평화를 위한 여성 연합Coalition of Women for Peace'이 작

성한 보고서는 이스라엘의 드론 사용이 '세계적 양상에 들어맞는다'고 강조했다. '비록 지금은 주로 팔레스타인인을 겨냥하지만, 세계 곳곳에서 비슷한 기술을 활용해 사람들을 억압하라고 홍보하고 판매할 가능성이 높다. 이스라엘 보안부대는 이런 전술이 궁극적으로 피해자를 줄인다고 주장하지만, 사실 훨씬 예측 불가능하다.'[22] 2022년이 되어서야 이스라엘은 드론 사용을 공식적으로 인정했다(하지만 팔레스타인인들은 오래전부터 이를 알고 있었다).

이스라엘의 시위 대응은 이스라엘 방위 부문의 자부심의 원천이었다. 2018년 5월 15일 텔아비브에서 잡지 〈이스라엘 디펜스Israel Defense〉가 주최한 '복잡한 환경 속의 사격, 기동, 정보Fire, Maneuvering, and Intelligence in a Complex Environment'라는 연례 무기 총회에서 이스라엘 방위군, 민간 산업, 외국 대표 1,000명이 모여 전쟁 경험담을 공유했다. 기조 연사들 중에는 전 국방장관 모세 얄론Moshe Ya'alon과 2008년 말과 2009년 초에 가자 전쟁에서 작전을 지휘한 남부사령관 요아브 갈란트Yoav Galant 등이 있었다. 이스라엘의 인권 단체 예시그불Yesh Gvul['(참는 데도) 한도가 있다'는 뜻이다]은 갈란트가 당시의 주물납 작전에서 전쟁범죄를 저질렀다고 비난했다. 모든 참가자의 머릿속은 전투의 미래로 가득했고, 엘빗과 에어로노틱스를 비롯한 행사 후원사들은 답을 갖고 있었다. 가자의 상황과 똑같은 게릴라전에서 싸우기 위한 더 정교한 무기가 필요하다는 것이었다.[23]

2021년 5월 하마스와 이스라엘이 충돌한 장벽 수호자 작전Operation Guardian of the Walls은 마치 역사가 반복되는 것 같았다.[24] 끔찍한 사망자수 – 최소한 민간인 129명을 포함한 팔레스타인인 260명, 이스라엘 민간인 12명 – 는 제쳐두고라도 이스라엘과 미국 방위 부문의 공생 관계가 고스란히 드러났다.[25] 가자의 '국경 없는 의사회'에서 일하는 의사 모하메드 아부 무가이시브Mohammed Abu Mughaisib는 2021년 전쟁이 '자매편

(앞서 이스라엘이 벌인 포격)과는 다르다'고 말했다. '끔찍한 포격이 대규모로 계속되어 한순간도 안전한 곳이 없었다. 우리는 겁에 질려 굳어버렸다. (……) 인도주의 활동을 할 수 있도록 잠시 포격 중단을 조정하려는 시도도 없었다.'[26]

휴먼라이츠워치는 이스라엘과 하마스가 교전법규를 위반한다고 비난하면서 '세계와 각국 사법기관이 나서서 불법적 공격과 전쟁범죄 불처벌의 악순환을 깨뜨릴 것'을 요구했다.[27] 그러면서 자신들이 조사한 바로는 워싱턴이 '최소한 두 차례의 (이스라엘의) 공격에서 사용된' 무기를 제공했다고 격렬하게 비난했다. 하지만 '이스라엘이 교전법규와 국제 인권법을 착실히 준수하고 과거의 위반 행위를 조사하기 위한 구체적이고 입증 가능한 행동을 하는 조건으로' 미국이 '향후에 안전 지원을 제공해야 한다'고 요청한 휴먼라이츠워치의 제안은 미약한 수준에 그쳤다.[28]

알자지라 잉글리시에서 구성한 조사단은 무기 제조업체 보잉이 GBU-31과 GBU-39 폭탄을 만들고 제너럴다이내믹스는 MK-84 폭탄을 생산한 사실을 발견했다. 2021년 5월 AP 통신과 알자지라 사무실이 입주해 있는 건물을 비롯한 가자의 민간 기반 시설을 파괴하는 데 사용된 무기였다. 미국 기업들은 이스라엘의 가자 공격과 팔레스타인 민간인 사상으로부터 직접 수익을 올리고 있었다. 미국 납세자들이 이 포탄의 구매자였고, 이후 포탄은 유대 국가로 수출되었다.[29]

하지만 많은 이들은 이 짧은 전쟁을 하마스의 승리로 여겼다. 하마스가 드론과 무인 잠수정, 정확도가 개선되고 사거리가 늘어난 미사일을 비롯해 점점 정교한 장비를 동원한 이스라엘의 군사 공격을 버텨냈기 때문이다. 양쪽의 군사력 격차는 여전히 뚜렷하지만 줄어들고 있었다. 민간인 사망자 수는 압도적으로 팔레스타인 쪽이 많았지만, 실전에

서 시험한 이스라엘의 무기는 그에 비례하는 승리를 안겨주지 못했다.[30]

그렇다 하더라도 이스라엘의 무기 판매가 부정적 영향을 받을 가능성은 없었다. '가자에서 실전 테스트를 거쳤다'는 것은 일종의 명예훈장이었다. 쥐스탱 트뤼도 총리의 캐나다는 2020년 말 엘빗이 만든 헤르메스 드론 900대를 2,800만 달러를 들여 구입했다. 이 드론은 2014년 가자전쟁에서 처음 시험을 거쳤다. 캐나다는 이 드론을 북극해에서 감시 목적으로, 즉 '원유 유출을 탐지하고 빙산과 해양생물 서식지를 점검하는데' 사용할 것이라고 주장했다. 이 장비는 '우리 해역을 깨끗하고 안전하게 유지하는 데' 도움이 된다는 것이었다. 헤르메스 배치는 민간용이었지만, 이스라엘의 주요 무기 제조업체는 이 거래에서 이득을 얻었다.[31]

집요하게 진행된 이스라엘 하드웨어의 정상화는 주류 언론에서 거의 언급되지 않았지만, '중동의 정의와 평화를 바라는 캐나다인 모임Canadians for Justice and Peace in the Middle East'의 의장 토머스 우들리Thomas Woodley는 무엇이 문제가 되는지를 설명했다. 헤르메스 드론 판매는 '점령하의 팔레스타인 민간인을 감시하고 조준하는 드론을 만드는 이스라엘 무기 기업의 이윤을 떠받쳐준다'는 것이었다.[32]

2021년 1월 보수당 정부가 병사들이 전장에서 표적 정보를 신속하게 확인하는 데 도움이 되는 장비에 1억 3,400만 달러를 투자하기로 엘빗과 계약을 체결한 영국에서는 더욱 공격적인 시위가 벌어졌다. 활동가들은 그레이터맨체스터의 올덤에 있는 엘빗 공장을 점령해서 멈춰 세웠다. 시위대는 2020년과 2021년에 끊임없이 이 공장만이 아니라 런던 본사를 비롯한 다른 엘빗 시설을 표적으로 삼았고, 공장을 '핏빛 붉은색' 페인트로 칠했다.

엘빗이 소유한 올덤의 페란티 테크놀로지스 공장은 정보 수집에 사용되는 드론용 부품을 만드는 곳이었다. 2021년 2월 시위를 벌이는 중에 '팔레스타인행동Palestine Action' 회원 한 명은 엘빗이 '팔레스타인 어린이를 대상으로 무기를 시험한 뒤 세계 각지의 억압적 정권에 수출하는 극단적 폭력을 저지른다'고 규탄했다.[33] 2021년 12월 판사가 영국인 시위자들이 엘빗을 대상으로 한 행동은 공공질서에 대한 위협이 아니라고 판단한 뒤 활동가 세 명이 무죄 방면되었다. '팔레스타인행동'이 수년간 압박한 끝에 엘빗은 2022년에 올덤 공장을 매각했고, 같은 해에 런던 본사도 문을 닫았다.

기묘한 동맹

블라디미르 푸틴 대통령도 이스라엘이 드론으로 가자를 끊임없이 감시하는 것을 보고 깊은 인상을 받았다. 모스크바 당국은 2008년 남오세티아에서 조지아와 전쟁을 벌이면서 많은 항공기를 잃은 뒤 믿을 만한 감시 드론이 절실하게 필요했다. 조지아는 이스라엘제 드론을 사용했는데, 몇 년 뒤 러시아도 그 선례를 따르기로 결정했다. 이스라엘이 가자를 상대로 작전을 벌이는 것을 본 러시아는 IAI의 서처 II Searcher II의 라이선스를 받아 '포르포스트Forpost'라는 새로운 이름을 붙였는데, 이 드론은 시리아 대통령 바샤르 알아사드를 지원하는 러시아의 핵심 자산이 되었다.[34] 이스라엘은 러시아 조종사들에게 드론 조종 훈련을 시켰다.

러시아는 아사드를 지지하고 이스라엘은 러시아의 동맹인 이란과 헤즈볼라가 시리아에서 존재를 확대하는 것을 우려했지만, 양국은 시리아 내전 기간에 긴밀한 관계를 유지했다. 베냐민 네타냐후(와 나프탈리 베넷) 총리는 헤즈볼라에 무기를 이전하는 것을 막기 위해 걸핏하면 시리아에 있는 이란과 시리아의 군사 진지를 공격했다. 하지만 모스크바

는 대개 이런 공격에 눈을 감았고, 양국 정부의 단계적 공격 축소 핫라인이 도움이 되었다.[35]

이스라엘에 따르면 아사드는 다른 어떤 세력보다도 나은 선택이었다. 이스라엘은 2018년 전쟁을 피해 국경 안에서 도망친 시리아 난민들에게 인도적 원조를 제공했지만, 또한 일찍이 2013년부터 시리아 남부의 이른바 반군 집단에 무기와 자금을 대주었다. 대부분 강경파 이슬람주의자인 이 반군 세력을 지원한 것은 이란이 지지하는 집단이 이스라엘-시리아 국경에 지나치게 접근하는 것을 막기 위한 조치였다.

2015년 9월 30일, 푸틴이 내전에 개입한 직후를 시작으로 친러시아 언론에서는 포르포스트가 시리아 상공을 장악하는 효과적인 수단이라고 선전 공세를 펼쳤다. 모스크바의 지원은 아사드가 반란 세력에 맞서 승리하는 데 결정적으로 중요했다. 2011년을 시작으로 10년간 나라 전체가 사실상 초토화된 뒤였다. 러시아는 시리아에서 작전을 개시한 처음 3년간 3만 9,000여 회의 공습을 하면서 이슬람국가IS와, 아사드에 저항하는 이른바 반군 둘 다를 표적으로 삼았다. 2015년에서 2019년 사이에 러시아의 군사행동으로 시리아 민간인 약 2만 3,000명이 사망했다.[36] 병원이나 민간인 수송용 왕복 여객선 같은 인도적 기반 시설이 공격을 당했지만, 모스크바는 민간인은 한 명도 죽이지 않았다고 잡아뗐다.

이스라엘이 라이선스를 준 드론으로 미사일을 발사하지는 않았지만, 러시아의 유인 제트기가 드론과 협동하면서 정보를 수신한 뒤 미사일을 발사했다. 하지만 러시아와 이스라엘 둘 다 국제 제재를 받지 않았다. 이 드론으로 직접 살상하지는 않았기 때문에 법적으로 무기로 분류되지 않았다. 감시 기술이 법률 제정이나 집행보다 훨씬 빠르게 앞서갔기 때문에 많은 국가가 이런 허점을 활용했다. 러시아나 이스라엘이나 시리아에서 양국이 형성한 기묘한 동맹에 대해 어떤 책임도 질 필요가 없었다. 2021년 9월, 유엔은 2011년 이래 시리아에서 민간인과 전투원을 합해 35만여 명이 사망한 것으로 추산하면서도 이 수치가 '실제 사망자 수 집계를 낮게 잡은 것'이라고 인정했다.

드론 공격

이스라엘의 무기 전문 기술을 원하는 고객은 끝없이 등장한다. 이스라엘의 가자 포위전이 좋은 예다. 이스라엘 기업 익스텐드Xtend는 이스라엘 방위군과 함께 증강가상현실 기술을 이용해 원격으로 조종할 수 있는 드론을 개발했다. 드론이 근거리에서 그물을 던져 적 드론을 포획했고, 2020년 미군은 거대한 잠재력을 포착하면서 자체 용도로 조종사 프로그램을 운영했다. "우리는 2년이 걸리는 훈련을 5분으로 줄였습니다." 익스텐드의 공동 창립자이자 최고경영자인 아비브 샤피라Aviv Shapira의 말이다. "병사들이 와서 10분만 훈련을 받으면 가자 지구에 떠 있는 풍선을 격추하기 시작하죠."[37]

익스텐드는 '테러 단체들이 가자 경계 상공에 띄운 방화용 장치를 확실하게 요격하면서 이 시스템의 역량이 입증되었다'고 인정했다. 샤피라는 '재래식' 가미카제 드론이 주요 표적이라고 말했다. 이런 드론은 신호 방해로 요격할 수 없어서 물리적 포획이 유일한 해법이기 때문이다. 샤피라는 이 기술을 보면 영화 「아이언맨」이 떠오른다고 말했다. 이 기술을 이용하는 사람은 자신이 드론 안에 탄 듯한 느낌이 든다. "조종사는 멀리 떨어진 현실에 빠져들거나 '발을 들여놓고' 효과적이면서도 안전하게 표적과 교전할 수 있습니다."[38]

2021년 미국 국방부가 실내와 도시 지역에서 사용하는 용도로 특화된 드론 수십 대를 구매하는 계약을 체결하면서 익스텐드는 승승장구했다. 세계 최대의 군사 시설로 손꼽히는 애리조나 유마 시험장Yuma Proving Ground에서 테스트를 거친 익스텐더Xtender는 병사의 생명을 위험에 빠뜨리지 않으면서 건물에 침투하도록 고안된 드론이다. 미군 특수부대는 시리아와 아프가니스탄에서 이 회사의 드론을 사용했다. 공격에 특화된 이스라엘의 킬러 드론 일부는 아프가니스탄을 비롯한 해외 교전 지역에서 사용되고 있다. 독일, 캐나다, 영국, 오스트레일리아 등은 아프가니스탄에서 이스라엘의 드론을 이용해 탈레반을 비롯한 전투원들을 소탕했다.

2001년 9월 11일 이래 미국(이나 이스라엘) 드론으로 발생한 사망자 수가 정확히 몇 명인지 알려진 바는 없다. 미국이 처음으로 벌인 드론 공격은 2001년 10월 7일 아프가니스탄에서 탈레반 지도자 물라 오마르를 살해하려다 실패한 것이다. 어떤 이는 미군과 미국 중앙정보국이 살해한 사람의 숫자를 9,000~1만 7,000명으로 추산하는데, 여기에는 적어도 2,200명의 어린아이가 포함된다. 영국에 본부를 둔 투명성기구 에어워스Airwars는 9·11 20주년에 공개한 보고서에서 미국이 지난 20년간 주요 교전 지대 일곱 곳에서 최소한 9만 1,340회의 공습을 진행했으며 민간인 사망자 수는 2만 2,679~4만 8,308명이라고 밝혔다.[39]

자신에게 무슨 일이 닥쳐오는지 전혀 알지 못하는 사람을 상대로 벌이는 드론 공격은 아예 전쟁이 아니라 공격의 목표가 되는 사람을 인간으로 보지 않는, 더욱 그로테스크한 공격이라고 주장할 수도 있다. 공격자와 희생자가 실제로 어떠한 인적 접촉도 하지 않기 때문이다.[40] 그런데 이스라엘과 미국은 오히려 드론 촬영 장면을 언론에 공개하면서 이런 살인을 치켜세운다.

그렇지만 이스라엘의 드론 조종사들이 자기가 하는 일의 여파를 전혀 생각해보지 않았다고 믿는다면 잘못일 것이다. 2014년 가자 전쟁 당시 일한 남성 조작자는 이스라엘 신문 〈하레츠〉에 다음과 같이 말했다. "몸이 피곤한 걸 느끼고, 피로가 쌓입니다. 낮이고 밤이고 없으니까요. 테러리스트들이 바로 그런 식으로 일하죠. 개인적 차원에서 확실히 전투 상태가 작용을 합니다. 양쪽에서 발생하는 죽음의 무게가 짓누르죠."[41]

점령을 위한 감시

이스라엘에서 가장 유명한 방위 제품의 배후에 숨은 원동력은 유닛 8200이다. 이스라엘 방위군의 정보기관인 유닛 8200은 미국의 국가안보국NSA에 해당하는데 첩보, 컴퓨터 해킹, 감시 등을 좋아하는 젊은 엘리트 신병들이 충원된다. 이 기관의 주된 목표는 요르단 강 서안과 가자의 팔레스타인인을 대중 감시하면서 개인적·정치적 정보를 모두 수집하고, 세계 각지의 동맹자와 적들에게서 오는 통신을 감청하는 것이다. 이런 활동은 주로 네게브 사막에 있는 한 기지를 통해 이루어진다. 이곳에서 위성 안테나에 연결된 선들이 국내·국제 통화를 비롯한 광범위한 통신을 흡수한다. 우림Urim 기지는 유닛 8200에 정보를 제공하고, 이스라엘은 이 기지와 세계 곳곳의 대사관에 있는 비밀 감청 포스트에서 세부 내용을 수집한다. 우림은 세계 최대 규모의 신호정보 수집 기지로 손꼽힌다.[42]

미국 국가안보국의 내부 고발자 에드워드 스노든Edward Snowden은 미국과 이스라엘이 공유하는 방대한 정보의 양에 깜짝 놀랐다고 말했다. 양국은 개인 간 통신을 내용과 메타데이터까지 포함해서 고스란히 공유했다. 이런 세부 내용은 대개 '최소화', 즉 개인의 신원을 확인할 수 있는 데이터가 제거되지만 미국 국가안보국은 아랍계·팔레스타인계 미국인의 방대한 양의 이메일과 전화 통화를 이스라엘과 공유했고, 팔레스타인에 사는 그들의 친척은 이렇게 수집된 정보 때문에 표적이 될 수 있었다. '이제까지 우리가 본 가장 큰 규모의 권한 남용을 알고 나면 놀랍다는 생각밖에 안 든다'고 스노든은 말했다.[43]

스노든 문서를 보면 이스라엘이 미국, 캐나다, 영국으로부터 어떤 식으로 방대한 양의 정보와 데이터를 공유받았는지 알 수 있다. 이스라엘은 이런 많은 정보를 활용해서 이른바 '팔레스타인 테러리즘'에 맞서 싸운다. 하지만 영국과 미국은 또한 이스라엘이 이란에 대한 호전적 정책과 중동 전역에서 벌이는 활동 때문에 지역 안정을 해치는 위협이라고 본다. 국가정보평가National Intelligence Estimate에 따르면 이스라엘은 '미국에 세 번째로 공격적인 정보기관'이다.[44]

이스라엘과 마찬가지로 미국이 우려한 또 다른 나라는 2007년 미국 국가안보국의 전략임무목록Strategic Mission List 보고서에서 한데 묶인 러시아, 중국, 베네수엘라, 이란, 파키스탄, 프랑스, 한국, 쿠바, 북한 등이다. 이들 나라는 '미국 정부, 군, 과학, 기술, 정보기관을 대상으로' 첩보와 정보 수집 활동을 벌이고 있었기 때문이다.[45] 이런 평가에서 예상되는 대로 2020년대에 이스라엘의 사이버 무기에 대한 미국의 우려가 높아질 것이다. 이스라엘 정부가 지원하는 NSO 그룹이 개발하는 이런 무기가 세계 곳곳에서 미국의 자산과 동맹자들을 겨냥해 배치될 것이기 때문이다.

하지만 사방이 포위되어 있다고 생각하는 나라에 유닛 8200이 갖는 매력은 가장 정교한 사이버 무기를 개발하기 위해 신병들에게 시간과 공간을 내주는 한편, 이런 무기 사용을 감독하는 도덕규범이 전혀 없다는 점이다. 이 무기들은 이스라엘 자신이 사용하거나 – 예를 들어 이스라엘과 미국이 이란의 핵무기 개발 프로그램에 타격을 가하기 위해 개발한 스턱스넷Stuxnet 웜바이러스는 2010년에 정체가 드러났다 - 일단 개발 기관의 손을 떠나면 민간 부문에 들어간다. 이런 프로젝트는 수익성이 높으며, 이스라엘인들은 그 덕분에 '스타트업 국가'라는 신화를 실현하는 한편 사람을 염탐하는 새로운 도구를 개발하면서 이를 혁신으로 선전할 수 있다. 수많은 나라의 사람들이 유닛 8200의 베테랑들이 고안한 제품 때문에 부정적인 영향을 받는다. 유닛 8200 출신들은 세계에서 가장 성공한 사이버 감시 기업인 NSO 그룹을 비롯해 유명하거나 정체를 숨긴 이스라엘의 수많은 기업에서 일한다. 이스라엘의 아랍계 시민들은 1만 명 정도의 인원을 거느리는 이 기관에서 복무하는 경우가 거의 없다.[46] 유닛 8200은 몸집을 점점 불리고 있으며, 적으로 간주되는 집단을 상대로 공세적인 사이버 공격을 벌인다.

유닛 8200에서 일하면 장래에 두둑한 돈벌이가 보장된다. 테크 부문의 인력 채용을 전문으로 하는 갓프렌즈GotFriends Ltd.에 따르면 유닛 8200 출신은 산업 평균보다 20퍼센트 이상 소득이 높으며, 80퍼센트는 전역하기 최소한 석 달 전에 일자리를 제안받는다. 이스라엘에 본사를 둔 인적자원 관리 기업 에토시아-휴먼리소스Ethosia-Human Resources에 따르면 사이버 산업은 21세기에 호황을 누리고 있으며, 사이버 보안 직원의 평균 연봉은 2009년에서 2016년 사이에 37.5퍼센트 급등했다.[47]

일부는 외국 기업에 채용되어 상상할 수 없는 수준의 높은 임금을 받는다. 악명 높은 사례 하나를 보면, 첩보와 해킹 전문인 아랍에미리트 기업 다크매터DarkMatter가 전역자들을 스카우트했다. 아랍에미리트 정부 또한 인권 활동가와 언론인 등 적으로 여기는 대상을 겨냥해 다크매터의 서비스를 사용했다. 다크매터는 NSO 그룹 출신을 포함한 이스라엘인 채용자에게 100만 달러를 급여로 지불하면서 후한 보너스와 키프로스의 호화 주택도 제공했다.

2019년 이스라엘 신문 〈하레츠〉는 유닛 8200 전역자들이 '복무 중에 획득한 지식과 기술을 사용해 이스라엘과 외교 관계가 없는 독재 정권과 긴밀한 유대가 있는 아랍권 사이버 기업에서 일해도 되느냐'고 질문을 던졌다.[48] 하지만 아랍에미리트는 2020년 도널드 트럼프 대통령 시절에 이스라엘과 완전한 외교 관계를 수립했다. 2021년 아랍에미리트는 향후 10년간 이스라엘과 1조 달러 상당의 경제적 유대 관계를 확보하길 희망한다고 밝혔다.

아리엘 파르네스Ariel Parnes는 유닛 8200에서 정보와 사이버전 등 여러 분야에서 20여 년간 일했다. 전역한 뒤에는 클라우드 사이버 공격을 저지하는 기업인 미티가Mitiga의 공동 창립자가 되었는데, 한 인터뷰에서 전 고용주인 국가의 힘은 매년 신선한 아이디어로 무장한 젊은 신병을 새롭게 끌어모으는 데 있다고 말했다. 유닛 8200이 팔레스타인 점령지에서 어떤 일을 하는지는 전혀 언급하지 않았지만, 대신 그는 이 기관이 정보 기술에 대해 '파괴적인' 접근법을 추구한다고 강조했다.[49]

대중 감시의 시대에 사람들을 추적 감시하는 최적의 방법을 집중적으로 배우는 것은 많은 나라에서 더없이 매력적으로 여겨진다. 하지만 우선 과제는 팔레스타인의 피점령 주민들을 통제하는 것이다. 유닛 8200 출신인 니르 렘페르트Nir Lempert가 최고경영자인 이스라엘 기업 메르시큐리티Mer Security는 40여 개국에서 직원 1,200명이 일하는 글로벌 기업이다. 1999년, 메르시큐리티는 팔레스타인 피점령민들을 감시하기 위해 예루살렘 구시가에 카메라 수백 대를 설치하는 '마밧 2000Mabat 2000' 사업 계약을 따냈다. 역시 유닛 8200 출신인 회장 하임 메르Chaim Mer는 이렇게 말한 바 있다. '경찰은 빅브라더가 구시가 지역에서 일어나는 사건들을 통제하고 전반적으로 살펴볼 수 있는 시스템이 필요했다.'[50]

그는 회사가 세계적으로 성공을 거둔 것은 주로 이스라엘 경찰이 이 CCTV 카메라를 설치한 덕분이라고 인정했다. 잠재적 고객들이 실제로 작동하는 모습을 볼 수 있었기 때문이다.

유닛 8200의 경험은 메르시큐리티가 '오픈소스 컬렉션 어낼리시스 앤 리스폰스Open Source Collection Analysis and Response, Oscar(오스카)'를 구축하는 데 큰 도움이 되었다. 오스카는 소셜 미디어 계정과 인터넷을 스캔해서 오픈소스 연결을 찾아내는 프로그램이다. 수많은 다른 기업이 비슷한 앱을 만들었지만 이스라엘 기업들이 우위를 점하는 것은 팔레스타인에서의 작업을 성공적인 활동의 증거로 제시할 수 있기 때문이다. 영국에 본부를 둔 '아랍인권기구Arab Organisation for Human Rights, AOHR'는 2013년 공개한 보고서에서 메르시큐리티에 초점을 맞추면서 예루살렘 구시가 감시 시스템이 어떤 식으로 팔레스타인 주민들에게 부정적인 영향을 미쳤는지 자세히 설명했다. 이제 팔레스타인 사람들은 자기가 살고 쇼핑하고 기도하는 곳에서 프라이버시를 지킬 수 없다.

그렇지만 유엔은 이 시스템에 깊은 인상을 받은 게 분명하다. 2020년 유엔은 메르시큐리티, 엘빗, IAI가 말리의 유엔 기지를 위해 보안을 제공하는 계약을 따냈다고 발표했다. CCTV 카메라, 드론, 위협 탐지 시스템 설치 등이 포함된 계약이었다. 이스라엘 기업들은 세계 곳곳의 40개 평화유지군 기지에서 비슷한 작업을 확보하기 위해 유엔에 공세적인 로비를 펼치고 있었다.[51] 2020년 2월, 유엔은 요르단 강 서안의 불법적인 유대인 정착촌과 관계가 있는 기업들에 관한 보고서를 공개했다. 94개가 이스라엘 기업이고 18개가 다른 6개국 기업이었다. 유엔은 이들 기업에 점령지에서 활동하는 것을 중단할 것을 촉구했지만, 자신들은 아프리카에서 자신들의 기지를 보호하기 위해 이스라엘 기업과 손을 잡는 데 거리낌이 없었다.

현역 유닛 8200 사령관 Y 준장은 2021년 아마존에서 『인간과 기계, 팀을 이루다The Human Machine Team』라는 책을 영어로 출간했다. 독특한 책이었다. 현역 고위 장성이 비밀주의를 바탕으로 번성하는 기관에서 자신들이 하는 일에 대한 통찰을 제공하는 경우는 드문 일이었다. 그가 전망하는 미래에는 인간과 기계가 완벽하게 한몸을 이루어 '국가안보 위협과 도전'을 해결하고, '전쟁에서 승리를 이끌며, 인류를 위한 성장 엔진 노릇을 할' 것이었다. Y 장군에 따르면 이스라엘은 잠재적인 공격 장소에 있는 '외로운 늑대'의 휴대전화 위치를 찾는 것처럼 방대한 양의 데이터 속에서 이상 징후를 신속하게 포착하는 기술을 선구적으로 개척한 상태였다.[52] 이런 평가에는 이스라엘의 방법이 테러리즘과 아무 관계도 없는 지나치게 많은 팔레스타인인을 표적으로 삼지 않는다는 가정이 들어 있었다. 하지만 많은 설명에 담긴 증거로 볼 때 연령, 위치, 의도와 상관없이 모든 팔레스타인인이 감시받고 있다.

유닛 8200 내부에서는 오래전부터 반대의 목소리가 거의 들리지 않았다. 하지만 2014년 전역자들이 공개서한을 발표하면서 일거에 분위기가 바뀌었다. 당시 총리 베냐민 네타냐후와 참모총장 베니 간츠 앞으로 서한을 보낸 예비역 군인 43명은 왜 자신들이 점령지에서 복무하는 걸 거부하는지를 설명했다. 그중 한 부분을 읽어보자.

군사 통치를 받는 팔레스타인 사람들은 이스라엘 정보기관의 스파이 활동과 감시에 완전히 노출되어 있습니다. 이스라엘 시민들에 대한 감시는 엄격하게 제한되는 반면, 팔레스타인인들은 그런 보호를 받지 못합니다. 폭력에 관여하는 팔레스타인인과 관여하지 않는 팔레스타인인을 구별하지도 않습니다. 수집, 저장되는 정보는 무고한 사람들에게 해를 끼칩니다. 정치적 박해를 위해, 그리고 협력자를 선발하고 팔레스타인

사회의 집단끼리 대립하게 함으로써 사회 내부에 분열을 일으키기 위해 정보가 사용됩니다.

서명자 중 한 명인 나다브 병장은 〈가디언〉에 자신들이 이스라엘-유대인 주민들을 테러리즘으로부터 보호한다는 그릇된 믿음을 품고 유닛 8200에 입대했다고 말했다. 하지만 실제로 "팔레스타인인들에 관해 수집하는 정보는 그런 의미에서 분명하지 않습니다. 한 인구 집단을 지배하는 경우에…… 그들에게는 정치적 권리, 우리가 누리는 것과 같은 법률이 없습니다. 사람들을 지배하는 이 체제의 본질이, 특히 오랜 기간에 걸쳐 계속하는 경우에, 그들 삶의 모든 측면에 침투해 그들을 통제하도록 만듭니다".[53] 계속해서 나다브의 말을 들어보자.

어떤 팔레스타인인이든 표적이 될 수 있고 허가 거부, 괴롭힘, 금품 갈취, 심지어 직접적인 신체 상해 같은 제재를 받습니다. 체제가 어떤 이유로든 그 사람에게 관심을 보이면 그런 일이 생길 수 있어요. 적대적 개인들과 간접적으로 관계가 있든, 정보기관의 표적과 물리적으로 가까이 있든, 기술 집단으로서 8200이 관심을 기울이는 주제와 연계가 있든 말이죠. 금품을 강탈할 평계가 되기만 하면 어떤 정보든 유의미하게 간주됩니다. 앞에서 말한 개인이 어떤 성적 지향이거나 바람을 피우거나 이스라엘이나 요르단 강 서안에서 치료를 받아야 하는 경우라면 그는 협박의 표적이 되죠.[54]

2021년 익명을 요청한 유닛 8200 출신의 전역자는 자신이 한 일이 이스라엘이 쌓으려는 최첨단의 이미지와는 거리가 먼 것이었다고 말했다. 최첨단은커녕 팔레스타인 동성애자를 갈취하거나, 건강 문제로 팔레스타인인을 위협하거나, 말을 듣지 않으면 필수 의료를 차단하는 등의 일을 했다고 개탄했다.[55] 통제시스템은 완벽하다. 무해하거나 사적인 팔레스타인인의 어떤 특성이든 트집 잡아서 점령된 사람들에게서 대가를 얻어낸다. 팔레스타인인은 누구든 위협으로 규정되며, 시민사회에서 목소리를 내고 행동하는 사람은 거의 틀림없이 이스라엘에 의해 가장 위협적인 존재로 간주된다. 점령에 반대하는 국제적 지지를 끌어낼 수 있기 때문이다.

유닛 8200의 또 다른 내부 고발자는 이스라엘 감시 당국이 요르단강 서안과 가자의 모든 전화 통화를 들을 수 있다고 말했다. 2021년 그가 '미들 이스트 아이Middle East Eye'에 밝힌 바로는 어떤 한계도 없었다. 이스라엘 병사들은 팔레스타인인의 공적·사적인 삶에 난입해 사람들이 섹스 이야기를 하는 것을 엿들으며 킬킬거렸다. "동성애자를 찾아내어 친척들에게 알리겠다고 압박할 수도 있고, 바람피우는 남자를 발견할 수도 있죠." 내부 고발자의 말이다. "예를 들어 누군가가 빚을 지고 있다는 걸 알아내면 어떻게 될까요? 그 사람한테 접촉해서 협력의 대가로 빚을 갚을 돈을 주겠다고 하면 됩니다."[56]

2018년 저서 『선제공격해서 죽여라 : 이스라엘 표적 암살의 은밀한 역사』에서 이스라엘 기자 로넨 베르그만은 '아미르'와 인터뷰를 한다. 2003년 텔아비브에서 팔레스타인인이 끔찍한 자살 폭탄 공격을 벌여 23명이 사망한 뒤 노골적으로 불법적인 명령 따르기를 거부한 유닛 8200 전역자다. 아미르는 테러리즘과 아무 관련이 없는 가자의 한 팔레스타인 사무실 건물을 폭파하는 것을 저지하는 데 성공했다. 한 동료는 그가 주저하는 것을 이해하지 못했다. "그게 왜 불법이라고 생각하는 거야?" 그 남자가 물었다. "그자들 전부 아랍인이야. 다들 테러리스트라고." 베르그만은 유닛 8200의 실제 역할에 관해 아주 평이하게 말한다.

'비공식적으로 그들은 이스라엘이 누구를 죽일지를 결정했다.'[57]

주류 언론의 대다수 사람들이 유닛 8200과 그 공훈을 미화하는 방식과는 천양지차였다. 〈포브스〉는 2016년 기사에서 팔레스타인인을 잠시 언급하고는 자신들이 직접 스타트업 기업을 세운 엄청난 수의 유닛 8200 전역자들을 치켜세웠다(잡지에 따르면 당시에 1,000개가 넘었다). 기사는 그 전역자들이 세운 기업과 그 기업들을 발전시키는 데 필요한 혁신에 초점을 맞춘 반면, 유닛 8200이 누구를 왜 감시하는지에 관한 도덕적·윤리적 질문에 대해서는 아무 말도 하지 않았다.[58] 〈파이낸셜 타임스〉는 2015년 특집 기사에서 최소한 유닛 8200에 반기를 든 이들과 그들이 보낸 공개서한에 대해, 그리고 전역자들이 어떤 식으로 억압적 국가들에 판매하는 사이버 장비를 생산하는지에 대해 언급했다.[59]

도덕적 반대

다니엘은 유닛 8200 전역자다. 과거에 민감한 활동을 한 까닭에 이름 전체를 밝히고 싶어 하지 않는다. 그는 2014년 이스라엘의 은밀한 정보기관이 어떤 활동을 하는지 자세히 밝힌 공개서한에 서명한 43명의 병사들 중 한 명이다. "나는 내부 고발자가 아닙니다. 내부 고발자는 새로운 정보를 폭로하는 사람인데, 우리는 그런 일은 많이 하지 않았거든요. 우리가 폭로한 내용은 군의 조사를 받았습니다."

다니엘은 1985년 아르헨티나에서 태어나 부모님과 함께 이스라엘로 이주한 뒤 텔아비브에서 자랐다. 외조부모는 홀로코스트 생존자였고, 아버지는 1977년 이스라엘이 지지한 독재자 호르헤 라파엘 비델라 집권 시기에 아르헨티나에서 도망치는 신세가 되어 난민으로 이스라엘에

도착했다. 다니엘의 어린 시절은 이스라엘을 뒤흔든 팔레스타인 자살 폭탄 공격의 물결에 압도되었다. 버스를 타는 일도 거의 없었고 좀처럼 바깥에서 시간을 보내지 않았다. "자기 의견을 크게 내세우지 않는 가정에서 자랐습니다. 부모님은 주변 분위기에 어울리는 데 열심이었고, 독선적으로 의견을 내세우려 하지 않았죠."

군에 입대했을 때 그는 팔레스타인인들과의 충돌에 대해 '아주 무지'했다. "두 나라가 충돌하는 경우처럼 양쪽이 부딪히는 문제라고 생각했죠. 팔레스타인인들은 기회를 놓칠 기회를 놓치는 법이 없다고 철석같이 믿었어요." 수학과 컴퓨터공학 전문가였던 그는 곧바로 유닛 8200에 선발되었다. 지금까지도 그는 자신이 무슨 일을 했는지 자세히 밝히지 못하지만 팔레스타인인, 이란, 하마스, 헤즈볼라, 그 밖에 중동 지역의 '적'을 상대로 한 활동이었다. "분위기에 휩쓸려서 그곳에서 복무하는 것에 자부심을 느꼈습니다. 이스라엘 방위를 위해 중요한 일을 하고 있다고 느끼기 시작했죠."

유닛 8200을 떠나고 나서야 의문과 의심이 커지기 시작했다. 다니엘은 2011년 생계비 인하를 압박한 전국적인 대규모 시위 이후 입장을 정하도록 설득을 받았다고 말했다. 시위는 점령에 초점을 맞춘 게 아니었지만, 그에게 자신이 군대에서 한 역할을 재고하게 만들었다. 그는 '타는 듯한 책임감'을 느꼈다. "나는 나쁜 짓을 했습니다. 공개서한에 서명함으로써 잘못을 보상했다고 생각하지는 않지만 그래도 하나의 시도였죠." 그 무렵 그는 점령이 '자위'를 위한 게 아님을 깨달았다. "(2014년의) 공개서한은 점령에 대한 도덕적 반대였습니다. 우리는 아무 권리도 없이 민간인들을 지배했어요. 군사 독재였죠. 우리는 그런 지배에 반대하는 입장을 선언한 겁니다."

다니엘은 현재 런던에서 IT 분야에서 일하며 지금도 이스라엘을 비판하는 입장이지만, 걱정스러운 언어로 비판을 표현하면서 유대 국가가 개선되길 바란다. "우리는 2014년 당시 공개서한을 통해 이스라엘 유대인들에게 말하면서 이스라엘의 방위와 안보에 어떤 해도 입히지 않기를 원했습니다. 우리에 앞서 이스라엘 방위군에 복무하는 것을 거부한다고 공개적으로 선언한 단체와 개인들과 우리는 유사한 입장이라고 생각했습니다."

전쟁 기술을 의료 전장으로!

코로나19 팬데믹은 이스라엘의 감시 기업들이 사업을 홍보할 수 있는 절호의 기회였다. 질병의 확산을 저지하려면 효과적인 접촉 추적이 필요했고, 이스라엘 기업들은 자신들이 이 분야에서 세계 최고라고 홍보했다. 코로나19가 전 세계에서 큰 피해를 일으키기 시작하고 불과 몇 달 뒤인 2020년 4월 무렵, 이스라엘 스파이웨어 기업 NSO 그룹은 국제 언론에 자신들이 구원자라고 홍보했다. 이스라엘 국방장관 나프탈리 베넷은 2020년 3월 정부가 NSO와 협력해서 팬데믹에 대처하고 있다고 발표했다. 유닛 8200 대원들도 힘을 보탰다. NSO는 BBC에 분석 소프트웨어 플레밍Fleming을 소개하면서 어떻게 해서 이 시스템을 통해 다음 감염이 어디서 일어날지, 어떤 지역에서 언제 환풍기가 필요할지, 언제 그 지역의 록다운을 해제할 수 있는지를 예측할 수 있다고 주장하는지를 보여주었다.[60]

NSO 그룹은 사용된 데이터에 포함된 개인의 프라이버시는 보호된다고 주장했지만, 이스라엘 건축가 에얄 와이즈만Eyal Weizman이 창설한 런던의 연구 기관 포렌식 아키텍처Forensic Architecture는 2020년 말 바레인과 아랍에미리트, 사우디아라비아, 이스라엘, 르완다에서 시험에 사용된 개인 데이터에서 신원이 확인 가능함을 보여주는 증거가 있다고 보고했다. 대부분 NSO의 스파이웨어인 페가수스를 구입해서 사용한 나라였다.[61]

최소한 여덟 개에 달하는 이스라엘의 다양한 유명 감시 기업이 자신들의 스파이 기술이 팬데믹에 맞서 싸우는 국가들에 도움이 될 수 있다고 주장하고 나섰다. 셀레브라이트는 세계 곳곳의 정부와 경찰에 휴대전화를 해킹하는 장비를 팔면서 자사의 서비스를 제공했고 레이존 그룹Rayzone Group, 코브웹스 테크놀로지스Cobwebs Technologies, 패턴스Patternz도 같은 일을 했다. 이스라엘의 감시 기술을 구매한다고 공개적으로 인정한 나라는 없지만, 증거를 볼 때 유럽과 아시아, 라틴아메리카의 많은 나라가 구매한 것 같다.

기업이 진짜로 노리는 목표에 관해 가장 솔직하게 말한 사람은 전 이스라엘 정보장교 탈 딜리안Tal Dilian이다. 키프로스에 본사를 두고 유럽과 동남아시아의 정보기관과 협력하는 사이버 감시 기업인 인텔렉사Intellexa의 대표다. 로이터 통신과의 인터뷰에서 그는 코로나19를 추적하는 자사의 장비 가격이 900만~1,600만 달러라고 밝힌 뒤 팬데믹 대처는 이 장비의 유용한 역량의 시작일 뿐이라고 말했다. 인텔렉사의 감시 도구는 첩보 활동에 대응하고 보안에 조력할 수 있다는 것이었다. "우리는 이 장비를 업그레이드하고 싶습니다." 인텔렉사 스파이웨어는 수단의 악명 높은 민병대 수중에 들어간 것을 비롯해 많은 억압적 국가에서 발견되고 있다.[62]

이스라엘의 코로나19 대응은 서구 세계에서 전례가 없는 방식이었다. 이스라엘은 국내 정보기관인 신베트를 활용해 잠재적 코로나19 환자를 추적 감시했으며(이미 최소한 2002년부터 모든 휴대전화 메타데이터를 비밀리에 수집하고 있었다[63] 소셜 미디어 게시물을 팔로우하면서 사회적 회합의 증거를 모았다. 이스라엘 언론계와 일부 정치인들 사이에서 분노의 목소리가 높아졌다. 요르단 강 서안과 동예루살렘의 팔레스타인인을 억압하기 위해 고안된 시스템이 이스라엘 유대인을 겨냥할 수 있다는 데 격분한 것이다. 어느 누구도 이를 노골적으로 입에 올리지는 않았지만, 그 함의는 분명했다. 신베트로 팔레스타인인을 감시하면서 그들의 삶을 지옥으로 만들고 싶으면 얼마든지 해도 되지만, 우리한테 그러면 안 된다는 것이었다.[64] 또한 이스라엘이 세계 곳곳의 억압적 정부에 감시 장비를 수출한다는 사실에 대해서도 침묵이 지배했다. 이스라엘 비판자들이 자국의 코로나19 대응과, 이를 담당하는 기업들이 오래전부터 이 장비를 독재 국가와 민주주의 국가에 수출한 경험 사이의 연관성을 보지 못하거나 보려 하지 않았기 때문이다.

이스라엘시민권협회Association for Civil Rights in Israel, ACRI가 고등법원에 문제를 제기하자 보건부는 신베트가 데이터 관리 계약을 맺은 NSO 그룹을 비롯한 어떤 민간 기업보다도 프라이버시를 존중한다고 주장했다. 점령지에서 하루가 멀다 하고 감시와 고문, 총 겨누기, 괴롭힘, 체포를 자행하는 억압적 체제 아래서 사는 팔레스타인인들에게는 이런 아이러니가 통하지 않았다.[65] 이스라엘의 인권 단체들은 팬데믹 기간에 신베트가 벌인 활동에 대해 주기적으로 이의를 제기했지만, 신베트의 권한이 축소되는 일은 거의 없었다. 거의 법 위에 군림하는 조직이었다. '현재 이스라엘인 수백만 명이 한때 주로 테러리스트 용의자만 겨냥하던 신베트 스타일의 감시를 받고 있다.' 2020년 4월 〈하레츠〉는 이렇게 불만을 토로했지만, 신베트의 감시망에 갇혀 있는 무수히 많은 팔레스타인인이 전혀 테러리스트가 아니라는 사실에는 눈을 감았다.[66]

머지않아 신베트가 코로나19에 대응하기 위해 사용하는 GPS 추적이 팔레스타인인들을 겨냥했다. 2021년 5월 동예루살렘의 수많은 팔레스타인인이 이스라엘 정보기관으로부터 문자 메시지를 받았다. '당신이 알아크사 사원에서 벌어진 폭력 행위에 가담한 사실이 확인되었다. 조만간 기소할 테니 응분의 대가를 치르시라.'[67] 신베트는 2022년 폭력 행위와 아무 관련이 없는 많은 아랍인에게도 이 메시지를 보낸 사실을 인정했다.[68]

이스라엘에서 코로나19가 유일하게 긍정적인 면이 있다면, 일부 이스라엘 유대인들이 보통 팔레스타인인에게만 적용된 신베트 감시의 억압적 면모를 깨달았다는 점일 것이다. 2021년 영국의 영화감독 댄 데이비스Dan Davies와 함께 팬데믹 기간에 가해진 표현의 자유와 자유 일반에 대한 위협을 다루는 알자지라 영어 영화를 제작하던 중 우리는 당시 총리 베냐민 네타냐후에게 걸핏하면 항의하던 텔아비브의 유대인 주민 오르 비론Or Biron을 인터뷰했다. 록다운 시기에 그녀는 동료 활동가들과 만났는데, 며칠 뒤 정부로부터 문자 메시지를 받았다. 코로나19 환자와 접촉했기 때문에 즉시 격리해야 한다는 내용이었다.

"정말 화가 났어요." 비론의 말이다. "우리가 거기 있었고(활동가들과 만났고), 시위에 참가한 많은 사람과 마찬가지로 시위 때문에 그런 말을 들으니 화가 났죠." 신베트가 반정부 시위를 방해하려 한다고 확신할 수는 없었지만, 다른 사람들도 여럿이 이런 일을 겪었다. 신베트는 정부에 반대하는 움직임을 저지하기 위해 활동하는 동시에 코로나19로부터 시민들을 보호하는 임무를 맡았기 때문에 주민을 통제하는 전례 없는 권한을 부여받고 완전히 은밀하게 활동할 수 있었다.

오르 비론은 시민들이 '모든 영역에서' 신베트의 간섭에 맞서 싸워야 한다고 말했다. "이스라엘 시민이나 점령지 주민 누구에게 일어나든 상관없어요. 이건 인권 침해로 나아가는 미끄러운 경사로니까요."

팬데믹이 시작되면서부터 이스라엘은 그동안 축적한 감시 역량에 민간 기업까지 이용해 추가 통제 서비스를 제공했다. 요르단 강 서안 출신으로 이스라엘에 거주하면서 노동 허가가 여전히 유효한지 알고 싶어 하는 팔레스타인인은 앱을 다운로드하라는 말을 들었다. 군이 그 사람의 위치를 추적할 수 있는 앱이었다.

전 세계의 감시 기업들은 팬데믹이 지속되는 동안 자신들의 서비스가 활용될 가능성을 보면서 흥분을 감추지 못했다. 이스라엘 기업들이 대열의 선두에 섰다. 이스라엘군 정보기관 출신들이 창립한 카르빈 Carbyne은 차세대 911 긴급 전화 서비스라고 홍보했다. 카르빈이 이용자의 휴대전화에 연결해서 영상과 위치 서비스를 활용해 도움을 줄 수 있다는 것이었다. 이 서비스는 팬데믹 기간에 코로나19 환자의 정확한 위치를 파악하기 위해 이용되었다. 프라이버시에 대한 위협이 명백했지만 이 제품을 긍정적으로 보는 언론들은 대부분 이 문제를 언급하지 않았다.[69] 전 총리 에후드 바라크와 억만장자 투자자 피터 틸 Peter Thiel, 그리고 (고인이 된) 소아성애자 제프리 엡스타인 Jeffrey Epstein도 소액을 투자하며 이 서비스를 지원했다.

이스라엘 기업 슈퍼컴 Supercom은 전자발찌 전문 기업으로, 미국에서 교도소를 나가는 죄수를 추적하는 용도로 이 제품을 판매했다. 슈퍼컴은 코로나19 시기에 폭발적인 관심을 끌었다. 수감자나 유죄 판결을 받은 사람을 추적하는 자사의 전문 기술을 일반인 전체를 대상으로 코로나19를 추적하는 데 사용할 수 있다고 광고에서 공공연하게 언급했기 때문이다.[70] 핀란드는 2021년에 이 기술을 받아들이면서 '생체 인식 범죄자 감시 기술'을 구매했다. GPS 추적을 복잡하게 표현한 것이었다. 슈퍼컴은 2021년 격리를 시행하기 위해 전자팔찌 3만 개를 이스라엘에 판매했다.

수십 년간의 점령 덕분에 이스라엘은 코로나19의 도전에 대비가 되어 있었다. 방산 기업들은 국가가 팬데믹에 대처하는 것을 돕기 위해 시스템을 정비했다. 이스라엘 국방부는 엘빗과 NSO 그룹을 비롯한 주요 방산 기업의 목록을 담은 문서를 발표하면서 '비상 시기에 당국의 다양한 요구에 대처하는' 이상적 해법을 제공하는 기업들이라고 다른 나라에 홍보했다. 2020년 5월, 이스라엘은 특별히 민간인을 추적하는 방위 기술 수출을 확대하고자 한다고 인정했다. 이란과 시리아, 레바논을 제외하면 지구상의 모든 나라가 만만한 판매 대상으로 간주되었다.[71]

이스라엘 언론에서 엘빗과 라파엘Rafael Advanced Defense Systems은 지휘통제시스템과 미사일용 열화상카메라, 그 밖에 이스라엘 언론이 묻지도 않은 많은 장비를 활용할 수 있다는 등 코로나19 팬데믹에 대항하는 데서 자신들이 어떤 역할을 하는지 열정적으로 이야기했다. 이스라엘은 미사일 생산 시설을 환풍기 제작용으로 개조했다. 정보기관 모사드는 세계 곳곳에서 필수 의료 장비를 구해 오는 임무를 맡았다.[72] 2020년 4월 〈하레츠〉에 실린 한 기사는 하이파의 람밤 종합병원에서 중증 심부전 프로그램 과장을 맡고 있는 오렌 카스피Oren Caspi 박사의 말을 인용했다. "우리는 전쟁 과학과 전쟁 기술에 아주 능숙한데, 지금은 전시 상황입니다. 전쟁에서 사용하는 기술을 가져와 의료 전장에서 활용해야 합니다."[73] 기사 어디에도 이 기술이 평상시에 누구에게 사용되는지에 대한 언급이 없었다. 팔레스타인인을 대상으로 사용되는 기술이었다.

〈뉴욕 타임스〉도 별반 다를 게 없어서 2020년 5월 기사에는 이런 제목이 붙었다. '이스라엘군의 아이디어 랩, 새로운 표적을 겨누다 : 생명 구하기가 그것이다'.[74] 기사는 코로나19에 대처하기 위한 이스라엘의 개발품 목록을 나열하는 데 지나지 않았다. 팔레스타인인은 어디에도 보이지 않았다. 기사에는 '스타트업 국가' 이스라엘에 관한 수없이 많은 글에서 볼 수 있는 '창의성'이나 '에너지' 같은 천편일률적인 단어들이 담겨 있었지만, 그런 '창의적' 방위 산업의 대부분이 평상시에 누구를 겨냥하는지에 관해서는 아무 내용이 없었다.

팔레스타인 점령 기술은 필연적으로 회귀하여 팬데믹을 관리한다는 가면 아래 유대인들을 대상으로 활용되었다. 가난한 초정통파 공동체 브네이브라크Bnei Brak는 텔아비브에서 6킬로미터 떨어진 21만 명이 사는 도시인데, 보통 요르단 강 서안의 팔레스타인인만 대상으로 삼았던 작전의 실험 대상이 되었다. 코로나19가 걷잡을 수 없이 급증했지만, 현대적 미디어에서 단절된 채 작은 아파트에 빼곡히 모여 사는 많은 주민들은 어떤 공중보건 지시를 따라야 하는지 알지 못했다.[75] 몇몇 원로는 처음에 외부 활동 제한을 무시한 채 계속 함께 모여 기도했다.

2020년 4월, 브네이브라크는 봉쇄되었고 일부 예외적인 사람만 출입이 허용되었다. 이스라엘의 테크 기업 옥토퍼스서비스Octopus Services가 이 임무를 지원하기 위해 지휘통제시스템, 드론, 카메라 500대, 관찰 풍선 등을 제공하는 계약을 맺었다.[76] 옥토퍼스는 또한 이스라엘 국방부와 정보기관, 그 밖에 광범위한 다른 기업들과 협력하고 있다.

극단적 조치를 기각하도록 고등법원에 신청했다가 퇴짜를 맞은 도시 주민 네 명은 판사들에게서 의미심장한 반응을 끌어냈다. 수십 년간 팔레스타인인에 대한 억압 조치를 정당화하고 지지하는 데 동원한 논리가 이번에도 그대로 적용된 것이다. 판사들은 민주주의 국가에서도 사회적 거리두기와 신베트의 감시가 규범이 된 비상 시기에는 '이 모든 것이 시민권을 존재의 핵심으로 삼는 민주주의 국가에서 디스토피아적 꿈처럼 우리를 지나쳐간다'고 말했다.[77] 반세기가 넘도록 점령을 법적으로 정당화한 법원에서 나온 말이라 할지라도 참으로 어처구니없는 위선이었다.

브네이브라크와 그 밖의 지역에 사는 정통파 유대인들은 많은 대중적 공감을 얻지 못했다. 많은 이스라엘 유대인이 자신들만의 은밀한 공동체에 스스로 고립해 살면서 이스라엘 방위군 복무를 거부하고 복지의 수혜는 한껏 누리는 그들을 경멸했기 때문이다. 일부 이스라엘 대중은 팔레스타인인보다도 정통파 공동체들을 더욱 혐오한다.

4

이스라엘 점령을
세계에 판매하다

우리는 지중해의 가장자리에 있는 두 민주주의 국가입니다.
내가 지치지 않고 말하는 것처럼, 우리에게는 근대 서구 문명의 토대를 닦은
아테네와 예루살렘이 있으며,
우리는 안정과 번영과 안전에 대한 열망을 공유합니다.
베냐민 네타냐후(이스라엘 총리, 2021년 2월)

이스라엘 국경은 꾸준히 이동하면서 그들의 계류지로부터 점점 확장되고 있다. 지리적 현실은 이스라엘과 유대인의 광범위한 지지를 받는 가혹한 이민 정책에 아무런 장애물이 되지 않았다.[1] 지난 10년간 에리트레아와 수단에서 박해를 피해 도망친 아프리카 난민 수만 명이 이스라엘에서 피난처를 찾는 가운데 베냐민 네타냐후 정권은 그들을 돌려보내기 위해 억압적인 아프리카 국가들을 매수하고 구워삶고 비밀리에 교섭하고자 했다. 이스라엘의 기업가와 정치인들은 남수단과 차드, 중앙아프리카공화국에 아프리카 난민을 받아들이도록 압력을 가했고, 이스라엘은 이들 나라에서 난민을 보호해주겠다는 실천할 수 없는 약속을 했다. 이스라엘 정부는 심지어 수단 이주민에게 소액의 돈을 주고 수단과 싸우는 다르푸르 민병대에 집어넣는 식으로 강제로 돌려보내는 방안까지 고려했다. 이 민병대는 처음에 우간다 땅에서 훈련하기로 되어 있었다.[2]

이런 계획은 대부분 실패했지만, 수많은 아프리카인이 명목상의 돈 3,500달러를 받은 뒤 이스라엘에서 아프리카로 돌려보내졌다. 그들은 생소한 아프리카 나라인 우간다와 르완다에 도착했고, 그곳에서 스스로 먹고살아야 했다. 이스라엘은 이들 나라에 무기를 판매하거나 국제무대에서 외교적 지지를 제공하기로 협상했다.

나는 그런 난민 중 한 명인 에리트레아 이주민 로벨 테스파하네스와 만났다. 텔아비브에서 6년을 산 끝에 결국 남수단으로 보내진 사람이다. 2015년 우리는 남수단의 수도 주바에서 함께 시간을 보냈다. 그는 양철로 만든 집과 가게가 우간다로 가는 주요 도로변에 줄지어 선, 도심 근처의 가난하고 더러운 지역인 시리카트에서 살았다. 암울한 삶이었다. 몸이 문신투성이인데다 돈이 한 푼도 없어서 일자리를 구할 길이 없었다. 그는 에리트레아에서 의무 복무를 피해 도망친 뒤 유럽에서 안전한 삶을 열망했다. "지중해에 빠져 죽는 건 두렵지 않아요. 신께서 운명을 정해주겠죠."

로벨은 변함없는 인종주의의 희생자로 이스라엘에서 푸대접을 받았다. "이스라엘 정부는 우리 아프리카 사람들에 대해 나쁜 말을 했습니다. 이스라엘 사람들이 우리를 의심의 눈초리로 보는 게 느껴지더군요." 이스라엘에서 난민으로 인정받는 아프리카인은 1퍼센트가 채 되지 않는다. 그는 결국 이스라엘에서 내준 돈을 챙겨 일자리와 지원을 약속한 르완다 수도 키갈리에 가기로 마음먹었지만, 이 계획은 실현되지 않았다. 그는 주바로 갔다. 아프리카에서 유럽으로 가는 긴 여정에서 한동안 남수단에 머물던 다른 에리트레아 사람들이 그곳이 안전하고 돈도 벌 수 있다고 장담했기 때문이다. 그는 사하라 사막을 건너고 리비아를 통과해 마침내 보트를 타고 지중해를 건너 독일에 정착했다. 나는 2016년 함부르크에 있는 어느 구금 시설에서 그를 다시 만났다. 이제 그곳에 정착해 살고 있는 그는 불확실한 몇 년 동안 살아남은 운 좋은 이들 중 한 명이다.

로벨의 이야기가 교훈적인 것은 이스라엘이 아프리카인에 대한 혐오를 수용하기 위해 어떤 식으로 국경을 확장했는지를 보여주기 때문이다. 아프리카 국가들을 매수함으로써 이스라엘의 정책적 목표가 최소한 일부는 확실히 충족되었다. 2013년 주로 많은 이스라엘인이 '침입자'라고 부르는 아프리카 이민자 등을 저지하기 위해 이집트 국경을 따라 장벽을 완성함으로써 이스라엘에 아프리카인이 들어오는 속도는 확연히 줄어들었다. 이스라엘의 반이민 강경파인 내무장관 아엘레트 샤케드는 2021년 6월 '침입자들을 본국으로 돌려보내고 안전한 제3국으로 자발적으로 떠나도록 장려하기 위해 노력하겠다'고 말했다. 이스라엘에 살고 있는 아프리카 이민자 약 3만 1,000명의 삶이 불안하고 불확실해졌다.

이스라엘에서 아프리카인에 대한 혐오는 주류의 전반적인 분위기다. 2018년 3월, 이스라엘의 최고 랍비 2인 중 한 명인 이츠하크 요세프Yitzhak Yosef는 흑인을 '원숭이'라고 지칭했으며, 주말 설교 중에 '니거nigger(검둥이)'에 해당하는 히브리어 단어를 사용했다.[3] 도널드 트럼프 미국 대통령의 보좌관인 재러드 쿠슈너와 이방카 트럼프가 2018년 5월 이스라엘을 방문했을 때, 랍비는 두 사람을 축복했다. 랍비는 인종주의 때문에 직업적 대가를 치른 적이 없다. 다른 많은 사람도 그런 생각을 공유하기 때문이다.

난민 차단과 은밀한 거래

이스라엘의 드론이 지중해 상공을 높이 선회했다. 곤경에 처한 이민자 보트나 마약 밀수꾼을 찾는 것일까? 분명치 않았다. 드론은 하늘을 거의 독차지했다. 2018년 크레타 섬에서 테스트를 거친 뒤 2021년 5월을 시작으로 에어버스가 운영하는 IAI의 헤론Heron 드론은 유럽연합 국경관리기구인 프론텍스Frontex의 장비가 되었다. 난민들이 대륙 본토에 들어오는 것을 막기 위한 싸움의 일환이었다.

"(이민자가) 지중해를 건너는 건 거의 불가능합니다." 이민자 구조 지원 활동을 하는 단체인 독일의 비정부기구 시워치Sea-Watch의 공중 활동 책임자 펠릭스 바이스Felix Weiss의 말이다. "프론텍스는 군사화된 집단이 되고 있습니다. 장비도 교전 지대에서 가져오죠."

헤론 드론은 이론상 최대 40시간을 비행할 수 있으며 팔레스타인 상공에서 오랜 경험을 쌓았다. 독일은 탈레반에 맞선 아프가니스탄에서의 실패한 전쟁에서 이 드론을 사용해 네 대가 추락하는 경험을 했지만, 여전히 많은 나라가 이 드론을 긍정적으로 본다. 많은 양의 장비를 실을 수 있고 무려 24시간을 비행하는 능력이 있기 때문이다.[4] 헤론에 탑재되는 장비에는 열화상카메라, 움직이는 표적을 탐지하는 인공지능, 휴대전화 위치를 찾는 장치 등이 있다.

한때 해군 경비정이 곤경에 빠진 이주민들을 구조하기도 한 반면, 무인 드론은 접촉이 없는 새로운 감시 형태다. 유럽연합에서 이스라엘의 존재를 연구한 경제학자 시르 헤베르는 이스라엘제를 포함한 드론 사용 증대에는 뚜렷한 정치적 목표가 있다고 말한다. "드론은 누구도 구조할 수 없고 사진만 찍을 수 있죠." 그가 내게 한 말이다. "실제로 무장한 보트나 의심스러운 선박이 접근하면 드론 조종사가 경비정에 알려서 현장에 출동하게 할 테지만, 물이 새는 난민 보트처럼 보이면 드론 조종사는 항상 시간을 끌고 경비정은 일부러 구조할 사람이 없어질 때까지 늑장 출동합니다. 이게 핵심적 차이이자 드론이 해안 경비를 위한 혁신적 기술인 진짜 이유죠. 난민들이 익사하게 방치하는 선택지를 제공하는 거죠."

시워치는 이런 감시 역량과 경쟁할 수 없으며 프론텍스의 인프라에도 상대가 되지 않는다. 바이스가 말해준 바에 따르면 헤론 드론은 바르샤바에 있는 프론텍스 본부에 선명한 이미지와 정보를 보낸 반면, 시워치는 비행기와 본부가 간단한 문자 메시지로 연락하는 수밖에 없었다. 난민들을 태워줄 상선을 찾으려고 했지만, 많은 이들이 주저했다. 유럽연합에서 가장 많은 예산을 차지하여 임무를 수행하는 자원이 풍부한 집단과 한 비정부기구가 경쟁한 셈이다.

이스라엘은 국경을 군사화하는 동시에 새로 들어오는 이주민을 저지하려는 유럽연합의 싸움에서 핵심적인 주역이다. 2015년 주로 시리아와 이라크, 아프가니스탄에서 전쟁이 벌어진 탓에 이민자가 대거 유입된 뒤 대대적으로 가속화된 정책이다. 유럽연합은 드론을 사용하기 위해 이스라엘의 주요 방산 기업과 손을 잡았는데, 물론 팔레스타인을 상대로 한 오랜 경험이 핵심적인 이점이다.

2020년 유럽연합은 에어버스, IAI, 엘빗과 9,100만 달러 상당의 파트너십을 맺었다고 발표했다. 이들 기업의 서비스를 이용해 지중해 상공에서 계속 드론을 운용하기 위한 협약이었다. 엘빗의 헤르메스 드론과 IAI의 헤론 드론은 2008년 이래 이스라엘이 가자를 상대로 벌이는 전쟁에서 사용한 제품이다.[5] 드론 판매 시장에서 경쟁이 치열해지는 중이다―튀르키예의 TB2는 레이저 유도 폭탄을 탑재할 수 있고 평상형 트럭에 실을 수 있는데, 이스라엘이나 미국의 드론보다 훨씬 저렴하지만 이스라엘 모델이 여전히 압도적으로 인기가 있다.[6] 2017년 현재, 이스라엘의 드론 제조업체는 지난 30년간 전 세계의 드론 시장에서 60퍼센트를 차지했다.[7]

이스라엘제 드론 사용은 프론텍스가 보유한 인프라의 일부분일 뿐이다. 바이스는 자기 단체를 비롯해 지중해 중부에서 이주민을 모니터하는 활동을 하는 몇몇 비정부기구가 대단히 어려운 임무를 수행하고 있다고 말했다. 유럽연합이 해상에서 위험에 빠진 사람들을 돕지 않는 것을 목표로 하고 있었기 때문이다. 유럽연합은 난민들을 돕기는커녕 익사하게 방치하거나 리비아 해안경비대의 수중에 맡겼다. 리비아 쪽은 자국에 있는 구금 시설로 다시 난민들을 데려갔는데, 이는 국제법을 위반하는 조치다.

유럽연합은 2016년에 리비아 해안경비대와 협력을 시작했다. 이른바 리비아 구조선에는 대개 구명조끼나 스피드보트가 없는데, 전하는 바로는 경비대원들이 간혹 술에 취해 있거나 암페타민을 복용한다고 한다. 많은 이들이 밀입국 알선으로 돈을 벌 수밖에 없다. 프론텍스는 와츠앱을 통해 리비아 장교들에게 이민자 보트의 좌표를 보내면서, 이것은 공식 내용이 아니라 비상 연락이라고 주장한다.[8] 또한 프론텍스가 이탈리아 해안경비대와 해상구조협력센터에 감시 화면을 보내면, 두 기관은 리비아인들과 정보를 공유한다.[9]

내가 리비아 당국과 어떤 관계냐고 묻자 프론텍스는 아무 관계도 없다고 잡아뗐다. "프론텍스는 리비아 당국과 어떤 직접적인 관계도 맺은 바가 없으며, 리비아 해안경비대와 협조하지 않습니다."

시워치는 트리폴리에 본부를 둔 리비아 구조협력센터와 유용한 연락을 거의 하지 않는다. 리비아 쪽이 거의 응답하지 않거나 영어를 구사하지 않기 때문이다. 이 리비아 경비대는 유럽연합이 훈련과 장비를 제공했다. 나는 시워치가 찍은 영상에서 리비아 해안경비대가 지친 이민자들에게 위험하기 짝이 없게 밧줄을 타고 선박에 올라오라고 강요하는 끔찍한 광경을 본 적이 있다. 이민자들은 종종 일산화탄소 중독이나 화학적 화상 때문에 익사한다(연료통이 짠물과 섞이면 위험해진다). 고무나 플라스틱 보트는 뒤집힐 위험이 가장 높다. 2021년 6월 30일에 벌어진 또 다른 사고에서는 리비아 해안경비대가 지중해의 몰타 수색구조 지대에서 근처에 있는 고무보트에 총격을 가하는 모습이 찍혔다. 보트는 결국 이탈리아 남부에 있는 람페두사 섬까지 안전하게 도달했다.

프론텍스는 어떠한 불법 행위도 하지 않는다고 일관되게 잡아떼지만, 시워치는 이런 현실을 매일 목격하며 항공기와 선박 몇 척을 이용해 프론텍스와 리비아의 협력자가 의도적으로 눈감는 가운데 난민들이 어떤 식으로 죽어가는지를 기록한다. 흔히 벌어지는 일은 시워치가 자체 항공기를 이용해서 드론을 상공에 띄워 관찰하면, 금세 리비아 해안경비대가 도착해서 이민자들을 리비아로 돌려보내는 것이다. 그곳에서 이민자들은 고문이나 강간, 또는 심지어 죽음의 가능성에 직면한다. "유럽연합의 공중 감시가 없으면 리비아 해안경비대는 사실상 아무것도 보지 못합니다." 바이스가 지적했다. 프론텍스는 오로지 공중 감시에만 의존하고 선박은 사용하지 않는데, 이는 해상 구조를 우선순위에 두지 않음을 보여준다. DEA에이비에이션 같은 영국과 유럽의 기업들이 수백만 유로 규모의 계약을 체결해서 감시용 항공기를 제공한다.

바이스의 설명에 따르면 드론이 바다에 구명보트를 떨어뜨린다는 발상은 기술적으로 가능하지만, 많은 드론을 활용하지 않으면 100명이 탄 선박을 구조하는 데 별 도움이 되지 않을 것이다. 시워치는 구명보트를 떨어뜨리는 방안을 고려하고 있지만 이민자가 해상에서 조난 위험에 빠질 수도 있다고 보았다. 바람 때문에도 이는 정밀한 방법이 되지 못한다. 바이스는 프론텍스가 장래에 드론 의존도를 줄이고 대신 위성과 협동해서 정확도를 높일 것이라고 믿었다.[10] 2022년 8월 휴먼라이츠워치는 프론텍스가 리비아 관리들과 공모하며 민간 기업이 운용하는 드론

같은 '공중 자산'을 활용한다고 비난했다.[11]

해상과 해안선을 감시하는 임무를 맡은 또 다른 기구인 유럽해양안전청EMSA은 이스라엘의 헤르메스 드론도 사용하고 있다. 아이슬란드는 2019년 유럽 국가 중 최초로 자국 영토를 감시하기 위해 엘빗의 헤르메스 드론을 배치했다. 2020년 초, 엘빗과 포르투갈 계약 업체 CEiiA가 관리하는 헤르메스 드론이 크레타 섬의 활주로에 추락했다. 그리스 해상 국경을 감시하는 임무를 수행하기 위해 이륙하던 참이었다. 헤르메스는 날개 아래에 최대 네 개의 구명벌*을 탑재할 수 있지만, 아직 그런 형태로 지중해에 배치되지 않았다.

내가 드론을 왜 사용하기 시작했느냐고 묻자 프론텍스는 이렇게 답했다. 드론은 "공중 감시용으로 사용됩니다. 드론에는 카메라를 제외한 어떤 무기 시스템도 탑재되지 않으며 생명을 구하는 수색구조 활동을 지원합니다. 드론 덕분에 프론텍스는 더 오랜 시간 동안 국경 감시를 수행하고 구조 활동을 지원할 수 있습니다. 비행기는 연료 제한이나 승무원 한계 때문에 기지로 귀환해야 하는 반면, 드론은 훨씬 오래 활동할 수 있습니다".

프론텍스가 난민을 찾기 위해 드론을 활용한 여파로 많은 이들이 바다에서 목숨을 잃고 있다. 바로 이 점이 중요하다. 2021년 10월 유럽연합 집행위원장 우르술라 폰 데어 레이엔은 이주민을 차단하기 위해 '철조망과 장벽'에 돈을 쓰지 않을 것이라고 말했지만, 유럽연합은 그리스와 리비아를 비롯해 수많은 나라에서 바로 그런 일을 했다.[12]

프론텍스는 이런 분석을 논박한다. "수색구조 활동에서 프론텍스가 우선순위에 놓는 건 인명을 구하는 일입니다. 가령 지중해 중부 지역

---

* 천막처럼 펴지는 구명보트 – 옮긴이

에서 어느 때든 프론텍스 비행기가 곤경에 처한 배를 발견하면 곧바로 그 지역에 있는 해상구조협력센터에 경보를 보냅니다. 리비아와 튀니지만이 아니라 이탈리아와 몰타도 곤경에 처한 선박이 수색구조 지역에 있으면 바로 경보를 받죠. (……) 2015년 이래로 프론텍스는 지중해 중부 지역을 포함해 해상에서 35만 명이 넘는 인명을 구하는 걸 도왔습니다. 올해(2021년)는 지금까지 이 지역에서 곤경에 빠진 5,111명을 구조하는 것을 도왔습니다."

2019년 영국 신문 〈옵서버〉에 기고하기 위해 조사를 수행하면서 나는 언론인 대니얼 하우든Daniel Howden, 아포스톨리스 포티아디스Apostolis Fotiadis와 함께 프론텍스가 지중해에서 드론과 비행기에 점점 의존하는 현실을 조사했다. 우리가 보도한 내용은 바르샤바의 프론텍스 본부가 이 비행기나 드론을 통해 이민자들이 해상에서 파도에 흔들리거나 움직이거나 물에 빠지는 영상을 실시간으로 받아볼 수 있다는 것이었다.[13]

이것은 우연한 결과가 아니라 점점 가혹해지는 정책의 의도적인 선택이었다. 프론텍스의 정책은 리비아 앞바다에서 벌어지는 사태와 특히 관련되어 있었다. 우리가 쓴 기사가 지면에 실리기 전 꼬박 1년 동안 세계에서 가장 위험한 이 수역에서 유럽연합은 한 차례의 구조 임무도 수행하지 않았다. 이때까지 자선 수색구조선들이 유럽연합이나 난민에 반대하는 회원국들에 의해 지중해에서 쫓겨났다. 우리가 〈옵서버〉에서 말한 것처럼, '드론으로 전환하는 것은 이민자들을 유럽 해안에 데려다주는 구조 임무에 휘말리지 않은 채 지중해를 감시하려는 분명한 노력의 일환이다'.

지중해 지역은 위험한 해역으로, 국제이주기구IOM '실종이민자Missing Migrants' 프로젝트에 따르면 2014년 이래로 최소한 어린이 848명을 포함해 2만 2,748명이 사망했다. 하지만 이 끔찍한 수치를 받아든 유럽연합은 이민자를 계속 차단하고 그들의 여정을 더욱 위험하게 만들기로 결심했다. 에어버스, BAE시스템스, 레오나르도Leonardo 같은 유럽의 무기 회사들은 시리아와 리비아, 예멘, 튀르키예의 분쟁을 악화시키는 무기를 판매함으로써 대규모 피란민을 발생시키는 데 기여했다.[14] 유럽연합이 점점 잔인한 전술을 구사하며 이민자를 차단하기로 결심하지만 유럽에 들어오려는 많은 사람이 유럽의 방위 장비 때문에 부정적인 영향을 받는 악순환의 고리인 셈이다.[15]

프론텍스의 극악무도한 인권 기록에도 불구하고 내부에서는 일부 반대의 목소리가 있었다. 프론텍스 소장 파브리체 레게리Fabrice Leggeri와 동료 두 명이 유럽연합의 부정행위 단속 기구에 의해 조사를 받은 뒤인 2022년에 사임했다. 레게리는 인권 침해를 은폐한다는 비난을 받았고, 프론텍스가 불법적인 이민자 차단에 집착하는 행태를 둘러싸고 유럽연합 일부에서 우려가 커졌다.

유럽연합은 2015년 이래 디지털과 물리적 기술로 이민자를 추적하는 가장 효율적인 방법을 찾기 위한 첨단 기술 연구에 최소한 37억 달러를 투입했다. 이 과정에서 아프리카와 중동, 발칸 반도에서 정교한 감시 기술 훈련을 제공했다. 알제리와 모로코 경찰은 온라인에서 허위 정보를 퍼뜨리고 페이스북에서 개인 정보를 수집하는 법을 훈련받았다.[16] 유럽연합은 현재 유럽연합과 비유럽연합 국가들이 이스라엘, 미국, 중국의 강력한 국방력에 경쟁하기 위한 새로운 무기와 기술을 개발하는 프로그램에 수십억 달러를 투자하고 있다. 궁극적인 목표는 유럽연합이 이스라엘과 미국 드론에 의존하는 것을 끝내고 자체적인 드론 비행대를 개발하는 것이다.[17] 2020년 말에 합의된 오웰식 명칭의 유럽평화기금European Peace Facility은 미국의 힘과 이해가 줄어드는 상황에서 유럽의 자위 능력을 끌어올리는 것이라고 홍보되었다.[18]

이스라엘의 장비는 유럽이 자신들의 방위와 안보의 미래를 바라보는 방식에서 유일한 것과는 거리가 멀지라도 핵심적 부분이다. 2021년 유럽은 7년간 955억 유로를 투입해 혁신과 연구를 지원하는 주요한 프로그램인 호라이즌 유럽Horizon Europe에 이스라엘의 참여를 허용할 것이라고 발표했다. 유럽연합이 2014년부터 2020년까지 진행한 혁신과 연구 프로그램인 호라이즌 2020의 일환으로 자금을 댄 사업에는 이스라엘의 최첨단 국경통제시스템과 감시도 포함되었다.[19] 이런 지원이 기만적인 행동이었던 것은 유럽연합은 이스라엘의 요르단 강 서안 불법 정착촌을 공식적으로 인정하지 않았으며 이스라엘은 지원받은 돈을 점령지에서 사용할 수 없었기 때문이다. 이스라엘은 자국과 요르단 강 서안을 분리되지 않은 하나의 나라로 간주하는 반면, 이 지원은 양쪽이 정치적으로 분리되어 있다고 잘못된 가정을 한 것이다.

하지만 싱크탱크 유럽외교관계협의회European Council on Foreign Relations, ECFR에 따르면 유럽연합이 이 제약을 실행하기 위해 이스라엘과 어떤 새로운 계약을 체결하든 정착촌을 배제해야 한다고 규정하는 조항을 도입한 2013년 이후로 유럽연합과 회원국들은 거의 아무 일도 하지 않았다. 대신에 '유럽이 이스라엘과 맺은 양자 간 협정의 대부분은 이스라엘의 정착촌과 정착촌 기업, 주민들에게 잠재적으로 이득이 된다. 사회보장, 과세 조항, 연구개발 영역에서 새롭게 등장하는 기업들도 이득을 보장받는다. 유럽외교관계협의회에서 검토한 260여 개 계약 가운데 영토 범위에 관한 정의가 포함된 것은 거의 없다. 그런 정의가 담긴 계약도 대개 이스라엘 국가의 법률에 따른 이스라엘 영토나 이스라엘이 세금을 부과하는 영토 등의 정의를 포함해서 애매하거나 모호한 조항이 있을 뿐이다. 이스라엘 정착촌을 포함시키는 것을 정당화할 수 있는 내용이다'.[20]

호라이즌 자문위원으로 일한 적이 있는 정치학자이자 철학자 피터

버지스Peter Burgess는 2015년에 국경 산업복합체가 이 프로젝트에 부당한 영향을 미쳤다고 설명했다. '난민들은 표적이자 등록시켜야 하는 대상으로 간주된다.'[21] 많은 비판자가, 독립적 윤리학자들에게 의뢰해 프로젝트를 평가하는 호라이즌이 애당초 평가 대상에서 제외해야 하는 기업 주도의 발상에 승인 도장을 남발하는 사업에 지나지 않는다고 말한 바 있다.

그렇지만 막대한 돈을 벌 수 있었다. 유럽연합은 이스라엘의 가장 큰 무역 파트너로, 2020년 상품 교역의 29퍼센트 이상을 차지한다. 그와 나란히 프론텍스 예산은 2006년 600만 유로에서 2020년 4억 6,000만 유로로 급증했고, 2021년에 5억 4,300만 유로로 다시 증가했다. 유럽연합은 349억 유로를 2021년부터 2027년까지 국경과 이주 관리에 쓰겠다고 약속했다. 전 세계의 이민자 인구는 2000년에서 2020년 사이에 80퍼센트 이상 늘어나서 2억 8,100만 명으로 추산되는 국제 이민자 수는 세계 인구의 3.5퍼센트에 달한다.

국경 감시 산업복합체는 프론텍스 예산 급증에 들떠 있다(2025년에 이르면 전 세계적으로 이 산업의 규모가 680억 달러에 달할 것으로 추산되었다[22]). 2027년에 이르면 직원 수만 1만 명이 될 것으로 예상되는(2005년에는 45명에 불과했다) 방위·감시 산업은 잠재적으로 어떤 위험이 있든 간에 이민자들을 본국으로 돌려보내거나 어쨌든 유럽연합에서 몰아내고자 하는 유럽연합 정책의 재정적 지지와 이데올로기적 지지를 두루 받았다.

지중해에서 이민자들이 사망했다는 기사는 숱하게 많았다. 2021년 4월에 일어난 가장 소름 끼치는 사고를 예로 들자면, 최대 130명에 달하는 사람들이 리비아 앞바다에서 폭풍에 휩싸인 채 유럽연합과 리비아 당국이 수수방관하는 가운데 결국 목숨을 잃었다. 유럽연합에서 곤경에 빠진 이민자들을 도와주는 핫라인인 알람폰Alarm Phone은 '이 사건들은 다시 한 번 해상에서의 죽음이 사고가 아니라 유럽과 리비아 관계자들이 행동하거나 행동하지 않은 결과임을 보여준다'고 보고했다.[23]

AP 통신은 2021년 6월 보도에서 당시의 분위기를 이렇게 요약했다. '팬데믹 이후의 유럽에서 이민자들은 디지털 요새digital fortress에 맞닥뜨릴 것이다.' 기사는 유럽연합과 회원국들이 디지털 장벽, 관측탑, 철제 장벽, 국경을 넘어온 이민자들의 귀를 멀게 하는 '음향 대포', 가상 국경 경비대 면접 기기, 인공지능 거짓말탐지기 등을 활용해 어떤 식으로 난민의 입국을 차단하는 새로운 일련의 정책을 시행하고 있는지 설명했다.[24] 프론텍스는 '협력 기구에서 완벽한 다국적 보안군으로 변모'한 상태였다.[25]

독일 해적당 소속 유럽 의원 파트릭 브라이어Patrick Breyer는 유럽연합에 인공지능 거짓말 탐지 시스템의 비밀을 공개하라고 소송을 걸었다. "오늘날 국경에서 벌어지는 광경, 그리고 외국 국적자를 대하는 모습은 훗날 유럽인들에게 사용될 기술의 시험장입니다." 그가 AP 통신에 한 말이다. "그래서 누구나 자기 이익을 위해서라도 관심을 기울여야 합니다."[26] 소름 끼칠 정도로 익숙한 주장이었다. 팔레스타인인들은 이스라엘의 기술과 감시를 위한 실험 대상이었고, 유럽연합은 그 결과물을 자신들의 영토 안에서 그대로 적용해야 할 업적으로 보았다.

유럽연합 전역에 이스라엘이 만든 모호한 기술이 만연해 있지만, 관련된 일부 기업이 수상쩍은 기록을 갖고 있음에도 대개 별다른 언급 없이 넘어간다. 헝가리와 불가리아는 2015년 이스라엘 기업을 활용해 국경에 장벽을 건설하려는 구상을 검토하면서 이스라엘이 이집트와 맞닿은 245마일(약 394킬로미터)의 국경에서 어떻게 아프리카인들의 접근을 차단하는지 경탄했다. 결국 양국 모두 국내 건설사와 손을 잡았지만 이스라엘을 모방해야 할 본보기로 거론했다.

이스라엘의 감시 기업 셀레브라이트는 지금까지 디지털 데이터 추출 장비를 최소한 150개국에 판매했다. 그중에는 러시아, 아랍에미리트, 바레인 같은 독재 국가도 포함되었다. 셀레브라이트는 유럽연합에서 망명 신청자를 감시하는 업무도 일부 맡고 있다. 휴대전화는 이민자가 가진 물건 중 가장 중요한 것이기 때문이다. 셀레브라이트의 한 영업 사원에 따르면 2019년 난민의 77퍼센트가 이민 서류 없이 유럽연합 국가에 왔고, 43퍼센트가 여정 중에 스마트폰을 휴대했다. 이 회사는 따라서 이민자의 여정과 최근의 지리적 위치와 연락 이력을 알아내는 데 자사의 기술을 활용할 수 있는 문이 열렸다고 주장했다.[27] 하지만 전화를 과학 수사 기법으로 분석하는 것은 해당 이민자의 동의가 없으면 국제법 위반이 될 수 있다(그리고 대부분의 경우 이민자들은 그런 일이 벌어지는 것을 아예 알지 못한다).

하지만 프론텍스는 이에 아랑곳하지 않고 '특별 조치' 사용을 포함해서 난민의 휴대전화에 있는 암호화된 메시지 앱에 불법 침투해서 정보를 수집하는 방법을 자세히 설명한 가이드북을 개발했다. 그런데 '특별 조치'가 이민자에게 압력을 가하는 것인지, 혹은 다른 어떤 형태의 기술적 절차를 가리키는 것인지 분명하지 않았다. 이와 대조적으로, 그리스와 크로아티아의 국경경비대는 이민자들이 난민 지위를 주장하기도 전에 그들의 휴대전화를 부수고 폭력적으로 내쫓았다.[28] 이는 모두 잠재적으로 불법적인 행동이다. 영국 내무부는 2022년 여러 차례 난민의 휴대전화를 압수하기는 했지만 이는 불법이라고 인정했다.

프론텍스는 책임성이 거의 없는 은밀한 기구다. 2017년에서 2019년 사이에 이 기구는 이스라엘 기업 실라트옵트로닉스Shilat Optronics(이스라엘 방위군과 협력해서 외곽 경비를 담당하는 회사)만이 아니라 세라핌옵트로닉스Seraphim Optronics(자율형 감시 시스템), 엘빗(2018년에 최소한 두 차례의 모임을 가졌다) 등 108개

방산 제조업체의 로비스트들과 최소한 17회의 모임을 가졌다. 이 자리에서 감시 드론의 이점을 홍보하는 파워포인트 프레젠테이션이 몇 차례 이루어졌다.[29]

이런 모임에서 논의가 오간 주제 중에는 탄약과 총기, 공중 감시, 신분 증명 서류 검토 등도 있었다. 모임의 결과는 분명해서 엘빗, 레오나르도, 에어버스 등 많은 기업이 수백만 유로의 계약을 확보했다. 프론텍스는 자체 장비를 임대했기 때문에 이제 더는 회원국들에 공여를 받을 필요가 없었는데, 이로써 무기 회사들의 이익이 극대화되었다. 당연히 이스라엘 기업들만 프론텍스와 협력하는 데 열중한 것은 아니지만, 그들의 영향력이 상당했다.

프론텍스는 2020년 이스라엘 기업 윈드워드Windward와의 계약을 갱신했다. 윈드워드는 바다에서 '악당들'을 잡을 수 있다고 홍보하는 해상 분석 도구를 만드는 회사로, 미국 퇴역 장성으로 미국 중앙정보국장을 지낸 데이비드 퍼트레이어스David Petraeus로부터 투자 지원을 받은 바 있으며, 이스라엘의 전 참모총장 가비 아슈케나지Gabi Ashkenazi가 자문역이었다. 2010년에 전 이스라엘 해군 장교 두 명이 설립한 이 회사는 디지털 데이터 수집, 선박 항로 평가, 해상 감시 데이터 등을 활용해 대양에 있는 선박의 위치를 추적했다.[30]

전 리비아 법무장관 살라 마르가니Salah Marghani는 이스라엘의 드론을 핵심 요소로 삼아 유럽연합이 주도하는 프로그램은 유럽의 손을 더럽히지 않으려는 시도일 뿐이라고 설명했다. '리비아를 악당으로 만들어라. (……) 리비아를 유럽연합이 추구하는 정책의 변장 도구로 만드는 한편 유럽의 선한 사람들은 이런 지옥 같은 시스템을 안전하게 만들기 위해 돈을 제공하고 있다고 말한다.'[31] 유럽연합의 국경이 지리적으로는 아닐지라도 정치적으로 확장되는 가운데 프론텍스 장교들이 비유럽연합 국가들에 배치된다. 휴먼라이츠워치는 프론텍스가 '유럽연합 외부 국경에서 이민자들에게 벌어지는 학대를 신뢰성 있게 조사하지 못하거나 완화하는 조치를 취하지 못하는 양상'을 보인다고 비난했다.[32]

유럽연합은 아프리카의 극빈국인 니제르에 난민처리센터를 두고 있다. 니제르는 1960년에 독립한 이래로 쿠데타를 네 번 겪은 불안정한 나라다. 이곳은 유럽으로 향하는 이주 경로를 집중시키고 때로는 저지하기 위한 시설에 유럽연합이 자금을 제공하는 이주 실험실이다. 유럽연합은 니제르를 떠나 리비아로 향하는 이주민의 수를 줄이기를 원한다(결국 리비아를 거쳐 유럽으로 들어오려 할 것이기 때문이다). 이 나라는 아가데즈 근처에 있는 대규모 미군 기지를 포함해서 난민을 차단하고 지역 이슬람주의 반란 세력을 관리하기 위한 서구의 군사, 외교, 정치 공작의 허브로 변신하고 있다.[33]

유럽연합은 인권 보호를 위해 헌신적으로 노력한다는 주문을 되풀이해왔지만 그런 약속은 언제나 대단히 선별적으로 실현되었다. 2022년 2월 러시아가 우크라이나를 침략한 뒤, 유럽연합은 러시아산 천연가스 구입을 저지하기 위해 필사적으로 노력했다. 모스크바의 잔인한 행동에 반대했기 때문이다. 유럽연합은 2022년 6월 카이로에서 집행위원장 우르술라 폰 데어 레이엔이 이집트, 이스라엘의 에너지 장관과 나란히 만난 자리에서 지금은 '특별한 순간'이며 새로운 관계의 출발점이라고 발표했다. 조만간 '상당한 양의' 이스라엘 천연가스가 유럽으로 수출될 예정이었다. 유럽연합은 에너지 자립을 높일 것이라고 말하는 한편 독재 국가 이집트와 점령 국가 이스라엘에 대한 의존은 의도적으로 무시했다. 여기에 담긴 메시지는 분명하다. 러시아의 우크라이나 점령은 나쁜 짓이지만, 이스라엘의 팔레스타인 점령은 아무 문제가 없다는 것이다.

속셈이 다른 의존 관계

그리스는 유럽에서 이스라엘과 군사적 관계가 가장 밀접한 나라다. 대륙의 경계에 접한 이 나라는 국경을 봉쇄하기로 결심한 한편 국경을 통과한 이들의 삶을 최대한 비참하게 만들고 있다. 2021년 11월 어느 언론인이 총리 키리아코스 미초타키스에게 그리스의 난민 정책에 관해 질문하자 총리는 화를 냈다. "우리는 엄격하면서도 공정한 이민 정책을 갖고 있습니다." 총리는 그리스의 행동으로 '해상에서 수천 명은 아닐지라도 수백 명의 목숨을 구했다'고 주장했다.

2013년 이래로 그리스는 이스라엘의 방위 장비와 훈련에 대한 의존도를 꾸준히 높여왔다. 그리스에 본부를 둔 비영리 단체 디스인포콜렉티브Disinfaux Collective가 그리스어와 영어 문서를 조사해준 바에 따르면 IAI, 엘빗, 라파엘 같은 이스라엘 기업들은 그리스와 협력하는 대형 계약을 확보했다. 드론, 헬리콥터, 로켓, 폭탄 등은 이 패키지의 일부일 뿐이다.

이런 우려스러운 상황에 대해 2020년 5월 이스라엘-팔레스타인 비정부기구 '평화를 위한 전투원Combatants for Peace'은 그리스, 키프로스, 유럽연합 지도부에 서한을 보내 이스라엘이 조만간 요르단 강 서안을 불법적으로 병합할 것으로 예상되는 가운데 이 나라들이 이스라엘에서 군대를 훈련시키는 것에 대해 경고했다. 공식적인 병합은 이루어지지 않았지만 서한에서 그들은 이렇게 말했다.

유럽연합 회원국 군대가 점령지에서 군사훈련을 수행하고 요르단 계곡이나 요르단 강 서안의 다른 어떤 지역에 있는 폐쇄된 군사훈련 지역 근처에 사는 팔레스타인 주민들을 추방하거나 부동산을 강탈하는 데 적극적으로 참여하는 것은 상상도 할 수 없는 일입니다. (……) 어떤 식으로든 병합이 이뤄지면 키프로스와 그리스 군대가 이스라엘 영토에서 군사훈련을 한다는 앞서 언급한 협약은 무효화되어야 하는 것은 분명합니다. 이 영토에 요르단 강 서안의 일부가 불법적으로 포함될 것이기 때문입니다.

이스라엘과 그리스, 키프로스는 긴밀한 협력을 이어가면서 2021년 지중해에서 해군 훈련을 하고 광범위한 방위 부문에서 관계를 돈독히 했다.

그리스 당국은 자국의 비판적 시민들을 이스라엘의 사이버 간섭을 활용할 만만한 상대로 보는 듯했다. CNN 그리스 지국에서 일하는 탐사 언론인 타나시스 쿠카키스Thanasis Koukakis는 정부의 대규모 부패 스캔들을 보도한 뒤인 2021년 이스라엘 기업 인텔렉사의 표적이 되었다. 저명한 정치인과 다른 언론인들도 이스라엘 스파이웨어의 피해자였다. 인텔렉사의 감시 활동이 노출된 뒤 〈하레츠〉에 기고한 글에서 쿠카키스는 의회의 감사와 독립 기구를 통해 '불투명한' 이스라엘 기업들을 철저하게 조사해서 '누구든 – 언론인이든 비언론인이든 – 감시해야 하는 국가 안보상의 이유가 정말로 있는지' 밝힐 필요가 있다고 말했다.[34]

아테네의 한 활동가는 그리스가 번쩍거리는 새로운 방위 장비에 흥청망청 돈을 쓰는 것은 전혀 불필요한데도 '종종 유권자들에게 모든 것을 완비했음을 보여주기 위해 방위 장비를 사들인다'고 내게 말했다. "이 장비를 사용할 역량이 갖춰지면 바로 사용할지 모릅니다."

좌파인 시리자당은 2015년부터 2019년까지 그리스를 이끌었는데, 당시에도 이스라엘과의 유대가 지속되었고 2019년 신민주당 총리 키리아코스 미초타키스가 당선된 뒤 관계가 더욱 돈독해졌다. 총리의 아버지인 콘스탄티노스 미초타키스는 1990년 이스라엘과 완전한 외교 관계를 수립한 첫 번째 그리스 지도자였다. 이스라엘-그리스 상공회의소장은 2021년에 이렇게 말했다. '지난 10년간 모든 그리스 정부가 합의한 한 가지가 있다면 그것은 이스라엘과 동맹을 유지하는 게 중요하다는 점이라고까지 말할 수 있다.'[35] 이런 동반자 관계는 2021년에 양국이 사상 최고인 16억 5,000만 달러 규모의 국방 계약을 체결하면서 한층 공고해졌다. 엘빗이 그리스 공군의 훈련센터를 운영하는 계약이었다. 2022년 이스라엘 국방장관 베니 간츠의 대리인은 그리스 섬들을 사들여서 '비상사태가 생기면 유대인의 안식처로, 즉 전시에 유대인 난민이 살 곳으로 만들어야 한다'고 주장하면서 그리스에 한층 더 의존할 것을 제안했다.[36]

이스라엘과 그리스의 관계는 때로 위선으로 가득 찼다. 주그리스 이스라엘 대사관은 2017년 이스라엘 독립기념일에 쓰려고 책정해둔 예산을 그리스의 히오스(키오스) 섬에서 관광객과 난민을 돕기 위해 기부하겠다고 발표했다. 이스라엘 외무부는 이 기부를 '남을 돕는 사람들을 도우려는' 계획이라고 홍보했다. 이스라엘은 '장비를 기부하는 것은 우리의 기쁨'이라고 주장했지만, 또한 그리스 섬에서 안식처를 찾으려는 난민의 수를 줄이기 위해 기꺼이 그리스와 유럽연합에 감시 장비와 드론을 지원했다. 그리스는 에게 해 중앙에 있는 스키로스 섬에 드론 기지를 세웠고, 이스라엘이 임대한 헤론 드론은 그리스 군대의 핵심적인 일부가 되었다. 헤론 드론은 2021년 8월 그리스 전역을 휩쓴 끔찍한 화재를 비롯해 산불 대응에도 사용되었다.

그리스가 유럽연합의 지시에 따르면서 난민을 감시, 처벌, 격리하고 폭력적으로 진압해서 대다수가 유럽 대륙에 진입하는 것을 막기 위해 끊임없이 일한다는 것은 그렇게 추잡한 비밀이 아니다. 프론텍스는 조용히 이런 활동을 뒷받침한다. 그리스는 여러 섬에 구금센터 연결망을 만들고 국경 횡단 지점과 지중해상에서 불법적으로 이주민을 돌려보내기 시작했다. 2022년 튀르키예의 옴부즈맨협회가 펴낸 보고서에 따르면 그리스가 새로 도착하는 이주민을 차단하기 위해 광범위한 혁신 기술을 배치하는 가운데 2020년 이래 4만 1,000명이 넘는 이민자가 불법적으로 돌려보내졌다.[37] 2021년 11월 그리스가 코스 섬에 '폐쇄적으로 통제하는 입국센터'를 여는 동안 유럽연합 정치인들이 지켜보는 가운데 그리스정교회 사제 두 명이 이 시설을 축복했다. 그들의 견해는 철조망과 경찰, 회전식 문을 지지하는 것이었다. 2022년, 유럽연합은 그리스의 섬과 해상 국경에 이스라엘산 드론, 경찰견, 헬리콥터 등 감시를 한층 강화하는 목적에 예산을 투입하는 데 동의했다.

유럽연합 집행위원장 우르술라 폰 데어 레이엔은 2020년 그리스에 국경 보안에 대응하도록 7억 유로를 추가로 제공하면서 그리스를 유럽의 '방패'라고 지칭했다. 몰려오는 이민자에 대한 그리스의 해법은 2021년 8월에 튀르키예와의 지상 국경을 따라 40킬로미터 길이의 장벽과 감시 시스템을 완공한 것이었다.[38] 튀르키예와의 지상 국경인 에브로스에서 그리스는 귀를 멀게 하는 음향 대포를 사용해 난민을 쫓아낸다. 이 장비는 소형 TV 크기에 불과하지만 바로 귀 옆에서 비행기나 샷건 소리가 나는 것처럼 큰 소리를 방출한다. 영구적인 청력 손상을 야기할 수 있는 정도다. 그리스는 이 장비를 미국 기업 제너시스Genasys에서 구매했는데, 세계 곳곳의 법 집행관들이 사용하고 있다. 에브로스 국경을 모니터하는 변호사 에브게니아 쿠니아키Evgenia Kouniaki는 2021년 〈코다Coda〉에 그리스 정부가 최첨단 진압 장비를 흥청망청 사들이는 것은 '유권자 대중을 만족시키고자 하기' 때문이라고 밝혔다. "이제 그리스에서는 난민이 아무 권리도 없습니다. 내가 난민 전문 변호사로서 목격한 최악의 시기입니다."[39]

유럽의 반유대주의

유럽에서 이스라엘의 영향력이 높아지는 것은 흥미로운 역사적 이정표이자 해소할 수 없는 모순을 나타낸다. 홀로코스트에서 유대인이 학살당한 뒤, 독일은 유럽 대륙에서 가장 일관된 친이스라엘 국가가 되었고 현재 이스라엘 최대의 무역 파트너다. 독일 총리 앙겔라 메르켈은 퇴임하기 전 마지막 해외 순방으로 2021년 10월 이스라엘을 방문했다. 16년간 재임하면서 여덟 번째의 이스라엘 방문이었다. 메르켈은 요르단 강 서안이나 가자를 찾지 않았다. 반면 이스라엘이 팔레스타인과의 분쟁에 대해 자신이 선호하는 '두 국가 해법'을 받아들이지 않는다는 걸 인정하면서도 유대 국가를 치켜세웠다. '이스라엘의 안보라는 주제는 언제나 핵심적으로 중요하고 모든 독일 정부에 중심적인 주제이기' 때문에 '두 국가 해법'에 동의하는지 여부는 중요하지 않았다.

메르켈은 이는 일종의 정서적 연계이며 역사적 화해와 용서에 뿌리를 둔다고 강조했다. '쇼아Shoah(홀로코스트)라는 반인도적 범죄 이후 유대인이 다시 독일에서 삶의 근거지를 찾고 있다는 사실은 이루 헤아릴 수 없는 신뢰의 징표이며, 우리는 이에 감사합니다.' 메르켈이 예루살렘의 홀로코스트 기념관 방명록에 쓴 글이다.

팔레스타인 실험실이 번성할 수 있는 것은 오로지 많은 나라가 그 밑바탕이 되는 전제를 신봉하기 때문이다. 억압적 정권들이 이스라엘의 억압을 모방하고자 하면서 이스라엘의 기술을 사용해서 달갑지 않거나 반항적인 집단을 억압하는 것도 놀라운 일은 아니지만, 이스라엘은 외교적·군사적 잠재력을 완전히 실현하기 위해 서구의 승인을 열망한다. 미국을 제외하면 분명 독일이 가장 탐나는 대상일 것이다. 이스라엘은 제2차 세계대전 이후 독일이 산산조각 난 이미지를 복구하는 것을 도운 한편 베를린은 팔레스타인인을 잔인하게 점령하는 나라에 정당성을 부여한다(역대 독일 정부의 눈에 팔레스타인인은 아예 보이지 않는 존재다). 독일이 이스라엘 방위 장비를 점점 많이 구매하는 것은 자국의 역사적 범죄를 용서하는 한 가지 방도에 불과하다. 2022년 8월 팔레스타인 자치정부의 수반 마무드 아바스가 독일을 방문해 올라프 숄츠 총리와 나란히 발언했을 때, 그는 이스라엘이 팔레스타인인을 상대로 '50회의 홀로코스트'를 저질렀다고 비난했다. 독일 제도권은 이 발언에 분노를 표했지만, 뚜렷한 위선을 감출 수는 없었다. 팔레스타인인들은 끝없는 점령을 받고 있지만 사과해야 하는 것은 그들뿐이다.

독일은 이스라엘과의 밀월 관계를 위험하기 짝이 없는 불합리한 수준까지 높였다. 국제방송 도이체벨레는 2022년 행동 규범을 갱신하면서 모든 직원은 조직을 대변하거나 심지어 개인 자격으로 말할 때에도 '이스라엘이 존재할 권리를 지지'해야 하며, 그러지 않으면 최대 해고까지 징계를 받을 것이라고 주장했다.[40] 2002년 5월 이스라엘군이 요르단 강 서안의 제닌 시에서 팔레스타인 언론인 시린 아부 아클레Shireen Abu Akleh를 총격으로 살해한 뒤, 독일 경찰은 베를린에서 평화적 철야 농성을 금지했다. 독일 당국의 표현을 빌리자면, 폭력과 반유대주의 메시지 전파가 벌어질 '직접적인 위험' 때문이었다. 시위대가 요청을 무시한 채 아부 아클레와 나크바의 날을 추모하려고 거리로 몰려나오자 경찰은 팔레스타인과의 유대를 표현했다는 이유로 170명을 체포했다.

독일에 거주하는 팔레스타인인 마제드 아부살라마Majed Abusalama는 경찰에 폭행을 당했다고 트윗을 올렸다. '독일의 인종차별적 경찰이 팔레스타인 케피예*를 쓰고 있는 우리에게 폭력적인 행동을 하면서 내 어

---

* 주로 흑, 백, 주황색의 체크무늬 터번 - 옮긴이

깨를 탈구시킬 뻔한 뒤 한 시간 전에 한쪽 팔에 팔걸이를 한 채 병원을 나왔다. 이건 베를린에서 벌어지는 온갖 반팔레스타인 행동의 새로운 물결이다. 정말 제정신이 아니다.'

2019년 독일 의회가 BDS(불매, 투자 철회, 제재) 운동을 반유대주의로 규정한 것에서부터 각급 독일 기관에 유대인이든 팔레스타인인이든 친팔레스타인 발언의 여지를 줘서는 안 된다고 압박을 가한 것에 이르기까지 독일 경찰 엘리트 집단이 수년간 반팔레스타인 선동을 한 뒤에 벌어진 일이었다.[41] 팔레스타인 지식인 타리크 바코니Tariq Baconi는 2022년 5월 베를린에서 '기억 가로채기 : 홀로코스트와 뉴라이트Hijacking Memory: The Holocaust and the New Right'라는 이름으로 열린 회의에서 강력한 연설을 했다. 그는 이렇게 언급했다. "독일 같은 국가는 다시 한 번 팔레스타인인을 담보물로 받아들이고 있습니다. 팔레스타인인에 대한 억압과 식민화는 독일이 과거에 저지른 범죄를 속죄할 수 있게 해주기 위한 공정한 대가입니다."

'이스라엘 정부는 독일 우파와 협력하면서 독일인들이 반유대주의 제노사이드를 벌인 과거를 어떻게 속죄해야 하는지를 정의할 수 있게 되었다.' 미국의 유대인 작가 피터 베이나트Peter Beinart의 주장이다. '이스라엘 정부와 독일 동맹 세력은 독일인들에게 그들의 조상이 유대인을 학살했기 때문에 유대 국가를 옹호해야 한다고 말하고 있다. 논리적으로나 도덕적으로나 그릇된 말이다.'[42]

독일이 이스라엘의 믿음직한 우방이라고 끊임없이 맹세함에도 불구하고 유럽 곳곳에서 반유대주의가 고조되었고, 점점 많은 유대인이 향후 수십 년간 자신들과 유대교의 미래에 대해 우려했다. 유대인에 대한 폭력적 공격과 랍비를 겨냥한 난폭한 행동, 시너고그에 스와스티카(卐)를 그리는 행동, 묘지 훼손 등은 폭풍이 점점 커지고 있음을 알리는 징후였다. 2021년에 기록된 반유대주의 사건이 3,027건이었는데, 이는 전년도보다 29퍼센트 늘어난 수치였다. 극우파와 이슬람주의자들이 주요 가해자였다.

무슬림들도 심한 고통을 받아서 2020년 1월부터 11월까지 독일에서만 이슬람 혐오 범죄가 632건이 일어났다. 런던에 본부를 둔 유대정책연구소Institute for Jewish Policy Research가 2022년 공개한 연구에 따르면 유럽 유대인의 과반수는 '홀로코스트를 기억하는 것'과 '반유대주의에 맞서 싸우는 것'이 유럽 유대인 정체성의 가장 본질적인 요소라고 믿었다.[43]

유럽연합 기본권청에서 2018년에 조사한 바에 따르면 유럽에 사는 젊은 유대인의 41퍼센트는 안전상의 우려 때문에 해외 이주를 고려한 바 있었다. 16~34세의 유대인 2,700명은 '유대인으로 그곳에서 사는 게 안전하다고 느끼지 못하기 때문에' 떠나는 것을 고려한다고 말했다. 45퍼센트는 공공장소에서 유대교도임을 식별할 수 있는 옷이나 표지를 걸치는 것을 거부했다. 과반수는 이스라엘에 대한 '강한 애착'을 나타냈고, 35퍼센트만 유럽연합을 지지한다고 주장했다. 오스트리아, 벨기에, 덴마크, 프랑스, 독일, 헝가리, 이탈리아, 네덜란드, 폴란드, 에스파냐, 스웨덴, 영국의 유대인을 인터뷰한 결과였다.[44]

이런 우려에도 불구하고 서유럽의 유대인 중 이스라엘로 이주한 사람은 거의 없었다. 2020년, 70개국에서 유대인 2만 명이 이스라엘로 이주했지만 서유럽 출신은 5,500명 정도에 불과했다. 훨씬 많은 수가 동유럽과 구소련 국가들에서 왔다. 이런 수치가 중요한 것은 이스라엘 총리 나프탈리 베넷이 2021년 10월에 다음과 같이 말했기 때문이다. "내 목표는 미국과 남아메리카, 프랑스의 탄탄한 공동체로부터 유대인 이민자 50만 명을 들여오는 겁니다." 비서구 국가들에서 지속적으로 들어오는 이민 물결을 대놓고 거부하는 이 발언은 복지에 의존할 가능성이 높은 탓에 국가에 무거운 부담이 된다고 여겨지는 집단을 차별하는 뿌리 깊은 인종주의를 두드러지게 보여주었다.

'해마다 동유럽에서 이스라엘로 이주하는 2만 명은 국가가 그들을 유대인이라 불러줄 정도의 예의를 보이면 운이 좋은 셈이다.' 이스라엘 언론인 리란 프리드만Liran Friedmann이 한 말이다. '모스크바나 타슈켄트, 민스크에서 오는 수많은 이민자는 국가를 위해 많은 일을 하더라도 파리나 뉴욕 출신의 유대인들만큼 쿨하고 힙하지 못한 탓에 자부심의 대상이 되기가 어렵다.'[45]

유럽 곳곳에서 반유대주의가 나타나고 있음을 보여주는 우려스러운 징후는 이스라엘이 팔레스타인에서 벌이는 행동 때문에 더욱 악화되고 있다. 반유대주의를 정당화하는 게 아니라 요르단 강 서안이나 가자, 동예루살렘에서 폭력이 고조되는 경우에 언제나 벌어지는 현상을 설명하려는 것일 뿐이다. 2021년 5월 이스라엘과 하마스가 충돌하는 동안 유럽 각지에서 반유대주의 공격이 다수 발생했다. 본에서는 유대교 회당에 돌멩이가 날아들었고, 노스런던에서는 자동차가 행렬을 이뤄 반유대인 슬로건을 외쳤다. 이 와중에 소수의 사람들은 이스라엘에 대한 비판을 반유대주의적 행동이나 언어와 의도적으로 뒤섞었다.

이스라엘과 유럽 국경산업보안복합체border-industrial security complex의 동맹은 유대 국가와 유럽 대륙의 관계를 복잡하게 만들 가능성이 있다. 유럽 전역의 여론은 꾸준히 이스라엘에 등을 돌리고 있으며, 2021년 이스라엘과 가자의 전쟁은 이런 추세를 가속화했을 뿐이다. 2021년 6월 유고브의 유로트랙 여론조사에 따르면 영국과 프랑스, 덴마크에서 이스라엘에 대한 호감도가 곤두박질쳤다. 이와 대조적으로, 유럽연합의 네이버사우스Neighbours South 프로젝트가 2020년에 수행한 여론조사에서는 이스라엘인의 과반수가 자신들이 유럽연합과 가치관을 공유하며 서로 협력해야 한다고 믿는다는 사실이 밝혀졌다.

이런 불일치는 실제로 뚜렷해서 이스라엘인들은 대체로 유럽연합 지지에 찬성하는 반면, 유럽연합의 많은 사람은 점차 유대 국가가 팔레스타인인들을 상대로 벌이는 행동을 우려하게 되었다. 하지만 유럽 우파의 일부는 이스라엘이 팔레스타인에서 벌이는 행동을 치켜세우고 지지하면서 이스라엘의 종족민족주의와, 이슬람과 난민에 대한 비타협적 태도를 옹호한다. 그리고 유대인이 다수인 국가를 유지하기 위해 사용하는 도구와 기법을 사들이고 거기서 영감을 얻으려고 열심이다. 이스라엘 총리 베냐민 네타냐후는 이런 식으로 헝가리, 슬로바키아, 폴란드, 체코공화국에서 친이스라엘 강경파 민족주의자들과 동맹을 이루었다.

그럼에도 불구하고 2018년 퓨리서치센터가 수행한 여론조사에서 밝혀진 것처럼 영국, 프랑스, 네덜란드, 에스파냐, 그리스, 이탈리아 등 많은 서유럽 국가의 시민들이 폭력과 전쟁을 피해 도망친 난민들을 받아들이는 것을 지지했다.[46] 다른 나라들에서는 반난민 정서가 부정할 수 없는 현실이었지만, 이스라엘의 기술을 활용해 난민을 차단하는 유럽연합의 잔인한 정책은 유럽연합의 많은 나라에서 뚜렷한 대중적 지지를 받지 못했다. 이런 현상 때문에 이스라엘의 견해와 그것이 나타내는 바를 지지하는 유럽의 유대인들이 어떤 처지에 놓였는지는 분명하지 않았다.

유럽연합의 반난민 입장을 주도한 것은 무슬림과 아프리카 흑인을 이른바 '문명화된' 다수의 유럽인과 대항시키는 '문명의 충돌' 서사를 끌어안은 정치인과 관료들이었다. 이런 주장은 이스라엘에서 따뜻하게 환영받았다.

2022년 러시아가 우크라이나를 침략하자 유럽연합과 이스라엘의 관계가 한층 돈독해졌다. 올라프 숄츠 총리의 독일은 모스크바가 공격한 직후에 안보를 강화하기 위한 국방상의 필요를 위해 추가로 1,000억

유로를 투입한다고 발표했다. 지출 목록에는 이스라엘산 무장 드론도 포함되어 있었다. 독일 공군은 러시아의 공격으로부터 국토를 보호하기 위해 이스라엘의 미사일 방어 기술을 구입하려 한다고 발표했다. 모스크바의 군국주의를 우려하는 또 다른 나라인 핀란드는 이스라엘의 대공 장비를 구입할 예정이었다. 나토 국가들이 우크라이나에 보낸 대전차 무기는 이스라엘 라파엘의 독일 자회사가 건조한 것이었다. '전쟁은 지옥이지만 분명 사업에는 좋은 기회다.' 강력한 친이스라엘 미국 로비 단체인 AIPAC의 전 수석 로비스트가 한 말이다.[47]

5

✛ 변함없이 사랑받는 ✛
이스라엘의 지배

미국 보안관과 이스라엘인의 공통점이 하나 있다면,
둘 다 정중하지 않다는 것이다.
그들은 직설적으로 이야기한다.
다니 티르자 대령(요르단 강 서안의 장벽 설계자)[1]

유대 국가의 핵심에는 모순이 도사리고 있지만, 국가는 별 어려움 없이 성공할 수 있었다. 그렇다 하더라도 이스라엘에서 유대인으로 사는 것은 지구상의 다른 어떤 곳에서 유대인으로 사는 것보다 훨씬 더 위험하다. 이렇게 안전이 결여된 것은 유대교 때문이 아니라 이스라엘의 정치적·군사적 태도 때문이다.

'이 나라는 완전한 시민권을 누리려면 유대인이어야만 하는 민주주의 국가다.' 영화감독이자 사진가, 학자인 하임 브레셰트-자브너가 2020년에 펴낸 책 『독보적인 군대 : 이스라엘 방위군은 어떻게 나라를 만들었는가』에서 한 말이다. '시온주의는 유럽의 많은 소규모 게토에서 현대적이고 거대하며 강력한 게토로 떨어져 나온 과정을 보여준다. 이 특별한 게토는 이교도goy(비유대인) 없는 유대인의 삶을 건설한다는 유토피아적 기획을 이루는 데 실패했다.'[2]

이는 이스라엘과 아프리카의 관계에서 알 수 있다. 많은 아프리카 나라가 1948년 이후 이스라엘을 고귀한 반식민 투쟁으로 여기며 지지했다. 그들은 이스라엘이 내세우는 대의에 공감했다. 6일 전쟁 직전에 이런 동향에서 거의 알려지지 않은 한 측면은 이스라엘이 로디지아(지금의 짐바브웨)에서 소수 백인의 지배에 반대하는 캠페인을 지지했다는 것이다. 이스라엘은 백인 민족주의자 이언 스미스Ian Smith가 1965년 일방적으로 독립을 선언한 뒤 이끈 정권을 비난했으며, 이 정권에 대한 군사와 민간 차원의 보이콧을 지지했다.

하지만 이스라엘의 지지는 아프리카의 자결권에 찬성했기 때문이 아니라 아랍과 공산주의의 '비방'이라고 여기는 태도에 대항해서 아프리카에서 지지를 끌어모으려는 계산된 결정이었다. 이스라엘은 또한 아프리카의 천연자원을 착취하는 데도 관심이 있어서 중앙아프리카공화국이 1960년 프랑스로부터 독립을 선언한 뒤 말 잘 듣는 지도자들과 관계를 쌓기 시작했다.[3]

이스라엘 국가문서고에서 기밀 해제된 문서들을 보면 이스라엘이 로디지아에서 인종차별에 맞서 싸우는 반군 집단에 훈련을 제공했음이 드러난다. 다만 훈련의 정확한 성격은 알 수 없으며, 일부 관리들은 무장투쟁을 지지했다. 주잠비아 이스라엘 대사 벤 지온 타한Ben Zion Tahan은 1965년 11월 23일에 분명한 내용의 전문을 보냈다. '제가 볼 때, 투사들에게 가장 어렵기는 해도 테러리즘이 주요한 방법입니다.'[4] 1964년 이스라엘을 방문한 짐바브웨의 초대 지도자 로버트 무가베Robert Mugabe는 자신의 저항 운동을 지원한 유대 국가에 감사를 표하면서 자신이 지휘하는 투사들이 이스라엘로부터 게릴라전 훈련을 받기를 바란다고 밝혔다.

1967년 이후 아프리카의 해방 운동에 대한 이스라엘의 관심은 시들해졌고, 이스라엘이 점령자로 변신하자 그 운동에 대한 지지도 유명무실해졌다. 하지만 이스라엘과 남아프리카공화국 아파르트헤이트 정권은 비슷한 성향의 나라끼리의 사례에서 가장 두드러진 정치, 군사, 외교, 이데올로기적 동맹을 맺었다. 프리토리아의 아파르트헤이트 정권은 1948년 권력을 잡자마자 백인 외의 인구에 나치식 제한 조치를 발동해서 인종 간 결혼을 금지하고 여러 직종에서 흑인이 일하는 것을 막았다. 남아프리카공화국의 유대인 공동체는 친이스라엘 성향이 강해서 1948년 이후 1인당 이스라엘에 재정적으로 지원하는 액수가 가장 많았다. 이 유대인들의 다수는 남아프리카공화국 아파르트헤이트를 통해 이득을 얻었고 그 정권의 지속을 지지했다. 반면에 수는 적지만 유명한 소수가 용감하게 아파르트헤이트에 반대하면서 아프리카민족회의African National Congress, ANC의 해방 캠페인에 가세했다.

남아프리카공화국과 이스라엘 정부가 종종 이스라엘군이 개발하고 시험한 무기를 중심으로 정치, 이데올로기, 군사 관계를 공고히 굳히는 1970년대에 이르면 이스라엘을 집권하는 리쿠드당의 다수가 남아프리카공화국의 세계관에 친밀감을 느꼈다. 언론인이자 『무언의 동맹』의 저자인 사샤 폴라코-수란스키는 이렇게 말한다. '두 나라를 문 앞의 야만인들에 맞서 자기 존재를 방어하는, 유럽 문명의 위협받는 전초기지로 규정한 것은 소수자 생존주의 이데올로기였다.'[5]

이런 유명한 유대인 소수 반대파 중 한 명인 로니 카스릴스Ronnie Kasrils는 2004년에서 2008년 사이에 ANC 정부 아래서 정보장관으로 일했다. 그는 〈가디언〉에 두 나라를 비교하는 것은 우연이 아니라고 말했다. "이스라엘은 자신들이 선택된 민족, 즉 하느님의 선택을 받은 사람들이라고 주장하며, 그들의 인종주의와 시온주의의 배타성이 정당한 이유를 성서에서 찾습니다. 남아프리카공화국 아파르트헤이트 체제의 아프리카너Afrikaner*들도 이 땅이 하느님이 주신 자신들의 권리라는 성경의 통념을 신봉하는 것과 비슷하죠. 시온주의자들이 1940년대에 팔레스타인의 소유권을 주장한 것처럼, 아프리카너 정착민들도 그들이 17세기에 처음 정착했을 때 남아프리카에는 흑인이 전혀 없었다는 신화를 퍼뜨렸습니다. 그들은 무력과 테러, 그리고 일련의 유혈적인 식민 전쟁을 도발하면서 정복했습니다."[6]

1970년대 중반에 이르면 양국 관계가 긴밀해져서 이스라엘 총리 이츠하크 라빈Yitzhak Rabin이 남아프리카공화국 총리 존 포르스터르John Vorster를 초청해 예루살렘에 있는 홀로코스트 기념관 야드바셈까지 둘러보게 해주었다. 포르스터르는 제2차 세계대전 당시 나치 동조자로, 파시스트 아프리카너 단체인 오제바브란트바흐Ossewabrandwag**의 일원이었다. 1942년 그는 나치 독일을 존경한다고 자랑스럽게 밝혔다. 하지만 1976년 이스라엘에 도착했을 때, 그는 라빈 총리에게 국빈 오찬으로 환대받았다. 라빈은 건배사를 외쳤다. "이스라엘과 남아프리카공화국이 공유하는 이상을 위하여. 정의와 평화 공존의 희망을 위하여." 두 나라 모두 '외국이 부추기는 불안정과 무모한 행동'에 직면해 있었다.

포르스터르가 이스라엘을 방문하고 몇 달 뒤 남아프리카공화국 정부는 연감에서 양국이 똑같은 도전에 직면해 있다고 설명했다. '이스라엘과 남아프리카공화국은 무엇보다도 한 가지 공통점이 있다. 양국 모두 흑인이 거주하는 압도적으로 적대적인 세계에 자리하고 있다는 것이다.'[7] 양국은 폭넓은 관계였지만 또한 비밀을 맹세하기도 했다. 1975년 4월, 향후 20년간 양국 관계를 규정하는 비밀 협정이 체결되었다. 협정의 한 조항에서 양 당사자는 협정의 존재를 비밀에 부치기로 약속했다.

1980년대에 전 주프리토리아 이스라엘 대사이자 이스라엘 외무부

---

* 네덜란드계 이주민의 후손이 주축인 남아프리카공화국의 백인 - 옮긴이

** 우마차 경비대라는 뜻이다 - 옮긴이

남아프리카공화국 담당 국장을 지낸 알론 리엘Alon Liel은 이스라엘과 남아프리카공화국의 관계가 양국의 국방 산업에 결정적으로 중요하며, 그 덕분에 양국이 세계적인 주역이 되었다고 말했다. 리엘은 이스라엘 국가안보 집단의 많은 이들이 점령국 이스라엘은 아프리카너 국가의 지지 없이는 살아남을 수 없었다고 확신한다고 주장했다. 리엘과 또 다른 전임 주남아프리카공화국 대사 일란 바루흐Ilan Baruch는 2021년에 이스라엘이 1994년 이전 남아프리카공화국에서 영감을 받은 아파르트헤이트 국가라고 말했다.

'우리는 남아프리카공화국의 무기 산업을 창조했다.' 리엘의 설명이다. '그들은 돈이 많았기 때문에 우리가 온갖 종류의 기술을 개발하는 것을 지원했다. 양국이 함께 장비를 개발할 때 보통 우리가 노하우를 전수하고 그들은 돈을 주었다. 1976년 이후, 양국과 양국 군대의 안보 세력 사이에 밀월 관계가 있었다. 우리는 앙골라(남아프리카공화국은 1975년에 앙골라가 독립한 것을 인정하지 않고 반정부 세력을 지원했다)에 (남아프리카공화국) 군대의 자문역으로 개입했다. 이스라엘 장교들이 그곳에 가서 군대와 협력했다. 무척 친밀한 관계였다.'[8]

이스라엘은 유엔 안전보장이사회가 부과한 남아프리카공화국 무기 금수 조치를 무시하는 한편 자국도 이를 준수하고 있다고 전 세계를 속였다. 1984년 8월 29일, 이스라엘 외무부 부국장 하난 바르-온Hanan Bar-On은 국장 다비드 킴치David Kimchi에게 보낸 전문에서 다음과 같이 설명했다. '이스라엘의 정책은…… 어떤 식으로든 이스라엘 국민이나 외국인에게 (무기 판매를) 인정하지 않는 것이며, 특히 미국 의원이 친구로 생각되고 그와 긴밀한 관계를 맺고 있다 하더라도 그에게도 인정해서는 안 됩니다.'

양국 관계의 가장 비밀스러운 측면은 양쪽이 핵 역량에 상호 지원을 한 것이었다. 프랑스와 영국이 이스라엘에 핵무기를 개발하는 것을 지원하며 필수적 물자를 제공했고, 6일 전쟁이 끝난 뒤 전면적인 핵무기 생산이 시작되었다. 풍부한 우라늄 공급을 갖춘 남아프리카공화국은 자체 비축량을 쌓을 수 있는 확실한 기반이 있었고, 이스라엘은 전문 기술을 제공했다. 전 이스라엘 정보장교 아리 벤-메나시Ari Ben-Menashe에 따르면 남아프리카공화국은 이스라엘이 1979년에 인도양에서 핵무기를 시험하는 것을 허용했지만 이스라엘은 그 제안을 거부했다.[9] 이스라엘은 심지어 1970년대에 남아프리카공화국에 핵탄두를 팔겠다고 제안하기도 했다(이 거래는 진행되지 않았다).[10]

기밀 해제된 문서들을 보면, 남아프리카공화국은 공격 억지력으로 인접 국가들을 타격할 수 있는 핵무기를 원했다. 남아프리카공화국 총리 P. W. 보타P. W. Botha와 이스라엘 국방장관 시몬 페레스Shimon Peres는 이 거래를 완전히 비밀로 유지한다는 합의를 이루었다. 1974년 페레스는 남아프리카공화국에 보낸 서한에서 양국이 '불의에 대한 공통의 증오'를 갖고 있다고 주장하면서 '야망과 이해관계의 긴밀한 동질감'을 촉구했다. 1980년대에 이르면 이스라엘은 남아프리카공화국의 주요 무기 공급자였다.

워싱턴은 처음에 이스라엘이 남아프리카공화국과 핵무기 개발을 어느 정도까지 협력하는지 전모를 알지 못했고, 이스라엘의 비밀주의는 오늘날까지도 이어진다. 디모나에 있는 핵 시설은 국제원자력기구IAEA의 사찰을 받은 적이 없다. 이스라엘은 200기 이상의 핵무기를 보유한 것으로 여겨진다. 2021년 8월 미국 대통령 조 바이든과 당시 이스라엘 총리 나프탈리 베넷이 처음 만났을 때, 워싱턴은 이스라엘에 핵확산금지조약NPT에 가입하거나 핵무기를 포기하라고 압박하지 않는다는 오랜 암묵적 합의를 재확인해주었다. 이스라엘은 핵 실험이나 핵 공격 경고

를 하지 않으면서 '핵 모호성'을 유지하기로 동의했다.[11]

1971년, 〈뉴욕 타임스〉 칼럼니스트 C. L. 설즈버거C. L. Sulzberger가 이스라엘과 남아프리카공화국의 관계가 긴밀해진 나머지 '6일 전쟁 중에 남아프리카공화국 사절단이 이스라엘로 날아가 전술과 무기 사용을 연구했다'는 확인되지 않은 소문이 돈다고 말했다. 남아프리카공화국의 포르스터르 총리는 설즈버거에게 이스라엘은 아랍인들을 어떻게 다룰 것인가 하는 고유한 '아파르트헤이트 문제'에 직면해 있다고 말했다. '어느 나라도 주변 다수 세력의 수중에 자국의 미래를 맡기길 원치 않으며 차라리 싸우는 쪽을 택할 것이다.'[12] 〈워싱턴 포스트〉 워터게이트 사건 보도팀의 칼 번스타인Carl Bernstein은 1977년 설즈버거가 미국 중앙정보국의 첩자라고 비난했다.[13]

상호 이득이 되는 관계는 국방 부문에서 돈을 버는 능력만의 문제는 아니었다. 원치 않는 인구 집단을 어떻게 다룰지에 관한 이데올로기적 친연성의 문제이기도 했다. 남아프리카공화국의 반투스탄Bantustan, 즉 흑인 주민들이 자치권 없이 거주하는 지역은 이스라엘의 많은 엘리트에게 팔레스타인에서 실행할 수 있는 모델로 영감을 주었다. 자기 나라의 나머지 지역에서 차단된 반투스탄처럼, 곳곳에 분산된 고립 지역에 '바람직하지 않은' 팔레스타인인들을 고립시키려는 욕망이었다. 오늘날의 요르단 강 서안에 존재하는 165개 팔레스타인 '고립 지역'이 이스라엘 식민 정착촌, 이스라엘 방위군, 폭력적 정착민들에 둘러싸여 질식당하는 기원이 여기에 있었다.

남아프리카공화국 아파르트헤이트 시대에 세계 곳곳에서 일하는 이스라엘 외교관들은 유대 국가가 반투스탄을 인정하지 않는다고 언론에 말하라는 지시를 받았다. 외무부 부국장 나탄 메론Natan Meron이 1983년 11월 23일 보낸 전문에서 밝혀진 것처럼, 이는 거짓말이었다. '이스라

정치인과 공적 인사들이 반투스탄의 경제 활동에 이런저런 방식으로, 직접적으로든 간접적으로든 관여하는 것은 비밀이 아니다.'[14]

남아프리카공화국 아파르트헤이트 시대의 언어를 사용해 이스라엘의 점령을 옹호하는 행태는 오늘날에도 여전하다. 2019년 이스라엘 선거운동 당시 야당 지도자 베니 간츠는 베냐민 네타냐후 총리가 미국 하원의원 일한 오마Ilhan Omar와 라시다 탈리브Rashida Tlaib가 이스라엘과 팔레스타인 지역에 들어오는 것을 막았다는 사실을 들어 그를 비판했다. 그러면서 두 의원의 입국을 허용해서 '중동에서 아랍인이 살기에 가장 좋은 곳은 이스라엘이고…… 두 번째로 좋은 곳은 요르단 강 서안임을 두 눈으로 직접' 보게 해야 했다고 주장했다. 1977년 남아프리카공화국 아파르트헤이트 지도자 존 포르스터르가 〈뉴욕 타임스〉에 한 발언을 상기시키는 주장이었다. "남아프리카공화국 흑인의 생활수준은 아프리카의 어떤 흑인 국가의 국민보다도 2~5배 높습니다."[15] 한편 남아프리카공화국 아파르트헤이트의 설계자 중 한 명인 전 총리 헨드릭 페르부르트Hendrik Verwoerd는 1961년 〈란트 데일리 메일〉에 기고한 글에서 '1,000년 동안 팔레스타인에서 살아온' 아랍인들에게서 그곳을 빼앗은 '이스라엘은 남아프리카공화국과 마찬가지로 아파르트헤이트 국가'라고 말했다.[16]

이스라엘의 전 총리 아리엘 샤론은 유명한 반투스탄 찬미자였는데, 1970년대부터 이스라엘 정착촌 건설을 앞장서서 옹호했으며 요르단 강 서안에 반투스탄 방식을 적용하기를 원했다. 전 이스라엘 외교관 아비 프리모르Avi Primor는 자서전에서 1980년대 초 당시 국방장관 샤론과 함께 남아프리카공화국을 여행한 경험에 관해 쓰면서 샤론이 반투스탄 기획에 매료되었다고 기억했다.[17] 이탈리아의 전 총리 마시모 달레마Massimo D'Alema는 2003년 이스라엘 신문 〈하레츠〉에 샤론이 반투

스탄 모델이 팔레스타인에 가장 적합하다고 설명해준 적이 있다고 말했다.[18]

남아프리카공화국의 아파르트헤이트 체제가 막을 내리고 최초의 민주 선거가 치러진 1994년을 앞둔 시점에서 이스라엘은 이 소수 백인 정권과 관계를 유지하는 몇 안 되는 나라 중 하나였다. 이스라엘의 국방 관련 집단은 오래전에 자신들의 선전에 매료되어 아파르트헤이트가 영원히 지속될 것으로 믿었다. 넬슨 만델라가 이를 주목했다. 1993년 사회주의 인터내셔널sı 대표단 앞에서 한 연설에서 만델라는 이렇게 말했다. "남아프리카공화국 국민들은 이스라엘이 아파르트헤이트 체제를 지지한 것을 결코 잊지 않을 겁니다."[19]

카슈미르를 옥죄는 이스라엘 방식

이스라엘의 사명은 처음부터 종족민족주의의 위험에 파멸적으로 시달리는 세기에 횃불이 되는 것이었다. 오늘날 이스라엘은 이데올로기와 군사, 정보 장비를 내세워 비슷한 사고로 무장한 나라를 찾아내고, 없으면 만들기라도 하겠다는 선교사적 열정을 발전시키기 위해 영감을 제공한다. 어떤 나라도 이스라엘과 똑같지는 않겠지만, 맹목적 애국주의와 유대인을 다른 모든 이들보다 우선시하는 것에 대한 후안무치한 자부심의 모델은 손쉽게 이식할 수 있는 패키지여서 많은 나라가 여러 시나리오에서 적용할 수 있다.

미국과 이스라엘 관리들은 세계 곳곳의 많은 나라에 진출해서 이민, 테러 대응, 치안 등의 정책을 집행하도록 현지 관리들을 훈련하거나 무장시키거나 압력을 가한다. 미국과 유럽연합, 오스트레일리아,

이스라엘 등 글로벌 노스는 가차 없이 힘을 행사하면서 전 세계 소득의 5분의 4를 장악한다. 자신들의 부를 공유하는 데 아무런 관심이 없기 때문이다.[20] 이런 통제 구조는 국내에서만이 아니라 세계 곳곳에서 믿음직한 의존국들과 함께 관리해야 한다. 그들의 외적 경계는 물리적으로 보이지 않지만 이데올로기적으로는 강력하다. 여기에는 팔레스타인인을 게토에 가둬두는 이스라엘, 보트에 탄 난민을 멀리 떨어진 위험한 태평양 제도로 강제로 보내는 오스트레일리아, 비백인 이민자가 지중해에 빠져 죽게 방치하는 유럽연합, 흔히 워싱턴에서 고안된 자국의 정책을 피해 도망쳐 온 라틴아메리카 사람들을 쫓아내는 미국 등이 포함된다.

나렌드라 모디Narendra Modi 총리와 그의 힌두민족주의 정당인 인도인민당BJP이 지배하는 인도에서 카슈미르는 인도 정체성의 새로운 비전을 그릴 수 있는 백지나 마찬가지다. 2019년 모디 정부는 인도 헌법 370조와 35A조를 대부분 무효화하고 잠무카슈미르 헌법을 정지시켜 70년간 제한된 자치권을 누린 분쟁 지역을 거의 완전히 통제하게 되었다. 모디는 이스라엘이 통제하는 팔레스타인과 무척 흡사한(또한 두드러진 차이도 있다) 계획을 신속하게 실행하기 위해 움직였다.[21]

가장 크게 영향을 받은 사람들은 두 지역을 비교하지 않을 수 없다. 카슈미르 작가 아리프 아야즈 파레이Arif Ayaz Parrey는 모디가 추구하는 이상이 철학적인 동시에 정치적인 것이라고 믿는다. "카슈미르와 팔레스타인 분쟁은 그 성격이 전혀 다를지 모르지만, 본질적으로 두 지역 모두 사람들은 스스로 원하지 않고 자신들에게 아무런 가시적 이득이 되지 않는 일을 강요당하고 있습니다. 중립적인 관점에서 보더라도 손해가 되는 일이죠." 그가 내게 한 말이다. "팔레스타인에서는 땅의 상실이라는 형태로 나타나고(결국 정체성의 상실로 이어질 겁니다) 카슈미르에서는 정체성의 상실이라는 형태로 나타나죠(언젠가 땅의 상실로 전환될 겁니다). 이런 현실에 비추어보면 두 나라의 강압적 체제는 동일한 것입니다."

자신들이 겪은 고통과 투쟁을 설명하는 카슈미르인들의 많은 글을 읽다 보면 자유가 찾아올 날을 상상하는 팔레스타인인들의 모습이 떠오른다. '현재 우리의 지배자들(인도)은 우리를 착취하려고도 하지 않는다.' 파레이가 얼래나 헌트Alana Hunt의 책『눈차이 잔들Cups of Nun Chai』의 서문에서 2010년 카슈미르의 특히 폭력적인 여름 시기에 목숨을 잃은 118명에 관해 한 말이다. '그들은 오히려 자신들의 낙원swarg에 관한 환상을 채우기 위해 빈 땅을 가지려고 우리가 없어지기를 바란다.'[22]

카슈미르의 산악지대는 본국으로 철수하는 영국 행정청이 인도 아대륙을 신생 국가 인도와 파키스탄으로 갈라놓은 1947년 이래로 거의 평화를 누리지 못했다. 팔레스타인과 카슈미르 점령은 둘 다 똑같이 잔인한데도 21세기에 국제사회의 관심에는 차이가 있다. 시민단체 연합체인 잠무카슈미르 시민사회연합Jammu Kashmir Coalition of Civil Society의 간사 후람 파르베즈Khurram Parvez는 2020년 이스라엘이 요르단 강 서안을 병합하겠다고 위협하자 다음과 같이 말하며 이런 차이를 지적했다. "카슈미르 병합은 팔레스타인 병합만큼이나 악독한 짓이지만 우리는 버림받았습니다. 카슈미르 병합에 대해서는 사람들이 암묵적으로 지지하는 듯 보입니다. (……) 우리는 다른 누군가가 당신의 땅과 권리, 미래에 대해 결정하는 것이 어떤 고통인지 알죠."[23] 카슈미르 사람들은 인도의 지배에 맞선 수십 년에 걸친 투쟁을 묘사하기 위해 '인티파다'라는 용어를 사용한다.

인도 관리들은 이스라엘의 점령을 감탄하며 바라본다는 걸 숨기려 하지도 않는다. 뉴욕 주재 인도 총영사 산디프 차크라보르티Sandeep Chakravorty는 2019년 뉴욕에서 카슈미르 힌두교도들을 위해 열린 민간 차원 행사에서 이렇게 말했다. "나는 안보 상황이 개선되고, 난민들의 귀환이 허용되고, 여러분 생애에 고국으로 돌아가고…… 안전한 삶을 찾을 수 있을 거라고 믿습니다. 이미 세계에 그런 모델이 있으니까요. 우리가 왜 그 모델을 따르지 않는지 모르겠습니다. 중동에서 실현되는 모델 말입니다. 이스라엘 사람들이 그렇게 할 수 있다면, 우리도 할 수 있습니다." 모디 행정부는 그렇게 하기로 '결심했다'.[24]

이스라엘과 인도의 유대 강화는 순전히 경제적인 면에서도 나타났다. 2015년에서 2020년 사이에 이스라엘의 주요 무기 수출 시장은 인도로, 전체 판매액의 43퍼센트였고 2020년 인도는 이스라엘 최대의 무기 구매국이었다. 2019년 이스라엘은 세계 8위의 무기 거래국에 이름을 올렸다. 팔레스타인 점령지와 마찬가지로 이스라엘의 헤론 드론이 카슈미르 상공을 날아다닌다.

이스라엘과 인도의 관계가 돈독해지는 것은 이데올로기적으로 둘다 종족민족주의를 끌어안기 때문만이 아니었다 – 국방 장비의 거래가 그 관계를 공고히 하는 데 도움이 되었다. 인도는 이스라엘한테서 카슈미르인을 억압하는 법을 배울 필요가 없지만, 이스라엘은 세계 최대의 민주주의 국가에 극단적 편견을 가지고 그것을 추구할 도구와 정당성을 제공했다.

그리고 인도가 이스라엘 방식의 정책을 추구하는 지역은 비단 카슈미르만이 아니다. 2022년 우타르프라데시 주 당국은 폭력으로 비화한 종교적 시위와 연결되어 있다고 비난받는 무슬림들의 주택을 파괴했다. 불도저가 주택을 파괴하는 광경은 이스라엘이 동예루살렘과 요르단 강 서안에서 팔레스타인 건축물을 철거한 모습과 소름 끼치게 흡사했다. 이스라엘과 마찬가지로 인도도 이 주택들이 불법 건축물이라고 주장했다.

친이스라엘 잡지 〈태블릿 Tablet〉은 인도에 이스라엘과의 유대를 한층 더 강화할 것을 촉구했다. '이스라엘은 위협에 맞서 상대적 자유와 자신감을 갖고 행동할 수 있는 기술과 의지를 보유하고 있기 때문'이었다. 기자는 인도도 이스라엘과 비슷하게 마음껏 자유를 구가하길 소망한다면서 브루킹스 연구소의 인도 프로젝트 책임자인 탄비 마담Tanvi Madam의 말을 인용했다. 인도의 엘리트들은 이스라엘의 '거리낌 없는 행동'을 부러워했는데, '이는 지난 20년간 파키스탄이 테러 집단들을 도구로 활용하는데도 인도는 핵무기 때문에 다른 나라들처럼 마음대로 보복할 수 없다는 현실적인 좌절에서 기인한 결과'라는 말이었다.[25]

양국의 관계는 한참 전으로 거슬러 올라가지만, 언제나 그렇게 평온했던 것은 아니다. 인도는 1950년까지 이스라엘을 인정하지 않았다. 앞서 1938년에 쓴 글에서 마하트마 간디는 '유대인의 민족적 고국 요구'에 반대한다고 설명했다. '팔레스타인은 아랍인의 땅'이라는 것이었다. 그리하여 1992년까지 인도는 비동맹 운동에서 지도적 위치를 자임하면서 자신들의 정체성을 위한 투쟁이 팔레스타인과 이데올로기적으로 같다고 보았다.

1990년대 오슬로 평화협정 이후 이런 움직임이 바뀌기 시작하면서 인도는 점차 인적 이동을 탐지하기 위해 이스라엘 무기와 드론, 전기 담장을 구매하는 데 관심을 보였다. 2003년 9월 이스라엘의 아리엘 샤론 총리가 인도를 방문했을 때 인도인민당의 전임자 아탈 비하리 바지파이 Atal Bihari Vajpayee 총리가 집권 중이었다. 두 사람은 인도와 이스라엘의 '친선과 협력에 관한 델리 선언'에 서명하면서 '이스라엘과 인도는 테러리즘이라는 골칫거리에 맞선 싸움에서 파트너'이며 '테러와의 전쟁에서 타협은 있을 수 없다'고 언급했다.[26]

힌두민족주의 분위기가 압도하는 것과 나란히 상호 존중도 증대했다. 힌두민족주의 준군사 조직인 민족의용단Rashtriya Swayamsevak Sangh, RSS

을 창건한 지도자 마다브 사다시브 골왈카르Madhav Sadashiv Golwalkar는 나치즘 찬양자였다. 힌두근본주의와 무슬림 혐오는 인도인민당 사상의 핵심에 자리한다. 이 이데올로기의 선구자인 비르 사바르카르Veer Savarkar는 '무슬림 문제'를 해결하기 위해 인도가 본보기로 삼아야 할 것은 나치가 '유대인 문제'를 해결한 방식이라고 말했다. 민족의용단은 창건 이래 변화하며 발전했지만, 당의 일부 집단에는 여전히 나치즘을 찬양하는 태도가 남아 있다.

하지만 힌두민족주의자들은 오래전부터 종족국가ethnostate 이스라엘이라는 개념을 찬양했다(다만 그들은 유대인을 좋아하지 않는다. 오늘날 전 세계의 극우파 사이에서도 이와 비슷한 사고가 존재한다). 1947년 사바르카르는 이렇게 말했다. '그러므로 역사적으로 말해서, 팔레스타인 전체가 적어도 이슬람 예언자가 태어나기 2,000년 전부터 유대인의 민족적 고국이었다는 사실을 강조해야 한다.'

인도 의회를 완전히 장악한 오늘날의 민족의용단 지도부는 이스라엘을 치켜세우느라 여념이 없다. 2016년, 그들의 수장 모한 바그와트Mohan Bhagwat는 유대 국가를 존경한다고 말했다. "이스라엘은 인접한 이슬람 나라들에 다섯 번이나 공격당했지만, 이스라엘 사람들은 모국을 지키겠다는 강한 결심으로 똘똘 뭉쳐 침략을 물리치고 국경을 확장했습니다."[27]

2014년 모디가 당선된 뒤, 인도 무슬림들은 점점 도를 더해가는 린치, 폭력, 종족 청소 위협, 혐오 발언을 겪었다. 당국은 살해된 카슈미르인의 시체를 희생자의 가족에게서 멀리 떨어진 곳에 버리거나 신속하게 돌려주지 않았다. 이스라엘 방위군을 떠올리게 하는 전술이었다. 슬픔에 빠진 유가족은 종종 텅 빈 무덤 앞에서 곡을 해야 했다.[28] 히잡을 쓴 무슬림 여자들이 공격을 받으며, 일부 주에서 무슬림 여학생들은 교육을 받지 못한다. 머리 가리개를 쓴다는 이유에서다.

예상 가능한 일이지만, 인도의 외국인 혐오는 대중문화에까지 스며들고 있다. 영화 산업 전반에 무슬림이 폭넓게 참여하는 것으로 오래전부터 유명했던 발리우드는 이제 반이슬람 관점으로 무장해야 한다. 발리우드에 종사하는 많은 이들이 기꺼이 강경한 힌두민족주의 의제를 밀어붙이면서 인도 군대의 행동을 공공연하게 찬양하는 영화를 내놓는다. 비슷한 맥락에서, 요르단 강 서안에서 잠입 활동하는 이스라엘 요원들을 다루는 드라마 시리즈 「파우다Fauda」가 인도 우파들에게 큰 인기를 끌고 있다. 나름 멋들어진 포맷 속에서 테러와의 전쟁과 반이슬람 선전을 달짝지근하게 그린 드라마가 입맛에 맞는 것이다. 2020년 5월 코로나19 록다운 시기에 인도인민당 전국집행위원인 우파 경제학자 수브라마니안 스와미Subramanian Swamy는 「파우다」의 열렬한 팬이라는 트윗을 올렸다.[29]

9·11 이후 벌어진 '테러와의 전쟁'은 각각 원치 않는 인구 집단을 평정하려고 계획하는 인도와 이스라엘에 안성맞춤의 기회였다. 이런 이유로 이스라엘은 인도군의 반란 진압 훈련을 진행했다. 2014년 이스라엘과 인도가 '공공안전과 국토안보'에 대해 협력한다고 약속한 협정에 따라 수많은 인도 장교, 특수부대, 조종사, 특공대가 이스라엘에 가서 훈련을 받았다. 2020년 이스라엘은 인도 경찰관들이 자국에서 어떤 권한 남용을 했는지 판단하기 위해 심사하는 것을 거부했다. 이스라엘의 인권변호사 에이타이 맥을 비롯한 여러 활동가가 2020년 이스라엘 대법원에 청원을 제출해서 이스라엘이 '카슈미르에서 민간인을 실명시키고, 살해, 강간, 고문하고, 실종시키는' 인도 경찰관을 훈련시키는 것을 중단할 것을 요구했다. 대법원은 이 요청을 거부했는데, 세 법관의 말을 빌리자면 그러면서도 '카슈미르의 인권 침해 문제의 중요성을 깎아내

리지는 않았다'.

베냐민 네타냐후와 모디는 네타냐후의 집권기에 관계를 더욱 강화
했다. 이스라엘은 심지어 2021년 초 코로나19 록다운 시기에도 무기 거
래상들에게 여행허가서를 내주었다. 이스라엘인 수십 명이 세계 최대
의 무기박람회인 에어로 인디아Aero India에 참석하기를 원했기 때문이
다. 방산 기업들은 민간 비행기를 전세 내어 박람회가 열리는 도시로 갔
다.[30] 2022년 미국 대통령 조 바이든과 당시 이스라엘 총리 야이르 라피
드, 인도 총리 모디, 아랍에미리트 대통령 모하메드 빈 자이드 알 나하얀
이 'I2U2' 포럼의 첫 회담에서 만났다. 4개국의 유대를 더욱 긴밀히 쌓
기 위해 준비된 포럼이었다.

2022년 11월 이스라엘과 인도 양국 관계의 핵심과 관련된 외교 사
건이 벌어졌다. 저명한 이스라엘 영화감독으로 인도 국제영화제 심사위
원장을 맡은 나다브 라피드Nadav Lapid가 카슈미르에서 힌두교도들이 받
은 박해를 다뤄 경쟁 부문에 오른 영화 「카슈미르 파일The Kashmir Files」을
'천박한' '선전물'이라고 비난한 것이다. 모디 정부의 지지를 받고 개봉
관에서도 대성공을 거둔 영화였다. 그 후 라피드는 인도 민족주의자들
과 모디 정부의 관리들에게 무지막지한 비난 세례를 받았다. 주인도 이
스라엘 대사는 라피드가 '부끄러운 줄 알아야 한다'고 말하면서 인도 정
부가 이스라엘에 대한 지지를 축소할지 모른다고 우려했다. 양국에서
민족주의와 테러리즘을 둘러싼 공적 토론이 얼마나 위태로운 상황인지
를 보여주는 우울하면서도 의미심장한 순간이었다.

인도의 많은 전문가는 1,200만여 명의 인구를 인도 군인 50만 명이
점령하고 있는 지역인 카슈미르에 대한 모디의 조치를 찬양하면서, 팔레
스타인에 대한 이스라엘의 대응을 공공연하게 치켜세우며 인도도 그 선
례를 따를 것을 촉구했다. 헌법 370조가 폐지되고 2주 뒤인 2019년 8월,

국방 분석가이자 언론인인 아비지트 이에르 미트라Abhijit Iyer Mitra는 온라인 매체 '프린트The Print'에서 인도 관리들이 카슈미르에서 전화와 인터넷을 포함한 모든 통신을 차단하는 등 필요 이상의 물리적 조치를 취하고 있다고 지적했다. 그 대신 그는 이스라엘이 2014년에 이른바 '조용한 인티파다Silent Intifada'를 어떻게 관리했는지 치켜세웠다. 예루살렘에서 폭력 사태가 고조된 당시에 이스라엘은 '사람들이 집결하기 전에 개입함으로써 팔레스타인인 전체에 불편을 초래하는 사태를 피했다. 그 근원은 통신을 차단하는 게 아니라 자유롭게 통신할 수 있도록 허용한 것이었다'.[31]

이는 당시에 이스라엘이 한 행동을 의도적으로 오독한 발언이다. 투사로 의심되는 이들의 주택을 파괴하는 논쟁적인 정책을 강행했기 때문이다. 휴먼라이츠워치는 이 정책을 '어떤 범법 행위로도 기소되지 않은 사람들을 불법적으로 처벌하는 전쟁범죄'라고 규정했다.

카슈미르와 팔레스타인의 이스라엘 정착촌은 분명 비슷한 점이 많다. 100여 년 만에 처음으로 2019년부터 그 지역 주민이 아닌 사람도 카슈미르에서 자산과 토지를 구입할 수 있게 되었다. 이 지역의 인구 구성을 바꾸려는 시도였다. 카슈미르인들은 민간인이든 무장한 사람이든 인도 정착민이 자기네 지역의 광대한 땅을 차지하는 것을 두려워했다.

카슈미르 사람들은 이런 숨 막히는 분위기로 고통받고 있다. 그들이 점령당하고 있음을 매일같이 상기시켜주는 분위기다. 〈카슈미르 타임스〉의 편집장 아누라다 바신Anuradha Bhasin은 잠무에 살고 있다. "표면상으로 잠무의 생활은 여전히 대체로 별다른 일이 없습니다. 스리나가르에서는 점점 규모가 커지는 군대와 벙커, 몸수색 검문소, 방화 사건에 휘말릴 수 있다는 두려움을 계속 안고 살아야 하죠. 툭하면 인터넷이 차단되고, 군경이 이따금 이동을 제한합니다. 엄청난 슬픔과 트라우마에 끊임없이 대처하기 때문에 심리적 부담도 크지요."

일간지 편집장으로서 바신은 언론이 '정부의 긍정적 이미지만 부각시켜야' 한다는 걸 알았다. "그들은 비판하는 단어 하나하나를 꼬투리 잡아 탄압합니다." 〈카슈미르 타임스〉를 포함해 온라인 신문 아카이브가 정체불명의 온라인 해커에 의해 삭제되고 있다. 인도 정부로 추정되는 해커가 비판적 보도의 증거를 제거하고 있는 것이다.[32] 바신은 모디 정권이 '지역 주민들의 재산을 쉽게 빼앗고 쫓아내는 한편 새로운 정착민을 장려하고 인도 사업 로비 집단에 광산을 비롯한 모험사업을 시작할 수 있게 광대한 땅을 헐값에 제공하기 위한' 수많은 입법을 도입했다고 말했다.

이런 최종 결과를 '부추긴 것은 이스라엘의 방식'이었다. '다양한 방식으로 카슈미르 주민들의 재산을 빼앗고 다수의 힌두 정착민을 점차 들여오는 한편 억압적인 군사적 방식을 통해 카슈미르의 다수 무슬림을 주변으로 밀어내려는 설계'였다.

바신에게 향후 10년간 무엇이 가장 두렵냐고 물었더니 이런 대답이 돌아왔다. "인도인민당이 마음먹은 대로 한다면, 카슈미르는 제2의 가자 지구로 바뀌는 과정에 들어서게 될 겁니다." 바신은 반란이 되살아나는 게 거의 불가피하다고 말했지만, 카슈미르는 '혼란스럽고 폭력적인' 궤적을 그릴 가능성이 높았다.

모디 정부 아래서 두려운 것은 인도를 힌두주의판 이스라엘로 완전히 변모시킬 가능성이었다. 소수 반대파나 무슬림을 거의 용인하지 않는 극우파 힌두민족주의다. 2019년 말 인도 정부가 시민권법 개정안을 도입했을 때 이런 추세가 강화되었다. 힌두교도, 자이나교도, 파르시(조로아스터교도), 시크교도, 불교도, 그리고 파키스탄과 방글라데시, 아프가니스탄 출신의 기독교도에게 인도 시민권을 부여하는 법이다. 무슬림은 의도적으로 배제되었다. 이스라엘의 경우처럼 시민권이 점차 종교와 떼려야 뗄 수 없이 연결되고 있었다.

이스라엘은 요르단 강 서안과 가자의 팔레스타인인들에 대해 인구 등록을 통제하면서 점령 당국이 임의대로 그들을 처분할 수 있게 한다. 이스라엘은 1967년 이래로 인구 등록을 통제하면서 팔레스타인인에게 여권과 신분증을 발급하고 팔레스타인 지역 출입을 허용하는 데 영향을 미치는 절대적 권한을 행사한다.[33] 이스라엘은 이제 더 이상 팔레스타인 이산가족 결합 신청을 처리하지 않기 때문에 수많은 팔레스타인인이 비시민권자로 살아간다. 따라서 일자리나 의료, 적절한 교육, 법률 혜택을 누리지 못한다.

인도 관리들은 카슈미르의 통치에 대항하는 팔레스타인식 반란이 일어날까 두려워하며, 또는 적어도 그런 두려움을 표명하면서 가혹한 대응책을 정당화한다. 2021년 5월 이스라엘과 하마스가 충돌했을 때, 스리나가르에는 '우리는 팔레스타인이다'라는 벽화가 등장했고, 지역 그라피티 화가 무다시르 굴Mudasir Gul은 체포되기 전에 자신의 작품을 지워야 했다. 카슈미르인 20명이 팔레스타인을 지지하는 시위를 벌였다는 이유로 체포되었다.

카슈미르의 인권 단체들은 탄압받고 있으며 언론의 자유는 거의 존재하지 않는다. 인도는 '국경 없는 기자회'의 세계 언론자유지수에서 180개국 중 142위에 올라 있다. 인도인민당은 언젠가 인도의 카슈미르 지배에 심각하게 도전할 수 있다고 보이는 운동은 모두 처음부터 싹을 잘라버리려 했다. 소수집단이 감히 공격적으로 저항하는 것보다 다수의 인도인이 무슬림을 겨냥한 극단적 폭력으로 급진화되는 위협이 훨씬 컸다.

인도인민당은 소셜 미디어 곳곳에서 해시태그 '#IndiaStandsWithIsrael(인도는이스라엘을지지한다)'을 내세웠는데, 지도적 독립 언론

인 라나 아유브Rana Ayyub는 다음과 같은 트윗을 올렸다. '#IndiaStands
WithIsrael 해시태그를 붙인 트윗 아이디를 다수 체크함. 흐름을 관통
하는 공통의 스레드는 무슬림에 대한 본능적인 혐오와 무슬림을 학살하
고 분수를 알게 해주려는 강한 충동임. 대부분의 아이디에 인도인민당
장관이나 총리 본인이 팔로우하고 있음.' 인도 북부 도시 찬디가르의 인
도인민당 대변인 가우라브 고엘Gaurav Goel은 다음과 같은 트윗을 올렸다.
'나는 하마스 같은 테러 단체가 아니라 이스라엘을 지지한다. 나는 이스
라엘에 테러리스트들에게 조금도 자비를 베풀지 말라고 요청한다.' 일
부 인도인들은 이에 대응해 '#IndiaStandsWithPalestine' 해시태그를
내걸었다.[34]

이스라엘 방위군이 다양한 플랫폼에서 정교한 온라인 캠페인을 벌
이는 것처럼, 인도인민당의 소셜 미디어 부문인 IT 집단도 공격적이고
종종 여성혐오적인 어조를 대단히 효과적으로 밀어붙이고 있다.[35] 페이
스북의 내부 고발자 프랜시스 하우건Frances Haugen은 페이스북이 이런 영
리 추구 부문을 어떤 식으로 의도적으로 확대하는지를 자세히 설명했는
데, 인도인민당과 손잡은 민족의용단이 운영하는 페이스북 페이지들이
'공포를 부추기는 반무슬림 서사'를 지지한다고 말했다. 페이스북은 혐
오 발언을 적절하게 걸러낼 힌디어 편집자가 거의 없는 탓에 그런 발언
이 신고당하거나 제재를 받지 않았다.[36] 인도는 이용자가 3억 4,000만 명
이 넘는 페이스북 최대의 시장이다.[37] 카슈미르 젊은이들은 소셜 미디어
게시물 때문에 걸핏하면 체포되고 고문을 받으며, 사이버 경찰은 감시
기술을 이용해 전체 인구를 모니터한다.[38]

2022년에 인도인민당의 고위 관리가 예언자 무함마드를 비하하는
발언을 해서 국제적으로 격렬한 반응이 일어난 뒤, 부커상을 받은 작가
아룬다티 로이Arundhati Roy는 '인도라는 실험은 위험하게 실패하는 중'이

라고 개탄했다. 이스라엘과 인도의 대규모 무기 거래를 직접 거론하는 논평에서 로이는 이렇게 말했다. '인도가 가령 프랑스로부터 전투기 편대를 구입하고 있다면, 린치 사건이나 소규모 학살은 기껏해야 약간의 손가락질만 받는다는 걸 안다. 대규모 시장은 도덕적 비난에 맞선 훌륭한 보험이 된다.'[39]

같은 억압, 다른 반응

중국의 기술권위주의techno-authoritarianism는 서구에 공포를 안겨준다. 중국은 디스토피아적 언어를 사용하고, 공포를 고조시킨다. 독자나 시청자는 시진핑 주석이 이끄는 베이징이 통제를 위한 전 지구적 기반 시설을 구축할 수밖에 없다는 깨달음을 얻어야 한다. 다른 어떤 나라와도 비교할 수 없는, 세계를 향한 독특한 위협이다.

2020년 9월 〈애틀랜틱〉 기사를 예로 들어보자. 여기서 언론인 로스 앤더슨Ross Anderson은 전 세계를 지배하는 인공지능을 보유하려는 중국의 소름 끼치는 이미지를 그려 보인다. '가까운 미래에 공공장소에 들어서는 모든 사람은 AI에 의해 문자 메시지 기록이나 신체의 독특한 단백질 구성 등 온갖 개인 정보의 대양에서 곧바로 신원이 확인될 수 있다.' 앤더슨은 조만간 알고리즘이 독서 습관, 구매 기록, 여행 기록, 친구 같은 수많은 데이터를 수집할 뿐만 아니라 행동으로 옮기기 전에 정치적 반대도 예측할 수 있을 것이라고 지적했다.[40]

중국은 현재 광대한 영토 전역에서 개발, 시험, 실행하고 있는 감시기술에 대해 전 지구적 야심을 품고 있다. 베이징 당국은 인간의 행동을 시험하고 예측한다는 목표 아래 전체 시민에 대한 거대한 양의 정보를 수집하기 위해 유례없이 기술적으로 정교한 감시 시스템을 개발하는 중이다.[41] 휴먼라이츠워치는 팔레스타인인과 1,200만 위구르족이 겪는 억압에 비슷한 기술과 방법이 이용되는 유사성이 있음을 지적한 바 있다. '신장과 팔레스타인-이스라엘 상황 모두에서 감시 때문에 심각한 인권 침해가 늘어나고 있다. 당국이 평화적인 반대 의견을 신속하게 확인해서 무력화하며 광범위한 주민들의 삶을 속속들이 파고들면서 통제를 행사할 수 있기 때문이다.'[42]

중국이나 이스라엘이나 오랫동안 탄압을 위한 기술을 발전시켜왔기 때문에 상대가 자국의 원치 않는 소수집단을 탄압해주길 원하지는 않지만, 양국은 점점 협력과 공모를 늘리는 중이다.[43] 냉전이 끝날 무렵 양국의 방위 관계가 새롭게 향상되었다. 1989년 톈안먼 학살 이후 많은 나라가 무기 수출 금지를 부과한 가운데 이스라엘이 베이징에 무기를 판매하면서 관계가 돈독해졌다. 이스라엘 남부와 북부 국경에 하이테크 울타리와 장벽을 건설하고 이스라엘과 요르단 강 서안 사이에 긴 분리 장벽을 세운 이스라엘 기업 마갈시큐리티시스템스Magal Security Systems는 중국의 여러 공항에 탐지 시스템을 설치하고 있다.[44]

중국은 이스라엘이 양국 공히 급진 이슬람, 또는 충분히 애국적이지 않은 평화로운 무슬림의 위협이라고 보는 현상을 어떻게 다룰지에 관해 조언해주길 바란다.[45] 2021년 10월 유엔에서 수십 개국이 중국에 위구르족의 권리를 존중할 것을 촉구했을 때, 이스라엘은 주목할 만한 예외였다. 세계의 다른 지역에서 벌어지는 억압을 보고도 못 본 체하는 유대 국가의 수십 년에 걸친 태도에 어울리는 행동이었다. 따라서 2022년 퓨리서치센터 조사에서 밝혀진 것처럼 이스라엘인의 과반수가 다른 서구 각국의 시민들과 달리 베이징과의 경제적 유대 강화를 선호한 것도 놀라운 일은 아니다. 이스라엘인들은 인권 문제를 무시하는 것에 아랑곳하지 않았다.

위구르족 억압의 현실은 충격적이다. 그들의 문화와 정체성을 표적으로 삼은 의도적인 탄압이다. 하지만 도널드 트럼프에게 충성하는 미국 중앙정보국장 출신의 국무장관 마이크 폼페이오가 장관직에서 물러나기 하루 전인 2021년 1월에 베이징이 위구르족을 상대로 '지속적으로' 제노사이드를 자행한다고 비난했을 때, 그런 지칭에 냉소를 느끼며 심각한 이중 기준이 작동하고 있음을 주목할 수밖에 없었다. 중국이 신장에서 위구르족 무슬림을 무력화하려고 시도하고 있음은 부정할 수 없지만, 워싱턴은 인권 침해에 관심이 별로 없으며 자국의 전 지구적 패권에 대한 도전에만 관심을 기울일 뿐이다. 미국과 중국이 현재 지배권을 놓고 씨름하는 가운데 베이징이 향후 10년 안에 워싱턴을 밀어내고 세계를 이끄는 초강대국이 될 수 있는 상황에서 위구르족에 대한 학대는 미국이 중국을 상대로 휘두르기 편리한 무기다.

국제 언론은 대부분 선례를 따라 위구르족에 대한 워싱턴의 발언을 앵무새처럼 따라 하면서 중국을 자국민과 세계에 대한 주요한 위협으로 분류했다. 〈뉴욕 타임스〉 칼럼니스트 토머스 프리드먼은 이라크 전쟁과 이스라엘 지지자인데, 2021년에 '테러와의 전쟁 다음은 무엇인가? 중국과의 전쟁?'이라는 제목의 칼럼을 썼다.[46] 2019년 말 코로나19 바이러스의 등장 이래로 대다수 서구 언론 보도의 어조와 트럼프 행정부가 중국에 보이는 호전적 태도를 요약해서 보여주는 칼럼이었다.

기성 싱크탱크 세계와 언론에서는 중국의 권위주의가 전 세계로 확산될 것임을 거의 기정사실로 받아들인다. 하지만 내가 드론 전문가이자 유럽외교관계협의회의 선임연구원인 울리케 프랑케Ulrike Franke에게 이스라엘의 방위 수출에 관해 물었을 때, 그는 내가 이스라엘의 수출을 중국의 그것보다 영향력이 크다고 설명하는 것에 놀라움을 표시했다.

나는 프랑케가 이런 사실을 생각도 해본 적이 없음을 알아챘다. 프랑케는 전 세계의 분쟁에서 이스라엘의 드론이 사용되는 것을 부정하지 않았으며, 이스라엘이 미국, 중국, 튀르키예와 나란히 드론 기술에서 세계 선두를 달린다고 말했다. 그러면서 중국이 감시 장비를 다른 권위주의 국가들에 수출할 때 베이징이 이를 통해 확보된 정보에 접근해서 자국의 이익을 위해 활용할 가능성이 있다고 지적했다. 하지만 이스라엘이 NSO 그룹의 휴대전화 해킹 툴 페가수스를 판매하면서 수십 개국에서 한 일이 바로 그것이다.

그런데 만약 중국의 기술과 이데올로기가 세계에 위협이 된다면, 이스라엘도 마찬가지로 봐야 하지 않을까? 중국에 비하면 인구가 턱없이 적은 이스라엘이 대중 감시 분야의 장비를 더 많이 팔고 더 많은 사람에게 영향을 미친 것은 논란의 여지가 없는데도 이스라엘의 행동을 둘러싼 분노의 목소리는 거의 들리지 않는다. 이스라엘이 서구의 동맹자이며, 따라서 공식적인 '적국'이 아닌 반면 베이징은 현재 미국 정부에 의해 국가안보상의 위협으로 지정되어 다양한 방식으로 공격 대상이 되고 있기 때문임이 분명하다. 이스라엘이 고안한 감시 때문에 고통받는 사람들에 대해 관심이 없을 뿐만 아니라 하이테크 감시에 대한 분노가 선별적임이 드러난다. 양국 모두 자국의 원치 않는 집단에 대해 비열한 행태를 보이고 있지만, 한 나라만 제재를 받고 악마시된다.

몇몇 친팔레스타인 활동가는 이스라엘이 팔레스타인인에 대해 문화적 제노사이드를 벌이고 있다고 비난한다. 마찬가지로 위구르족과 관련해서 중국에 대해서도 그런 혐의가 제기된다. 중국은 위구르족의 자율적 문화와 주류 중국 사회로부터의 분리주의의 가능성 자체를 지워버리길 원한다. 베이징은 위구르족이 그들 내부의 토론, 문화 엘리트, 전통 등을 갖고 있다는 사실에 분노하면서 그들을 모국 중국에 대한 위협으로 규정한다. 위구르족을 겨냥한 중국의 전쟁에 관해 흔히 의도적으로 망각되는 것은 불과 몇 년 전만 해도 서구가 이 전쟁을 따뜻하게 환영했다는 사실이다. 2001년 9월 11일 이후 수년간 중국은 '테러와의 전쟁' 서사를 활용하면서 자신들도 위구르 테러리즘과 싸우고 있다고 주장했고, 워싱턴과 그 동맹국들은 중국을 돕는 데 열심이었다. 중국은 영국, 이스라엘, 미국을 비롯한 다른 나라들이 어떻게 이슬람주의에 맞서 전쟁을 벌이는지를 배웠다.

2016년 12월, 영국의 싱크탱크 로열유나이티드서비스연구소Royal United Services Institute, RUSI는 영국 정부의 예산 지원을 받아 이틀간 베이징에서 '대화' 모임을 열었다. 'CVE(폭력적 극단주의 대응·countering violent extremism)에 관한 영국 전문가들과, 신장 문제를 연구하는 중국 관리와 학자들이 모여 영국의 탁월한 CVE 역량의 효과를 보여주고 이를 중국에서 활용할 수 있는 방법을 확인하기 위한' 대화였다. RUSI의 선임분석가 라파엘로 판투치Raffaello Pantucci는 2019년 〈데일리 메일〉에 이 토론이 열린 건 신장 상황이 악화되기 전이었다고 정직하지 못한 해명을 늘어놓았다.[47]

그때만 해도 중국을 포용하면서 몸집을 키우는 이 초강대국과 막대한 경제적 거래를 지지하는 게 정치적으로 받아들일 만한 일이었다. 대다수의 거대 언론은 트럼프 시대에 베이징이 '공식적 적국Official Enemy'이 되기 전까지 이런 분위기에 동조했다. 영국이 중국 관리들과 대화하면서 위구르족을 표적으로 삼는 방법에 대해 조언한 것에 의문을 제기하는 건 정당하고 중요한 반면, 영국이 일상적으로 이스라엘 관리들과 대화하는 데 대해서는 논란이나 언론 보도가 거의 보이지 않는다. 이스라엘은 친구이자 동맹국이며 이스라엘의 점령은 정치적으로 구미에 맞는 행위로 여겨지기 때문이다. 한 억압은 비난하는 반면 다른 억압은 지지하는 것은 위선 그 자체다.

또 하나의 시험장, 애리조나

2014년 미국 관세국경보호청CBP의 기술혁신인수국 부국장 마크 보코스키Mark Borkowski는 하원의 '국경 및 해상 안보에 관한 국토안보소위원회'에서 질의를 받았다. 이전에 그의 부서가 미국-멕시코 국경의 애리조나 주 구역을 따라 가상 보안 담장을 만드는 데 실패한 문제에 관한 질문이 나왔다. 2001년 9월 11일 이후 10년간 부시와 오바마 행정부 시기에 10억 달러가 훌쩍 넘는 비용을 들여 시도했다가 실패한 적이 있었지만, 이날 보코스키는 무려 50개의 고정탑, 지면 센서, 열화상카메라 등을 결합해서 국경 넘기 시도를 추적하고 그들을 찾기 위해 단속요원을 급파한다는 구상을 제시했다.

이번에는 다를 것이었다. 보코스키는 제안된 새로운 장비가 애리조나와 비슷한 환경인 이스라엘에서 시험을 거쳤으며, '시연에서 살펴본 모습은 매우 인상적이었다'고 설명했다. 이스라엘 기업 엘빗이 감시탑을 설치하는 계약을 체결했는데, 10년에 걸쳐 5억~7억 달러의 비용이 들 것으로 정해졌다.[48]

미국-멕시코 국경은 이스라엘 보안·감시 기업들의 주요 현장이 되고 있으며, 팔레스타인에서 한 작업이 선발 도구로 활용된다. 이런 무자비한 입찰 과정은 매우 효과적이고, 백악관 주인이 민주당이든 공화당이든 아무 차이가 없다. 3,000킬로미터 길이의 국경을 지키는 데는 초당적인 지지가 존재한다. 이스라엘의 기술은 국경의 군사화에서 핵심적인 요소다. 감시 기술, 국경 기반 시설, 전술부대, 통합 고정탑Integrated Fixed Towers, IFT 시스템을 결합해서 이민자들이 미국이 들어와 죽음의 사막을 건너는 것을 방지하고 저지한다는 구상이다.

공언된 목적은 이렇지만, 군사화된 대응은 실제로 대규모 사망자로 이어진다. 바로 이 점이 중요하다. 1990년대 이래로 미국-멕시코 국경에서 발견된 시체는 7,000구가 넘는다. 2019년 얼햄 칼리지와 애리조나 대학교가 수행한 연구에서는 국경 감시탑 때문에 이민자들이 사막을 관통해서 멀리 돌아가는 훨씬 위태로운 여정을 찾아야 하는 위험이 높아졌음이 밝혀졌다.[49] 2022년 투산에 있는 얼햄 칼리지 국경 연구 프로그램이 수행한 연구에 따르면 2007년 이래 이민자 중 사망자 수가 급등해서 2006년에서 2020년 사이에 643퍼센트가 증가했다. 이민자가 점점 많아지는 감시탑의 사각지대에서 안전을 찾아야 했던 시기다.[50]

2016년 미국 대통령 선거에서 도널드 트럼프가 승리하고 몇 주 뒤, 이스라엘 마갈시큐리티시스템스의 최고경영자 사르 쿠르시Saar Koursh는 〈파이낸셜 타임스〉에 이렇게 말했다. "정치를 자세히 논하지 않더라도 우리에게는 국경 보안에서 세계적으로 명성을 떨치는 실전에서 입증된 기술이 있습니다. 트럼프 대통령이 담장이나 장벽을 세운다면, 우리 기술이 확실히 이득이 될 것이라고 믿습니다."[51] 트럼프가 선거에서 승리한 뒤 마갈의 주가는 20퍼센트 급등했다.

하지만 결국 트럼프 시대는 마갈에 그렇게 유리하기만 한 것도 아니었고, 2021년에 이르러 회사는 사명을 센스타테크놀로지스Senstar Technologies로 바꾸고 이스라엘의 주요 국방 계약 업체인 라파엘에 사업을 매각했다. 라파엘은 전 세계에 진출한 이스라엘 기업으로 에스파냐, 오스트레일리아, 캐나다, 독일, 이탈리아, 영국, 체코공화국 등지에서 사업을 운영했다.[52]

2016년 마갈의 판매 브로슈어가 내 수중에 들어왔는데, 이스라엘-이집트 국경을 따라 장벽을 건설한 회사의 사업을 부각시키면서 이스라엘 입국에 성공한 이민자의 수가 2012년 1월 2,295명에서 그해 말에 '0'에 가까운 수치로 급락한 이유를 설명하고 있었다. 이 지도에서 요르단 강 서안 점령지의 존재가 완전히 지워졌고, 이스라엘이 지역의 유일한 정치체로 그려져 있었다. 2015년 대규모 이민자 급증 직후 유럽의 각국 정부를 위해 만든 파워포인트 슬라이드에서 마갈은 '침입자들의 패턴을 이해하는' 게 중요하며 '불법 이민'의 물결을 저지하기 위해 기술과 인적 자산을 결합하는 게 필요하다고 강조했다.

마갈은 미국에서 거대한 규모의 계약을 확보하지 못한 반면, 엘빗은 승승장구했다.[53] 가장 논란이 된 프로젝트는 애리조나 주의 토호노오덤네이션Tohono O'odham Nation에 있는 아메리카 원주민 땅과 멕시코 소노라 주 사이의 62마일(약 100킬로미터)을 가로질러 2억 1,800만 달러 상당의 정교한 감시 시스템과 감시탑을 건설한 사업이다. 몇몇 원주민 지도자는 이 계획에 찬성하면서 엘빗의 계획이 실행되면 자신들의 영토 둘레에 물리적인 경계 장벽을 세울 필요가 없어질 것이라고 주장했다. 하지만 이는 그릇된 희망이었다. 결국 트럼프가 어쨌든 담장을 세우려고 하면서 2020년 원주민 활동가들이 담장 건설에 항의하는 시위를 벌이자 모두 연행했기 때문이다.[54]

다른 현지인들도 국경 담장에 반대했는데, 그중 한 명인 오펠리아 리바스Ofelia Rivas는 엘빗의 건설 현장 때문에 자기 땅이 난도질당하고 있다고 말했다.[55] 이 사업으로 조상의 묘지가 훼손되는 한편 연방 국경순찰대가 지속적으로 감시하고 자유로운 이동을 제한하면서 일상생활을 침해하고 있었다. "지역사회 주민들은 9·11 당시 뉴욕에서 벌어진 일을 떠올리면서 (이런 개발 사업에) 순응할 수밖에 없습니다. (……) 테러리스트들(연방 국경순찰대)이 국경을 넘어서 우리 공동체를 공격할 겁니다. 군대의 공포 전술이 우리의 삶을 옥죄고 있습니다."

아메리카 원주민 활동가들은 자신들에 대한 억압이 이스라엘의 팔레스타인 점령과 어떤 식으로 점차 연결되는지 알고 있다. 토호노오덤

헤마지캄 권리 네트워크Tohono O'odham Hemajkam Rights Network, TOHRN의 넬리
조 데이비드Nellie Jo David와 에이미 후안Amy Juan은 팔레스타인 단체 '장벽
을 중단하라Stop the Wall'가 조직한 프로그램을 통해 2017년 팔레스타인
에 갔다. 후안은 '우리가 느끼는 공포를 이해하는 사람들…… 군사화와
기술에 대처하는 사람들과' 대화를 해서 마음이 놓인다고 말했다. 요르
단 강 서안의 팔레스타인인들은 원주민들의 땅에 엘빗이 감시탑과 대중
감시 시설을 세우는 것에 맞서 싸우라고 경고하면서, 그런 시설이 그들
의 일상생활에 어떤 의미인지를 설명해주었다.[56]

〈인터셉트Intercept〉는 2019년 애리조나에서 엘빗이 진행한 라이브
시연에 참가해서 이 시스템이 어떤 식으로 작동하는지 두 눈으로 보았
다. 회사는 원래 이스라엘 방위군을 위해 구성된 지휘 통제 설계를 활용
해서 원거리 적외선 카메라나 레이저 조명 장치를 사용해 주간과 야간의
감시 능력을 보여주었다.[57] 9·11 이후 미국-멕시코 국경의 환경은 국가
가 급격하게 군대식 통제 방식의 속도를 높이면서 이민자와 아메리카 원
주민을 관리하고 괴롭혀야 하는 위협으로 규정했다. 2021년과 2022년
에 미국-멕시코 국경에서 사망한 이민자 수는 최소한 750명으로, 기록
적인 수치였다.

미국-멕시코 국경과 이스라엘이 점령지 곳곳에 세운 장벽은 해가
갈수록 비슷해진다. IT 기업들이 줄곧 적으로 간주되는 집단을 표적으
로 삼고 포획하기 위한 새로운 방법을 모색하는 가운데 양국은 서로 정
보와 영감의 원천이 된다. 공화당과 민주당 모두 국경을 모니터하기 위
해 하이테크 감시 도구 사용을 지지했다. 트럼프 시절에 억만장자 피
터 틸이 지원하는 브링크Brinc가 미국-멕시코 국경에 무장 드론을 배치
해서 전기충격기로 이민자를 제압하는 방안을 시험했다.[58] 2022년에
는 새로운 이민자의 진입을 막는 최신 기술로 로봇 개를 도입한다는 발

표가 있었다(물론 인도적인 해법이라고 홍보되었다). 바이든 행정부는 많은 국내 및 글로벌 기업과 손을 잡고 계속 하이테크 장애물과 물리적 장벽을 개발했다. 이스라엘 기업들도 더 많은 진입 장애물을 건설하는 계약을 맺었다.

미국 국방부는 2022 회계연도에 이 분야의 연구, 개발, 장비에 5억 달러에 육박하는 예산을 책정 받았다.[59] 그 결과 앞으로 이민자들은 군 사용 드론 같은 하드웨어에 의해 살해되거나 생포, 또는 불구가 될 수 있다.[60] 팔레스타인의 현 상황과 비슷해질 것이다.

엘빗, 록히드마틴, 레이시온, 제너럴다이내믹스, 노스롭그루먼, 보잉 등 13개 대기업이 미국 관세국경보호청의 주요 계약 업체다. 이들 기업은 모두 무기 제조업체인데, 그들에게는 고객이 이라크나 아프가니스탄에서 전쟁을 벌이는 미군인지 팔레스타인을 점령 중인 이스라엘 정부인지는 별로 중요하지 않다.[61] 2006년에서 2018년 사이에 미국 관세국경보호청, 연방 해안경비대, 이민관세청ICE은 각종 이민 업무에 대해 총 805억 달러 규모의 계약 34만 4,000여 건을 공개했다. 2004년 미국 관세국경보호청이 미국-멕시코 국경에서 처음 시험하고 사용한 드론은 엘빗 제품이었다.[62] 이 이스라엘 기업은 트럼프 행정부를 좋아해서 2020년 대통령 선거에서 그의 재선 선거운동에 기부금을 냈다.[63]

바야흐로 팔레스타인과 미국-멕시코 국경에서 벌어지는 투쟁의 유대에 대한 관심이 높아지는 중이다. 2022년 사우스다코타에서 자결권을 촉구하는 주요한 원주민 단체 NDN콜렉티브NDN Collective는 아메리카 원주민 운동과 팔레스타인 운동의 연계를 공공연하게 표방하는 입장문을 발표했다. '우리는 우리처럼 식민주의와 점령에 맞서 계속해서 저항의 힘을 보여주는 팔레스타인 친척들에게 기대를 건다.'[64]

애리조나와 이스라엘은 도널드 트럼프가 집권하기 오래전부터 긴밀한 관계를 맺었다. 한 언론인은 양국이 동일한 감시 기업과 협력을 공유한다면서 이 지역을 '팔레스타인-멕시코 국경'이라고 지칭했다.[65] 오래전부터 이스라엘의 하이테크 기업들이 애리조나에서 근거지를 건설하는 것을 환영하다가 2019년 공직에서 은퇴한 투산 시장 조너선 로스차일드Jonathan Rothschild는 한때 이렇게 말했다. "이스라엘에 갔다가 애리조나 남부로 와서 눈을 감고 몇 바퀴 돌고 나면, 양쪽의 차이를 느끼지 못할 겁니다."[66]

이렇게 협력하는 이유는 두 지리적 공간의 특징이 사람이 살지 않는 광대한 땅이며, 따라서 식민화와 통제가 필요하다고 규정된다는 점과 관련되어 있다. 전형적인 정착민 식민주의의 사고방식이다. 미국의 초당적인 정치적 믿음이 유대 국가에 대한 필연적인 지지와 같이 종교 교의에 가깝다는 사실은 이스라엘에 도움이 된다.

따라서 애리조나는 팔레스타인과 마찬가지로 시험장이 된다. "애리조나는 전국 각지로 확대하기 전에 기술을 시험하는 공개 행사장이나 마찬가지입니다." 투산에서 활동하는 언론인이자 저술가인 토드 밀러Todd Miller가 내게 한 말이다. "9·11 이전에는 아메리카 원주민 자치 지역에 국경순찰대가 있었지만, 지금은 감시 기술이 거대하게 확대되고 있습니다. 아메리카 원주민들은 국경순찰대 검문소에서 인종 프로파일링을 당하고 있어요." 국경에서 폭리를 취하는 이들에게 팔레스타인인과 아메리카 원주민은 둘 다 요주의 감시 대상이다. 따라서 각각 2021년과 2022년에 이스라엘-가자 국경과 미국-멕시코 국경에서 자율 감시 로봇이 등장한 것도 놀라운 일은 아니다.

트럼프가 대통령이 되자마자 강경 우파 국경 정책에서부터 어린 아이를 이민자 부모에게서 분리하는 조치에 이르기까지 대다수의 주류 언론이 격분하는 상황이 벌어졌다. 하지만 이런 정책만큼 경멸스러운 이스라엘의 정책을 다룰 때는 그런 분노를 표출하는 경우가 거의 없다. 2019년 트럼프는 참모진에게 이민자들이 미국에 들어오는 것을 막기 위해 국경경비대가 이민자의 다리를 쏴서 걷는 속도를 늦추고, 담장에 전류를 흐르게 하는 동시에 꼭대기에는 살이 찔리게 못을 거꾸로 박아둘 것을 제안했다고 한다.[67] 나중에 트럼프는 국경 주변에 뱀과 악어가 득실거리게 물을 채운 해자를 만들 수 있는지도 질문했다.

6

+ 　　　　　　휴대전화에 심어진 　　　　　　+
　　　　　　대중 감시

감시 기술 때문에 이제 국가는 시위대를 학살하는 것을 피할 수 있습니다.
오늘날 우리는 제2의 넬슨 만델라가 자신이 만델라라는 걸 알기도 전에
그의 정체를 확인해서 감시를 멈출 수 있으니까요.
에이타이 맥(이스라엘의 인권변호사)[1]

그리셀다 트리아나Griselda Triana는 멕시코의 언론인이자 인권운동
가인데, 그녀의 남편인 활동가 하비에르 발데스 카르데나스Javier Valdez
Cárdenas는 2017년 5월 15일 시날로아 주의 주도인 쿨리아칸에서 마약 카
르텔에게 살해되었다. 발데스는 언론사 '리오도세Riodoce'를 공동 창립해
서 부패와 범죄를 조사했고, 유혈적인 마약 전쟁에 관한 기사를 썼다. 그
는 결국 대가를 치렀다 – 2009년 사무실에 수류탄이 날아든 것이다. 그
는 살해되기 몇 달 전부터 살해 위협을 받았지만, 위협을 무릅쓰고 용감
하게 선구적인 작업을 계속해나갔다.

　남편이 살해되고 10일 뒤, 트리아나는 휴대전화로 예상치 못한 문
자 메시지를 받기 시작했다. 거의 1년 뒤에 페가수스 시스템을 통해 휴
대전화에 침투하려는 시도가 있었다는 걸 알아채기 전까지 그 문자 메
시지들이 의심스럽다는 생각을 못했다. 페가수스 시스템은 이스라엘
의 감시 기업 NSO 그룹이 판매하는 휴대전화 해킹 툴이었는데, 멕시코

정부 내부 세력의 소행임이 거의 확실했다. 트리아나가 내게 해준 말이다. "하비에르가 살해되기 전에 우리가 감시당하고 있다는 걸 전혀 몰랐어요." 하비에르는 휴대전화가 해킹당할 가능성에 관해 한마디도 한 적이 없었고, 트리아나는 그가 안전을 위해 예방 조치를 한다고 생각했다. "하비에르는 범죄 활동 보도에 위험이 따른다는 걸 알았지만, 그렇더라도 누군가는 범죄 조직이 벌이는 잔학 행위를 기록해야 한다고 생각했어요."

발데스가 살해당하자 트리아나는 비탄에 빠졌다. "하비에르(발데스)의 죽음은 엄청난 충격이었어요. 그이는 내 남편이자 두 아이의 아빠였어요. 하비에르가 그들(마약 카르텔)이 자기를 죽일 수도 있다는 걸 알면서도 시날로아를 떠나려 하지 않았기 때문에, 정말 충격을 받았어요." 나는 그녀에게 왜 페가수스의 표적이 되었다고 생각하느냐고 물었다. 트리아나의 말에 따르면 그들은 '전화를 도청해서 다양한 정보원으로부터 데이터를 얻거나 하비에르의 범죄 조사와 관련된 통화를 들을 수 있다고 생각했기 때문에' 그런 짓을 벌였다. 지금까지 멕시코 국가는 왜 그녀를 정탐했는지 한 번도 트리아나에게 말한 적이 없다. 그리고 발데스의 죽음을 지휘한 혐의를 받은 남자에 대해서도 법정이 열리지 않았다.

멕시코 정부와 NSO는 범죄와 테러리즘에 대항하는 목적으로만 페가수스를 사용한다고 주장하지만, 트리아나의 사례는 그런 주장이 거짓임을 증명한다. 멕시코는 NSO가 새로 개발한 기술을 테스트하는 주요한 시험장이다. "문제는 그 기술이 나라에 위험이 되지 않는 사람들을 정탐하는 데 사용되고 있다는 겁니다." 트리아나의 설명이다.

발데스가 살해된 뒤, 트리아나는 멕시코시티로 옮겨가 언론인이자 활동가로 일하고 있다. 하지만 공포는 전혀 사라지지 않았다 – 남편의 소름 끼치는 죽음과 국가의 통화 도청에 침해당한다는 느낌이 여전하다.

"쿨리아칸에 갈 때마다 두려워요. 아직 극복할 수 없는 문제 같아요."

세계인을 정탐하는 산업

이스라엘의 감시 기구는 세계에서 가장 강력한 도청망인 워싱턴 국가안보국의 경쟁자이자 동맹자다. 인력 규모로는 비교가 되지 않지만, 이스라엘은 가장 가까운 동맹국을 정탐한 오랜 역사가 있다. 물론 초강대국 미국은 이런 사실을 공개적으로 신경 쓰지 않는 듯 보이지만. 일부 추정에 따르면 미국의 정보 관리 약 350명이 이스라엘을 정탐하는 데 많은 시간을 쏟는다고 한다.[2] 이런 사실에도 불구하고 미국 국가안보국은 이스라엘과 제휴하며 데이터 채굴과 분석 소프트웨어를 그들에게 전달하고 있다. 전 미국 국가안보국의 정보 관리 빌 비니Bill Binney에 따르면 이스라엘은 다시 이 기술을 자국의 민간 기업에 넘겨준다. 그리하여 이들 기업은 방대한 양의 민감한 군사, 외교, 경제 정보를 수집해 이스라엘 관리들과 공유할 수 있다.[3]

세계에서 가장 잘나가는 사이버 감시 기업인 NSO 그룹을 비롯한 이스라엘 하이테크 기업의 역할도 이런 관점에서 파악된다. NSO는 이스라엘 국가와 협력해 대외 정책의 목표를 촉진시키며, 잠재적인 새로운 우방을 끌어당기기 위한 당근으로 활용되기도 한다. NSO는 탄생한 이래로 런던에 본사를 둔 사모펀드 노발피나캐피털Novalpina Capital을 비롯한 전 세계의 여러 집단으로부터 자금을 받았다. NSO가 투자 목록에 오르기 전인 2017년에 무려 2억 3,300만 달러를 투자한 노발피나의 최대 투자자 중 하나는 오리건 주 공무원 연금기금이다.[4] 2019년 영국 가스 공급업체인 센트리카Centrica의 연금기금도 노발피나에 투자되었다.[5]

〈하레츠〉의 전 IT 담당 기자 아미타이 지브Amitai Ziv는 NSO의 정체를 밝히는 통찰력 있는 작업을 한 언론인인데, NSO의 힘은 많은 돈을 번다는 사실이 아니라 외교에 있다고 내게 말해주었다. "이스라엘이 몇몇 아프리카 나라에 사이버 감시를 판매할 때 유엔에서 그 나라들의 표를 확보할 수 있습니다. 점령이 시작된 이래로 우리는 그 표가 필요하거든요."

오래전부터 NSO를 조사해온 어느 국가정보 담당 선임기자는 이 사업에 경쟁자가 많으며 '일부는 NSO만큼의 양심도 없다'고 말했다. '그들은 고객들에게 NSO가 진출하지 않을 지역에서 사업을 할 것이라고 말한다.' 그의 말처럼, NSO와 이스라엘의 정보 기업 블랙큐브Black Cube는 수없이 많은 '수상쩍은 거래'에 노출되었지만 '그들의 사업은 호황을 누렸다. 무자비한 사업에는 이득이 따른다'. 코로나19는 이스라엘 사이버 기업에 엄청난 이익이 되어 2020년과 2021년에 이들 기업은 해당 부문의 글로벌 투자에서 절반을 챙겼다.

미국 국가안보국의 내부 고발자 에드워드 스노든은 NSO를 비롯한 비슷한 기업들을 '비안보 산업insecurity industry'이라고 지칭한다. 그의 직설적인 말을 들어보자.

당신 손에 있는 전화는 언제나 안전하지 않은 상황 속에 존재한다. 이 새로운 '비안보 산업'의 수중에 기꺼이 돈을 챙기려는 누구든 당신의 전화를 감염시킬 수 있다. 이 산업의 사업 전체가 최신의 백신 – 일명 보안 업데이트 – 을 우회하는 새로운 종류의 감염을 만들어내어 '억압의 도구를 필사적으로 원하는' 나라와 '국내에서 이 도구들을 생산할 만한 정교한 기술이 턱없이 부족한 나라' 사이의 벤다이어그램에서 치열한 교집합을 점유하는 나라들에 판매하는 것이다. 오로지 취약성을 만들어내는 것만

목표로 삼는 이와 같은 산업은 해체되어야 마땅하다.[6]

스노든의 말이 옳다. 통제하는 주체가 기업이든 국가든 간에 영리를 추구하는 해킹 툴의 유혹은 엄청나다. NSO의 경우에 이스라엘과 기업 모두 상호 합의한 목표를 달성하기 위해 손잡고 협력한다. 이스라엘 국가는 느슨한 수출 허가 절차를 통해 NSO를 활용해서 국가안보 의제를 추구하고 있다. 아마 가장 두드러진 사례는 바레인, 아랍에미리트, 사우디아라비아 등 아랍 독재 정권들의 지지를 확보하는 일일 것이다. 예를 들어 2020년 사우디아라비아 왕세자 모하메드 빈 살만은 당시 이스라엘 총리 베냐민 네타냐후에게 페가수스를 다시 이용할 수 있게 해달라고 요구했다. 수니파 신정 국가가 페가수스를 오용한 뒤 이스라엘 국방부가 갱신을 거부했기 때문이다.[7] 하지만 이스라엘이 사우디아라비아를 중동에서 이란에 대항하는 핵심 동맹자로 여긴 까닭에 빈 살만의 소원은 금세 이루어졌다. 2019년 페이스북이 자사의 와츠앱에서 버그를 이용해 세계 곳곳의 1,400명을 해킹한 혐의로 NSO를 고소했을 때, NSO의 활동 범위가 고스란히 드러났다. 세계 최대이자 가장 무책임한 기업으로 손꼽히는 페이스북이 한 이스라엘 기업을 파멸시키고자 할 때, 너무 많은 민감한 문제를 건드린 게 분명하다.

하지만 NSO의 생존 여부는 이제 막 싹을 틔우는 전 지구적인 스파이 툴과 사이버 무기 산업에는 별 의미가 없을 것이다. 2017년 우크라이나의 경제와 정부 기반 시설 전체를 겨냥한 러시아의 사이버 공격, 또는 정부와 사기업이 컴퓨터에서부터 TV, 냉장고에 이르기까지 지구상의 거의 모든 하드웨어나 소프트웨어에 아직 해결책이 없는 버그인 '제로데이'를 삽입하는 해킹 공격 등으로 어떤 나라든 무릎 꿇게 만들 수 있다. 이처럼 급증하는 산업에서 NSO는 빙산의 일각이다. 이 산업은 주로 어떤 공적 감시도 받지 않은 채 그림자 속에서 활동한다. 사이버 지옥을 열어젖히는 것은 미국, 중국, 러시아, 이스라엘, 이란 당국만이 아니며 흔히 민주주의 안에서 만들어져 국가 행위자의 대리인 역할을 하는 무수히 많은 민간 조직체가 이런 지옥의 문을 연다.[8] 규제는 사실상 존재하지 않는다.

만약 NSO가 붕괴한다면 다른 많은 기업이 등장해서 그 자리를 차지할 것이며, 이미 무수히 많은 이스라엘의 경쟁자가 성업 중이다.[9] 파라곤Paragon이라는 기업도 비슷한 서비스를 내세우는데, 전 이스라엘 총리 에후드 바라크와 유닛 8200의 재향군인들이 뒤를 받친다. 그럴 가능성은 매우 낮지만 전 세계에서 모든 민간 사이버 해킹 기업을 폐쇄하더라도 이스라엘부터 미국과 중국, 영국에 이르기까지 훨씬 강력한 국가 행위자들이 그 공간을 기꺼이 차지할 것이다. 적어도 73개국이 스파이웨어를 사용하고 있다. NSO는 그저 가장 유명한 스파이웨어 기업일 뿐, 많은 경쟁업체가 발을 들여놓으면서 이 도구들을 한결 쉽게 손에 넣을 수 있게 만들어준다.[10]

이스라엘의 인권변호사 에이타이 맥이 내게 말해준 것처럼, 이스라엘의 감시 산업이 전 세계에서 하는 역할은 반민주적인 파시스트 정부의 힘을 키우는 것인데, 이들은 단지 언론인과 인권운동가들만 겨냥하지 않는다. 이스라엘의 국방 부문은 점점 발전하면서 대중의 눈길에서 멀어진다. "앞으로는 바레인에서 경찰이 이스라엘 소총을 사용하거나 아랍에미리트에서 이스라엘의 드론이나 미사일을 구매하는 것을 보지 못할 겁니다. 쿠바 미사일 위기 같은 사태가 일어나서 이란이 격분할 테니까요." 맥의 말이다. "하지만 이스라엘 감시 장비를 판매하는 건 훨씬 쉽고 들키지 않습니다." 그는 NSO 스파이웨어를 완전히 금지하길 원한다.

2016년 맥이 이스라엘 국가에 NSO에 수출 허가를 내주는 것을 중단하도록 압박을 가하려 했을 때, 정부는 모든 논의를 비공개로 진행하는 데 성공했다. 대법원장 에스터 하유트Esther Hayut는 쟁점을 솔직하게 밝혔다. "공교롭게도 우리 경제는 그 수출에 크게 의지합니다." 이스라엘 국방장관은 2021년 약 130개국에 무기를 판매하고 있다고 인정했다.

NSO가 걸은 궤적은 전 세계에 감시 기술을 시험하고 홍보하고 확산시킨 이스라엘의 전통을 징후적으로 보여준다. 이스라엘 방위수출관리국의 전 국장 엘리 핀코Eli Pinko는 2021년 말에 열린 한 민간 회의에서 이렇게 된 이유를 설명했다. 유대 국가는 무기와 사이버 기술을 누구한테든 팔 수밖에 없었다는 것이다. "어떤 나라에서는 시민권이지만 이스라엘의 경우에는 나라가 존재할 권리입니다. (……) 여러분 각자 이 딜레마를 직면하고 이렇게 말할 수 있을까요? '아니오, 우리는 다른 나라의 인권을 옹호할 겁니다.' 신사 여러분, 그런 식으로는 안 됩니다."[11]

하지만 이는 단순히 기업의 자유 문제가 아니다. 이스라엘의 감시 산업을 잘 아는 한 정보원은 내게 이스라엘 국방부가 NSO 그룹을 '거의 완전히 통제한다'고 말했다. "국방부가 소유권과 권리를 통제하고 주주, 소유주, 경영자 등에 대해 거부권을 갖고 있습니다. 기술, 특허, 지식재산권도 통제되며 다른 세력이 분해해서 모방하는 일이 없도록 기술을 보호해야 합니다."

"미국의 지도자들은 이 문제를 제대로 이해하지 못하는 듯합니다." 디지털 권리 단체인 전자프런티어재단Electronic Frontier Foundation, EFF의 사이버 보안 책임자 에바 갤퍼린Eva Galperin이 〈뉴요커〉 기자 로넌 패러Ronan Farrow에게 한 말이다. "그 사람들은 이스라엘 정부가 NSO의 스파이웨어 수출을 단속할 것이라고 기대의 끈을 놓지 않지만, 사실 NSO는 이스라엘 정부의 명령을 따르고 있는 겁니다."[12] 오래전부터 NSO를 그저 깡패 기업으로 여긴 많은 국제 언론에 대해서도 똑같이 의도적 무지의 책임을 물어야 한다. 그들의 순진한 생각과 달리 NSO는 언제나 이스라엘 국가의 핵심적인 도구였다.

에이타이 맥에 따르면 이스라엘 국방부 내에 국방기구보안담당관실(히브리어로 '말마브Malmab')이 존재한다는 사실은 흔히 오해되거나 잘 알려져 있지 않다.[13] 이 부서는 국방 산업에 관한 기밀정보가 유출되지 않도록 막는 것을 목표로 한다. 이 부서는 정보기관처럼 운영되며 독자적으로 조사를 수행한다. 맥은 이렇게 설명한다. '결국 현실적으로 말마브의 승인을 받지 못하면 NSO의 최고경영자 샬레브 훌리오Shalev Hulio는 외국이나 이스라엘 언론인 앞에서 공개적으로나 비공식적으로나 트림도 할 수 없다.'[14]

NSO가 수많은 스캔들로 흔들린 뒤, 말마브는 지난 몇 년간 NSO에 언론에서 발언할 수 있는 전례 없는 자유를 주었다. NSO가 국가의 소중한 한 부문이며 이스라엘은 으뜸가는 자산을 보호하길 원하기 때문에 이런 자유를 부여한 것이다. NSO가 끊임없는 압력을 받고, 그 덕분에 이스라엘 자체가 압박을 덜 받는 것은 말마브로서도 만족스러운 결과다. NSO가 해체되어 다른 비슷한 기업으로 대체되더라도 이스라엘의 국가안보 이익은 보호받을 것이기 때문이다(대다수의 기자는 여전히 NSO가 완전히 독립적인 조직이라고 믿는다).

정보기관 유닛 8200의 재향군인들이 개발한, NSO가 보유한 기술의 힘은 미국 국가안보국과 맞먹는 잠재력을 보유한 해킹 능력에 있다.[15] 감시 도구에서 세계적 우위를 독차지하길 바라는 워싱턴은 이런 상황이 마음에 들지 않는다. 미국 국가안보국의 힘은 지구상에서 가장 구석구석까지 뻗어 있다. 언론인 로넌 베르그만과 마크 마제티Mark Mazzetti는 〈뉴욕 타임스〉에 '사이버 무기는 원자폭탄이 등장한 이래로 어떤 발전보다도 더욱 심대하게 국제 관계를 변화시키고 있다'고 썼다.[16] 미국, 캐나다, 뉴 질랜드, 오스트레일리아, 영국이 참여하는 기밀정보 공유 네트워크 '파이브 아이즈Five Eyes'는 세계에서 가장 비밀스러우면서도 곳곳에 침투하는 연합체다. 수십억 세계 인구를 정탐할 수 있는 미국 국가안보국의 거의 신과 같은 힘을 활용하는 상황에서 이들 나라의 어떤 지도자든 파이브 아이즈의 지배권에 도전한다는 이유로 NSO의 힘에 대해 불만을 토로하는 것은 위선이다.

그럼에도 불구하고 영국 정보기관 GCHQ의 본부장인 제러미 플레밍Jeremy Fleming은 NSO를 비난했다. 이 이스라엘 기업의 해킹 능력이 '너무도 도가 지나치다'는 것이었다. 그는 이렇게 주장했다. '내 개인적 견해를 밝히자면, 그와 같이 아무 제한도 없는 방식으로 기술을 퍼뜨리는 나라나 기업은 막대한 피해를 야기하기 때문에 너그럽게 봐주어서는 안 된다.' 플레밍을 인터뷰한 〈파이낸셜 타임스〉 언론인들은 GCHQ의 보도 자료 같은 기사를 쓰는 데 만족했고, 파이브 아이즈와 대중 감시를 지지하면서도 NSO에 반대하는 입장의 위선을 지적하지 않았다. 둘 다 적극적으로 감시를 하면서 표현의 자유를 억압하고 있는데도 말이다.[17]

NSO는 2010년 이스라엘인 샬레브 훌리오와 옴리 라비Omri Lavie가 창립한 회사다. 학교 친구인 두 사람은 2000년대에 IT 스타트업 세계에 들어갔고, 이내 몰래 휴대전화에 접근할 수 있는 툴을 개발하는 것의 잠재력을 깨달았다. 전 모사드 직원이자 군 정보요원인 니브 카르미Niv Karmi가 두 사람에 합세했다. 훌리오는 2000년대 초 이스라엘 예비군에서 복무하며 요르단 강 서안에서 이스라엘 방위군의 작전을 수행했다. 따라서 NSO 초창기부터 어두운 세력과 공모하는 것이 보장되었다.[18] 회사가 처음으로 체결한 계약은 공화당유대인연맹Republican Jewish Coalition의 오랜 지도자로 유죄 판결을 받은 중범죄자 엘리엇 브로이디Elliott Broidy를 지원한 것이다. 2016년 도널드 트럼프 대통령 선거운동의 열렬한 지지자였던 브로이디는 외국 로비법을 위반한 혐의에 대해 유죄를 인정한 뒤 2021년 트럼프 대통령의 사면을 받았다.[19]

브로이디는 2011년 NSO가 페가수스 스파이웨어를 멕시코에 판매하는 계약을 체결할 때 주역이었다. 멕시코는 마약 카르텔과 한창 잔혹한 전쟁을 벌이면서 민간인 수십만 명이 목숨을 잃고 있었다.[20] 당시에 블랙베리 휴대전화 시스템에 침투하는 것이 스파이웨어의 성배, 즉 절실하게 바라는 목표였다. NSO는 그리스 신화의 날개 달린 말의 이름을 따서 소중한 제품을 명명했다. 창립자들이 트로이 목마가 하늘을 날아서 휴대전화로 들어가는 것과 비슷하다고 생각했기 때문이다.

클라우디오 과르니에리Claudio Guarnieri는 국제앰네스티 보안연구소 Security Lab의 소장이다. 온라인 해킹 조사자로 이루어진 손꼽히는 팀이었다. 과르니에리는 '사이버 툴 자체가 아주 단순한데도 낭만화의 대상으로 치켜세워지는 현상'이 걱정스럽다고 말한다. "비용이 많이 드는 건 트로이 목마(휴대전화 사용자를 교란시키는 악성 소프트웨어)를 심는 전략인데, 누가 배후에 있는지 찾기가 어렵습니다."

멕시코는 열성적인 페가수스 사용자였는데, 2013년에 이르면 최소한 3개 정부 기관에 1,500만 달러 상당의 하드웨어, 소프트웨어와 함께 페가수스가 설치되었다. 이 시기에 NSO는 7,700만 달러에 서비스 패키지를 판매했는데, 펠리페 칼데론Felipe Calderon 대통령이 통치하는 멕시코는 이를 통해 모니터하고 싶은 개인들을 포괄적으로 감시할 수 있었다.[21] 칼데론은 NSO 공동 창립자 샬레브 훌리오에게 전화를 걸었지만, 결국 그의 동료와 대화하면서 이렇게 말했다. "이보다 더 좋은 크리스마스 선물은 없을 거요. 당신네가 준 선물 덕분에 마침내 카르텔을 근절할 수 있으니까."[22]

멕시코 관리들과 기업들은 실제로 페가수스에 열광하면서 광범위하게 사용했고, 2014년과 2016년에 악명 높은 마약왕 엘 차포를 체포하는 데 페가수스가 요긴하게 활용되었다고 주장했다. 엘 차포의 두 번째 체포는 그와 여배우 케이트 델 카스티요의 전화 통화를 감청한 뒤 이루어졌다. 그 여배우는 숀 펜을 악명 높은 마약왕과 만나도록 데려온 이였다.[23]

NSO는 정부에만 페가수스를 판매했다고 주장해왔다. 하지만 언론인을 해킹하는 멕시코의 민간 기업에서부터 멕시코 사람들이 단 음료를 엄청나게 마시는 문제를 해결하려는 가당음료 세금 옹호론자들에 이르기까지[24] 점차 범죄나 테러리즘과 아무 연관이 없는 사람들이 감시당하고 있음이 분명해지고 있었다.

멕시코는 10년간 1억 6,000만 달러를 페가수스에 쏟아부었지만, 지방 당국은 도대체 누가 용의자를 기소하는 데 이를 사용하고 있는지 확인할 수 없다고 말했다. 그렇다 하더라도 NSO의 민간 보안 사업의 수익은 급증했다. 멕시코의 국가안보 연구자인 팔로마 멘도사 코르테스Paloma Mendoza Cortes 박사는 〈하레츠〉에 이렇게 말했다. "폭력과 불안이 증가할수록 이 기업들의 사업 기회도 많아집니다."[25]

NSO가 오랫동안 수익성이 가장 좋은 사업을 벌여온 멕시코에서는 스캔들이 속속 터졌다. 마약 카르텔이 부패한 공무원들과 공모해서 페가수스를 손에 넣어 공통의 적을 제거하는 데 사용했다. 범죄 네트워크는 부패한 공무원에게 뇌물을 주어 그들이 제거하거나 감시하기를 원하는 개인들을 표적으로 삼았다. 사이버 감시는 아무런 규제도 받지 않는 산업이며, NSO가 장담하기는 하지만 일단 설치된 페가수스가 법률 위반에 대해 모니터되고 있다는 증거는 전혀 없다.[26] 2010년대 이래로 멕시코가 유엔에서 보이는 투표 양상을 볼 때 이스라엘의 정책에 대한 비판적 입장이 점점 약해지는 중이다.

정확한 숫자는 알 수 없지만, 국가 부패에 비판적인 언론인들이 NSO 스파이웨어에 의해 휴대전화를 해킹당해 결국 목숨을 잃었다. 2017년에 사망한 프리랜서 기자 세실리오 피네다 비르토Cecilio Pineda Birto 도 그중 한 명이다. 페이스북 라이브 영상을 틀어서 지역 정치인들과 국가경찰이 변절한 폭력배와 손을 잡고 있다고 고발하고 불과 몇 시간 뒤, 그는 멕시코 남부 시우다드알타미라노 시에서 총에 맞아 숨졌다.[27] 그가 살해되기 몇 주 전, 그의 휴대전화 번호가 멕시코 국가에 의해 페가수스 감시 대상으로 선별된 상태였다.[28]

이 사건은 NSO의 잠재적 희생자들 중 빙산의 일각일 뿐이다. 유출된 데이터(2021년에 유출)에 따르면 2016년에서 2017년 사이에 1만 5,000명이 넘는 멕시코인이 잠재적 감시 대상으로 선정되었다. 멕시코 대통령 안드레스 마누엘 로페스 오브라도르의 가까운 친척을 포함해 그와 연결된 적어도 50명이 '페가수스 프로젝트The Pegasus Project'가 폭로한 전화번호 명단에 포함되었다. NSO 고객들이 전 세계에서 사용했을 가능성이 있는 전화번호 5만 개를 폭로한 프로젝트였다.[29]

전방위적인 불법 해킹

멕시코가 NSO가 처음으로 활용한 주요 시험대라면, 세계 곳곳의 다른 나라들도 속속 그 뒤를 따랐다.[30] 아랍에미리트, 파나마, 케냐, 튀르키예 등 대개 민주주의와 거리가 먼 고객들이 재빠르게 페가수스를 구매했는데, 전하는 바로는 소규모 테러 조직, 아동 유괴 집단, 조직범죄를 적발하는 데 도움이 되었다고 한다.[31] 몇 년 만에 NSO는 이스라엘 전체에서 자국이 배출한 세계적 성공 사례로 극찬을 받았고, 연구 기관에서도 미래의 성공 기업으로 꼽히면서 자금 지원도 두둑하게 받았다. 2018년 이스라엘의 한 타블로이드판은 NSO가 회사에서 경비를 전액 대주는 직원들의 태국 휴가에 이스라엘의 최고 스타 몇 명을 보내주는 모습을 보여주었다.[32]

NSO는 자사의 활동을 계속 옹호하면서 세계에서 가장 지독한 악당들을 찾아내어 체포하는 데 필수적인 일인 것처럼 포장한다. 공동 창립자 홀리오는 〈워싱턴 포스트〉에 자신이 '회사를 세운 건 생명을 구하기 위해서'라고 말했다. "우리가 듣는 얘기라곤 이 활동으로 인권을 침해하고 있다는 말뿐인데, 무척 화나는 일입니다. 우리 기술 덕분에 지금까지 전 세계에서 얼마나 많은 생명을 구했는지 아니까요. 하지만 이런 이야기를 공개적으로 말할 수는 없습니다." 그는 자기 회사가 처음부터 지도 원칙을 마련해두었기 때문에 '우리 모두 밤에 마음 놓고 잘 수 있다'고 주장했다.[33] 하지만 NSO는 홀리오와 직접 대화하고 싶다는 내 요청을 거부했다.

홀리오는 〈워싱턴 포스트〉와 인터뷰하면서 페가수스가 야기한 트라우마에 대해 우려하는 듯 가장했다. 언론인을 비롯한 사람들이 자사 해킹 툴의 표적이 된 것은 '끔찍한' 일이지만, '그건 사업을 하는 대가'라는 것이었다. "이 기술은 말 그대로 지구상에 존재하는 최악의 대상을 다루는 데 사용된 겁니다. 누군가는 더러운 일을 해야 하죠. 만약 어떤 사람이 범죄자를 잡고, 테러리스트를 잡고, 소아성애자로부터 정보를 끄집어내는 더 나은 방법을 발견했다고 말한다면, 나는 회사 문을 닫을 겁니다."

이스라엘 신문과 진행한 다른 인터뷰에서는 전 세계에서 NSO를 공격하는 것을 '카타르나 BDS(불매, 투자 철회, 제재) 운동, 또는 둘 다'의 탓으로 돌렸다. "결국 항상 똑같은 집단이죠. 냉소적으로 말하고 싶지는 않지만, 이스라엘이 아이스크림을 수입하거나 기술을 수출하는 걸 원하지 않는 이들이 있습니다(벤앤제리스는 2021년 요르단 강 서안 정착촌과 동예루살렘에서 아이스크림 판매를 중단하겠다고 발표했다)."[34]

현실은 한결 평이했다. 어떤 나라들이 페가수스를 사용했는지를 알아내는 것보다 사용하지 않았는지를 알아내는 게 더 쉬웠다. 이 해킹 툴은 어디에나 존재했고, 21세기 초에 가장 이목을 끄는 사이버 무기였다. 연구 기관 포렌식 아키텍처는 NSO와 사이버 해킹 주체들의 역할에 대해 '시민사회의 행위자인 개인들이 아니라 협력망을 표적으로 삼는 디지털 감염'으로 설명한다. 이 기관은 인도, 멕시코, 사우디아라비아에서 '비슷한 시기에 직업적 연결망이 표적이 되기 전에 먼저 한 사람이 해킹을 당한다는 걸 발견했다. 각 사례에서 이 시민사회 연결망이 논쟁적이거나 범죄적인 국가 정책을 폭로하거나 맞서는 이후, 또는 그 시기에 페가수스가 사용된다'.[35]

모로코 정권은 비판자들을 공격하기 위해 페가수스를 사용했다. 노골적인 정부 반대자들은 결국 조작된 기소로 수감되었다.[36] 이스라엘과 모로코는 2020년 말에 관계를 정상화했는데, 미국이 논란거리인 모로코의 서西사하라 지배를 인정한다는 합의가 있었다. 이 거래를 부드럽게 추진하기 위해 이스라엘은 가미카제 드론을 모로코에 판매했고, 과거에는 미사일 방어 시스템도 판매한 바 있다. 이스라엘 국방장관 베니 간츠가 2021년 11월에 모로코를 방문했을 때, 양국이 주로 무기 거래에 관심이 있다는 사실은 전혀 비밀이 아니었다(외교 관계는 우선순위에서 한참 아래였다). 2021년 이스라엘 외무장관 야이르 라피드는 '모로코는 사이버 분야에서 만만한 얼간이가 아니'라면서 모로코의 사이버 해킹 능력을 끌어올린 것이 다름 아닌 이스라엘의 기술이라는 점을 언급하지 않았다.

독재 정권이라면 어느 나라든 페가수스를 구매해서 배치했다. 이스라엘과 공식적 관계를 맺은 나라든 이스라엘 스파이웨어를 절실하게 원하는 나라든 모두 달려들었다. 바레인과 오만의 활동가들은 NSO 기술의 표적이 되고 있다. 르완다는 페가수스를 이용해 반정부 인사 폴 루세사바기나를 감시했다. 영화 「호텔 르완다」에 영감을 준 그는 두바이에서 르완다 관리들에 속아 납치된 뒤 2021년 르완다에서 받은 재판에서 테러 관련 범죄 혐의로 유죄 판결을 받았다. 모로코는 페가수스를 이용해 에마뉘엘 마크롱을 비롯한 프랑스의 고위 정치인들을 염탐했다. 네타냐후의 긴밀한 동맹자인 헝가리 총리 오르반 빅토르는 페가수스를 구입해 야당 정치인들과 비판적 언론인들을 염탐했다. 2021년에 이 사실이 폭로되자 오르반의 대변인은 공격받을 때는 언제나 그렇듯 반유대주의 언사로 맞받아치면서 억만장자 유대인 박애사업가 조지 소로스 탓으로 돌렸다. 이스라엘이 유럽에서 유대 국가 지지자로 키우고 싶어 하는 동맹국이 이런 꼴이었다.

전염은 계속되었다.[37] 에스파냐 관리들은 카탈루냐의 독립과 정치인들을 염탐했다(결국 에스파냐의 정보기관 수장이 사임해야 했다). 2022년 8월 〈하레츠〉에 따르면 NSO는 유럽연합의 22개국 법 집행 기관과 계약을 맺었다(다른 스파이웨어 기업들도 유럽 대륙 곳곳에서 활동 중이다).[38] 우간다에 주재한 미국 국무부 관리들은 NSO 기술의 표적이었는데, 2021년 말에 이런 사실이 폭로되자 NSO는 깊은 유감을 표했다. 미국 관리들이 피해자가 된 것이 (알려진 바로는) 처음이었기 때문이다. 페가수스는 앞에 '+1'이 붙는 전화번호, 즉 미국 전화번호는 표적으로 삼을 수 없게 설계되어 있다. 전 세계의 NSO 고객들이 미국 시민을 정탐하는 일이 없도록 이스라엘 관리들이 특별히 요구해서 설계한 것이다. 하지만 NSO는 팬텀Phantom이라는 예비 수단을 계획해두었다. 2019년 NSO는 미국 연방수사국FBI이 미

국인들을 해킹하는 방법으로 이 프로그램을 시연했다.[39]

미국 중앙정보국은 지부티가 미국의 테러 대응 활동을 돕도록 페가수스를 구입했다. 알다시피 지부티는 인권 침해 국가로 유명한데도 말이다.[40] 우크라이나는 여러 차례에 걸쳐 페가수스를 요청했지만 일찍이 2019년부터 접근을 거부당했다. 이스라엘이 러시아와 우호적 관계를 유지하고 시리아에서 계속 그들의 표적을 공격하길 원했기 때문이다.[41] 이런 분쟁 때문에 전 세계가 러시아와 이란, 중국의 해킹에 대항하기 위해 이스라엘의 사이버 툴에 의존하는 정도가 극심해질 것이다.[42]

NSO의 촉수는 어디에나 뻗어나가고 있다. 이스라엘은 우간다의 독재자들을 무장시키고 지원한 오랜 역사가 있다.[43] NSO 회장 샬레브 홀리오는 2019년에 직접 우간다를 방문해 독재 정권과 1,000만~2,000만 달러 상당의 계약을 체결했다.[44] 2021년에 이 합의가 폭로되고 미국 정부가 격분하는 반응을 보이자 홀리오는 한 친구에게 아리송한 말을 했다. "우리는 언제나 이런 일은 유효기간이 있다는 걸 알았지." 아마 NSO의 고객 명단이 언젠가 결국 자신들의 발목을 잡게 된다는 사실을 언급한 듯하다(다만 회사는 이미 수십억 달러를 벌어들였다).[45]

들리는 바로는, 아랍에미리트는 2021년 NSO와 체결한 계약을 취소했다고 한다. 두바이의 통치자가 페가수스를 이용해 전 부인과 그녀 동료들의 전화를 해킹한 사실이 드러났기 때문이다. 〈뉴욕 타임스〉 베이루트 지국장인 벤 허버드Ben Hubbard는 사우디아라비아와 그 지도자인 왕세자 모하메드 빈 살만에 관해 보도하는 동안 전화를 해킹당했다. 빈 살만은 상업용 스파이웨어에 막대한 돈을 투자한 인물이다.[46] 팔레스타인 인권운동가와 팔레스타인 주재 외교관들 또한 페가수스의 표적이 되었는데, 국제형사재판소에 이스라엘을 제소할 준비를 하던 관리들도 표적이 되었다. 이스라엘 경찰은 NSO의 기술을 활용해 자국민의 스마트

폰에서도 은밀하게 정보를 빼냈다. 페가수스는 이스라엘의 국내·국제 활동의 핵심 자산이 된 상태였다.[47]

아마 사우디아라비아가 NSO가 쌓은 공적의 핵심일 텐데, 아랍 세계에서 손꼽히는 강국이자 미국의 긴밀한 동맹자인 이 나라는 이스라엘과 공식적 관계가 전혀 없다. 사우디아라비아는 억압적인 수니파 무슬림 종족국가로, 반정부 인사를 투옥하고 고문하며 소수 시아파를 적극적으로 차별한다.[48] 오바마와 바이든 행정부에서 백악관 고위 관리를 지낸 로브 맬리Rob Malley에 따르면 앞선 세대의 지도자들과 달리, 빈 살만은 이스라엘-팔레스타인 분쟁을 '성가시고 짜증나는 일, 즉 공정하게 해결해야 하는 분쟁이라기보다는 극복해야 하는 문제'라고 보았다.[49]

〈워싱턴 포스트〉 칼럼니스트 자말 카쇼기Jamal Khashoggi가 2018년 12월 주이스탄불 사우디아라비아 영사관에서 살해당하고 나서야 2017년 NSO가 사우디아라비아에 페가수스를 판매한 사실이 분노를 일으켰다. 이스라엘은 사우디아라비아와 오랫동안 은밀하게 관계를 맺은 역사가 있는데, 일찍이 1970년대 초부터 사우디아라비아 왕가를 위협하는 세력에 관한 비밀정보를 제공했다.[50] 사우디아라비아의 정보기관 수장이 된 반다르 빈 술탄 왕자는 수십 년간 이스라엘과 유대인 지도자들을 만났으며 모사드 수장들과도 회동했다.[51]

NSO는 곧바로 카쇼기 살해의 조력자 역할을 했다는 비난을 받았다. 주모자로 지목된 빈 살만과 그의 팀이 카쇼기의 이동을 추적해서 죽일 수 있게 해주었다는 것이다. NSO는 아무런 책임이 없다고 잡아뗐지만, 그럼에도 불구하고 사우디아라비아 왕국과의 계약을 잠시 취소했다고 한다. NSO가 살인에 공모한 사실을 부정하는 것은 거짓말이다. 카쇼기의 전 부인과 약혼녀, 동료들의 전화도 그가 죽기 전후로 페가수스에 감염되었는데, 그 주체인 아랍에미리트는 종종 우방을 위해 반정부 인사를 추적해주는 사우디아라비아의 긴밀한 동맹국이다. 현재 카쇼기의 전 부인 하난 엘라트르와 약혼녀 하티제 젠기즈는 생명의 위협을 느끼며 살고 있다.[52]

　카쇼기의 주검까지 훼손한 소름 끼치는 살해 방식에도 네타냐후 정부는 아랑곳하지 않았다 – 사실은 정반대로 사우디아라비아에 추파를 던졌다. 이스라엘은 NSO를 비롯한 사이버 해킹 기업들이 사우디아라비아 정권과 한층 가까워지기를 원했다. 암살 직후 NSO는 당시 사모펀드 소유주였던 프란시스코 파트너스Francisco Partners와 만나 카쇼기 사건의 후유증을 논의했다. 〈뉴욕 타임스〉와 이야기를 나눈 정보원에 따르면 NSO는 이스라엘과 미국 정부 모두 NSO가 사우디아라비아에서 계속 활동하기를 원한다고 주장했으며, 잠시 왕국과 협력을 중단한 뒤 관계를 재개했다.[53]

　오마르 압둘아지즈Omar Abdulaziz는 캐나다에 사는 사우디아라비아 반정부 인사로 카쇼기의 친구였다. 그는 사우디아라비아 정권의 공공연한 비판자로서 트위터에서 일군의 자원자들과 함께 사우디아라비아의 트롤들에 맞받아치기로 카쇼기와 계획을 세웠다. 2018년 그의 전화도 페가수스에 해킹을 당했고, 그 직후 사우디아라비아에서 몇몇 친구와 가족이 체포, 투옥되었다. 위협이 한껏 고조되자 캐나다 관리들은 2021년 그가 사우디아라비아의 '잠재적 표적'이며 자신을 보호하기 위한 조치를 취해야 한다고 경고해주었다. 압둘아지즈의 변호사로 동예루살렘에서 활동하는 알라 마하지나Alaa Mahajna가 이스라엘 법원에서 스파이웨어를 사용해 그를 해킹한 NSO를 상대로 한 사건을 이끌었다. 마하지나는 앞서 NSO의 표적이 된 멕시코인들을 위해 활동했는데, 이스라엘 판사가 사건에 대한 함구령을 내려서 재판이 비공개로 진행되었다. 누군가가 국가의 인권 기록에 대해 책임을 물으려 할 때마다 법을 앞세워 침묵시키는 것은 이스라엘에서 흔한 일이다. 마하지나가 내게 말한 것처럼, 압둘아지즈는 스파이웨어 기업 NSO와 대결하기를 원했기 때문에 이스라엘 법원에서 마하지나에게 변호를 맡겼다. "(멕시코의 사례보다) 비극적인 일이었습니다. 압둘아지즈는 사우디아라비아인들이 자신과 카쇼기가 나눈 대화를 전부 들었다고 생각했기 때문입니다."

요르단 강 서안과 동예루살렘에서 이스라엘 국가가 보인 기록에 문제를 제기하며 15년간 활동했음에도 마하지나는 이 사건을 다룰 때만큼 심각한 위협을 느낀 적이 없었다. NSO는 모사드와 긴밀한 관계인 이스라엘 민간 비밀정보 기업 블랙큐브에 의뢰해 마하지나를 추적, 함정에 빠뜨리려 했다. 이 시도는 실패로 돌아갔지만, NSO와 블랙큐브는 그가 반유대주의자라고 비난했다. 마하지나는 이런 혐의를 격렬하게 부정한다. "고발당한 기업이 이스라엘이 아니라 이탈리아나 미국 회사라고 해도 압둘아지즈 사건을 맡았을 겁니다. 비윤리적이고 위험한 짓이니까요."

이스라엘의 사법제도 때문에 무척 주저하긴 했지만, 마하지나는 대중의 압력과 법률을 활용해 정의를 실현하는 게 중요하다고 믿었다. "지난 10~15년간 이스라엘의 사법제도가 크게 바뀌어서 이제 팔레스타인인에게 유리한 판결을 얻어내는 게 더 어렵습니다. 하지만 그래도 이 도구를 활용해야죠. 이스라엘의 사법제도를 그냥 무시해서는 안 됩니다." 마하지나는 NSO에 책임을 물으려 한 시도를 자랑스러워했다. "NSO의 주장과는 달리 이스라엘 민주주의를 지키려고 하는 거니까요. 이스라엘의 사법권을 활용해 모두를 위한 권리를 향상시키려는 겁니다."

빈 살만은 경쟁자와 비판자를 공격 대상으로 삼은 전력이 있다.[54] 사우디아라비아와 아랍에미리트 관리들은 알자지라 영어판의 남녀 언론인을 해킹하고 문란한 여자로 낙인찍기 위해 여성들의 은밀한 사진을 퍼뜨렸다. 아마존 창립자 제프 베이조스는 와츠앱을 통해 빈 살만과 연락한 뒤 휴대전화를 해킹당했다. 저명한 여성 활동가 루자인 알하틀룰 Loujain al-Hathloul은 여성의 자동차 운전을 금지하는 법을 마침내 끝장내기 위한 캠페인을 이끄는 데 조력한 뒤 수년간 투옥된 인물로, 2021년 교도소에서 풀려난 뒤 전화를 해킹당했다.

카쇼기 살해 사건이 일어났어도 NSO가 전 세계에 서비스를 판매하는 데는 별로 지장이 없었다. 이스라엘 정부의 설득력이 너무도 강했다. 가령 NSO는 2020년 영국에서 열린 보안치안무역박람회에 참가했다. 내무부가 주최한 3일짜리 행사에 다른 300개 기업과 나란히 보수당 정부의 특별 초청을 받았다. 2021년 NSO는 런던에서 열린 국제보안엑스포에서 다시 제일 좋은 자리를 배정받았다. 국제앰네스티가 주최 측에 불만을 표출한 뒤 NSO는 페가수스를 홍보하지 않았지만, 대신에 원치 않는 드론에 상공에서 대응하는 이클립스Eclipse 기술을 내세웠다.

행사장 밖에서는 비정부기구 '인권을 위한 알키스트ALQST for Human Rights'*가 소규모 시위를 조직했다. 사우디아라비아 반정부 인사 야히야 아시리Yahya Assiri가 창설한 알키스트의 시위는 NSO가 페르시아 만의 독재 정권들에 페가수스를 판매하고 반정부 네트워크를 노출하는 것에 항의했다. 아시리는 '디클래시파이드 UKDeclassified UK'에 이렇게 말했다. "사우디아라비아는 국내에서 우리와 접촉하는 인사들을 체포해서 고문, 성추행했습니다. 이건 심각한 문제입니다."[55]

아시리는 사우디아라비아 정부가 노리는 대상이었고 정부는 NSO 기술을 이용해 그의 전화를 해킹했다. 사우디아라비아 왕립공군의 장교 출신으로 그 자신이 무기 시스템 구매자였던 그는 정권을 위해 일할 때

---

* '알키스트'는 정의라는 뜻의 아랍어다 - 옮긴이

부터 온라인에 익명으로 글을 쓰기 시작했다. "저소득층 사람들이 어렵게 사는 걸 보았습니다." 그가 내게 한 말이다. "이런 부자 나라에서 왜 그렇게 어렵게 사는 사람이 많은지 궁금했지요." 그는 마침내 조국을 떠나 2013년 영국에서 망명을 신청했다. 온라인에서 실명으로 활동하기 시작하자 사우디아라비아의 동료 몇 명이 체포되어 장기 징역형을 선고받았다. 그는 결국 2017년에 망명자 지위를 얻었지만, 영국 당국이 리야드에 있는 친구들을 달래기 위해 결정을 늦춘 게 분명하다고 생각했다.[56]

2018년이 되어서야 사우디아라비아가 페가수스를 사용해 아시리를 표적으로 삼고 있음이 분명히 밝혀졌다. 이전에 그는 사우디아라비아 법무부처럼 보이는 상대로부터 사우디아라비아 법원에서 그의 공판이 열린다고 주장하는 문자 메시지를 받았다. 링크를 누르자마자 그는 휴대전화가 이상하게 작동한다는 걸 알아챘다. NSO 스파이웨어였다. 이미 다른 나라에서 살고 있는데 왜 사우디아라비아 당국이 추적하느냐고 묻자 그는 이렇게 대답했다. "그들은 누구도 목소리를 높이고, 진실을 말하고, 인권을 옹호하길 원하지 않습니다. 만약 사우디아라비아에 나 같은 누군가가 있다면, 그를 체포해 고문하고 아마 처형할 겁니다. 하지만 그 사람이 국외에 있다면 침묵시키려 할 겁니다."

사우디아라비아가 아시리의 전화를 해킹하고 이후 카쇼기를 살해하자 런던을 기반으로 한 활동가인 그에 대한 위협이 한층 높아졌다. 그는 겁이 나지는 않지만 안전하지 못하다고 말했다. 사우디아라비아에 있는 많은 친구와 동료들이 표적이 되어 실종되었기 때문이다. "다수의 활동가가 나와 연관되어 있다는 이유로 고문을 받고 있습니다. 정말 고통스러운 일이죠. 그들은 우리가 겁먹고 활동을 멈추게 하려고 자말(카쇼기)을 죽였어요."

변화하는 기류

〈뉴욕 타임스〉의 사이버 보안 전문 기자 니콜 펄로스Nicole Perlroth는 2016년 열린 화상회의에서 '자기 이름이나 직함을 밝히기를 거부한' NSO 중역 열 명과 이야기를 나눈 일을 떠올렸다. 그들은 입을 모아 회사가 '냉혈한 용병 집단이 아니며', 오로지 민주 국가에만 제품을 판매한다고 펄로스에게 끊임없이 말했다.[57]

펄로스가 들은 바로 NSO는 이스라엘 정부로부터 수출 허가를 한 차례도 거부당한 적이 없는데, 결국 사실상 지구상의 어떤 나라에든 스파이웨어를 판매할 수 있는 무한한 자유를 누린다는 뜻이었다. 펄로스의 설명에 따르면 이 화상회의를 근거로 판단할 때 NSO는 대충 즉흥적으로 전략을 실행했다. 가령 회사가 억압적 국가에 제품을 판매할 것인지 묻자 잠시 기다려달라고 했다. NSO의 활동 방식은 바로 이런 식이었다. 부인하고, 모호하게 말하고, 노골적으로 거짓말하는 식이었다. 오랫동안 이런 서사가 전 세계의 언론과 결합되어, 언론들은 NSO의 제품 판매와 이스라엘의 대외 정책을 직접적으로 연결시키는 경우가 드물었다.

나는 NSO 홍보팀에 자사 제품을 비민주적 국가에 어떤 식으로, 왜 판매하는지, 구매자가 제품을 오용하는 것을 막기 위해 어떤 안전장치를 두고 있는지 질문했다. NSO는 그에 대해 2021년에 공개한 「투명성·책임 보고서Transparency and Responsibility Report」를 찾아보라고 답했다. 거기서 NSO는 '인권 심사 과정을 거친 결과로 3억 달러 이상의 제품을 판매할 기회를 거부한 바 있다'고 주장하면서 이스라엘 국방부가 '우리 제품 일부의 판매 허가를 제한하며 회사도 인권의 관점에서 잠재적 고객을 자체적으로 분석한다'고 답했다. 보고서는 더 나아가 회사는 지배구조·리스크·준법위원회Governance, Risk, and Compliance Committee, GRCC를 설립해서 '인권을 존중하는 데 전념한다'고 주장했다. GRCC는 '잠재적 판매를 검토하면서 잠재적 인권 영향에 관한 포괄적 평가를 포함해, 리스크를 바탕으로 심층적인 기업 실사 과정을 거친 뒤 권고와 결정을 제공한다'.

NSO는 40개국에 60여 고객이 있다면서 보고서를 공개하기 전해에 '제품 오남용'에 관한 조사를 열두 차례 진행했다고 언급했다. 회사는 다음과 같이 결론지었다. '우리는 사이버 산업에서 최초로 유엔 기업과 인권 이행지침United Nations Guiding Principles on Business and Human Rights, UNGPs을 완전히 준수하기 위한 정책을 실행하는 기업임을 자부한다.'

2021년 11월 바이든 행정부는 NSO와 또 다른 이스라엘의 감시 기업 칸디루Candiru를 '거래 제한 명단entity list'에 올리는 놀라운 조치를 취했다. 미국 기업이 미국 기술을 NSO에 판매하는 것을 금지하는 미국 연방 차원의 블랙리스트였다. 상무부는 NSO가 외국 정부가 비판자와 관리를 '적대적 표적으로 삼도록' 무기를 제공한다고 비난했다. 그러면서 이 결정이 '억압에 사용되는 디지털 도구의 확산을 차단하기 위한 노력을 포함, 인권을 미국 대외 정책의 중심에 두려는' 바이든 행정부의 노력의 일환이라고 주장했다. NSO는 블랙리스트에서 빠지기 위해 미국의 로비스트와 로펌, 홍보 기업에 수십만 달러를 썼다.[58] NSO가 도움을 요청한 기업 중 하나인 로펌 필스베리윈스롭쇼피트먼Pillsbury Winthrop Shaw Pittman은 'NSO 그룹 : 당신을 위해, 선을 위해NSO Group: Here for You, Here for Good'라는 제목의 문서를 배포하면서 '유례가 없는 인권 거버넌스 프로그램'과 '세계를 이루 헤아릴 수 없을 정도로 안전하게 만드는' 도구를 강조했다.[59]

전하는 바로 NSO는 이때의 경험에 충격을 받았고, 이스라엘 정부는 상무부의 명단에서 NSO를 제외시키기 위해 워싱턴에 로비를 하겠다고 말했다. 이스라엘 방위수출관리국의 전 국장 엘리 핀코는 이스라엘 정부가 미국과 프랑스에 '굴복'해서 NSO의 활동에 대해 유감을 표하지 않았어야 했다고 말했다.[60] 이런 일이 있었음을 입증하는 증거는 없지만, 이스라엘이 미국이 NSO에 다시 한 번 기회를 주도록 설득하려고 그런 행동을 했을 법하다. 다수의 민주당 정치인은 NSO에 강력한 경제 제재를 부과할 것을 촉구했다. 트럼프와 네타냐후가 아직 집권하고 있다면 이런 일은 일어나지 않았겠지만, 네타냐후의 후임자 나프탈리 베넷은 2022년 페가수스가 '테러와의 전쟁뿐만 아니라 중범죄와의 전쟁에서도 아주 중요하다'고 말했다.

NSO를 겨냥한 워싱턴의 움직임은 환영할 만한 일이었지만, 이런 조치들은 위선으로 가득 차 있었다. 미국이 자국민만이 아니라 세계 전체까지 겨냥해서 훨씬 더 강력한 감시 도구를 개발, 배치하는 상황에서 NSO를 규제하는 이유는 무엇일까? 일찍이 연방수사국이 NSO 제품을 시험하면서 활용할 구상을 한 적이 있었는데, 갑자기 세계 곳곳의 반정부 인사들을 해킹하는 것을 우려하게 된 것일까? 앞뒤가 맞지 않는다. 바이든이 NSO에 조치를 취한 그럴듯한 이유는 이스라엘 기업이 미국의 기술 패권을 잠식하고 있다는 우려였을 것이다. 미국 의회는 여기서 멈추지 않고 NSO 그룹과 비슷한 부류를 점점 비난했고, 2022년 7월 하원 정보위원회는 비밀정보승인법Intelligence Authorization Act을 통과시켰다. 미국의 정보기관들이 외국의 스파이웨어를 구매하거나 사용하는 것을 저지하려는 법이다.

바이든이 제재를 가한 직후, NSO 공동 창립자 샬레브 홀리오는 이스라엘 방송에 나와 자신의 회사를 표적으로 삼는 건 '위선'이라고 말했다. '우리가 제품을 판매한 나라들 중에⋯⋯ 미국이 판매하지 않는 나라, 또는 이스라엘이 판매하지 않는 나라는 하나도 없었기' 때문이다. "따라서 F-35와 탱크와 드론을 판매하는 건 괜찮지만 비밀정보를 수집하는 도구를 판매하는 건 괜찮지 않다고 말하는 건 위선입니다." 물론 위선에 관한 그의 말은 옳았지만, 그렇다고 해서 그의 기업이 독재자들과 나란히 무한정 사업을 계속해야 하는 건 아니다. 그렇지만 2022년 초에 이르러 NSO가 새로운 고객을 찾으려고 분투하면서 빚에 허덕이는 가운데 훌리오는 회사의 다수 주주를 대표하는 한 팀에게 회사의 사업심사팀에서 이미 '고위험군'으로 분류한 국가들에 다시 제품을 판매할 수 있다고 말했다.[61] NSO는 조직 구조상 변화를 감당할 수 없었다.

이처럼 미국 정부가 직접 개입하는 것은 보통 중국 내에서 활동하는 기업들의 경우였다. 트럼프 행정부는 위구르인 탄압에 공모하는 중국 기업들을 표적으로 삼기 위해 이 전략을 광범위하게 사용한 바 있었기 때문에 NSO에 반대하는 활동가들은 이 뉴스를 환영했지만, 핵심 동맹자에 대해 이런 결정을 내린 진짜 이유는 무엇이었을까? 미국 국가안보국이 감시 역량을 갖춘 글로벌 경쟁자를 싫어해서 죽이지는 못하더라도 날개를 꺾으려고 했기 때문일까? 구글의 보안 분석가들인 프로젝트 제로Project Zero가 NSO의 도구가 국가의 정탐 능력만큼이나 정교하고 복잡하다고 폭로하자 이런 주장이 힘을 얻었다.[62]

러시아, 영국, 미국, 중국 등 사이버 공격 도구를 개발해서 사용하는 나라들은 자국 정보기관이 NSO 제품을 구매하는 것을 경계한다. 이를 통해 이스라엘이 그 나라들이 국내·국제적으로 누구를 공격하려 하는지 알게 될 것을 우려하기 때문이다. 그들이 자국의 보안 기구를 이스라엘의 정보 수집에 개방할 것인가? 이런 최상위 국가들은 독자적으로 NSO 유형의 도구를 구축할 수 있지만, 글로벌 사우스나 더욱 빈곤한 국가들에서는 그렇게 할 수 없기 때문에 기존의 이스라엘 스파이웨어를 구매할 수밖에 없다. 이스라엘 국가사이버보안국National Cyber Directorate의 전 국장 이갈 우나Yigal Unna에 따르면 이스라엘인들의 입장에서 그들은 사이버 무기의 세계적 패권을 지켜야 한다. '우리는 정직하게 쌓은 명성

을 지키기 위한 싸움을 준비해야 한다.'[63]

　　NSO, 그리고 이스라엘의 규제 감독 부재에 대한 세계적 분노가 고조되자 이스라엘 정부가 보인 반응은 향후의 사이버 도구 판매에 대해 사소한 관료적 장애물을 하나 추가한 것뿐이다. 이스라엘의 감시 네트워크를 원하는 나라는 이제 선언문에 서명해야 한다는 것이다.[64] 달라진 건 없었다.

협력이 만드는 침해

　　NSO 기술은 이스라엘과 긴밀한 관계인 나라들에 침투했다. 인도의 변호사 니할싱 라토드Nihalsing Rathod는 나그푸르 시를 기반으로 활동하는데, 종종 국가를 상대하는 사건을 맡는다. 2019년 와츠앱은 그에게 다른 21명과 함께 그의 전화가 페가수스에 감염되었다는 통보를 했는데, 그는 곧바로 2018년 푸네 근처에 있는 비마코레가온 마을에서 반정부 활동을 한 혐의로 고발당한 달리트* 활동가들을 변호한 게 그 이유임을 직감했다. 그는 내게 이렇게 말했다. "적(인도 정부)은 그들에게 필요한 모든 데이터 입력을 수집해야 합니다. 그래야 우리의 이미지를 손상시키고, 우리를 인기 없는 사람들이나 사건, 단체와 연결시키면서 반국가 세력이라고 지칭할 수 있으니까요."

　　라토드는 인도 관리들이 법정에서 그의 변호 전략을 알고 싶어 한다고 생각했는데, NSO 스파이웨어가 이를 알아내기 위한 안성맞춤의 도구였다. 그는 자신이 노출되어 있다고 느꼈다. "이 사건으로 나는 더

---

* 카스트에 속하지 않는 인도의 천민 집단 - 옮긴이

현명해졌습니다. 예전에는 누군가가 우리를 도청하거나 지켜보거나 우리가 쓴 글이나 메시지를 본다고 생각하지 않았는데, 이제는 확신해요. 이번 폭로 덕분에 사람들을 물리적으로 쫓아다니는 전통적인 방법이 근본적으로 바뀌고 있다는 사실을 알게 되었습니다. 감시 기법이 일정한 기간을 거치면서 진화하고 있기 때문에 어느 때보다도 더 우리의 프라이버시를 잘 살펴야 합니다."

라토드는 또한 자기도 모르는 사이에 휴대전화에 누군가가 유죄를 입증하는 증거를 심을 수도 있다고 우려했다. 실제로 인도 관리들은 비마 코레가온 사건에 관련된 사람들의 휴대전화에 낯 뜨거운 문서를 심었기 때문에 당연히 품을 법한 우려였다.[65] 활동가 10여 명이 모디 정부를 전복하려 했다는 혐의와 주변화된 집단을 지지한다는 이유로 투옥되었다.

"나는 어느 때든 디지털 불구가 될 수 있습니다." 라토드의 말이다. "예전 같으면 별생각 없이 휴대전화를 아무 데나 두고 개인적 삶을 즐길 수 있었지만, 이제는 꿈도 못 꾸죠. 침실이나 배우자, 우리 가족 등 항상 누군가가 내 개인 생활을 호시탐탐 지켜보고 있는 게 느껴져요."

인도는 감시 기술을 활발하게 활용하고 있다. 모디 정권은 페가수스를 이용해 권력 장악을 강화하려 했다. 인도의 언론인과 활동가 수십 명이 표적이 되었다. 푸네 주 경찰은 인권운동가들의 전화와 컴퓨터를 해킹해 유죄를 입증하는 증거를 심은 다음 그들을 체포했다.[66] 저명한 인도 작가 아룬다티 로이는 모디 시대에 인도 언론에서 지배적인 친이스라엘 정서에 이의를 제기하면서 이스라엘과 인도가 공모하는 상황의 위험을 명쾌하게 설명했다. 'NSO와 인도의 친밀한 협력은 2017년 이스라엘에서 시작된 것으로 보인다. 인도 언론은 당시를 모디와 네타냐후의 브로맨스 시기라고 부르는데, 그때 두 사람은 이스라엘의 도르 해변

에서 바지를 걷어붙이고 함께 노를 저었다. 두 사람이 모래밭에 남긴 것은 발자국만이 아니었다.'[67]

감시에 익숙해지는 현실

페가수스는 또한 세계 언론에 거의 등장하지 않지만 이스라엘의 국제적 지지가 높아지는 데 중요한 역할을 하는 나라들에도 확산되었다. "나는 지금 망명 중인데, 13년 동안 이따금 망명 생활을 했습니다." 토고의 활동가 파리다 나부레마Farida Nabourema가 내게 한 말이다. 그는 성인이 된 이후 포레 냐싱베가 이끄는 독재에 맞서 싸우느라 삶을 바쳤다. 냐싱베는 2005년부터 줄곧 대통령이다(그의 집안이 1967년 이래로 통치 중이다). 냐싱베 정권은 무차별 체포, 고문, 실종, 선거 조작, 언론과 표현의 자유 탄압으로 점철되었다. "나는 정권의 표적으로 찍혔습니다."

토고는 기니 만에 있는 인구 800만의 서아프리카 나라로, 프랑스 식민지였다가 1960년에 독립했다. 냐싱베의 독재 통치에도 불구하고 워싱턴은 토고의 군경에 재정 지원을 제공한다. 포레 냐싱베가 취임한 뒤로 많은 토고 활동가가 변화를 희망하면서 인터넷을 이용해 정치·사회 개혁이 시급히 필요하다고 촉구했다. 나부레마는 2014년 페이스북에 정부를 향해 쓴 글에서 이렇게 말했다. '당신은 아무 책임성 없이 토고를 통치할지 모르지만, 우리 시민들은 인터넷을 지배하며 당신에게 책임을 물을 것이다.'[68] 나부레마는 '포레는 물러나라Faure Must Go' 운동의 공동 창립자다. 대통령 임기 제한 재도입을 요구하는 거대한 시위가 벌어진 뒤 2017년 거리에서 폭발적으로 울려 퍼진 구호다.

하지만 얼마 지나지 않아 정권이 활동가들의 사적인 와츠앱 메시지를 읽을 수 있음이 분명해졌다. 이런 대화에 담긴 자세한 내용을 근거로 체포와 고문이 이루어졌다. 2018년 캐나다 사이버 보안 연구 단체 시티즌랩Citizen Lab이 펴낸 보고서를 통해 어떻게 이런 일이 벌어졌는지 드러났다. 이스라엘 기업 NSO 그룹의 페가수스 스파이웨어가 활동가들의 스마트폰에 설치되어 있는 걸 알아낸 것이다. 페가수스를 설치하면 해당 기기에 있는 모든 데이터를 완전히 캡처할 수 있다. 2016년 정권이 NSO로부터 사들인 것이었다.

토고는 베냐민 네타냐후 총리 집권 시기에 이스라엘과 긴밀한 관계를 형성했다. 2017년 이스라엘을 방문한 냐싱베 대통령은 방명록에 이렇게 적었다. '이스라엘이 아프리카를 다시 찾고 아프리카가 이스라엘을 다시 찾는 날을 꿈꿉니다.' 토고는 유엔에서 종종 이스라엘 편에서 투표하는데, 2017년 예루살렘을 이스라엘 수도로 인정하려는 트럼프 행정부와 이스라엘을 지지했다. 냐싱베는 아프리카 전체에서 이스라엘에 대한 지지를 높이기 위해 2017년 토고에서 아프리카-이스라엘 정상회담을 개최할 것을 촉구했지만, 수도 로메에서 수십만 명이 냐싱베 반대 집회를 열자 정상회담은 취소되었다.

나부레마는 자신의 투쟁이 개인적인 것이라고 생각했다. 평생 반정부 인사로 활동하면서 국가로부터 고문을 받은 아버지 벰바 나부레마에게 영감을 받았다. 형제자매는 그녀가 정권에 공개적으로 반대하는 것에 찬성하지 않으며, 2013년 이래로 이야기를 나눈 적이 없다. "많은 이들이 정권이 상황을 도발한다기보다 제가 정권을 도발한다고 생각해요. 토고에서 활동가는 마약중독자보다도 못한 대접을 받는답니다." 현지의 한 인권 단체는 2021년이 '언론의 자유를 기준으로 볼 때 토고 민주주의 시대에서 가장 암흑 같은 해'라고 말했다.

나부레마는 NSO 그룹 기술의 표적이 된 활동가들이 누군지 알았다. 2017년 10월에 동료 한 명이 체포되었고, 그를 면회하러 간 동료 두 명도 그 직후에 구금되었다. 누군가가 그들의 와츠앱 메시지를 들여다보았다. 그 후 나부레마는 한 번도 와츠앱 그룹 메시지를 사용하지 않았고, 동료 활동가들에게도 그 앱에 접속하지 말라고 조언했다. "토고의 활동가들은 페가수스가 와츠앱에 침투한 걸 발견하고 패닉 상태에 빠졌습니다. 활동가들은 정부가 그렇게 약삭빠르지 않다고 생각했지만(그들이 페가수스를 사용하는 걸 알기 전에는) 정부는 영악한 사람들을 고용해요. 이 모든 일이 있기 전에 다른 활동가들은 내가 피해망상에 빠져 있다고 생각했어요."

NSO가 처음 스파이웨어를 심은 뒤 나부레마는 현지 활동가들을 대상으로 디지털 보안 훈련을 조직하는 것을 도왔다. 그러나 토고 현지의 활동가들이 실제로 변화할 가능성에 대해서는 낙담했다. 저명한 가톨릭 주교이자 사제 한 명을 비롯해 정권 비판자 다섯 명이 2019년 페이스북이 소유한 와츠앱으로부터 페가수스의 표적이 되었다는 사실을 통보받았다.[69] 나부레마는 논란이 있는 2020년 대통령 선거 시기를 포함해 토고에서 여전히 페가수스가 사용되고 있다고 생각했다. 그 후로 그녀는 반정부 인사들에게 민감한 주제에 관해 온라인에서 절대 이야기하지 말고, 스마트폰에 낯 뜨거운 자료를 절대 저장하지 말라고 촉구했다. "토고에서는 아무것도 바뀐 게 없어요. 사람들은 그냥 새로운 현실에 익숙해졌습니다. 우리는 너무 오랫동안 독재를 견뎠기 때문에 정부가 새로운 강제 도구를 들고 나와도 사람들이 거부하지 않습니다. 그냥 거기에 적응하고 원래 그런 거라고 생각하고 말죠."

나부레마는 돌아올 때 안전을 보장받지 못하기 때문에 오랫동안 토고를 떠나는 게 어려웠다. 토고 사람들에게 NSO 그룹을 법정에 세우자고 촉구했지만 아무도 동의하지 않았다. "정말 실망했어요. 우리가 지키기 위해서 싸우는 원칙이 있잖아요. 정부가 우리를 정탐하고 있습니다. 개인적 차원에서는 괜찮을지 몰라도 반정부 인사로서 토고의 젊은이들을 지키기 위해 문제를 제기해야 합니다. 너무 많은 사람이 디지털 세계의 감시에 적응하고 있어요."

잘못된 믿음

NSO와 많은 경쟁자에 끈질기게 달라붙는 신화 중 하나는 그것이 이스라엘 국가와 아무런 공식적 관계가 없으며 이윤을 추구하는 민간 기업일 뿐이라는 것이다. 이스라엘 정부는 이런 메시지를 끊임없이 밀어붙이며, 많은 서구 언론도 여기에 편승하면서 국가가 지원하는 스파이웨어 장비가 글로벌 관계와 프라이버시, 표현의 자유 등에 무슨 의미를 갖는지 조사하려는 의지나 능력이 없었다. 서구 각국 정부의 적수인 중국이나 러시아의 지원을 받는 해커들을 비난하기는 쉽다. 하지만 이스라엘같이 서구가 선호하는 나라가 이들 기업을 지원하고 활용하는 경우에는 어떠한가?

이스라엘의 보안 담당 각료이자 예루살렘 담당 장관인 제에브 엘킨 Zeev Elkin은 2019년에 다음과 같은 말로 이런 착각에 힘을 보탰다. 'NSO는 사이버 분야에 종사하는 수천 명의 이스라엘인이 보유한 역량을 활용하는 민간 기업이며 이스라엘 정부는 거기에 전혀 관여하지 않는다. 이스라엘 국가와 아무런 관계가 없다는 것은 누구나 안다.'

이 발언은 거짓말이었다. 800여 명의 직원을 거느린 NSO의 기록을 보면, NSO가 우방을 만들고 사람들에게 영향을 미치기 위해 이스라엘 정부가 보유한 무기고의 매우 효과적인 무기임을 알 수 있다. 2016년 국제프라이버시Privacy International가 펴낸 보고서에 따르면 이스라엘은 세계에서 1인당 감시 기업의 수가 가장 많아서 미국과 영국을 앞질렀다. 국제프라이버시의 활동 책임자 에딘 오마노비치Edin Omanovic가 말해준 바에 따르면 이스라엘이 스파이웨어 산업 규모의 면에서 독보적인 한편, 다른 나라들 또한 분쟁을 화폐화하고 적으로 간주되는 세력과 싸우기 위한 기술을 고안했다. 그는 국내의 비판 세력과 싸우는 러시아와, 수십 년간 북아일랜드에서 투쟁이 벌어지는 영국을 예로 들었다.

네타냐후 집권 시기에 이스라엘 정부는 스파이웨어를 판매함으로써 우방을 만들기 위해 공세적으로 나섰다. 도박은 대체로 성공적이었다. 네타냐후와 모사드 수장 요시 코헨Yossi Cohen이 외교 관계를 개선하기 위해 수행한 조치와 세계 곳곳의 (대부분) 독재자를 직접 연결 지을 수 있다. 네타냐후는 2016년 7월에 헝가리를 방문했고, 2018년 7월에는 헝가리 총리 오르반 빅토르가 이스라엘을 방문했다. 오르반은 2018년 2월 NSO 기술을 사용해 많은 비판 세력을 표적으로 삼기 시작했다. 또한 2020년 8월 네타냐후와 트럼프가 주도해 이스라엘, 아랍에미리트, 바레인이 아브라함 협정Abraham Accords을 체결했을 때에도 페가수스(와 다른 국방 장비)가 핵심적인 설득 도구로 활용되었다. 이 전술은 기적같이 성공했다. 2022년, 아랍에미리트는 이스라엘이 제공한 방공 시스템을 사용해 이란의 드론을 막았다.

인도 총리 나렌드라 모디는 2017년 7월 이스라엘을 찾았고, 네타냐후는 2018년 1월에 인도를 답방했다. 인도는 2017년 7월 페가수스를 사용하기 시작했다. 네타냐후는 2016년 7월 르완다를 방문했고, 르완다 지도자 폴 카가메는 2017년에 NSO를 사용하기 시작했다. 네타냐후는 2016년 12월 아제르바이잔을 방문했고, 일함 알리예프 대통령은 2018년 페가수스를 사용하기 시작했다. 폴란드 총리 베아타 시드워가 2017년 네타냐후와 회동한 뒤 부패 단속 기관은 페가수스를 구입했다. 엘살바도르의 친이스라엘 지도자 나입 부켈레는 2020년부터 국가 부패를 조사한 활동가와 언론인 수십 명을 대상으로 NSO 스파이웨어를 사용한 혐의로 고발당했다. 아이러니하게도 부켈레는 팔레스타인계로, 팔레스타인 기독교도인 조부모가 20세기 초에 예루살렘과 베들레헴에서 엘살바도르로 이주했다. 아랍에미리트와 사우디아라비아 또한 페가수스에 열광했다. 양국이 페가수스를 처음 사용할 때는 이스라엘과 공식적 관계가 없었다.[70] 왕정 개혁을 촉구하는 활동가들을 포함한 태국의 친민주주의 운동도 페가수스의 표적이 되었다.

일부 정권들의 잔혹성에도 불구하고 이스라엘은 특히 NSO 기술 판매를 위해 이 나라들을 공략 대상으로 삼았다. 이스라엘의 어느 사이버 기업의 직원에 따르면 '이스라엘은 사우디아라비아를 전략적 공략 대상으로 삼았다. 이 프로젝트에는 이스라엘 국방부가 관여했다. 우리의 역량으로 사우디아라비아인들을 구워삶는 게 목표였다.'[71] 이스라엘은 자국의 사이버 무기를 사용해 사우디아라비아가 공동의 적 이란에 맞서 긴장을 고조시키길 기대했다. 페르시아 만에서 NSO 제품을 홍보한 어느 이스라엘인은 〈파이낸셜 타임스〉에 이렇게 말했다. "정보장교라면 누구나 원하는 장난감 같은 겁니다. 그들은 데모 제품을 좋아해요. 이스라엘제를 좋아합니다."[72]

"아랍에미리트뿐만 아니라 세계 곳곳의 많은 나라에서도 모사드는 특히 민감한 나라에서 사이버 거래 구조를 만들고 있습니다." 이스라엘의 인권변호사 에이타이 맥이 해준 말이다. "가령 페르시아 만 국가들에서 모사드는 지난 20년간 관계를 구축하는 책임을 맡고 있습니다." 2022년 미국 대통령 조 바이든이 사우디아라비아와 이스라엘을 방문했을 때 이스라엘과 사우디아라비아, 몇몇 아랍 국가, 페르시아 만 국가들이 힘을 합쳐 이란의 드론과 미사일에 대항하자는 공개적인 논의가 있었다.

사이버 무기 때문에 이스라엘 국민이 우려를 느끼지만 그에 대해 할 수 있는 실질적인 행동이 많지 않다는 모순적인 징후가 존재한다. 어느 이스라엘 작가는 많은 이스라엘인이 어떤 수단으로든 돈을 버는 기술을 숭배하고 급등하는 하이테크 산업을 존경하기 때문이라고 결론지었다. 유대 국가가 세계적으로 인정을 받고 명망을 누릴 수 있기 때문이다. '대중은 국방부가 수출 허가를 내주는 한 이스라엘 국가에 좋은 일임이 분명하다는 믿음을 포기하지 않는다.'[73] 2022년 페가수스가 이스라엘 국내의 일부 시민에게 사용된 사실이 폭로되고서야 많은 대중이 갑자기 NSO와 그 기술이 남용될 가능성에 분노를 터뜨렸다.

그럼에도 불구하고 국제앰네스티가 2021년 진행한 여론조사에 따르면 이스라엘인의 과반수는 규제되지 않는 사이버 무기 판매가 '부도덕'하다고 보았고, 독실한 유대인임을 자처하는 사람들은 비윤리적인 정권과 거래하는 것에 가장 반대했다.[74] 이스라엘의 많은 유대인이 볼 때, NSO를 비롯한 사이버 무기 제조업체는 자부심의 원천이었다. 이스라엘이 세계무대에서 기대 이상의 성과를 얻고 테러리스트나 소아성애자들에 맞서 싸운다는 것을 보여주었기 때문이다. 이런 사고에 담긴 함의는 분명하다. 이스라엘이 진짜 피해자라는 것이다. 인기 웹사이트 '와이넷Ynet'의 한 칼럼니스트는 문제는 NSO의 기술이 아니라 정부가 그 기술을 어떻게 사용하는지에 있다고 주장했다. 총이 아니라 사람이 살인을 하는 것이라는 전미총기협회의 주문呪文을 떠올리게 하는 주장이었다.[75]

한때 NSO는 회사의 명성과 높은 연봉만으로도 수많은 신입사원을 확보할 수 있었다. 하지만 수없이 많은 스캔들이 터진 뒤 2021년 상황이 바뀌기 시작했다. 회사는 소셜 미디어 캠페인을 쏟아내면서 아직 건재하고 활력이 있음을 보여주려 했다. 부회장 라몬 에시카르Ramon Eshkar는 이스라엘 언론에서 이렇게 말했다. 'NSO가 행동하는 기준은 시온주의, 이스라엘다움, 가치다.' 그러면서 회사는 '실종자 수색 활동, 수색구조 같은 의미 있는 활동에 참여한다. 그것도 순전히 자발적으로'라고 강조했다.[76]

그 메시지를 믿는 이스라엘 사람은 거의 없었다. 전 이스라엘 정보 장교는 NSO에 취업을 제안받고서 거부한 친구에 대해 설명했다. '그들은 미사일을 제조하는 이스라엘군 계약 업체 라파엘에서 일하나 노동 착취 공장에서 의류를 만드는 나이키에서 일하나 수많은 대중적 비판에 직면한 NSO에서 일하나 전혀 차이가 없다고 강변했다.'[77]

이스라엘 언론인 아미르 오렌Amir Oren은 2021년에 다음과 같이 설명했다. 'NSO 이야기에서 가장 아픈 점은…… 사업이나 외교보다는 정보와 전략적 이해관계와 관련되어 있다. 이스라엘 판매자와 결국 외국 고객까지 스마트폰이나 태블릿, PC, 그 콘텐츠와 앱, 수신인, 연락한 사람을 해킹할 수 있다면 아만AMAN(이스라엘군 정보기관), 신베트, 모사드, 경찰 수사기관 또한 프랑스 대통령 마크롱(또는 심지어 바이든)의 전화를 포함해서 똑같은 결과를 얻을 수 있다. 이스라엘 정보부는 (페가수스) 업그레이드 버전을 갖고 있다. 해외에서 판매하는 버전은 다운그레이드된 것이다. 이스라엘은 보호 조치를 통해 (그런 해킹으로부터) 안전하다.'[78]

오렌이 하고자 한 말은 이스라엘이 어떤 글로벌 강대국과도 경쟁할 수 있는 기술이 있으며, 페가수스는 유대 국가의 실제 역량에 비하면 장난감과 같다는 것이다. NSO와 이스라엘 국가의 힘은 거의 저지할 수 없어서 애플까지 함정에 빠뜨릴 정도다. 2021년 시티즌랩이 애플의 운영 체계 안에서 NSO가 활용한 취약점을 발견한 뒤 애플은 16억 5,000만 사용자를 위해 긴급 소프트웨어 업데이트를 발표해야 했다. 서구 언론의 많은 이들과 달리, 애플은 보도 자료를 발표해서 이스라엘이 관여한 사실을 정조준했다. 'NSO 그룹은 국가가 후원하는 정교한 감시 기술을 창조하며, 그 덕분에 스파이웨어는 고도로 정확하게 피해자들을 감시할 수 있다.'

캐나다의 정치학 교수이자 철학자, 토론토 대학교 뭉크글로벌 학부에 있는 시티즌랩 책임자인 론 디버트Ron Deibert는 사이버 감시 산업 반대자들이 직면한 주요한 과제는 '오늘날 세계가 초국적인 조폭 집단에 의해 다스려지고 있다'는 사실을 어떻게 다룰 것인지라고 내게 설명했다. "전 지구적인 도둑정치kleptocracy와 비슷한 문제지요."

2020년 저서 『리셋 : 시민사회를 위해 인터넷을 되찾자Reset: Reclaiming the Internet for Civil Society』에서 디버트는 NSO 같은 기업에 내재한 금전적 유인을 근본적으로 바꾸지 않고서는 인류의 미래가 황량해질 게 분명하다고 주장한다. '개인 데이터 감시와 권위주의적 국가 통제는 완벽한 짝을 이룬다. (……) 언뜻 끝없어 보이는 수익성 좋은 사업 기회는 공적 책임을 훼손하고 독재 통치를 촉진한다.'[79]

또 다른 감시 기업의 확장

지구 곳곳에서 해를 끼치는 것은 NSO만이 아니다. 셀레브라이트는 억압적 국가들과 협력하면서도 훨씬 덜 비판받는 또 다른 이스라엘 기업이다. 셀레브라이트가 NSO처럼 악명을 떨치지 않는 정확한 이유를 알기는 어렵지만, 아마 눈에 띄지 않게 전화 해킹 역량을 발휘하는 것을 선호하기 때문일 것이다. 또는 연구자들과 언론이 NSO가 독재자들과 손을 잡은 것에 유독 관심을 기울이면서 종종 이스라엘 국가와의 필수적인 연계를 파악하지 못하기 때문일 수도 있다. 이스라엘의 인권변호사 에이타이 맥은 내게 이렇게 설명했다. "셀레브라이트는 짧은 거리에서 전화를 해킹하는 장비를 판매하고 NSO 그룹은 원거리에서 해킹하는 장비를 파는데, 활동가들한테는 똑같은 결과죠."

1990년대에 설립된 셀레브라이트는 IT 소비재 기업으로 출발했다가 2010년대에 감시 산업과 휴대전화 해킹에 깊숙이 뛰어들었다. 전 세계의 법 집행 기관과 협력하면서 막대한 이윤을 올릴 수 있는 잠재력에 주목했기 때문이다. 2021년 말, 셀레브라이트는 '영웅 뒤에 숨은 영웅 Heroes behind the Heroes'이라는 대규모 홍보 캠페인을 시작했다. 온라인 광고와 거리 광고판을 내세워 세계 각국의 경찰 안에서 자사의 '디지털 비밀 정보 솔루션'이 필수적인 작업을 수행하고 있음을 홍보하는 캠페인이었다.[80]

당연한 얘기지만, 이 홍보 대공세는 셀레브라이트가 어떤 서비스를 제공하는지, 이 광고가 누구를 대상으로 삼는지와 관련해서 무척 선별적이었다. 2022년 에이타이 맥은 셀레브라이트와 이스라엘 국방부에 편지를 보내 셀레브라이트 장비가 어떤 국가로 갔는지를 상기시켰다. 언론인의 뒤를 추적하는 러시아와, 로드리고 두테르테 대통령 집권기에 수많은 기자가 살해된 필리핀이 그런 나라였다.[81]

이스라엘 정부나 셀레브라이트나 독재자의 수중에 정교한 감시 장비가 들어가면 어떤 일이 생길지 알지 못한다고 주장할 수 없었다.[82] 2018년 셀레브라이트 직원들이 두테르테를 만난 모습이 사진으로 찍혀 공개되었고, 일부 직원은 자사가 광범위한 공공 기관을 훈련시킨 사실도 인정했다. 그중 일부는 두테르테의 잔학한 '마약과의 전쟁' 당시 필리핀인 수천 명을 살해하는 데 직접 공모했다. 셀레브라이트는 〈하레츠〉가

이 과정에 공모한 사실을 묻자 제품 판매에 대해 '엄격한 감독 절차'를 두고 있다고 답했다. NSO가 국제적 관계에 대해 질문을 받았을 때 내놓은 답변과 무척 비슷한 발언이었다.

정부 비판자, 언론인, 반정부 인사, 인권운동가 등을 상대로 셀레브라이트 감시 기술을 사용한 나라로는 보츠와나, 베트남, 방글라데시, 우간다 등이 있다.[83] 여기에는 유니버설 포렌식 추출장치Universal Forensic Extraction Device, UFED 해킹 툴도 있다. 휴대전화에서 정보를 추출하는 툴이다. 방글라데시에서는 초법적 살인과 실종으로 비난받고 있는 악명 높은 준군사 조직인 신속대응대Rapid Action Battalion가 이 하드웨어를 사용했다. 2021년에 이런 연계가 폭로되자 셀레브라이트는 재빨리 방글라데시에 대한 판매를 중단한다고 발표했다. 하지만 방글라데시가 이미 확보한 기술을 여전히 사용하고 있을 가능성이 높았다. 더 나아가 셀레브라이트는 앞으로 '윤리적 고려'를 확실히 우선순위에 두기 위해 자문위원회를 만들겠다고 밝혔다. 다시 한 번 셀레브라이트는 NSO가 채택한 것과 똑같은 홍보 중심 전술을 구사했다. 방글라데시는 이스라엘 정부와 아무런 공식적 관계가 없지만, 그런 사실과 무관하게 이스라엘의 비밀정보 전문가들은 2019년 헝가리 부다페스트 교외에서 4일간 진행된 행사에서 방글라데시 장교들을 훈련시켰다. 에티오피아 정부는 소수 종족을 대량 구금하고 반정부 인사와 언론인, 활동가들을 탄압하는데, 이 나라의 연방경찰도 셀레브라이트 제품을 사용한다.[84]

NSO와 마찬가지로 셀레브라이트도 언론의 철저한 조사에 저항한다. 〈하레츠〉의 보도에 따르면 이스라엘 국방부는 셀레브라이트의 판매를 감독하지 않는다. 이 회사의 제품들은 어쨌든 군과 민간 양쪽에서 사용하는 서비스로 분류되어 있으며 보안 관련 수출이 아니기 때문이다. 따라서 셀레브라이트는 이스라엘의 엄중한 감독을 받지 않은 채 수십

개국에서 활동할 수 있다.[85]

셀레브라이트는 많은 대금을 지불하는 고객을 찾아내는 데 아무런 문제가 없었다. 법 집행 기관과 재향군인부, 농무부를 비롯한 미국 정부의 2,800여 고객이 이 회사의 장비를 구입했으며 회사는 검사, 경찰관, 비밀경호국 요원 등을 활용해 사용법을 훈련시키고 있다.[86] 그리고 세계 최대의 6개 정유사, 최대의 6개 제약회사와 사업 계약을 체결했다고 발표했다. 또한 점차 수익성이 높아지는 기업 감시 분야로 이동하고 있다. 다른 곳을 예로 들면, 2015년 무렵 베네수엘라 정부가 셀레브라이트 시스템을 구입했다. 정권이 반정부 인사를 표적으로 삼으려고 사용한다는 소문이 자자했다.

하지만 언론이 혹평을 가하자 이따금 셀레브라이트의 확장이 영향을 받았다. 에이타이 맥이 2021년 법정에서 러시아와 벨라루스에서 UFED를 동성애 활동가들과 야당 인사를 감시하는 데 사용했음을 보여주는 문서를 공개한 뒤 회사는 두 나라에 UFED 판매를 중단하겠다고 밝혔다. 러시아의 반정부 인사인 알렉세이 나발니의 동료와 벨라루스의 독재자 알렉산드르 루카셴코 비판자들도 감시 대상이었다.

2021년 회사는 중국과 홍콩에서 철수하고 있다고 주장했지만, 그 후에 〈인터셉트〉는 셀레브라이트를 판매한 중개업자들이 여전히 본토와 티베트에서 중국 경찰에 이 회사의 해킹 기술을 판매하고 있음을 발견했다.[87] 인권 단체들은 회사가 몇몇 억압적 국가와 공식적 관계를 단절하려는 것은 2021년 나스닥 시장에 상장되면서 논란의 여지를 없애려 했기 때문이라고 판단했다.[88]

하지만 그런 단절 시도는 쉽지 않았다. 셀레브라이트는 인도네시아에 자사의 툴을 팔았는데, 이스라엘과 외교 관계가 없는 이슬람 국가인 이 나라는 이 툴을 사용해 웨스트파푸아를 비롯한 정치적 반대파와 활동가들뿐만 아니라 그라인더Grindr 같은 데이트 앱을 사용하는 동성애자 공동체 성원들도 표적으로 삼았다. 사우디아라비아 또한 2018년 〈워싱턴 포스트〉 언론인 자말 카쇼기를 암살한 뒤에도 단골 고객이었다.

2020년 인터뷰에서 셀레브라이트의 최고경영자 요시 카르밀Yossi Carmil은 회사가 NSO와 비슷하다는 평가에 고개를 가로저었다. 셀레브라이트가 하는 일은 'NSO를 비롯한 다른 기업들의 고객들의 세계와 달리 권한이 무척 제한되어 있기' 때문이라는 것이었다. "그들의 세계에서는 은밀한 일만이 아니라 불법적인 일도 벌어집니다. 셀레브라이트는 사법 질서를 준수하는 선의 영역을 벗어나지 않아요. 우리는 민간 조직이나 정보기관을 위한 해킹 도구를 만들지 않는다고요."[89]

워싱턴의 비영리 기구 업턴Upturn은 2020년 미국의 법 집행 기관이 범죄와 맞서 싸운다는 명목 아래 셀레브라이트 기술을 빈번하게 사용해서 스마트폰을 해킹한 사실을 발견했다. 50개의 주요 경찰서 중 최소한 49개에서 이 툴을 이용해 상점 절도, 강간, 살인 같은 범죄를 수사했다.[90] 셀레브라이트 기술을 이용해 암호로 잠긴 스마트폰에 침투하는 일이 흔하다. 업턴은 2015년에서 2020년 사이에 이런 사례가 수십만 건임을 밝혀냈다.

NSO와 마찬가지로 셀레브라이트도 이스라엘과 친선 관계인 나라만이 아니라 공식적 외교 관계가 거의 또는 전혀 없는 나라에서도 활동한다. 사이버 무기를 판매할 때 이런 세부 사항을 존중할 필요가 없는 것이다. 윤리적 고려는 이스라엘 정부의 의사 결정에서 중요한 요소가 아니다. "셀레브라이트가 러시아나 중국 같은 나라에 대한 미국의 제재를 걱정하지 않고 모스크바나 베이징에 장비를 기꺼이 판매하는 건 놀라운 일이었죠." 에이타이 맥이 해준 말이다. "다만 언론의 관심이 쏠릴 때만 양국에 대해 반응을 보이면서 계약을 취소했습니다." 이스라엘의 이점에 대해서는 이렇게 말했다. "이스라엘이 (사이버 시대 이전의 수십 년간 그런 것처럼) 원산지를 확인할 수 있는 자국산 총이나 무기를 팔기는 어렵겠지만, 감시 도구는 다른 문제죠." 이스라엘산임을 확인하기가 쉽지 않기 때문이다.

국방 분야에서 일했던 셀레브라이트의 전 직원은 〈하레츠〉에 익명으로 글을 썼다. '개인적 경험을 바탕으로 회사가 고객들이 자사 제품을 오남용하는 것을 막기 위한 조치를 전혀 하지 않는다고 말할 수 있다.' 셀레브라이트든 NSO든 억압적 국가들이 이스라엘의 기술을 원하는 이유는 간단하다. 중국을 비롯한 나라들이 만드는 '비슷한 제품은 품질이 떨어지기 때문이다'.[91]

합법이라고 말하는 어둠의 기술

셀레브라이트를 제외하고도 이스라엘 사이버 감시 기업의 목록은 길다. 전 이스라엘 방위군 사령관으로, 현재 키프로스에서 사업을 하는 탈 딜리안은 2019년 〈포브스〉 기자와 트럭 안에서 만나 근처에 있는 어떤 스마트폰이든 해킹할 수 있음을 보여줌으로써 이 은밀한 세계의 관찰자들을 깜짝 놀라게 했다. 이 기술을 가까이에서 목격하는 건 흔치 않은 일이었지만, 키프로스 당국은 그것이 상업적 첩보 행위를 위해 고안된 것이라고 주장하면서 제품을 압수했다.[92] 딜리안의 회사인 인텔렉사는 지금도 활동 중이며, 세계 언론에서는 으레 사이버 위협 전문가로 그의 발언을 인용한다. 그로서는 그런 위협을 과장하려는 경제적 동기가 충분한데도 말이다.[93]

음침한 사이버 산업에서 일할 기회는 비슷한 군 경력의 이스라엘인들에게 막대한 부를 가져다주고 있다. 2019년 아랍에미리트에서 채팅 앱 투톡ToTok이 출시되어 엄청난 인기를 끌면서 수백만 명이 앱을 다운 받았다. 하지만 이 앱은 사실 스파이웨어였다. 미국과 이스라엘의 민간 기업을 활용해 자국 시민을 모니터하기 위한 감시 시스템을 고안해온 페르시아 만의 수많은 억압적 국가에서 나온 최신 툴이었다. 그 배후에 있는 다크매터는 아랍에미리트 기업으로, 전 이스라엘 정보 관리와 미국 국가안보국 직원을 여럿 거느리고 있었다.[94]

페르시아 만에서 멀리 떨어진 곳에서도 많은 국가가 이스라엘의 사이버 툴을 속속 받아들였다. 이 기술이 가장 효과적이라고 보았기 때문이다. 2011년 독립국이 된 남수단은 2015년에서 2017년 사이에 이스라엘 기업 베린트시스템스Verint Systems로부터 통신 도청 기술을 사들였다. 남수단의 정보기관은 인권 탄압으로 악명이 높았다. 남수단 엘리트들을 겨냥한 전쟁범죄 주장이 속속 나왔지만 기술 판매를 막지는 못했다. 아제르바이잔과 인도네시아 또한 베린트시스템스 제품을 구매해 동성애자 공동체를 표적으로 삼았다.

이스라엘의 다른 감시 기업들은 더욱 뻔뻔해서 미국의 심장부에서 친팔레스타인 활동가들을 공략 대상으로 삼아 활동했다. 지금은 없어진 사이그룹Psy-Group은 신원을 비밀로 해주겠다고 약속한 뒤 미국의 유대계 기부자들에게 자금을 받았다. 회사는 우크라이나부터 캐나다에 이르기까지 세계 곳곳에서 활동했으며, 특정한 고객의 적들을 겨냥해 가짜 콘텐츠를 만들어 온라인에 퍼뜨리는 등 광범위한 어둠의 기술을 사용했다.

도널드 트럼프가 2016년 대통령 선거운동에서 활용한 영국의 컨설팅 기업 케임브리지 애널리티카Cambridge Analytica의 최고경영자 알렉산더 닉스Alexander Nix는 이스라엘인들을 활용해 정치적 적수를 함정에 빠뜨린 사실을 인정했다. '우리는 비밀정보 수집에 일가견이 있는…… 이스라엘 기업들을 활용한다.' 사이그룹이 그 주인공이었다. 이 회사와 비슷한 다른 회사들은 '민간 모사드'라는 별명을 얻었다.

사이그룹은 이스라엘의 권력 집단과 유대가 있는 사람들이 설립한 민간 비밀정보 기업이다. 2016년 말 회사는 케임브리지 애널리티카와 손을 잡고 미국 정부로부터 사업을 따냈다. 두 기업 모두 미국 국무부 산하의 글로벌관여센터Global Engagement Center에서 ISIS 동조자들을 탈급진화하기 위한 프로그램을 만들려고 구상했다. 사이그룹을 설립한 사업가 조엘 자멜Joel Zamel은 극단주의자 대항 프로그램을 만들어 친서방 정부를 지원하려는 오랜 야심을 품었다. 때로는 이런 야심 때문에 곤란에 빠졌다. 2020년 미국 상원이 내놓은 한 보고서는 사이그룹이 트럼프 선거운동 진영에 자사의 서비스를 홍보하면서 2016년 미국 대통령 선거에 영향을 미치려고 했음을 발견했다. 사이그룹은 이제 무관하지만, 자멜은 현재 광범위한 민간 비밀정보 기업들에 공을 들이고 있다.

전성기 시절에 사이그룹은 미국에 광범위한 소프트웨어와 인력을 배치해서 스파이에 가까운 활동을 벌이느라 분주했다. 2017년 BDS(불매, '투자 철회, 제재) 운동을 지지하는 유대인과 팔레스타인인을 모니터하기 위해 소셜 미디어와 다크 웹을 수색하고 현장 감시도 수행했다. 베냐민 네타냐후 총리의 국가안보 보좌관을 지낸 야코프 아미드로르Yaakov Amidror는 〈뉴요커〉에 이 회사와 협력한다고 말했다. '이스라엘 정부가 미국에 없으니(팔레스타인 활동가들을 감시하지 않으니) 민간인들이 그 일을 할 수만 있다면 도움이 될 거라' 생각했기 때문이다. 그는 사이그룹 직원들에게 이렇게 조언했다. "그자들을 폭행하지 마시오. 그자들의 집에 들어가지 마시오."[95]

그들이 맡은 임무는 미국 BDS 운동 지지자들을 폭로하는 것이었다. 사이그룹 직원들은 이 활동이 합법이며, 특히 미국 대학에서 활동하는 BDS 운동 지도자들에 초점을 맞추라는 이야기를 들었다. 회사는 전쟁에 찬성하는 신보수주의적 워싱턴 싱크탱크인 민주주의방어재단 Foundation for Defense of Democracies, FDD과 협력했다. 이 일을 끝낸 뒤 아미드로 르는 〈뉴요커〉에 사이그룹이 공공서비스를 수행했다고 말했다. 그는 BDS 운동 지지자들이 하마스나 팔레스타인 자치정부에서 자금을 받는 것 같다고 믿었지만, 이런 주장을 뒷받침하는 증거는 제시하지 못했다. 그러면서 이스라엘의 비밀정보 회사가 불법적인 행동을 전혀 하지 않는 미국 시민들에 관한 정보를 수집하는 게 정당하다고 주장했다.

사적 영역부터 법의 한계를 넘나들며

불명예를 자초한 할리우드의 제작자 하비 와인스타인은 수많은 여성을 상대로 저지른 성폭력에 대한 언론 기사를 끌어내리기 위해 돈을 주고 살 수 있는 가장 효과적인 민간 비밀정보 기업을 이용하고자 했다. 2016년 그가 선택한 이스라엘 기업 블랙큐브는 2010년에 전 이스라엘 정보장교들과 전 모사드 수장 메이어 다간Meir Dagan이 설립한 회사였다. 회사는 와인스타인에 관한 주요 기사가 〈뉴욕 타임스〉에 실리지 않으면 30만 달러의 보너스를 받기로 했다. 전 이스라엘 총리 에후드 바라크는 자신이 와인스타인을 이 기업에 소개해주었다고 인정했다. 그럼에도 불구하고 와인스타인의 시도는 실패로 돌아갔고, 지금 그는 일련의 강간 혐의로 미국 교도소에 수감되어 있다.

많은 이들이 이때 처음으로 블랙큐브에 관해 들었지만, 이 기업은 오래전부터 전 지구적으로 개인과 기업의 비밀정보 시장의 주축으로서 정탐 사업에서 최고의 인재를 고용함으로써 NSO와 같은 방식으로 올라섰다. 이 기업이 벌인 악명 높은 사업 중에는 오바마 행정부의 고위 관리인 벤 로즈와 콜린 칼에 관한 정보를 수집한 것도 있다. 두 사람 모두 이란 핵 합의의 핵심 지지자였다. 이 공작의 배후에 있던 고객들은 도널드 트럼프의 참모들이었다고 한다(비록 블랙큐브는 부인했지만).[96]

한때 아프리카에서 최고 부자로 손꼽힌 여성인 이사벨 도스 산토스 Isabel Dos Santos는 블랙큐브에 앙골라 정부의 뒤를 캐달라고 의뢰했다. 그녀는 정부가 자신의 자산을 압류하려 한다고 비난했다. 그러자 앙골라 당국은 2020년에 전 권위주의 대통령의 딸인 도스 산토스가 조국의 천연자원에서 막대한 양의 자금을 횡령해 중동과 유럽에 있는 역외계정으로 빼돌렸다고 비난했다. 미국 정부는 2021년 말 도스 산토스를 '중대한 부패' 혐의로 제재해서 미국 입국을 금지시켰다.

블랙큐브의 고객 명단은 NSO의 사업 방식과 놀랍도록 흡사하다. 다른 기업들이 진출하려 하지 않는 곳에서 이스라엘 정부와 협력해서 사업을 벌이는 것이다. 2015년 당시 콩고민주공화국 대통령 조세프 카빌라는 블랙큐브와 계약을 맺었다. 블랙큐브의 중역인 이스라엘 방위군 정보부대 출신 단 조렐라Dan Zorella가 그를 만나 콜탄 작전Operation Coltan을 확정한 뒤의 일이다. 계약의 목적은 사석에서 대통령을 비판한 가족 성원들을 포함해 그의 적수들을 정탐하는 것이었다.

2016년 블랙큐브는 루마니아의 어느 국가 검사를 정탐해달라는 의뢰도 받았다. 조렐라는 회사가 그 나라 정보기관의 '한 부서'로 일했다고 주장했다.[97] 루마니아의 한 고위 관리가 전 부패 담당 최고위 검사를 공격하기 위해 블랙큐브에 의뢰한 것이었다. 이 임무는 실패로 끝났고, 조렐라를 비롯한 블랙큐브 직원 세 명이 2022년 루마니아 법원에서 징역형의 집행유예를 받았다.

회사는 2018년 헝가리의 친이스라엘 성향인 권위주의 지도자 오르반 빅토르의 동맹자들과 협력했다. 당시 친민주주의 단체를 포함한 오르반의 반대자들에게 만나서 돈을 지원하고 싶다는 회사 중역들로부터 수상쩍은 이메일이 날아오기 시작했다. 파리와 빈, 부다페스트의 고급 레스토랑에서 열린 모임에 참석한 몇 안 되는 사람들은 헝가리 태생의 박애사업가 조지 소로스에 관한 질문을 받았다. 비밀리에 녹음되어 헝가리 언론에 유출된 그들의 발언은 그들이 소로스에게 자금을 받는다는 암시가 되었다.[98] 헝가리가 유럽에서 가장 확고하게 이스라엘의 팔레스타인 점령을 지지하던 시기에 블랙큐브가 네타냐후 정부와 긴밀한 관계였던 것도 우연의 일치는 아니다.

NSO를 둘러싸고 점점 스캔들이 커진 것과 비슷하게, 블랙큐브와 NSO가 이스라엘의 많은 유대인을 분노하게 만든 유일한 시기는 두 회사가 구사하는 방법이 (팔레스타인인이나 외국인이 아니라) 유대인을 대상으로 활용되고 있음이 분명해진 때였다. 2014년 이스라엘 최고의 부자로 손꼽히는 재벌 이단 오페르Idan Ofer가 블랙큐브와 계약을 맺어 새롭게 발견된 천연가스에 세금을 매기는 정책을 만들려 한 재무장관 야이르 라피드를 정탐한 사실이 2019년에 드러나자 이스라엘인들은 격분했다. 라피드를 중상모략해서 오페르의 수익에 부정적 영향을 미치게 될 세금 인상을 철회하게 만드는 게 목표였다. 주류 이스라엘 언론 대부분은 애국적 성향이 강하고 정보기관을 지지하기 때문에 텔레비전 탐사 프로그램 「우브다Uvda(사실)」에 이 이야기를 공개한 이스라엘 언론인들은 일반 시민들이 자국의 정보기관에 대한 신뢰를 잃을 것을 우려했을 법하다.[99]

하지만 블랙큐브는 비난에서 자유롭지 않다. 페이스북은 2021년에 블랙큐브를 퇴출시키면서 이 회사가 '표적에 맞게 가공된 인물들을 활용했다'고 말했다. '그중 일부는 대학원생, 비정부기구와 인권운동가,

영화와 TV 제작자 행세를 했다.' 블랙큐브는 오랫동안 고객들을 위해 정보를 수집하느라 허위 신분을 활용했다. 페이스북 가짜 계정, 가짜 웹사이트, 링크드인 허위 프로필 등으로 사람들을 함정에 빠뜨려서 온라인에서 정보를 빼내거나 직접 만났다. 예를 들어 쓸모 있는 비밀정보를 캐내려 하는 정체불명의 영화감독들로부터 의심스러운 이메일을 받은 사람들이 있다.

블랙큐브의 어느 전 직원이 내게 말해준 바에 따르면 회사는 '이스라엘 정부 기관과 비슷'하다. "종종 이스라엘 정부를 위해 일합니다." 회사 스스로 2012년에서 2014년 사이에 이스라엘 국방부를 위해 일했으며 직원들이 이스라엘 방위군의 정보 기지에 상시 배치되었음을 인정했다.

블랙큐브의 전 직원이 한 일들 중에는 회사에 막대한 돈을 지불한 고객들에 관한 정보를 비밀리에 수집하는 것도 있었다. 계약 금액은 작업을 마무리하는 데 소요되는 시간에 따라 10만 달러 또는 훨씬 많은 액수일 수 있었다. 익명을 요구한 이 전 직원은 '긴축 정책 때문에 법 집행이 위축되어' 경찰이 화이트칼라 범죄를 제대로 수사하지 못하는 까닭에 블랙큐브가 사회에서 정당한 역할을 하고 있다고 말했다. 2020년 블랙큐브 자문위원회에 합류한 전 영국 경찰 책임자 에이드리언 레퍼드 Adrian Leppard가 한 발언과 똑같은 말이었다. 레퍼드는 〈파이낸셜 타임스〉에 '실제로 현재 500건의 사이버 사기 중 한 건만 기소된다'면서, 따라서 블랙큐브가 필요하다고 말했다.[100]

전 블랙큐브 직원은 자신이 '요즘 준단속관이자 준경찰'이라고 말했다. "경찰이 무상으로 해야 하기 때문에 나도 대가를 받으면 안 되는 일을 찾고 있습니다. 바로 그런 곳에 사설 정보요원이 넘쳐나죠." 그는 블랙큐브가 모사드가 활동할 수 없는 곳, 즉 2011년 서구가 독재자 무아

마르 카다피를 실각시킨 뒤의 리비아 같은 곳에서 활동한다고 인정했다. "블랙큐브는 리비아의 국유 정유사에 촉각을 곤두세웠을 겁니다."

나는 블랙큐브의 2012년 「주간 보고서」 내부 문서를 입수했다. 회사가 당시에 하던 다양한 일을 소개한 문서다. 전체 사업을 자세히 다루지는 않았지만 이스라엘 방위군과 회동한 모임, 독일에서 열린 모임 등을 열거하면서 회사가 '한 탐사언론인에게 아이슬란드로 갈 기회를 제공했다'는 언급이 있었다. 잠입 기자와 협력해서 고객을 위한 정보를 얻으려 한 일을 언급한 듯하다.

기자, 증권중개인, 이스라엘 방위군 병사 등을 거쳐 런던을 기반으로 활동하는 스파이인 세스 프리드먼Seth Freedman은 블랙큐브에서 일하면서 와인스타인과 연관된 인사 91명을 조사했다고 인정했다. 그의 성폭력과 관련된 사람들이었다. 그중에는 프리드먼이 자신이 글을 쓰곤 했던 〈가디언〉에 기사화하기 위한 인터뷰라고 속인 여배우 로즈 맥고완 같은 사례도 있었다. BBC 기자가 그가 한 일을 후회하느냐고 묻자 그는 이렇게 답했다. "내 일은 자유롭게 얻을 수 없는 정보를 빼내는 겁니다. 법의 문구를 어기지 않는 한 당신이 어떤 윤리적 잣대로 나를 평가하든 걱정하지 않습니다."

존경받는 수많은 국가안보 언론인이 내게 말한 것처럼, 블랙큐브 첩보원들이 종종 유능하게 임무를 수행하지 못하는 아마추어처럼 노출되는 게 과연 중요할까? 많은 정보원이 내게 말해준 것처럼, 이 회사는 다른 많은 기업을 훌쩍 앞질러서 법의 한계를 밀어붙이는데, 이는 잠재적 고객들에게 회사를 두드러지게 내세우기 위해서다. 하지만 〈뉴욕 타임스〉 기자 출신으로 2021년 민간 스파이 세계에 관한 책 『스푹드Spooked』를 쓴 배리 마이어Barry Meier에 따르면 블랙큐브는 '업무를 잘하지 못했다. 이 회사는 고객들에게 높은 비용을 안기면서도 빤한 전술을

계속 우려먹었다. 그 결과 그들이 수행하는 작업은 서투른 저질 광대쇼처럼 보였다'.[101]

전 지구적 규제의 필요성

어떻게 하면 이런 NSO 유형의 기업들을 당장 저지할 수 있을까? NSO 자체가 사라지더라도 민주주의나 독재 국가들에서 모두 페가수스 같은 도구에 대한 수요가 사라지지는 않을 것이기 때문에 체계적이고 전 지구적인 변화가 필요하다. 2014년에서 2020년 사이에 자유로운 견해 표현의 권리를 증진하고 보호하기 위한 유엔 특별보고관을 지낸 데이비드 케이David Kaye는 다음과 같이 주장한다. "한 기업(NSO)에만 관심의 초점을 맞춰서는 안 됩니다. 그들에게만 초점을 맞춘다면, 그냥 이스라엘의 수출 통제 절차를 억누르기만 하면 해결된다고 생각할 수 있기 때문이죠. 또는 NSO만 기업의 인권 책임 기준을 준수하면 된다고 여길 수 있습니다. 이건 전 지구적 차원의 문제입니다."

케이는 사이버 감시 기업에 대한 국제적 행동 규범을 마련하는 것이 중요한 첫 단계라고 믿지만, 그 규범은 구속력이 없어서 집행이 거의 불가능할 공산이 크다고 인정한다. 케이가 말해준 것처럼, 정부 규제가 더 나은 선택지였다. 그렇게 하면 기업들이 규칙 위반을 두려워할 것이기 때문이다. 케이는 1997년의 대인지뢰금지협약과 비교했다. 당시 미국, 이스라엘, 중국, 파키스탄, 인도, 이집트, 러시아를 제외하고 세계 대부분의 나라가 이 살상 무기를 불법화하기로 뜻을 모았다.

"국제 공동체의 일부 성원들이 사이버 무기를 금지하기로 뜻을 모으는 과정을 상상할 수 있습니다." 케이의 말이다. "내가 볼 때, 대다수

정부는 수출과 사용을 규제하기만 원할 겁니다. 각국이 이렇게 어처구니없이 강력한 도구를 왜 포기하려 하겠습니까?"

유엔 특별보고관으로 일하는 동안 케이는 걸핏하면 NSO가 전 세계의 인권 활동가와 언론인들의 권리와 사생활을 침해한다고 목소리를 높였다. 2020년에 임기가 끝날 때 그는 전 세계적 규제가 이제 막 생겨나고 있다고 인정했다. '지금 당장은 법적 제한이 전혀 없기 때문에 거의 마치 아무 조짐이 없는 것 같다.' 그가 언론인보호위원회Committee to Protect Journalists에 한 말이다.[102] 케이의 후임자 아이린 칸Irene Khan을 비롯한 유엔의 인권 전문가들은 2021년에 각국이 '감시 기술 사용이 국제 인권 기준에 부합하도록 보장하는 확고한 규제를 마련할 때까지 전 세계적으로 감시 기술의 판매와 이전을 일시 중단할 것'을 요구하는 호소문을 발표했다.

이렇게 통제되지 않는 산업을 규제하는 도전은 극복하기 어려울 수 있다. 이미 지구 곳곳에 널리 퍼져 있기 때문이다. 하지만 하버드 대학교 교수이자 『감시 자본주의 시대 : 권력의 새로운 개척지에서 벌어지는 인류의 미래를 위한 투쟁The Age of Surveillance Capitalism: The Fight for a Human Future at the New Frontier of Power』의 저자인 쇼샤나 주보프Shoshana Zuboff가 말한 것처럼, 노동조합이 노동자의 권리나 아동노동 폐지를 위해 싸우기 전에 많은 사람이 느낀 감정도 이와 똑같았다.[103] 합리적인 간단한 방법은 상업적인 사이버 해킹 툴을 전부 금지하는 것이다. '이윤 동기를 없애면 발전을 보호하면서도 증식의 위험을 줄일 수 있다'고 에드워드 스노든은 주장한다. '그렇게 하면 공공을 생각하는 연구와 정부 본연의 활동을 위한 여지는 남는다.'[104]

그런 규제가 없으면 필연적으로 NSO 유형의 도구가 확산되어 지구상의 모든 사람이 사용하는 휴대전화나 디지털 기기가 노출에 취약해질 수 있다. 하지만 이것으로는 충분하지 않다. 이스라엘이나 미국, 이탈리아 등 어떤 나라든 이 도구들을 정부에 공급하는 업체에 법적 책임을 물어야 한다. 감시 기업을 상대로 주요한 법적 승리를 몇 차례 거두면 이들 업체에 도덕적으로 분명한 교훈을 줄 수 있다.

휴대전화 해킹은 우리의 일거수일투족을 감시하려는 시도에서 가능한 일들의 출발점일 뿐이다. 시티즌랩의 선임연구원 빌 마르작Bill Marczak 은 향후에 모바일 기기의 보안이 개선되면 'NSO를 비롯한 기업들이 기기를 공략하기가 무척 어려워질 수 있다'고 우려한다. "모바일 기기의 해킹이 불가능한 지경에 이를 수도 있습니다. 어쩌면 그들은 대신 집 안에 있는 스마트 카메라를 해킹해서 도청을 위해 마이크를 틀 겁니다. 또는 냉장고나 토스터나 자동차를 해킹할 거예요. 감시 영역은 무궁무진하니까요."

감독받지 않는 탐욕스러운 자본주의의 논리야말로 대중 감시를 축소하는 것을 가로막는 주요한 장애물이다. "시장의 힘은 많은 기기에서 보안 약화를 밀어붙입니다. 그렇게 해야 이런 기기를 만드는 비용과 난이도가 낮아지니까요. 결국 많은 기기가 해킹의 잠재적 표적이 됩니다."

7

왜 팔레스타인인을
좋아하지 않을까?

우리는 소셜 미디어가 관심을 끌기 위해 남은 유일한 방법이라고 봅니다.
모든 게시물, 트윗, 영상이 중요해요. 이를 통해 우리는 세계 곳곳의
훌륭한 사람과 정부에 손을 뻗칠 수 있습니다.
무나 엘쿠르드(동예루살렘의 팔레스타인 활동가, 2021년 5월)[1]

사진 속의 남자는 생각이 비슷한 친구들에 둘러싸여 있었다. 당시 이스라엘 법무장관 베니 간츠는 하마스와 이스라엘의 분쟁이 최고조에 달한 2021년 5월 소셜 미디어 중역들과 여러 차례 줌 회의를 가졌다. 이스라엘 관리들은 책상 앞에 앉은 간츠가 중역들의 얼굴이 보이는 대형 스크린 앞에서 이야기하는 사진을 공개한 바 있었다. 간츠는 페이스북과 틱톡을 상대로 대화하면서 폭력을 선동하고 가짜 정보를 유포하는 콘텐츠를 제거할 것을 요구했다. 그러면서 이스라엘 정부의 삭제 요청에 신속하게 행동해달라고 말했다.

"이 조치를 시행하면 우리나라에 해를 끼치려는 극단주의 분자들이 소셜 미디어를 통해 의도적으로 자극하는 폭력을 직접 막을 수 있습니다. 우리는 지금 사회적 비상 상황이며, 여러분의 지원을 기대합니다."

이 회의 중에 간츠는 페이스북의 국제 문제 및 커뮤니케이션 담당 부사장이자 전 영국 부총리인 닉 클레그Nick Clegg, 페이스북의 국제공공

정책 담당 부사장이자 조지 W. 부시 행정부에서 고위 관리를 지낸 조엘 캐플런Joel Kaplan 등과 대화했다. 페이스북과 틱톡 모두 분쟁 중에 목숨을 잃은 이스라엘인들에게 애도를 표했지만, 살해당한 팔레스타인인 수백 명에 관해서는 일언반구도 없었다. 회의가 끝난 주에 이스라엘 정부는 페이스북이 콘텐츠를 삭제해달라는 요청에 훨씬 적극적인 반응을 보였다고 말했다.[2]

클레그, 캐플런, 그리고 두바이에서 활동하는 중동·북아프리카 정책 책임자 아잠 알라메딘Azzam Alameddin은 또한 팔레스타인 총리 모하마드 시타예Mohammad Shtayyeh와도 화상으로 만나 팔레스타인인들의 게시물이 삭제되는 것에 대해 사과했다. 페이스북은 '저항'이나 '순교자' 같은 키워드가 오류로 삭제된 것을 인정하면서 콘텐츠를 어떻게 평가할지 다시 점검하겠다고 약속했지만, 향후에 어떻게 개선할지에 대해 구체적인 내용은 말하지 않았다. 페이스북은 히브리어와 아랍어 구사자로 가득 채운 '특별운영센터'를 세우는 식으로 충돌 시기에 모든 당사자의 비판에 대응하려 하면서 센터를 만든 목적은 자사의 정책을 확고히 지키기 위해서라고 말했다.

이스라엘은 별로 걱정할 필요가 없었다. 페이스북에서 유튜브, 틱톡, 트위터에 이르기까지 이 시기에 소셜 미디어 플랫폼들은 이스라엘에 비판적이거나 팔레스타인의 시각을 나타내는 콘텐츠를 걸핏하면 차단했기 때문이다. 하마스와 충돌한 이 시기에 이런 검열이 악화된 듯 보였지만, 지난 10년간 팔레스타인 쪽 게시물이 놀라운 속도로 사라진 예측 가능한 경로를 따랐을 뿐이다.

이스라엘 내에서는 부적절한 내용으로 간주하는 콘텐츠를 일제 단속하는 국가의 권한이 커졌을 뿐이다. 2021년 이스라엘 대법원은 온라인 단속 기관인 사이버 유닛Cyber Unit에 비밀리에 활동하고, 소셜 미디어 기업들과 은밀한 연계를 맺으며, 이용자와 협의하지 않고 게시물을 삭제할 수 있는 권한 승인을 내주었다. 팔레스타인인들은 이런 폐쇄적 구조 속에서 자신의 글이 사라지는 이유를 추측할 수 있을 뿐이었다.

틱톡 콘텐츠 관리자moderator 출신인 가데아르 아이덴Gadear Ayden은 2021년에 자신이 그해에 이스라엘과 하마스가 충돌할 당시 '이스라엘 팀'의 일원이었으며 팔레스타인을 비판하는 폭력적인 내용을 내세우는 영상이 플랫폼에서 훨씬 많이 부각되는 것을 보았다고 폭로했다. 아이덴의 말에 따르면 모든 관리팀을 이스라엘인들이 운영했고, '아랍인은 아무도 회사에서 고위직에 오르지 못했다'.[3]

2021년 4월 이스라엘이 동예루살렘 점령지인 셰이크 자라의 팔레스타인인 주택을 철거할 계획을 세웠을 때, 활동가들은 페이스북과 인스타그램, 트위터에서 '#SaveSheikhJarrah'라는 해시태그가 붙은 게시물이 사라지는 것을 발견했다. 트위터 계정이 정지되고 페이스북 게시물이 삭제되었다. 텍스트로만 이뤄진 인스타그램 게시물에는 그래픽 경고 딱지가 붙었고, 셰이크 자라에서는 라이브 방송을 할 수 없었다. 인스타그램 대변인은 기술적인 사소한 결함이 있는 듯 보인다고 답할 뿐 구체적인 이유를 말해주지 않았다.[4] 그러면서 동예루살렘만이 아니라 콜롬비아와 원주민 공동체에서도 그런 문제가 발생하고 있다고 덧붙였다. '그 사람들의 목소리와 이야기'를 억누르는 것은 '전혀 우리의 의도가 아니'라는 것이었다.

〈워싱턴 포스트〉는 2021년 5월에 놀랍도록 솔직한 기사를 헤드라인으로 내보냈다. '페이스북의 AI는 미국의 흑인 활동가를 대하듯이 팔레스타인 활동가를 다룬다. 그냥 차단해버린다.'[5] 기자는 온라인에서 팔레스타인 이야기가 사라지는 것은 인공지능의 오류라는 페이스북과 트위터의 주장을 일축했다. 전자프런티어재단의 국제 표현의 자유 책임자인 질리언 C. 요크Jillian C. York는 이렇게 설명했다. '결국 지금 우리가 목격하는 것은 오프라인에 존재하는 억압과 불평등이 온라인으로 대체되는 현상인데, 팔레스타인인들은 공적 대화에서 배제되고 있다.' 2021년 말 페이스북 내부에서 유출된 문서들을 통해 고위 중역들이 '보수적 파트너들'의 기분을 상하게 할까 두려워서 소수집단에 대해 극단적 혐오 발언을 일삼는 게시물을 제한하길 원하지 않는다는 사실이 입증되면서 요크의 발언이 진실임이 확인되었다.[6]

이렇게 만연한 검열은 많은 팔레스타인인에게 영향을 미쳤다. 수백 개의 게시물이 알 수 없는 이유로 사라졌다. 동예루살렘에서 일하는 활동가 모하메드 엘쿠르드는 트위터와 인스타그램에 100만 명의 팔로어를 거느리고 있는데, 2021년 5월 자신의 인스타그램 스토리가 대폭 제한받고 있음을 발견했다. 하지만 페이스북 직원들도 그 이유를 알지 못했다. 페이스북은 나중에 기술적인 사소한 오류 때문이라고 주장했다. 한 내부 문서에서는 페이스북이 '팔레스타인에서 올라오는 콘텐츠에 대해 지나친 대응을 최소화하는 입장'을 취한 바 있다고 말했다. '그 지역의 사람들이 현재 상황을 공유할 필요가 있었기 때문이다. 엘쿠르드가 올리는 게시물을 삭제하거나 제한해야 하는 이유는 전혀 없다.'[7] 하지만 이런 문제는 계속 발생하고 있다.

한 팔레스타인 남자는 카삼이라는 아기가 있었는데, 2021년에 페이스북에 아들의 생일을 축하하려고 올린 게시물이 삭제되었다. 아마 페이스북이 그가 하마스의 무장 단체인 이즈 앗딘 알카삼 여단Izz ad-Din al-Qassam Brigades을 언급한 것으로 판단한 듯하다. "이 단어는 우리가 나누는 대화의 일부이자 우리 문화의 일부입니다."[*] 팔레스타인에서 디지털 권

---

[*] 'Qassam'은 1930년대에 반영국, 반유대인 무장투쟁을 벌인 이즈 앗딘 알카삼의 이름이며 '이슬람 전투군'의 아랍어 약어이기도 하다. 또한 하마스 알카삼 여단이 개발, 사용하는 로켓의 명칭이기도 하다 - 옮긴이

리를 모니터하는 단체인 사다 소셜 Sada Social의 대표 이야드 알레파예Iyad Alrefaie의 말이다. "페이스북은 맥락을 구별하지 않은 거죠."[8] 가자의 어떤 남자는 2021년 5월 15일 이스라엘 미사일을 맞기 전의 건물 사진을 올렸는데, 인스타그램에 의해 삭제되었다(이의를 제기한 뒤 복구되기는 했다).[9]

이중 기준이 적용되는 게 분명했다. 소셜 미디어 개선을 위한 아랍 센터인 함레7amleh에 따르면 2021년 5월 소셜 미디어에서 히브리어로 이뤄진 공개 대화 109만 건 중 18만 3,000건이 아랍인에 대한 선동과 이스라엘 유대인의 인종주의로 채워졌지만, 이 콘텐츠는 삭제되지 않았다. 문제가 되는 트윗을 몇 개 꼽자면 이런 식이다. '좋은 아랍인은 죽은 아랍인이다', '쓰레기들. 그놈들은 그냥 지구 표면에서 쓸어버리고 흔적도 남기지 말아야 한다. 가자 놈들과 지구상의 아랍인을 전부 죽여버리자'. 이런 트윗도 있었다. '세계의 모든 아랍인과 이 메시지를 읽는 아랍 놈들. 너희 가족 전부 암에 걸리길.'[10]

아마 가장 노골적인 검열은 페이스북이 소유한 인스타그램이 이슬람의 3대 성지인 예루살렘의 알아크사 사원에 관한 많은 게시물을 삭제한 사건일 것이다(나중에 일부분만 복구되었다). 2021년 5월 팔레스타인인 수백 명이 사원에서 기도하는 순간에 이스라엘군이 사원을 습격했을 때 벌어진 일이다. 이 장소가 '미국 정부의 제재를 받는 조직의 이름'이었기 때문에 페이스북이 '폭력이나 테러 단체'와 연관된 곳으로 잘못 지정한 것이었다. 관리자나 알고리즘이 알아크사 사원을 미국과 유럽연합이 테러 단체로 지정한 팔레스타인 무장 집단 알아크사 순교자 여단Al-Aqsa Martyrs' Brigades과 혼동한 결과였다. 페이스북 내부의 한 정보원은 알아크사 해시태그가 처음에 제한된 것은 '지정된 (테러) 단체'와 연결되었기 때문이라고 내게 말해주었다.

단순히 소셜 미디어 거대 기업이 무고한 실수를 저질렀을 뿐이라고 생각하면 위로가 되겠지만, 전직 내부자는 이런 판단에 동의하지 않았다. 아슈라프 자이툰Ashraf Zeitoon은 2014년부터 2017년 중반까지 페이스북의 중동·북아프리카 지역 정책 책임자로 일했는데, '버즈피드 뉴스'에 페이스북이 이슬람 성지와 테러리스트를 구별할 수 있는 테러리즘 전문가를 고용했다고 밝혔다. 그는 페이스북이 테러리즘을 어떻게 지정할지에 관한 정책을 수립하는 일을 한 바 있었다. '페이스북이 두 단어로 이루어진 이름 중 한 단어를 테러 단체와 연결 짓는 건 믿기 힘든 변명이다. 그들은 이 정도로 무지하거나 무능하지 않다.' 그는 또한 페이스북이 이스라엘인들을 자극하는 걸 원하지 않는다고 비난했다.[11]

일부 현직 페이스북 직원들은 자사 플랫폼에서 걸핏하면 비판적인 목소리가 사라지는 현상에 격분했다. 그들은 2021년 페이스북 최고경영자 마크 저커버그와 가진 전사 차원의 회담에서 이 의제에 대해 의문을 제기했다. "우리의 도덕성 체계는 주변 집단을 실망시키고 있습니다(팔레스타인, '흑인의 생명도 소중하다' 운동, 아메리카 원주민 여성). 이 문제를 어떻게 할 겁니까?"

2021년 6월, 200명 가까운 페이스북 직원이 회사 차원에서 팔레스타인인의 목소리를 보호하기 위한 조치를 취하라고 요구하는 공개서한에 서명했다. 그들이 내놓은 권고안에는 더 많은 팔레스타인인을 채용할 것, 게시물을 삭제해달라는 정부 차원의 요청을 공개할 것, 반유대주의와 관련된 정책을 분명히 할 것 등도 들어 있었다.[12]

점점 더 많은 페이스북 직원이 플랫폼에서 팔레스타인 콘텐츠만이 아니라 아랍어로 쓰인 게시물과 자료까지 축소되는 현상에 불만을 표출했다. 페이스북과 많은 지지자가 이 플랫폼이 '아랍의 봄'을 지원하는 데 결정적인 역할을 했다고 주장한 뒤, 그 빛이 바래면서 페이스북이 어떻게 바뀌었는지 많은 사람이 두 눈으로 보았다. 페이스북의 한 소프트웨어 엔지니어는 2021년 동료들에게 '페이스북은 아랍권 이용자들에게 신뢰를 잃고 있다'고 말했다.

여전히 해명되지 않은 수수께끼 같은 일이 많다. 2021년 중반에 세계 곳곳의 페이스북 이용자들은 갑자기 자신이 원하지도 않았는데 '예루살렘 기도단Jerusalem Prayer Team'이라는 페이지에 '좋아요'를 누르거나 팔로우를 시작한 것을 발견했다. 7,500만 팔로어를 거느린 이 페이지는 세계 최대 규모의 친이스라엘 페이스북 페이지였다. 기독교 시온주의자이자 친트럼프 활동가인 마이크 에번스Mike Evans가 운영하는 이 페이지가 추구하는 목표는 이스라엘에 대한 지지를 드높이는 것이었다. 왜 이런 사태가 벌어졌는지는 분명히 밝혀지지 않았다.

2021년 가자의 언론인들은 무슨 이유에서인지 페이스북이 소유한 자신들의 와츠앱 계정에 접속할 수 없었다. 아마 이 기자들이 플랫폼에서 하마스를 팔로우했기 때문이었을 것이다. 하지만 이는 와츠앱 접속을 차단할 이유가 되지 않았다. 하루도 지나지 않아 와츠앱은 이스라엘에서 최소한 30명의 극우 극단주의 유대인의 계정도 차단했다. 그중에는 극우 정당 오츠마 예후딧Otzma Yehudit(유대인의 힘) 당수로, 현직 의원인 이타마르 벤-그비르의 아내도 있었다. 그는 '불충한' 아랍인을 이스라엘에서 쫓아내야 한다고 믿는 인물이다.

팔레스타인인 직원이 더 많았다면 2021년 5월 봉기 중에 페이스북이 '저항'과 '순교자'라는 단어가 포함된 팔레스타인인의 게시물을 삭제할 가능성이 낮았을지도 모른다. 이 직원들은 절대다수의 경우에 폭력을 선동하는 단어라기보다는 팔레스타인인에 대한 지지의 표현이라는 걸 알았을 것이기 때문이다.[13] 편향된 알고리즘과 무지한 인간 관리자들은 이런 현실을 알지 못했고, 팔레스타인인들은 정치적으로 허약한 탓에 이스라엘 정부의 힘이나 페이스북 내에서 미국 정부의 영향력과 경쟁할 수 없었다. 팔레스타인인들이 조만간 확대될 실감형 디지털 세계인 메타버스의 성장을 걱정하는 것도 이 때문이다. 오늘날 물리적 점령 아래서 팔레스타인인들이 경험하는 검열과 제한이 온라인 세계에서도 계속 벌어질 위험이 있다.[14]

2021년 5월 친팔레스타인 활동가들이 문제를 스스로 해결하려 하면서 소셜 미디어상에서 페이스북의 앱 평점을 낮추고 이 플랫폼에 별점 한 개 리뷰를 주자는 세계적 캠페인을 조직했다. 캠페인은 효과를 발휘해서 애플 앱스토어와 구글 플레이스토어에서 페이스북 평점이 눈에 띄게 떨어졌다. 잠깐 동안에 그치긴 했으나 자원이 부족한 사람들에게는 의미 있는 행동이었다.

페이스북은 2022년 9월에 영어, 히브리어, 아랍어로 보고서를 발표해서 이스라엘과 하마스가 충돌한 2021년 5월에 자사가 한 행동을 평가했다. '메타(페이스북의 모기업)가 2021년 5월에 한 행동은 인권과⋯⋯ 팔레스타인 이용자의 표현의 자유와 집회의 자유, 정치적 참여와 차별받지 않을 권리, 자신들의 경험에 관한 정보와 생각을 공유할 자유 등에 부정적인 영향을 미친 것으로 보인다.' 메타는 '의도하지 않은 편향' 때문에 페이스북과 인스타그램에서 히브리어 게시물보다 아랍어 내용을 훨씬 많이 삭제했다. 아랍어 구사자의 부족, 조직 자체의 편향, 결함 있는 머신러닝이 그 원인이었다.[15]

『보호받고 있다는 착각 Silicon Values: The Future of Free Speech under Surveillance Capitalism』의 저자 질리언 C. 요크는 '팔레스타인에 재갈 물리기를 중단하라'는 깃발을 내걸고 캠페인을 벌인 뒤, 2021년 5월 이스라엘과 하마스 충돌 이래로 페이스북을 상대하는 데 어느 정도 진전이 있었다고 말해주었다. "페이스북 관리팀은 한 무리의 전문가들 — 다수가 팔레스타인인이거나 팔레스타인과 강한 유대를 가진 사람들 — 과 거듭 만나 우리의 요구에 귀를 기울였습니다. 그들은 이 문제에 더 많은 자원을 쏟아붓고 있으며 콘텐츠를 적극적으로 잘못 삭제하는 상황에 대응하고 있어요. 하지만 그들은 우리가 내놓은 호소와 투명성 제고에는…… 노력을 기울이지 않고 있습니다."

요크는 많은 변화가 이루어질 것이라는 데에는 여전히 비관적이다. 대기업들이 굳이 그럴 이유가 없기 때문이다. "이 회사들은 조치를 개선하는 데 투자할 현실적인 이유가 전혀 없어요. 특히 주변으로 밀려난 집단들(과 글로벌 사우스의 집단과 공동체)을 돕는 조치에는요. 그들이 움직이는 동기는 이윤이고, 그 수단은 광고를 파는 겁니다. 이 광고의 대상은 누굴까요? 부유한 이용자들이죠. 그러니 그들이 어디에 가장 많이 관심을 기울일까요? 미국, 영국, 독일 같은 나라죠. 물론 광고 문제만은 아닙니다. 이 나라들의 정부가 회사에 행동을 요구하고 그런 행동을 발생시키는 영향력을 갖고 있습니다."

팔레스타인과 디아스포라에서 무수히 많은 팔레스타인인에게 '우리는 페이스북이나 다른 소셜 미디어 플랫폼이 우리의 말에 진지하게 귀를 기울일 거라고 기대하지 않는다. 우리에게는 목소리를 낼 수 있는 다른 소셜 미디어의 장이 필요하다'는 말을 듣는다. "실리콘밸리 회사가 미국의 대중적인 사회운동에 귀를 기울이려는 유인이야 있을 수 있겠지만, 팔레스타인인에게 귀를 기울일 동기가 있을까요? 미얀마인이나 원주민 이용자에게는요? 이 회사들은 언제나 사람보다 이윤을 우선시합니다. 말 그대로 그게 그들의 작동 방식이니까요."

빅테크 기업들은 이런 문제에 아랑곳하지 않는 듯했다. 소수집단의 우려에 립서비스를 해주는 것은 기껏해야 불편한 일이었다. 그들은 한 발 더 나아가 이스라엘에 대한 투자를 한껏 끌어올렸다. 구글과 아마존 직원들은 회사가 프로젝트 님버스Project Nimbus의 사업권을 따냈다는 뉴스를 접하고 2021년에 항의 서한을 발표했다. 이스라엘 정부와 군에 클라우드 서비스를 제공하는 12억 달러짜리 계약이었다. 그들은 이 대기업들이 점차 국방부나 이민관세청, 경찰서 같은 미국의 정부 부처에 서비스를 판매하는 추세를 비난했다. 유대인인 아리엘 코렌Ariel Koren을 비롯한 구글 직원들은 퇴사하면서 회사가 프로젝트 님버스와의 관계에 의문을 제기하는 이들을 징계한다고 비난했다. 코렌은 사직서에 이렇게 썼다. '구글은 회사가 팔레스타인인 인권 침해에 공모하는 것을 우려하는 팔레스타인인, 유대인, 아랍인, 무슬림의 목소리를 조직적으로 묵살한다 – 노동자들에게 공식적으로 보복하고 공포 분위기를 조성하는 지경에까지 이르렀다.'

2022년 7월 〈인터셉트〉에 유출된 문서를 통해 구글이 머신러닝 역량과 진보한 인공지능을 이스라엘에 제공하고 있음이 확인되었다. 현재 이스라엘에서 오라클을 운영하는 구글 엔터프라이즈의 전 보안 책임자는 님버스가 추구하는 한 가지 목적이 독일 정부가 국제형사재판소를 위해 이스라엘 방위군에 관한 정보에 접근할 수 없게 막는 것이라고 공개적으로 말한 바 있다.[16] 이스라엘 언론에 따르면 프로젝트 님버스가 홍보하는 이득은 구글과 아마존에 대규모의 보이콧 압력이 가해지는 경우에도 IT 기업들이 이스라엘 정부의 접속을 차단하지 못한다는 것이다. 잠재적인 정치적 역풍에 대비한 일종의 보험이다.[17]

구글과 아마존의 노동자들은 익명으로 다음과 같이 말했다. '우리 회사들이 구축하기로 계약한 기술은 이스라엘군과 정부가 팔레스타인인을 대상으로 시행하는 체계적인 차별과 추방을 한층 더 잔인하고 치명적으로 만들 것이다.'[18] 다국적 억압의 시대에 현대 하이테크 산업의 지배자들로서는 이스라엘과 협력하는 것이 손쉬운 선택이었다. 정치적 반발이 거의 없었기 때문이다.

미국 하원의원에 당선된 최초의 팔레스타인계 미국인인 라시다 탈리브는 2021년 5월 트위터와 페이스북, 인스타그램, 틱톡에 서한을 보내 '의도적이든 아니든 간에 알고리즘과 직원들이 종족이나 종교를 바탕으로 이용자의 입을 막지 못하도록 할 것'을 요구했다. 의원실에 소셜 미디어 기업들로부터 답장을 받았는지 여부를 물었지만 답을 듣지 못했다.

페이스북에는 아랍어와 히브리어 원어민을 포함해 1만 5,000명이 넘는 콘텐츠 관리자 팀이 있다. 이 관리자들은 콘텐츠를 검토하면서 부적절하다고 여겨지는 내용을 가차 없이 삭제한다.[19] 페이스북은 나라나 지역별 자세한 삭제 내용을 공개하지 않지만, 페이스북과 인스타그램을 '안전하고 포용적인' 공간으로 만들기 위해 분기별로 커뮤니티 규정 시행 보고서Community Standards Enforcement Report를 온라인에 게시한다. 예를 들어 2021년 3/4분기에 나온 보고서에 따르면 200만 건의 게시물이 '조직적인 혐오'를 반영한다는 이유로 삭제되었고, 980만 건은 위험한 단체와 개인이 작성한 것이라는 이유로 삭제되었다.[20] 얼마나 많은 게시물이 이스라엘-팔레스타인 분쟁과 연관되어 삭제되었는지 확인하기는 불가능했다. 이에 대해 페이스북에 문의했지만 답변을 거부당했다.

2021년 5월 이스라엘 악플러들이 페이스북이 소유한 와츠앱 메시지 서비스를 이용해 아랍인과 그들이 운영하는 사업체를 공격했다. 히브리어로 작성된 한 메시지는 다음과 같았다. '이스라엘의 모든 유대인 시민에게 평화를. 오늘 18시 바트얌 해변 산책로(빅토리 아이스크림 앞)에서 벌어질 아랍인에 대한 대규모 공격에 참여해달라고 여러분을 초청하게 되어 영광입니다. 브라스 너클, 장검, 칼, 각목, 권총, 불바가 장착된 차량 등 적절한 장비를 가지고 오세요.' 이 와츠앱 그룹의 명칭은 '아랍인 사냥'이었다. 이 메시지는 현실 세계에 영향을 미쳤다. 5월 12일에 이스라엘 폭도들이 텔아비브 바로 남쪽에 있는 바트얌 시에서 아랍인 주인이 운영하는 아이스크림 가게를 때려 부수었기 때문이다.

공격 이전에 퍼진 와츠앱 메시지에서 언급된 것들을 포함해 다양한 무기가 사용되었다. 메시지를 본 이스라엘 활동가들은 이스라엘 경찰에 경고했지만, 경찰은 신속하게 대응하지 않았다. 와츠앱과 텔레그램에서 극단주의 유대인의 공격 제안이 최소 스무 건이 조직되었다.[21] 어떤 식으로든 유대인과 아랍인의 공존에 반대하는 극우 활동가들이 벌인 이 공격은 비유대인에 대해 점점 높아지는 불관용과, 그들을 몰아내려는 움직임을 둘러싼 이스라엘의 폭넓은 쟁점이 압축된 하나의 소우주다.[22] 이런 혐오 메시지가 아무리 올라와도 소셜 미디어 플랫폼에서는 좀처럼 삭제되지 않는다. 이스라엘 경찰청장 코비 샤브타이는 2022년 9월 유대인과 아랍인이 섞여 사는 도시에서 충돌이 벌어지면 소셜 미디어를 폐쇄해야 한다고 말했다. '이스라엘은 민주 국가이지만, 그래도 한계가 있다.'

실리콘밸리 기업들에 내재한 편향은 소셜 미디어를 훌쩍 넘어서 확대된다. 구글 지도, 애플 지도, 웨이즈Waze 내비게이션 앱 등은 모두 어디에나 흔한 지도 앱 서비스인데, 팔레스타인 지역에 관해서는 최소한의 데이터만 담고 있다. 이스라엘 정착촌이 대부분 지도상에서 인식되고 언급되는 반면, 팔레스타인 마을 수백 곳은 아예 존재하지도 않는다. 이런 간극에 대해 질문을 하면 이 기업들은 유엔 규칙의 문제라고 주장한다. 팔레스타인은 '비회원 옵서버 국가'일 뿐이기 때문에 자신들은 적절한 방식으로 이 문제를 다룰 수 있는 위치에 있지 않다는 것이다. 이는 황당무계한 주장이다. 앱 지도에 나타나는 요르단 강 서안의 정착촌들은 '분쟁 지역'이라고 표시되는 게 아니라 그냥 기정사실로 보이기 때문이다.[23]

요르단 강 서안 곳곳을 여러 차례 여행하면서 이스라엘이 만든 웨이즈 앱으로 길을 찾으려고 애쓰던 때가 기억난다. 걸핏하면 길을 잃었다. 현재 사용되는 어떤 지도 앱도 팔레스타인 지역을 제대로 표시하지 않는다. 이스라엘은 2018년에야 요르단 강 서안 전역에서 3G 휴대전화 기술을 허용했으며, 이스라엘을 포함한 서방 전역에서 5G가 흔히 쓰이고 있는데도 4G 서비스를 언제 개시할지는 여전히 불분명하다. 2022년 7월 이스라엘과 팔레스타인을 방문한 조 바이든 대통령은 2023년 말까지 요르단 강 서안과 가자에서 4G가 허용될 것이라고 발표했지만, 팔레스타인 관리들은 그 가능성에 회의적이었다.

내 콘텐츠가 왜 사라졌을까?

에미상 후보에 오른 팔레스타인·쿠웨이트계 미국 언론인이자 배우, 음악 프로듀서인 아메드 시하브-엘딘은 팔레스타인을 비롯해 중동 전역에 관해 폭넓은 보도를 하고 있다. 2021년 5월 이스라엘과 팔레스타인인 사이에 긴장이 고조되는 가운데 그는 '신뢰할 만한 출처에서 나온 현장의 생생한 보도를 약간의 논평을 붙여' 공유하고 싶다고 내게 말했다. "언제나 그렇듯 원래의 말을 조금도 누그러뜨리지 않고요." 그는 인스타그램에서 릴스를 활용하는 데 집중했다. 릴스는 인스타그램 알고리즘이 틱톡의 지배에 도전하기 위해 띄우는 숏폼 영상이다.

"릴스를 통해 공유되는 영상은 약간의 자막과 배경 설명을 붙일 뿐 거칠게 편집한 영상인데도 널리 공유되고 놀랍도록 이목을 끄는 걸 깨달았습니다." 그는 주류 언론에서 15년간 경력을 쌓으면서 익히 알게 된 '검열과 자기검열'이 자신의 게시물에 쏟아지는 엄청난 지지와 관심 덕분에 마침내 산산이 깨지고 있다고 안도했다. "콘텐츠에 대한 열망, 원본 영상에 담긴 순전한 비인도적 광경으로 촉발된 호기심, 현 상황의 맥락을 이해하고 사람들이 목격하는 현실을 파악하려는 관심이 존재합니다." 그의 인스타그램 계정은 2~3주 만에 팔로어 수가 8만에서 21만 이상으로 급증했다.

하지만 시하브-엘딘은 뭔가 잘못되었다는 걸 금세 눈치챘다. 아파르트헤이트, 종족 청소, 종족 추방, 점령 같은 '격앙되긴 해도 정확한' 단어를 사용하는 수많은 활동가, 언론인(그 자신을 포함해서), 현장의 목격자가 자신의 계정이나 게시물이 차단되는 것을 발견하기 시작했다. 어떤 일이 벌어지는지 이용자가 온전히 알지도 못하는 가운데 계정 차단이나 게시물 공개 범위 축소 등이 이뤄지는 관행이 존재한다.

시하브-엘딘은 인스타그램에 올린 게시물 중 일부가 뚜렷한 이유 없이 글 올리기가 중단되거나 읽은 사람의 수가 현저하게 감소하곤 했다고 말했다. "팔로어 수백 명이 DM을 보내서 왜 자기 피드에서 내 이야기가 사라졌는지 문의했어요. 알고리즘으로 콘텐츠를 검열하거나 우선순위에서 배제하는 게 분명했죠. 이스라엘·팔레스타인 현지와 디아스포라 양쪽에서 갑자기 기세가 높아지자 팔레스타인인을 인간으로 그리거나 이스라엘이 그들에게 가하는 폭력을 기록하는 콘텐츠가 표적이 되고 있다는 게 분명해졌습니다."

기존의 언론기관과 소셜 미디어 플랫폼 둘 다 이윤 추구 사업이라 정치적 압력이나 강력한 이해집단, 영향력 있는 나라에 취약한 것은 분명하다. "이런 걸 알면서도 놀랍게 느껴졌던 건 여러 플랫폼에서 많은 팔레스타인 활동가가 올린 온라인 콘텐츠가 대규모로 삭제되고 있다는 사실이었습니다. (……) 이런 정도의 검열과 동의 없는 차단은 전례가 없는 일이었죠."

시하브-엘딘이 온라인에서 직접 경험한 사실에 관해 글을 쓴 뒤, 두바이에 있는 메타의 공공정책팀 소속 두 명이 그가 우려하는 내용을 자세히 듣기 위해 만나자고 초청했다. 회사 대표자들은 친절하고 열린 태도로 논의에 임했지만, 그는 회사가 '자사 플랫폼에서 벌어지고 있는 검열을 빈틈없이 알고 있다'는 결론을 내렸다. "주로 내세우는 변호는 플랫폼이 주로 엔터테인먼트 목적이나 가족, 친구들과 일상을 공유하기 위해 만들어진 것이라는 논리였죠. 인권 침해를 기록하기 위해 이 플랫폼들을 사용하고 있다는 걸 알기는 해도, 그게 플랫폼이 만들어진 의도는 아니라는 겁니다."

이스라엘 정부의 압력 때문에 엄청난 양의 친팔레스타인 콘텐츠가 삭제되고 있다고 따지자 메타는 이스라엘 공무원들에게 어떤 특혜 대우도 하지 않는다고 설명했다. 단지 '이스라엘이 다른 대다수 정부보다 훨씬 많은 콘텐츠를 신고하고 제한 요청을 하기' 때문이라는 것이었다. 메타 임직원들은 이스라엘 당국은 실제 폭력을 담은 엄청난 양의 콘텐츠─가령 가자 폭격─를 아무 문제 없이 올리는 반면, 왜 팔레스타인인과 그 지지자들은 '폭력을 자극'한다는 비난을 받고 검열을 당하는지를 시하브─엘딘이 만족할 만큼 설명해주지 못했다.

선별적 잣대와 차별, 그리고 통제

"매일 라말라에 일하러 갑니다. 라말라와 나블루스 사이에 사는데, 차로 출근할 때 검문소 두 개를 통과하죠." 팔레스타인 디지털 권리 활동가 모나 시타야Mona Shtaya가 내게 한 말이다. "검문소에서 카메라를 보면 이게 인구 통제라는 걸 알죠. 이는 공포와 자기검열 정책을 만들어냅니다. 검문소를 통과할 때마다 겁에 질려요."

시타야는 소셜 미디어 개선을 위한 아랍 센터인 함레에서 캠페인 자문위원으로 일한다. 이 단체는 점령하의 팔레스타인인들을 위한 인터넷 상태를 조사한다. 2020년에 펴낸 보고서를 보면, 이스라엘 정부가 다양한 방식으로 소셜 미디어 대기업에 팔레스타인 콘텐츠를 검열하도록 압력을 가한 사실이 자세히 담겨 있다. 2001년 9월 11일 테러 공격 직후 함레는 페이스북과 트위터를 비롯한 플랫폼들이 '팔레스타인인의 시위와 봉기, 그들에 대한 인권 침해를 기록한 콘텐츠 수십만, 아니 어쩌면 수백만 건을 혐오 발언이라는 구실로' 삭제했다고 밝혔다.[24] 함레가 공개한 다른 보고서들도 자기검열이 팔레스타인 사람들 사이에서 커다란 문제임을 폭로한다. 사람들이 팔레스타인이나 이스라엘 관리들의 분노를 살까봐 지레 겁을 먹는 것이다.

함레 및 이 단체의 디지털 권리 활동과 협력해서 시타야는 세 정부 ─ 이스라엘, 팔레스타인 자치정부, 하마스 ─ 와 씨름하고 있지만, 어느 쪽도 표현의 자유를 지지하지 않는다.[25] 세 정부 모두 방식은 달라도 어떤 정보가 온라인으로 공개되는지 통제하고자 하며, 팔레스타인인은 검열이나 괴롭힘, 체포, 위협 등에 직면해서 피해를 본다. 팔레스타인인들은 이스라엘과 팔레스타인 양쪽 당국이 온라인 권리를 온전히 보장하려 한다고 거의 믿지 않는다. 함레가 2022년에 공개한 연구에 따르면 개인 데이터와 프라이버시가 안전하지 않다고 믿는 비율이 52퍼센트에 달한다.[26]

검문소와 국경이 없는 자유로운 공간이라는 디지털 팔레스타인 개념은 일상생활의 가혹한 현실과 비교하면 순전한 상상만은 아니지만 실리콘밸리 대기업, 이스라엘 국가, 팔레스타인 자치정부에 의해 점차 제한된다. 대중 감시는 불가피한 현실이다. '우리는 민주주의를 가질 수도, 감시 사회를 가질 수도 있지만 둘 다 가질 수는 없다.' 『감시 자본주의 시대』의 저자 쇼샤나 주보프의 말이다. '민주적 감시 사회는 존재론적으로나 철학적으로나 불가능하다.'[27]

2016년 당시 이스라엘 법무장관 아옐레트 샤케드는 페이스북 중역들과 만난 뒤 유튜브와 구글, 페이스북이 폭력을 선동한다고 여겨지는 자료를 내려달라는 이스라엘의 요청에 95퍼센트를 삭제했다고 자랑했다. 텔아비브에서 열린 테러 대응 회의에서 샤케드는 이렇게 말했다. "ISIS(이슬람국가) 영상 클립을 네트워크에서 모니터해 삭제하는 것과 마찬가지로 우리는 그들이 테러를 선동하는 팔레스타인 자료에 대해서도 같은 조치를 취해주길 바랍니다." 그런데 샤케드 자신이 과거에 폭력을 선동한 전력이 있다. 2014년 팔레스타인의 어린아이들을 '새끼 뱀들'이라고 지칭하면서 팔레스타인인을 전부 죽이라고 촉구한 것이다. '그들은 전부 적국 전투원'이기 때문이었다. 이런 발언은 페이스북에서 삭제되지 않았다.

시타야는 점령하에서 팔레스타인인들의 온라인 환경은 조심하고 의심하는 분위기라고 설명했다. "나는 군사화된 공간에서 살고 있습니다. 이 때문에 특히 우리 같은 활동가에게는 사람들 사이의 공포 문화가 높아지죠. 온라인에서 어떤 링크를 열든 간에 안전한지 조심해야 합니다." 시타야는 수십 년간의 점령 끝에 '이스라엘이 이런 군사화된 삶을 표준화하고 있다'고 개탄했다. "팔레스타인인의 무의식 속에서 일부는 점령의 표준화를 받아들였지만, 많은 젊은이는 받아들이지 않고 있습니다."

구글이 소유한 유튜브는 팔레스타인에서 인기 있는 웹사이트이지만, 불투명한 콘텐츠 관리는 끝없는 좌절을 일으킨다. 엄청난 양의 영상이 아무런 설명도 없이 그냥 삭제되는 것이다. 전 세계적으로 1분마다 500시간이 넘는 분량의 영상이 이 플랫폼에 업로드된다. 팔레스타인에서는 전체 인구의 3분의 1 정도가 주로 페이스북을 비롯한 소셜 미디어를 이용하는데, 하루에 약 5시간 30분을 접속한다. 요르단 강 서안에 있는 비르자이트 대학교 경영경제학부 부교수인 팔레스타인 학자 아말 나잘 Amal Nazzal이 유튜브에 관해 수행한 연구에 따르면 핵심적인 문제는 유튜브가 용어를 정확히 정의하려 하지 않는다는 것이다. "유튜브가 콘텐츠를 어떻게 정의하는지에 관해 어떤 정보도 찾을 수 없었습니다." 나잘이 내게 한 말이다. "유튜브에 연락하려 했지만 아무 답변도 받지 못했어요."

2020년 팔레스타인 싱크탱크 알샤바카 Al-Shabaka(네트워크)를 위해 쓴 유튜브에 관한 종합적인 보고서에서 나잘은 팔레스타인인이 업로드한 폭력과 무관한 영상이 '폭력적'이라는 이유로 삭제된 사례를 길게 나열했다. 이스라엘 군인들이 팔레스타인인을 폭력적으로 공격하는 영상은 부적절하다고 간주되어 삭제되었지만, 나잘이 지적하는 것처럼, 이스라엘군이 자신들의 폭력을 자랑스럽게 치켜세우는 무수히 많은 영상은 그대로 남아 있다. 이스라엘의 총기 찬성 활동가들은 유튜브에서 아무 문제도 겪지 않으며, 가자를 파괴하는 모습이 담긴 이스라엘 방위군의 방대한 영상도 마찬가지다.[28]

나잘은 '팔레스타인인이 자신의 페이지가 삭제되었다고 이의를 제기할 때 유튜브가 내놓는 피드백의 90퍼센트가 부정적'임을 발견한다. '대다수 팔레스타인인은 유튜브로부터 콘텐츠가 커뮤니티 기준에 부합하지 않는다고 말하는 자동 답변을 받는다. 하지만 유튜브의 많은 채널에 폭력과 총기를 미화하는 영상이 존재하기 때문에 분명히 이중 기준이 작동한다.'

나잘은 소셜 미디어 기업이 자신들이 활동하는 지역의 정치적 맥락을 좀 더 이해하기를 바란다. '선동과 폭력 같은 단어에 한 가지의 정의만 있을 수는 없다. 유튜브에서 인간과 인공지능이 공히 팔레스타인에 불리한 편향을 갖는 것은 유튜브의 철학이 팔레스타인 공동체는 본래 폭력적이며, 따라서 그 콘텐츠는 면밀하게 모니터해야 한다는 것이기 때문이다. 이렇게 편향된 처리를 중단해야 한다. 유튜브는 기업 강령에서 표현의 자유를 지지한다고 천명하기 때문이다.'

이스라엘은 '선동'을 무척 광범위하게 정의하기 때문에 많은 경우에 팔레스타인의 인권에 대해 지지를 표명하거나 동영상을 공유하거나 시온주의 식민화에 반대하기만 해도 부적절한 것으로 간주된다. 팔레스타인인은 점점 소셜 미디어에 올린 게시물만으로도 이스라엘군에 의해 며칠, 몇 주, 또는 몇 달간 구금될 것이다.

선동에 대한 이스라엘의 관심은 대단히 선별적이어서 이스라엘 유대인이 그런 혐의로 구금되는 사례는 극히 적다. 베를 카츠넬손 재단Berl Katznelson Foundation과 비고Vigo 연구소에 따르면 2020년과 2021년에 히브리어 소셜 미디어에서 혐오 발언이 9퍼센트 급증했는데도 그러하다. 두 기관이 조사한 바에 따르면 520만 개의 댓글이 폭력을 호소하는 내용이나 모욕과 욕설이었다. 당연히 아랍인이 주요한 표적이었다.[29] 팔레스타인 활동가 다린 타투르Dareen Tatour는 '저항하라, 내 민족이여, 그들에게 저항하라'는 문구가 담긴 시를 썼다는 이유로 2018년 몇 년간 가택연금과 몇 개월의 징역형을 받았다. 이스라엘은 타투르가 '테러리즘을 선동한다'는 이유로 기소했다.

나잘은 보고서에서 유튜브가 팔레스타인 콘텐츠에 대해 어떤 식으로 지역과 언어 차별을 두루 활용하는지 보여주었다. 아랍어 영상은 내용이 어떻든 신고당하는 경우가 훨씬 많았다. 특히 '하마스', '이슬람 성전聖戰', '헤즈볼라' 같은 단어가 포함되어 있으면 여지없이 신고를 당했다. 요르단 강 서안의 팔레스타인 이용자인 하메드는 유튜브 채널 '팔레스타인 27k'를 만든 사람인데, 자신이 올린 영상 하나가 삭제된 것을 발견했지만 똑같은 영상을 유럽인 친구에게 보내 업로드하게 하는 실험을 하자 아무 문제가 없었다. 다른 이용자들은 자신이 올린 영상이 인기를 끌자마자 유튜브가 자신의 계정을 집중적으로 추적하기 시작했다고 보고했다. 그 결과 오래전에 올린 영상도 사라지기 시작했고, 이 모든 것이 콘텐츠를 현금화하는 능력에 영향을 미쳤다.

나잘은 팔레스타인 공동체 내의 일부 사람들 사이에 혐오 발언이 존재한다는 걸 인정하면서도 이스라엘 국가로부터 들어오는 혐오 발언이 훨씬 많다고 지적한다. "팔레스타인인 수천 명이 수감되어 있는 상황에서 식민자와 피식민자의 관계니까요. 아이가 이스라엘 손에 살해당하고 남편은 멀리 교도소에 있지요. 하지만 개인이 혐오 발언을 하는 것과 이스라엘의 제도화된 혐오 발언과 모니터링, 감시는 차원이 다른 문제죠."

이스라엘 국가 선전이 삭제되는 경우도 있었다. 이스라엘 방위군이 올린 유튜브 광고는 하마스 로켓을 피해 숨은 이스라엘인들과 울부짖는 아이들을 내세워 2021년 5월의 가자 포격을 정당화하려는 것이었는데, '바이스'가 구글에 통고한 뒤에야 삭제되었다.[30] 광고의 이미지가 부정확한 것은 아니었지만 부당하게 폭력적이거나 지나치게 생생한 것으로 간주되었다. 하지만 광고 수익의 매력이 압도했다. 2022년 국제앰네스티가 이스라엘이 아파르트헤이트를 자행하고 있다고 비난하는 보고서를 공개한 뒤, 몇몇 나라의 이용자들은 구글에서 이 보고서를 검색하면 이 단체를 반유대주의라고 비난하는 이스라엘 광고가 상위에 뜬다는 사실을 발견했다.[31]

이런 '디지털 오리엔탈리즘'은 서구의 소셜 미디어 기업들이 활용하는 새로운 형태의 통제다. 근대에 중동과 북아프리카 사람들을 바라보던 서구의 차별적인 시선과 별다를 바가 없다. 아랍인들은 다시 한 번 당연히 의심의 눈초리를 받는다.

요르단 강 서안에서 이스라엘 정보장교들은 점령이란 존재하지 않고, 팔레스타인의 저항은 부도덕한 짓이며, 유대인과 아랍인은 평화롭게 공존한다는 관념을 홍보하기 위해 페이스북 페이지를 관리한다.[32] 이 계정들은 노골적인 가짜 정보를 공개하지만 관리자에 의해 삭제되는 법이 없다. 이런 식의 시온주의 옹호는 적절한 것으로 간주된다. 이스라엘이 페이스북을 겨냥한 비밀 알고리즘을 사용해서 아직 범죄가 아닌 행위를 억제한 것도 마찬가지다. 이스라엘과 팔레스타인 자치정부가 각각 400명씩, 팔레스타인인 800명을 연행했는데, 그들은 어떤 폭력 행위도 하지 않았지만 그런 행동을 할 가능성이 있다는 이유로 잡아들인 것이다. 2017년 〈하레츠〉가 보도한 이 디지털 저인망 검거는 비판을 차단하기 위해 소셜 미디어 네트워크를 무기화하는 미래를 보여주었다. 이번에도 역시 페이스북은 입을 다물고 아무 행동도 하지 않았다.[33]

팔레스타인 시민 사미 자나즈레Sami Janazreh는 헤브론 근처에 사는데, 2015년에 알려지지 않은 이유로 체포되었다. 그는 체포 이유를 듣지 못한 채 행정 구금에 처해졌다. 재판이나 기소도 없이 구금되는 어중간한 상태였다.[34] 71일에 걸친 단식투쟁 끝에 이스라엘 관리들은 그에게 소셜 미디어 선동으로 재판을 받을 예정이라면서 그의 페이스북 게시물 스크린샷을 보여주었다. '신베트(정보기관)가 찾는 모든 팔레스타인인은 샤히드shahid(순교자)나 수감자 사진을 공유하거나 팔레스타인인의 정체성을 드러내는 자신에 관한 페이스북 게시물을 쓴 바 있었다.' 그가 〈하레츠〉에 한 말이다.[35]

기울어진 운동장

이스라엘이 어떻게 해서 실리콘밸리에 그처럼 커다란 영향력을 갖게 되었는지는 분명하면서도 주변화된 집단들의 미래에 불길하다. 비단 유대 국가만 빅테크의 아킬레스건을 발견한 것이 아니기 때문이다. 나렌드라 모디 총리가 이끄는 인도는 2020년 페이스북에 정부의 코로나19 팬데믹 대응을 비판하는 게시물을 삭제해달라고 요구했는데, 페이스북은 대부분 요구에 응했다. 인도 정부 관리들은 페이스북과 트위터, 인스타그램에 올라온 게시물 100개 정도를 삭제하길 원했다. 모디 정부에 비판적인 글이 온라인에서 퍼지는 게 마음에 들지 않았기 때문이다. 페이스북의 일부 직원들은 격분하면서 회사가 강력한 포퓰리즘 정부와 한통속이 되었다고 우려했다. 한 직원은 내부 게시판에 글을 써서 회사가 '두려움에 사로잡혀' 행동하고 있다고 꼬집었다. 인도에서 페이스북 자체를 차단할까봐 겁을 먹었다는 것이었다.[36]

페이스북은 인도에서 올라오는 콘텐츠를 관리하는 데서 내적인 딜레마에 직면했다. 페이스북 게시물이 미얀마와 팔레스타인, 인도, 러시아 등 세계 곳곳에서 소수집단에 현실적인 해를 끼쳤다는 증거를 앞에 놓고, 회사의 글로벌 정책팀은 정부의 요청에 따르지 않으면 플랫폼 자체가 완전히 폐쇄될 위험이 있었다고 주장했다. 인도에서는 무슬림 소수집단을 말살하자는 호소가 주변부에서 주류로 옮겨왔고, 종종 정부의 지원이나 조용한 공식적 묵인으로 힘을 얻었다. 으레 그렇듯이 이런 발언을 그대로 방치하는 것은 대단히 무책임한 일이다.

이렇게 과열된 상황에서 소셜 미디어 플랫폼의 역할은 순식간에 생사를 건 문제가 된다. 하지만 대부분의 플랫폼은 책임 있게 행동하려 하지 않는다(실제로 어떻게 보일지 몰라도). 결국 사람들이 죽는 사태가 일어나면 페이스북이나 인스타그램에서 누구의 책임이며, 누구에게 책임을 물어야 할까? 아마 아무도 책임을 지려 하지 않을 것이다.

페이스북이 이스라엘과 팔레스타인에서 선별적으로 콘텐츠를 관리하는 방식은 다른 여러 나라나 분쟁에서도 고스란히 되풀이된다. 페이스북은 긴장을 완화하기 위해 책임 있게 행동하려는 의지나 능력이 없음이 너무도 분명하다. 미얀마에서 페이스북은 제노사이드를 부추기는 게시물을 그대로 방치했고, 소수 무슬림 로힝야족에 대한 혐오 메시지를 증폭시켰다. 이는 결국 2016년과 2017년 군 주도하에 로힝야족을 겨냥한 대중 폭력으로 이어졌다. 페이스북은 2018년 제노사이드를 부추긴 자신들의 역할에 대해 사과할 수밖에 없었다. 페이스북은 에티오피아에서 종족 청소를 옹호하는 게시물을 방치한 것이 드러나서 개선하겠다고 약속했지만, 탐사보도국Bureau of Investigative Journalism의 연구자들과 신문 〈옵서버〉는 2022년에도 상당히 많은 이런 게시물이 온라인에 버젓이 올라와 있는 것을 발견했다.[37] 2022년에 내놓은 보고서에서 국제앰네스티는 페이스북이 자체 알고리즘이 2017년에 로힝야족을 겨냥한 증오를 키웠다는 사실을 '알았거나 알았어야 했다'고 지적하면서 고통받은 이들에 대한 보상을 요구했다.[38]

2022년 러시아가 우크라이나 전쟁을 일으키자 실리콘밸리는 곧바로 러시아 정부 계정의 등급을 낮추거나 차단하거나 검열했다. 러시아 국가 웹사이트와 링크를 공유하려는 사람들은 사전에 모스크바가 지원하는 매체에서 나온 정보를 퍼뜨리게 될 것이라는 경고를 받았다. 대다수 소셜 미디어 플랫폼에서 그렇듯, 이런 행동은 전혀 투명하지 않게 이루어졌다.

블라디미르 푸틴의 우크라이나 침략은 불법적이고 야만적인 행위였지만, 미국이 선호하는 다른 많은 억압적 정권은 똑같은 상황에서 검열을 받지 않았다. 아마 페이스북의 반응에서 가장 기묘한 부분은, 이전에는 금지되었는데도 불구하고 이용자들이 우크라이나의 네오나치 부대인 아조우 대대를 치켜세우는 것을 용인한 점일 것이다. 갑자기 이 집단을 지지하는 것이 허용되었다(아조우 대대는 과거에 오랫동안 페이스북을 통해 신병을 모집할 수 있었다).[39] 끊임없이 바뀌는 미국의 대외 정책 목표에 발맞추어 결정을 내리는 것 같았다. 페이스북은 콘텐츠 정책을 만들기 위해 전미국 중앙정보국 간부 수십 명을 고용했고, 틱톡은 전 나토 관리, 트위터는 전 연방수사국 요원을 고용했다.[40]

마찬가지로 페이스북은 2022년 3월 몇몇 나라의 페이스북과 인스타그램에서 러시아 군인과 우크라이나 전쟁이라는 맥락에서의 러시아, 그리고 블라디미르 푸틴 러시아 대통령과 알렉산드르 루카셴코 벨라루스 대통령 등에 폭력을 가하자고 러시아, 우크라이나, 폴란드, 그 밖의 인접 국가에서 호소하는 발언을 허용하기로 결정했다.[41] 메타 대변인은 CNN에 이렇게 말했다. "지금 우크라이나 침공이 진행 중임을 감안해서 우리는 전쟁의 피해를 입는 사람들이 '러시아 침략자들에게 죽음을'과 같이 침략군을 향해 폭력적인 감정을 표현하는 것을 일시적으로 허용하기로 했습니다. 이는 침략에 직면한 사람들의 목소리와 감정 표현을 보호하기 위한 임시 조치입니다."

세계 곳곳의 페이스북 콘텐츠 관리자들은 걸핏하면 폭력 호소를 방치했지만, 어느 순간 메타는 인간 관리자들이 우크라이나 전쟁과 관련된 콘텐츠를 적절하게 삭제하고 있는지 평가하는 것을 중단했다. 규칙이 걸핏하면 뚜렷한 이유도 없이 바뀌었기 때문이다. 무책임한 대기업에 이런 결정을 맡기는 것은 전례가 없는 일이었다.[42] 페이스북은 전쟁에 관해 실질적인 정책 없이 하루하루 즉흥적으로 규칙을 정하는 게 분명했다.

팔레스타인 활동가 모나 시타야는 우크라이나와 팔레스타인에 노골적으로 이중 기준이 적용된다면서 소셜 미디어 기업들이 두 충돌을 어떻게 바라보는지 지적했다. 하나는 정당하고 도덕적인 반면 다른 하나는 재갈을 물려 마땅하다, 또한 한 점령자는 악한 반면 다른 점령자는 존중받아 마땅하다는 식이었다. '소셜 미디어 기업들이 특히 전쟁 시기에 우크라이나인의 표현의 자유를 보호하기 위해 신속하게 움직이는 것을 보고 많은 팔레스타인인이 충격을 받았다.' 2021년 5월 하마스-이스라엘 전쟁 중에 정확히 정반대되는 방침이 적용되는 것을 경험했기 때문이다. 그럼에도 불구하고 시타야는 빅테크 플랫폼과 그들의 우크라이나 지지에 찬성했지만, '세계 각지의 다른 억압받는 집단을 돕는' 쪽으로 온라인 규칙을 재고하는 결과로 이어지길 기대했다. '팔레스타인인이나 카슈미르인, 위구르인, 콜롬비아와 서사하라 원주민, 미얀마인 등 어느 집단이든 말이다.'[43]

강력한 정부는 소셜 미디어 기업을 압박하고 위협하면서도 소수집단으로부터 심각한 반발을 받지 않는다. 이 집단들은 애당초 그렇게 할 수 있는 힘이나 자원이 없기 때문이다.[44] 페이스북은 2016년에 조다나 커틀러Jordana Cutler를 이스라엘과 유대인 디아스포라 담당 공공정책 책임자로 임명했다. 커틀러는 베냐민 네타냐후 총리의 보좌관과 워싱턴 DC 주재 이스라엘 대사관 비서실장을 지낸 인물이다. 2020년 커틀러는 이렇게 말했다. '내가 하는 직무는…… 페이스북에서 이스라엘과 유대인 디아스포라를 대변하는 것이다. 우리는 매주 모여 스팸에서 포르노, 혐오 발언, 위협과 폭력에 이르기까지 모든 문제를 논의하며, 이 문제들이 우리의 공동체 기준과 어떤 관계가 있는지 판단한다. 나는 이 회의에서 이스라엘을 대변한다.'[45]

팔레스타인을 기반으로 활동하는 페이스북 대표자는 한 명도 없다. 팔레스타인인과 25개국에 사는 수억 명의 아랍인을 대표하는 이는 두바이에서 중동·북아프리카 정책 책임자로 일하는 아잠 알라메딘 한 명이다. 알라메딘과 같은 역할을 한 전 페이스북 중역 아슈라프 자이툰은 회사 규정에서 요르단 강 서안을 '점령지'로 분류해야 하는지를 놓고 커틀러와 설전을 벌인 일을 떠올렸다. 페이스북에서 콘텐츠 관리자로 일한 마이 엘마디Mai Elmahdy는 글로벌 정책팀에 속한 이스라엘 성원들이 게시 중단 여부와 전반적인 정책 지침에 관해 동료들에게 압박을 가한다고 말했다. 이런 논의에서 친팔레스타인 시각이 제시되는 경우는 전혀 없었다.[46]

페이스북의 전 직원으로 커뮤니티 운영을 담당했던 마리아는 전자프런티어재단의 질리언 C. 요크에게 콘텐츠 관리 자체가 심각한 결함이 있는 시스템에 근거를 둔다고 말했다. 2017년 〈가디언〉에서 공개한 문서들을 보면 팔레스타인의 목소리가 어떻게 묵살되는지 드러났다. '신뢰할 만한 폭력 : 인권 침해 기준'이라는 제목이 붙은 한 문서는 외국인, 남아프리카공화국 흑인, 시온주의자 등 '취약한' 집단을 나열했다. 마리아는 요크에게 이렇게 말했다. "우리는 시온주의자는 힌두교도나 무슬림, 또는 백인이나 흑인과는 다른 존재라고 말하곤 했죠. 마치 혁명적 사회주의자 같은 하나의 이데올로기예요. 그리고 지금 팔레스타인인과 관련된 거의 모든 게시물이 삭제되고 있죠."[47]

2021년 〈인터셉트〉가 입수한 또 다른 내부 문서에는 '시온주의자'라는 단어를 어떻게 관리할지에 관한 규정이 담겨 있었다. 시온주의 비판을 허용할 여지는 거의 없었다. 그 자체로 혐오 발언으로 간주되었기 때문이다. 엄청난 수의 저임금 콘텐츠 관리자들이 사용한 한 문서에서는 이스라엘 정착촌에 관한 게시물을 포함해서 시온주의자를 유대인의 대용어로 사용하고 있는지 판단하도록 조언했다. 삭제해야 하는 사례 하나는 다음과 같다. "삭제 : 본 콘텐츠, '이스라엘 정착민들이 팔레스타인 지역에 지어진 주택에서 퇴거하기를 거부한다.' 댓글, '시온주의자들 꺼져라!'"[48] '시온주의자'라는 단어는 반유대주의적 비방에서 사용할 수 있는 반면, 팔레스타인인들이 시온주의자들의 일상적 폭력과 억압을 비난할 수는 없다. 많은 팔레스타인인과 아랍인은 유대인을 악마화하기 위해서가 아니라 팔레스타인 땅을 식민화하는 것을 언급할 때 '시온주의자'라는 단어를 사용한다.

페이스북은 미국의 시온주의와 복음주의 기독교 압력 집단들로부터 플랫폼에서 친팔레스타인 콘텐츠를 대폭 줄이라는 엄청난 압력에 직면하고 있다.[49] 2020년 120여 개 단체가 페이스북 이사회에 서한을 보내 국제홀로코스트추모연맹International Holocaust Remembrance Alliance, IHRA이 적용하는 반유대주의 정의를 '온전히 받아들일 것'을 촉구했다. IHRA의 서한은 문제가 많은 문서다. 대부분의 이스라엘 비판을 반유대주의로 규정해 금지하고 반시온주의를 유대인 혐오와 뭉뚱그리려 하기 때문이다. 그럼에도 불구하고 이 단체들은 페이스북이 '혐오를 선동하고 때로는 폭력으로 이어지는 혐오 발언과 이미지로부터 유대인 이용자를 보호하기 위해' IHRA의 가이드라인을 채택해야 한다고 주장했다.

페이스북은 공식적으로 IHRA의 가이드라인을 채택하지 않았지만, 권고 내용의 일부를 활용하고 있는 것으로 보인다. 페이스북의 콘텐츠 정책 담당 부사장 모니카 비커트는 청원인들에게 보낸 답장에서 회사는 'IHRA의 정신 – 과 문서 – 에 의지'하며 페이스북의 정책에 따라 '유대인과 이스라엘인은 보호 대상으로 대우받는다'고 말했다.[50]

이 분쟁에 대처하는 페이스북의 기본 입장의 아이러니는 유대인을 비롯한 소수집단에 훨씬 더 의미 있는 쟁점인 홀로코스트 부정과 현실적인 반유대주의를 현장에서 진압하는 데 실패했다는 것이다. 백인 우월주의 단체들은 페이스북에서 공공연하게 사람들을 조직했다. 소셜 미디어 플랫폼들이 단순히 의견을 표명할 뿐 폭력을 옹호하지는 않는 콘텐츠까지 전부 삭제해야 하는지에 관해서는 당연히 의문이 존재한다.[51]

극우 반유대주의 폭력과 홀로코스트 수정주의의 부상이 페이스북 때문은 아니지만, 그토록 신속하고 광범위하게 메시지를 확산시키는 플랫폼의 능력 때문에 촉진되는 것은 확실하다.

하지만 유대인으로서 나는 홀로코스트나 다른 어떤 제노사이드가 일어난 역사적 사실을 부정하는 역겨운 자료를 세계적 차원으로 대대적으로 증폭시키는 페이스북과 트위터 등의 능력에 불편하고 화가 난다. 나는 유대인이나 다른 어떤 소수집단을 악마화하는 것에 대해서도 비슷하게 느낀다. 그렇다면 누가 페이스북 관리자들이나 모호한 AI 알고리즘에 무엇이 적합한 내용인지 판단할 권리를 주는가? 홀로코스트 추모는 분명 교묘한 산업이다. 한 사람이 불쾌하다고 여기는 것이 다른 사람에는 매력적일 수 있지만, 많은 온라인 플랫폼은 이 문제를 놓고 씨름한다.

최근 수년간 틱톡 이용자 중 주로 젊은 여자들이 대거 홀로코스트 희생자처럼 차려입고 나치 죽음의 수용소에 있는 듯 영상을 찍었다. 피를 흘리는 것처럼 분장하거나 죄수복을 입기도 했다. 어떤 이들은 이런 모습을 아주 불쾌하고 제노사이드의 격을 떨어뜨린다고 여기지만, 나를 포함한 다른 이들은 현대적인 방식으로 이 사건을 기억하고자 하는 새로운 세대의 의미 있는 시도로 본다. 이는 홀로코스트 부정론이 아니지만, 많은 이용자는 짧은 영상을 올린 뒤 엄청난 비판을 받았다.[52]

친이스라엘 압력 집단이 페이스북에 압력을 가하는 것과 동시에 각국이 IHRA 기준을 채택하도록 설득하려는 시도가 점차 높아지며 성공을 거두고, 미국의 각 주는 점점 요르단 강 서안의 불법 정착촌과 거래하는 것을 거부하는 사람을 처벌하는 보이콧 금지법을 입법하고 있다. 이스라엘이 팔레스타인에서 점점 극단적인 행동을 함에 따라 서구의 지지자들은 이스라엘 비판을 침묵시키려는 행동을 더욱 강화하고 있다. 이스라엘 전략외교부는 점점 심해지는 점령을 끝내는 데 초점을 맞추기보다는 'ACT.IL'이라는 앱 겸 온라인 커뮤니티를 개발했다. 이스라엘에 비판적인 콘텐츠를 공표하는 언론매체와 소셜 미디어 기업들을 괴롭히는 트롤 부대였다.

2016년 도널드 트럼프를 대통령에 당선시키는 데 일조했다는 비판이 눈사태처럼 커지자 페이스북은 미국 대법원 같은 기관인 감독위원회 Oversight Board를 설립하는 것으로 대응했다. 감독위원은 세계 곳곳에서 뽑았는데, 이스라엘 법무장관을 지낸 에미 팔모르Emi Palmor도 그중 한 명이었다. 팔레스타인인은 위원회에 아무도 없다. 팔모르가 창립 위원으로 발표되었을 때, 팔레스타인인들은 격분하면서 법무장관 시절 그가 소셜 미디어 플랫폼들에 이스라엘에 비판적인 콘텐츠를 게시 중단하도록 압력을 가한 전력이 있다고 꼬집었다.[53]

팔모르는 자신은 그런 활동에 관여한 적이 없다면서 감독위원회가 반유대주의와 관련된 사건에 판정을 내릴 때 참가하기를 희망했다. '분명 이스라엘 사람이자 유대인으로서…… 나는 이런 문제에 대해 의견이 있으며 위원회에서 어느 누구보다도 깊이 이해하고 있다.' 〈예루살렘 포스트〉에 한 말이다.[54]

감독위원회의 권한이 어느 정도인지는 의문스럽다. 명목상으로는 독립 기구이지만 페이스북 신탁기금에서 예산 지원을 받기 때문이다. 위원회 대변인은 위원회가 '독립 조직이며 메타로부터 분리되어 운영된다'고 주장했다. 그렇다 하더라도 메타의 중역들이 위원을 선정하는 데 조언을 했다. 2021년 9월에 내려진 결정은 감독위원회의 능력을 고스란히 보여준 사례다. 위원회는 2021년 5월에 알아크사 사원과 셰이크 자라 지역에 관해 이야기한 한 게시물이 오류로 삭제되었다가 페이스북에 의해 복구된 사실을 발견했다. 위원회는 이스라엘 정부가 요구한 뒤 페이스북이 팔레스타인 게시물을 검열하고 있다는 '근거 없는 주장'에 대해 코멘트하면서 페이스북에 '이스라엘로부터 4·5월 충돌과 관련된 콘텐츠를 삭제해달라는 공식적·비공식적 요청을 받았는지' 물었다. '페이스북은 이 경우에 이용자가 올린 콘텐츠와 관련하여 정부 당국으로부터 유효한 법적 요청을 받은 바가 없다고 답하면서도 위원회가 요청한 남아 있는 정보 제공을 거부했다.'[55]

페이스북은 위원회의 결정을 준수해야 하지만 권고를 이행할 필요는 없다. 감독위원회는 '(분쟁의) 어느 쪽과도 관련이 없는 독립적 기구를 만들어서 자동 기능 사용을 포함한 아랍어와 히브리어로 된 콘텐츠 관리가 편향 없이 적용되었는지를 판단하는 철저한 검토를 수행할 것'을 권고했다. 칭찬받아 마땅한 일이다.

페이스북의 내부 고발자 프랜시스 하우건이 2021년에 공개한 문서에 따르면 회사는 미국 외부에서 생산된 콘텐츠를 모니터하는 데 놀라울 정도로 거의 자원을 투입하지 않았다. 페이스북은 자사 플랫폼에서 사용되는 160여 개 언어를 해독하기 위한 직원과 AI 학습에 대한 투자가 충분하지 않다는 걸 알았다. 하우건은 가짜 정보에 대응하는 예산의 87퍼센트가 영어 콘텐츠에 쓰이는 반면 영어를 구사하는 이용자 비율은 9퍼센트에 불과하다, 미얀마와 에티오피아에서 벌어지는 대중 폭력, 제노사이드, 학살은 이런 예산 부족과 직접 연결 지을 수 있다고 말한다. 엄청난 관심을 끈 콘텐츠가 애당초 적절한 안전 점검이 이루어지지 않은 채 부각되었기 때문이다.

페이스북은 팔레스타인의 목소리에 재갈을 물릴 때는 너무도 자주 자유롭게 행동하는 듯 보인다. 하지만 이스라엘이 그들에게 압력을 가하고 있는지 알기란 불가능하다. 팔레스타인 정치 활동가 할리다 자라르Khalida Jarrar가 2021년에 부당하게 투옥되었을 때, 이스라엘은 딸 수하의 장례식에 참석하게 해달라는 요청을 거부했다. 자라르의 친구인 오마르 나잘Omar Nazzal은 페이스북에 자라르가 보낸 편지를 올렸다. '수하는 아버지가 감옥에 있을 때 세상에 나왔어. 지금은 어머니가 감옥에 있을 때 세상을 떠나고 있지.' 다섯 시간 뒤 페이스북은 나잘에게 2개월간 계정이 정지될 것이라고 통고했다. 게시물이 '위험한 개인과 단체에 관한 우리의 기준에 위배되기 때문에 본인만 볼 수 있다'는 것이었다.

'위험한 개인과 단체'의 비밀 명단이 어떤 내용인지는 오랫동안 비공개였다. 수많은 이용자로서는 어떤 내용의 게시물이 삭제되거나 공개 중단될지 전혀 알지 못하는 블랙박스였다. 〈인터셉트〉가 2021년 이 명단 및 관련된 규칙을 입수해서 공개했다. '9·11 이후 미국의 걱정거리, 정치적 우려, 대외 정책 가치를 뚜렷하게 구현한 내용으로…… 모든 페이스북 이용자를 보호하려는 이 방침은 미국 바깥에 거주하는 이들(절대다수의 사람들)에게도 적용된다.'

〈인터셉트〉의 말을 계속 들어보자. '명단에 있는 거의 모든 사람과 단체는 미국이나 그 동맹국에 적이나 위협으로 간주된다. 절반 이상이 외국 테러리스트 용의자이며, 이에 대한 자유로운 토론은 페이스북의 가장 심한 검열 대상이 된다.'[56] 명단에 오른 테러리스트는 대부분 무슬림, 남아시아인, 중동인이며 백인 반정부 민병대는 금지된 유색인들보다 많은 자유를 누린다.

쇼샤나 주보프는 『감시 자본주의 시대』의 결론에서 사회가 빅테크와 소셜 미디어 플랫폼들로부터 일정한 통제권을 되찾아오지 않는다면 무슨 위험이 닥치는지 설명한다. '이 대기업들의 당면 목표는 자연이 아니라 인간 본성을 지배하는 것이다. 신체의 한계를 극복하는 기계로부터 개인, 집단, 인구의 행동을 시장이 추구하는 목적에 맞게 수정하는 기계로 초점이 옮겨가고 있다.'[57]

특히 팔레스타인인을 비롯해 서구 각국의 수도에 대해 중대한 정치적 영향력을 발휘하지 못하는 사람들에게 이것이 실제로 의미하는 바는 빅테크 기업들에 막대한 돈을 벌어주는 수단에 지나지 않는 존재가 되는 것에 맞서 싸워야 한다는 것이다. 페이스북 중역 출신으로 현재 메타의 최고기술책임자CTO인 앤드루 보스워스Andrew Bosworth는 페이스북 이데올로기를 가장 명쾌하게 설명했다. 2016년 유출된 메모에서 그는 회사의 유일한 목표는 '사람들을 연결하는(그리하여 데이터를 수집하는) 것'이라고 인정했다. '우리가 성장 과정에서 하는 모든 일은 이것으로 정당화된다. (……) 부정적인 결과는 좋지 않을 수 있다. 어쩌면 누군가가 위협하는 이들에게 노출되어 목숨을 잃을지 모른다. (……) 어쩌면 누군가는 우리 툴에서 준비된 테러 공격으로 죽을지 모른다. (……) 추악한 진실을 말하자면, 우리는 사람들을 깊숙이 연결시키는 걸 신봉하기 때문에 더 많은 사람을 더 자주 연결시킬 수만 있다면 사실상 무엇이든 좋다.'

페이스북으로 인한 인명 손실은 분명 감수할 만한 위험이었다. 팔레스타인인들은 당연히 자신들이 이스라엘에 점령당하는 것이 페이스북의 관심사가 아니라고 주장할 수 있었다. 어떤 것도 무한 성장을 방해할 수 없기 때문이다. 아파르트헤이트는 주가 상승으로 나아가는 도상에 있는 과속방지턱에 지나지 않는다.

2018년 이 게시물이 공개된 뒤 보스워스는 진지하게 쓴 글이 아니라고 잡아뗐고 마크 저커버그는 그 내용을 비난했지만, 이 메모는 페이스북이 드물게 정직한 모습을 보인 순간이었다. 다양한 플랫폼에서 소통할 수 있는 대안적 통로가 없고, 페이스북과 구글을 비롯한 빅테크 기업들이 비밀리에 짜놓은 규칙을 거부하지 못하는 상황에서 팔레스타인인을 비롯한 주변부 집단은 결코 정의나 공정한 항변의 기회를 얻지 못할 것이다.

공존할 것인가, 돌연변이가 될 것인가

우리가 세계와 비슷해지는 것보다
세계가 우리와 더 비슷해질 것이다.
베냐민 네타냐후(이스라엘 총리)

2022년 초 러시아가 우크라이나를 침략한 뒤 몇 주간 이스라엘의 언론인이자 칼럼니스트인 기드온 레비는 독자들에게 불편한 진실을 상기시켰다. 이스라엘 유대인들이 오랫동안 품어온 믿음, 즉 군사력이 생존하고 번영하기 위해 중요한 모든 것이라는 믿음이 거짓임을 밝힌 것이다. '이스라엘이 우크라이나로부터 배워야 하는 교훈은 정반대다. 군사력으로는 충분하지 않고, 혼자 생존하기는 불가능하며, 진정한 국제적 지지가 필요하다는 것이다. 그런 지지는 폭탄을 투하하는 드론을 개발하는 것만으로 얻을 수 없다.'

레비는 유대 국가가 '반유대주의'가 몰려온다고 소리 지르면서 세계를 마비시키는 시대가 막을 내리고 있다고 설명했다. 그는 홀로코스트라는 세계의 '죄책감'이 조만간 효력을 다하고 마침내 이스라엘의 폭력과 점령에 이의를 제기할 수 있기를 기대했다. '이스라엘이 계속 군사력에 그렇게 심하게 의존한다면 죄책감과 감정적 갈취, 그리고 그에 동

반한 힘이 소멸할 것'이라고 경고했다.[1]

　서구 언론에서 좀처럼 접하기 힘든 견해였다. 이스라엘은 여전히 포위 상태에서도 번성하는 민주주의이자 극단주의에 맞선 싸움의 핵심 동맹자로 규정된다. 주요 방위 수출국이라는 이스라엘의 지위는 전설과도 같다. 지구상의 수많은 나라에 군사 원조와 무기, 훈련을 기꺼이 제공하는 나라라는 인식이 지배적이다. 이런 위상에 맞먹는 나라는 거의 없다.

　'이스라엘 방위 산업의 성장은 이스라엘 국가, 그리고 시온주의 기획 전체의 역사와 떼놓을 수 없는 성공담이다.' 2018년 이스라엘의 우파 싱크탱크 예루살렘 전략안보연구소Jerusalem Institute for Strategy and Security가 한 말이다. '이스라엘의 방위 산업은 국민적 자부심의 원천이다 – 마땅히 그래야 한다.'[2]

　드문 경우에만 이런 이미지가 깨진다. 예를 들어 국제앰네스티와 휴먼라이츠워치는 이스라엘이 아파르트헤이트 국가라고 비난한다. 또는 미국 국무장관을 역임한 콜린 파월의 비서실장이었던 퇴역 육군 대령 로렌스 윌커슨Lawrence Wilkerson은 2021년 이스라엘이 20년 안에 사라질 수 있다고 선언했다. 이스라엘이 '미국 제1의 전략적 부담'인데 '아파르트헤이트 국가'가 되고 있기 때문이었다.[3]

　그럼에도 불구하고 감시, 드론, 열렬한 종족민족주의 등에서 글로벌 리더라는 이스라엘의 지위는 조만간 수그러들지 않을 것이다. 현재 이스라엘은 이런 시스템을 유지하기 위해 정치적·경제적 대가를 치를 필요가 전혀 없다. 어느 편인가 하면, 러시아가 우크라이나에서 벌이는 전쟁은 특히 유럽에서 세계적 무기 경쟁을 부추길 것이다. 드론부터 미사일과 감시 기술, 휴대전화 해킹 툴에 이르기까지 가장 치명적인 공격용·방어용 무기에 훨씬 더 많은 투자가 이루어질 것이다. 이스라엘은 이렇게 고조되는 투자의 직접적 수혜자다.

이스라엘은 '글로벌 평정 산업global pacification industry'을 완성하고 주도하고 있다. 이스라엘계 미국 작가이자 연구자인 제프 핼퍼Jeff Halper가 『민중과의 전쟁 : 이스라엘, 팔레스타인, 글로벌 평정War against the People: Israel, the Palestinians and Global Pacification』에서 만들어낸 신조어다. 그는 점령이 국가에 재정적 부담이 되기는커녕 정반대라고 설명한다. 팔레스타인은 지구 곳곳에서 다른 군사 집단들을 위해 일하는 글로벌 군사 패권국을 대신해서 새로운 장비를 테스트하는 소중한 시험장이기 때문이다. '이스라엘은 초국적 군산복합체transnational military-industrial complex에서 틈새를 파고들려고 분투하는 작은 나라다.'[4]

이스라엘의 팔레스타인 실험실은 전 지구적인 혼란과 폭력을 등에 업고 번성한다. 기후 위기가 점점 악화하는 가운데 각국이 온도 급상승의 영향을 줄이기 위한 적극적 조치를 취하지 않고 오히려 이스라엘과 마찬가지로 게토처럼 고립을 자초하는 미래에 이스라엘의 국방 부문은 한껏 이득을 누릴 것이다. 이런 예상이 실제로 의미하는 것은 담장이 높아지고 국경이 강화되며 난민 감시, 안면 인식, 드론, 스마트 장벽, 생체 인식 데이터베이스 등이 확대되는 미래다. 2025년에 이르면 국경 감시 산업복합체의 규모가 680억 달러에 이를 것으로 추산되는데, 엘빗 같은 이스라엘 기업들이 틀림없이 주요 수혜자가 될 것이다.[5]

요르단 강 서안의 유대인 인구는 2050년에 최소한 110만 명이 될 것으로 예상되는데, 유대인과 팔레스타인인의 분쟁이 지속될 가능성은 충분하다.[6] 정착민 집단은 언제나 자신들의 수를 늘릴 새로운 기회를 찾고 있다. 유대 국가의 가장 큰 지지 세력인 열렬한 복음주의 기독교도들이 향후에 요르단 강 서안으로 이주하려는 주요 집단이 될 가능성이 충분한데, 그렇게 되면 2050년 전에 인구가 100만 명 이상으로 급증할 것이다. 이스라엘의 인구학자 아르논 소페르Arnon Soffer에 따르면 2022년 현재 유대인은 이스라엘과 팔레스타인 점령지에서 소수집단으로, 전체 인구의 47퍼센트에 미치지 못한다.

2022년 러시아가 우크라이나를 침략한 뒤 이스라엘이 우크라이나 유대인 수천 명을 받아들였을 때, 정착민들은 러시아어로 쓴 책자를 나눠주었다. '유대와 사마리아(요르단 강 서안의 성경 명칭)에 있는 도시와 정착촌'에서 그들에게 '숙소를 제공하겠다'는 내용이었다. 한 시사평론가는 책자를 다시 쓰라고 촉구하면서 문구를 제안했다. '점령에서 도망쳐왔습니까? 당신이 점령자가 되도록 도와드리죠!'[7]

이스라엘의 식민화 프로그램은 끊임없이 진화하며 국경은 언제든 끝없이 확장될 것처럼 보인다. '점령지의 변경邊境은 경직되거나 고정되어 있지 않다.' 포렌식 아키텍처 연구소장인 영국계 이스라엘인 에얄 와이즈만이 2012년 저서『빈 땅 : 이스라엘의 점령 건축Hollow Land: Israel's Architecture of Occupation』에서 한 말이다. '변경은 탄력적이며 끊임없이 변화한다. (……) 이 국경은 역동적이고 항상 움직이며 밀물과 썰물처럼 바뀐다. 팔레스타인 마을과 도로를 은밀하게 에워싸고 뱀처럼 움직인다.'[8]

점점 늘어나는 정착민들이 팔레스타인인들과의 긴장을 고조시키면서 점령지 팔레스타인 인구를 고립시키고 정치적으로 무력화하기 위해 새로운 통제와 분리 방식의 발전을 촉진할 것이다. 각종 무기와 더욱 정교해진 국경과 장벽, 대중 감시를 생각해보라. 2050년에 이르면 1,600만 명에 육박하는 전체 인구 중 이스라엘 유대인의 3분의 1이 초정통파일 것이다. 훨씬 더 보수적인 미래가 거의 보장된 셈이다.

그저 지구상에서 가장 침투력과 살상력이 강한 몇몇 군사 장비를 원하는 나라들을 넘어서 이스라엘이 호소력을 계속 확대하길 바라는 것은 종족민족주의의 열정을 공유하는 국가가 늘어나는 것이다. 이런 나라들은 엄격한 종교 생활을 자랑스럽게 옹호하며 다문화주의와 자유의 가치에 반대한다. 이 나라들은 사회적으로 관대한 좌파가 전통적 이상을 훼손하고 그 대신 인종, 젠더, 결혼, 섹슈얼리티에 관한 도덕적으로 혼란스러운 관점을 내세운다고 비난한다.

이스라엘의 보수 정치학자 요람 하조니Yoram Hazony는 자신의 전망을 설명한 바 있는데, 소수집단에는 소름 끼치는 전망이다. 이스라엘 유대인의 상당수가 이런 견해를 공유한다. 그는 미국은 기독교도가 다수인 기독교 국가이며, 따라서 기독교도가 나라의 법률과 사회적 규칙을 선택해야 한다고 주장한다. 소수집단은 '별도 취급'을 받을 수 있지만, 어쨌든 다수집단이 지배적이어야 한다.[9] 이스라엘에서 이는 점점 잔인한 수단으로 어떤 저항도 억누르면서 비유대인에 대해 다수의 유대인이 공세적으로 통치해야 함을 의미한다. 이스라엘이 기대하는 대로 비슷한 부류의 다른 나라들에도 이스라엘의 경험이 계속 유의미하려면 극단적 무력과 감시, 기술을 성취해야 한다.

2019년 저서『민족주의의 미덕The Virtue of Nationalism』에서 하조니는 팔레스타인인을 딱 한 차례 언급하면서 세계가 (아마 이스라엘의 바람과는 반대로) 팔레스타인인들에게 국가를 제공하라고 이스라엘을 괴롭힌다며 불만을 토로한다. 하조니는 남아프리카공화국 아파르트헤이트, 독재자 슬로보단 밀로셰비치 치하의 세르비아의 반대자들에게 욕을 퍼붓는다. 그의 주장은 이런 식이다. '이 사람들이 유독 증오와 혐오의 대상이 되고 특별히 응징의 표적이 된 이유는 남아프리카공화국 백인과 세르비아인들은 유럽인으로 간주되어 아프리카나 무슬림 이웃들이 어떤 기대를 받든 상관없이 그들에게만 도덕적 기준이 부여된다는 것이다.' 분명 하조니는 이스라엘이 단지 유럽인이라는 이유로 두 깡패 국가와 똑같은 운명을 겪을 것이라고 우려한다.[10]

이런 식의 유독한 이데올로기가 팔레스타인인은 천성이 폭력적이고 비합리적이라는 거짓말을 퍼뜨리는 식으로 이스라엘이 점령한 팔레스타인의 일상 현실을 악화시킨다. 팔레스타인인들은 무조건 테러리스트가 될 수밖에 없다는 것이다. 팔레스타인인들은 감시하고 투옥하고 고문하고 살해해야 마땅하다, 이스라엘은 하이테크 우리 속에 그들을 가둬야 한다, 그러지 않으면 유대인이 제노사이드를 당하기 때문이다, 이런 이야기 속에서 반세기 넘도록 점령당하는 현실은 짧은 각주에 불과하다.

이스라엘인과 팔레스타인인이 평화롭게 공존해야 한다는 사실은 오래전부터 명백했지만, 반대자들은 대체로 이를 비현실적이라고 일축했다. 팔레스타인 지식인 에드워드 사이드는 1986년 캐나다 신문 〈글로브 앤드 메일〉 기자에게 이렇게 말했다. "이스라엘 사람은 누구나 우리에게 사용할 군사적 옵션이 전혀 없다는 걸 압니다. 그들이 어떻게 할까요? 전부 죽일까요? 그래서 우리 중 몇 명은 말합니다. 계속 싸우겠다고요. 그리고 우리는 계속 말합니다. 당신들과 함께 살 거라고요. 그들이 어떤 짓을 하건 간에 우리는 그림자처럼 존재합니다."[11]

하지만 극단적 선동과 아랍인 대거 추방이라는 전망이 점차 인기를 끌고 있다. 그리하여 리쿠드당 의원 미키 조하르Miki Zohar는 2022년 팔레스타인 깃발을 내걸면 징역형에 처하고 테러리스트로 의심되는 팔레스타인인 가족을 추방하는 등의 내용이 담긴 새로운 법안을 발표하면서 다음과 같이 주장했다. '아랍인들이 나라를 차지하고 있다. 매일 우리 눈앞에서 펼쳐지는 광경이다. 그들은 유대인을 학대한다. 마음 내키는 대로 한다. 폭력 시위를 벌이면서 때로는 린치까지 벌인다. 그들은 이스라엘 국기를 짓밟는다.'

팔레스타인 깃발이 눈에 보이기만 해도 이스라엘 정치인들은 발끈한다. 리쿠드당 정치인 이스라엘 카츠Israel Katz는 팔레스타인인들에게 제2의 '나크바'를 겪게 될 것이라고 경고했다. 그는 2022년 5월 이스라엘 의회에서 연설했다. "어제 나는 대학에서 팔레스타인 깃발을 나부끼는 아랍 학생들에게 경고했습니다. 1948년을 기억하라. 우리의 독립 전쟁과 너희의 나크바를 기억하라. 밧줄을 너무 팽팽히 잡아당기지 마라. (……) 진정하지 않으면 잊지 못할 교훈을 깨닫게 해주마."

또 다른 정치인이자 종교부 차관인 마탄 카하나Matan Kahana는 한 술 더 떠서 종족 청소를 벌이자고 호소했다. 2022년 그는 에프랏에 있는 불법 정착촌 구시에치온의 고등학생들에게 이렇게 말했다. "버튼을 눌러서 아랍인을 여기서 전부 몰아내어 고속열차에 태워 스위스로 보내버릴 수만 있다면, 당장 그 버튼을 누를 겁니다. 그놈들은 스위스에서 아주 잘 살 거예요. 내가 행운을 빌어주겠습니다."

팔레스타인인을 겨냥한 인종주의적 선동과 행동이 급증하자 친정착민 언론의 수장격인 〈예루살렘 포스트〉 편집인 야코프 카츠Yaakov Katz 조차 2022년에 이렇게 말했다. '이스라엘인의 상당수가 극우로 돌아서고 있다. 그들은 미국의 백인 우월주의자들에게서 빌려온 용어를 사용한다.'[12] 이런 이례적인 인정은 교육 개선을 촉구하는 것을 넘어서 이 신문이 몇 안 되는 제안을 내놓는 계기가 되었다.

아이러니하게도 이스라엘에 대한 가장 정직한 평가가 나오는 곳은 (적어도 주류에서는) 미국 언론이 아니라 이스라엘 언론 〈하레츠〉뿐이다. 팔레스타인 언론과 아랍 세계의 많은 언론은 수십 년간 정확하게 상황을 보도했다. 라말라에 거주하는 유대인 언론인 아미라 하스Amira Hass는 2022년 〈하레츠〉에 이스라엘이 현재 메시아적 유대인 우월주의를 받아들이면서 '유대인 돌연변이'가 되었다고 말했다. 하스는 이런 유대인들이 이스라엘 의회에서 과반수를 차지하는 건 시간문제라고 경고한다.[13]

오래전부터 우려가 많았지만 실현된 적은 없는 최악의 시나리오는 국가안보라는 미명 아래 점령지 팔레스타인인들에 대한 종족 청소나 인구 이동, 강제 추방 등이 벌어지는 것이다. 이스라엘과 이란이나 헤즈볼라 사이에 재앙적 전쟁이 벌어지면, 아랍 형제들을 지지하면서 시위를 벌일 가능성이 있는 팔레스타인인들이 국가 통합을 훼손한다는 주장이 이스라엘 내부를 압도하게 될 수 있다. 이 경우에 이스라엘이 대규모 탈출을 촉발하기 위해 군사작전에 나설지 모른다. 팔레스타인인들이 나중에라도 자기 집으로 돌아올 가능성은 극히 희박해진다.[14]

2016년 퓨리서치센터에서 진행한 여론조사에서 이스라엘 유대인의 절반 가까이가 아랍인을 이동시키거나 추방하는 것을 지지했다. 2022년 이스라엘 민주주의연구소Democracy Institute의 연구에 따르면 이스라엘 유대인의 60퍼센트 정도는 아랍인과 완전히 분리하는 것을 지지했다. 2022년 온라인 여론조사에서 이스라엘 유대인의 과반수는 국가 불충죄로 고발된 사람들의 추방을 지지했다. 인기 있는 극우파 정치인 이타마르 벤-그비르가 주창한 정책이었다.

2022년 11월 네타냐후가 총리에 재선되고 이스라엘 역사상 가장 극우적인 연정이 구성된 것은 팔레스타인인이 직면한 위협이 고조된다는 신호였다. 극우 성향의 '독실한 시온주의당'이 의회에서 세 번째로 큰 정치블록이 되면서 유대인 우월주의와 팔레스타인인 강제 추방을 주창했다. KKK단이 공격용 무기를 휘두르면서 문을 부수고 난입하는 것과 같은 광경이었다.

책임지지 않는, 위험한 실험

이 책은 이미 러시아와 이스라엘부터 중국과 미국에 이르기까지 무책임한 국가의 힘에 지배당하는 세기에 이스라엘식의 종족민족주의가 계속 부상하면 얼마나 소름 끼치는 세계가 탄생할 수 있는지 경고하려는 의도로 쓴 것이다. 2022년 블라디미르 푸틴의 우크라이나 침략과 유례를 찾아볼 수 없는 서구의 분노와 제재를 보면, 적국의 행동에 대해 아무 의심도 없는 획일적인 견해가 지배하는 경우 어떤 일이 벌어질 수 있는지가 분명히 드러난다. 사우디아라비아나 이집트, 이스라엘 같은 인권 침해 국가들을 상대로 비슷한 BDS(불매, 투자 철회, 제재) 운동이 벌어질 것이라고 생각하기는 어렵다. 모두 워싱턴과 런던의 우방이기 때문이다. 우리 우방은 사람을 죽이고 불구로 만들고도 아무 책임을 지지 않아도 된다.

　이스라엘은 수많은 나라에 숱하게 많은 방위 장비를 판매하고 있기 때문에 자국의 끝없는 점령에 대한 정치적 반발을 차단할 수 있다고 기대한다. 실질적 동맹국이든 거래상의 같은 편이든 간에 이 나라들은 이스라엘이 국제적으로 비난을 받거나 국제형사재판소에 출석하는 사태를 피하기 위해 간절히 바라는 보호를 제공하고 있다. NSO 그룹의 휴대전화 해킹 툴 페가수스를 비롯한 수많은 하이테크 무기를 판매하는 일종의 무기 정책은 권위주의 국가든 민주 국가든 상관없이 동맹과 우방을 보장해준다. 이스라엘은 세계에서 없어서는 안 되는 국가라고 자부한다.

　이 전략이 지금까지 작동한 것은 이스라엘이 두려워하는 것이 단지 제2의 러시아라는 딱지가 붙는 사태뿐이기 때문이다. 외국 영토를 침략, 점령해서 엄청난 비난을 받는 것 말이다. 모스크바는 행동에 나선 결과로 경제 제재를 받고 있다. 한편 이스라엘은 수십 년간 팔레스타인인들과의 '평화 과정'의 정당성을 해치면서 평화를 이루는 데 아무런 관심을 보이지 않았다. 이스라엘은 세계가 자국의 점령을 정당화하길 원하며 그 점령을 유지하는 데 사용되는 기술을 일종의 명함으로 판매한다.[15]

인권을 침해하는 이스라엘을 고립시키기 위한 거대한 국제적 캠페인이나 억압적 국가들에 장비를 판매하는 이스라엘 무기 회사를 표적 겨냥한 법적 소송이 벌어지지 않는 한, 이 산업은 계속 승승장구할 것이다.[16] 막대한 이윤은 참을 수 없는 유혹이다. 도덕은 이 산업과 아무 관계가 없다. "이스라엘의 무기 거래는 제3세계 국가에서 이루어지고 미스터리로 뒤덮인 분야이기 때문이죠." 2020년 국방 산업의 고위 간부를 지낸 사람이 한 말이다. "시간이 흐르면서 악명을 얻게 되었습니다. 하지만 사실을 말하자면 이스라엘 전체가 방위 수출로 이득을 봅니다. 수많은 사람들에게 생계를 제공해주니까요."[17]

하지만 팔레스타인 실험실이 빛을 잃으려면 비난이 가해져야 한다. 2020년 유엔 인권이사회는 불법적인 요르단 강 서안 정착촌과 동예루살렘에서 사업을 하는 국내외 기업의 명단을 공개했다. 에어비앤비, 부킹닷컴, 익스피디아, JCB, 트립어드바이저, 모토로라솔루션스 등이었다. 이들 기업 중 어느 하나도 그곳에서 사업을 중단하지 않았다. 대중적·정치적 압력이 거의 없었기 때문이다. 이스라엘은 푸틴의 러시아가 아니었다. 휴먼라이츠워치의 캠페인 담당 부사무총장 브루노 스타뇨Bruno Stagno는 무책임한 기업들에 대한 유엔의 보고서를 '모든 기업에 통고해야 한다'고 말했다. "불법 정착촌에서 사업을 하는 건 전쟁범죄를 저지르는 데 조력하는 것이나 마찬가지입니다."[18]

그다지 큰 환호를 받지는 못하지만, 많은 기관 투자자가 이스라엘의 인권 침해에 공모하는 것에 우려를 표하면서 이스라엘 기업들에서 투자를 회수하기 시작하고 있다. 자산 규모 950억 달러로 노르웨이 최대의 연금기금인 KLP는 2021년 요르단 강 서안 정착촌에서 '용인할 수 없는 수준으로 인권 침해 위험을 높인다'는 이유로 16개 기업을 투자 대상에서 제외했다. 같은 해에 뉴질랜드의 슈퍼펀드는 다섯 개의 이스라엘 은행이 보유한 지분 650만 달러를 매각하면서 '제외된 기업들이 이스라엘의 불법 정착촌 건설에 프로젝트 금융을 제공한다는 믿을 만한 증거'가 있다고 주장했다.[19]

이런 식으로 물결이 바뀔 수 있다. 2021년 웹사이트 '책임 있는 투자자Responsible Investor'가 조사한 바에 따르면 투자 매니저의 67퍼센트가 조만간 인권 문제가 핵심적인 투자 고려 사항이 될 것으로 생각했다. 현재 기후변화가 중심을 차지하는 것과 다르지 않은 것이다. 중국이나 미얀마 ─ 또는 팔레스타인 ─ 에서 억압과 공모하는 기업들에 투자하는 것은 이제 점점 옹호할 수 없는 일이 되고 있다.

과거와 현재의 이스라엘의 방산 거래를 폭로하는 가장 끈질긴 활동가인 인권변호사 에이타이 맥은 바람이 있다면 세계 곳곳에 죽음과 비참을 파는 것은 최악의 유산이 되리라는 점을 많은 이스라엘인에게 설득하는 것이라고 말한다. "이스라엘에는 홀로코스트의 진실에 관한 증언을 듣는 전통이 있습니다. 그러니 어쩌면 언론이나 대중이 다른 나라들이 겪는 고통과 이스라엘의 관여에 관해 기꺼이 읽으려 할지 모릅니다."

"물론 대다수 이스라엘인이 점령에 무관심한 현실과는 모순되는 일이지만, 많은 이스라엘인이 무기 판매와 그에 따른 사상자 이야기를 연결하고, 더 나아가 유대인의 도덕 및 역사와도 연결할 수 있음을 발견했습니다. 극우파부터 극좌파에 이르기까지 많은 이스라엘인은 이런 연계를 알고 있습니다." 하지만 이스라엘 유대인 중 극소수만 이스라엘의 국방 관계를 끝장내기 위해 노력한다. 이스라엘의 사법 정의를 통해 책임성을 추구하려는 시도는 끝났다고 맥은 말한다. "이제 법적 측면에서 다른 영역으로 캠페인을 이동시킬 때입니다. 이스라엘의 법원 체계는 정의를 안겨주지 못하니까요."

이스라엘과 그 지지자들은 시온주의에 헌신하든지 자유의 가치를 고수하든지 선택을 내려야 한다. 이스라엘과 팔레스타인 전역의 아파르트헤이트 상태를 생각하면 두 개의 가치를 계속 동시에 신봉할 수는 없다.[20] 이스라엘의 방위 산업은 전 세계의 고객들에게 깊은 인상을 주기 위해 자신의 역량에 의지한다. 충돌과 불안정이 산재하고, 기후변화를 둘러싼 우려가 고조되는 시기에 성공 가능성이 높은 시도다. 이스라엘은 대금을 지불할 수 있는 어떤 나라든 적어도 한동안은 최악의 사회적 붕괴를 피하도록 도와줄 수 있는 도구를 보유하고 있다.

하지만 이스라엘은 끊임없이 경계를 늦추지 않아야 한다. 돈으로 매수하기 힘든 팔레스타인 지도부를 고무하는 BDS(불매, 투자 철회, 제재) 운동이 세계 곳곳에서 급증하면서 이스라엘에 닥칠 수 있는 수많은 파국적 결과를 피하기 위해서라도.[21] 많은 나라에서 유대 국가에 대한 여론이 꾸준히 돌아서는 가운데 이스라엘이 행동과 방위 정책을 근본적으로 바꾸지 않는 한, 국제사회에서 따돌림 당하는 불가촉천민 국가pariah state라는 오명을 벗기란 쉽지 않을 것이다.

| 감사의 말 |

책 한 권을 쓰는 데는 마을 하나가 필요하다. 나는 거의 20년 전, 그러니까 2005년에 처음 이스라엘과 팔레스타인을 방문했을 때 이 책에 담긴 문제들을 생각하기 시작했다. 그 후 수많은 친구와 지인, 정보원, 우연히 만난 사람들 덕분에 이스라엘의 팔레스타인 점령이 얼마나 복잡하고 미묘한 방식으로 새로운 통제와 분리 기법을 테스트하는 시험장이 되었는지 깨닫게 되었다. 세계는 끝없이 팽창하는 무제한적 시장이다. 이 사람들이 없었다면 이 책은 아예 세상에 나올 수 없었을 텐데, 그들이 보여준 통찰과 인내심에 감사하고 싶다.

다음에 열거하는 사람들은 내가 이 문제를 이해하는 데 도움이 되는 소중한 정보와 인용문, 멋진 식사, 연락처, 뉴스 등을 제공해주었다. 친구, 지인, 정보원들과 나눈 대화를 통해 나는 서구 언론에서 여전히 극히 제한적으로만 다뤄지는 주제에 대한 지식을 심화시킬 수 있었다. 그들 모두에게 감사한다.

아나스 알고마티Anas Algomati, 닉 알마크Nick Ahlmark, 야히야 아시리Yahya Assiri, 로넨 베르그만Ronen Bergman, 아누라다 바신Anuradha Bhasin, 데이비드 브로피David Brophy, 존 브라운John Brown, 대런 바일러Darren Byler, 조너선 쿡Jonathan Cook, 댄 데이비스Dan Davies, 론 디버트Ron Deibert, 에란 에프라티Eran Efrati, 앤드루 페인스틴Andrew Feinstein, 고故 로버트 피스크Robert Fisk, 아포스톨리스 포티아디스Apostolis Fotiadis, 울리케 프랑케Ulrike Franke, 내털리 그루버Natalie Gruber, 클라우디오 과르니에리Claudio Guarnieri, 제프 핼퍼Jeff Halper, 조너선 헴펠Jonathan Hempel, 패트릭 힐스먼Patrick Hilsman, 가이 허시펠드Guy Hirschfeld, 대니얼 하우든Daniel Howden, 얼래나 헌트Alana Hunt, 데이비드 케이David Kaye, 알라 마하지나Alaa Mahajna, 빌 마르작Bill Marczak, 하룬 마티울라Haroon Matiullah, 요시 멜만Yossi Melman, 토드 밀러Todd Miller, 파리다 나부레마Farida Nabourema, 아말 나잘Amal Nazzal, 에딘 오마노비치Edin Omanovic, 아리프 아야즈 파레이Arif Ayaz Parrey, 넬로페르 파지라Nelofer Pazira, 잭 폴슨Jack Poulson, 니할싱 라토드Nihalsing Rathod, 오펠리아 리바스Ophelia Rivas, 라파엘 새터Raphael Satter, 마이클 스파드Michael Sfard, 예후다 샤울Yehuda Shaul, 데이비드 신David Sheen, 하가르 셰자프Hagar Shezaf, 아메드 시하브-엘딘Ahmed Shihab-Eldin, 모나 시타야Mona Shtaya, 다니엘 실버만Daniel Silberman, 페보스 시메오니디스Phevos Simeonidis, 메홀 스리바스타바Mehul Srivastava, 로벨 테스파하네스Robel Tesfahannes, 그리셀다 트리아나Griselda Triana, 펠릭스 바이스Felix Weiss, 로이 옐린Roy Yellin, 질리언 C. 요크Jillian C. York, 아미타이 지브Amitai Ziv, 오렌 지브Oren Ziv.

여전히 비밀에 휩싸여 있는 정보기관에 관해 이야기를 해준 이스라엘 유닛 8200 출신 다니엘Daniel에게 감사한다.

이스라엘의 인권변호사이자 활동가인 에이타이 맥Eitay Mack은 오래전 동예루살렘에서 처음 직접 만났는데, 이스라엘이 세계 각지의 독재를 지지하는 것에 책임을 물으려 하면서 많은 이들에게 용기를 주는 인물로 손꼽힌다. 나는 우리의 우정을 소중히 여기며, 이 책은 그가 제공한 자료와 논평에 큰 은혜를 입었다.

연구자 시르 헤베르Shir Hever는 오랫동안 이스라엘의 점령과 군산복합체를 연구했다. 비판적 사고의 전범을 보여준 그에게 감사한다.

민감한 자료의 성격상 이름을 밝히지 못하는 많은 정보원이 있다. 우리는 그들의 용감한 노력 덕분에 팔레스타인 실험실에 관해 더 많이 알게 되었다.

나는 2005년부터 이스라엘의 으뜸가는 반정부 언론인 기드온 레비Gideon Levy와 알고 지냈다. 팔레스타인인도 동등한 권리를 누릴 자격이 있는 인간이라는 믿음을 가진 그는 유대 국가에서 좀처럼 듣기 힘든 목소리를 낸다. 나는 다른 누구보다도 그의 작업에 용기와 영감을 얻었으며 – 내 첫아들의 중간 이름이 '기드온Gideon'이다 – 우정과 담대함을 나눠준 그에게 감사한다.

지금껏 내가 쓴 다른 책들과 마찬가지로 위키리크스 문서는 이 세계에서 권력이 어떻게 작동하는지를 이해하는 데 무척 소중한 자료였다. 용감한 줄리언 어산지Julian Assange와 우리의 알 권리를 신봉하는 그의 많은 정보원에게 감사한다.

사랑하는 친구들과 가족 덕분에 나는 제정신을 유지하며 잘 먹고 마시고 사랑받고 비판받을 수 있었다. 나를 믿어준 그들에게 고마움을 표하고 싶다. 루벤 브랜드Reuben Brand, 피터 크로나우Peter Cronau, 폴 패럴Paul Farrell, 루크 플레처Luke Fletcher, 벤저민 길모어Benjamin Gilmour, 브리에타 헤이그Brietta Hague, 에밀리 하위Emily Howie, 마크 진스Mark Jeanes, 맷 케너드Matt Kennard, 데이비드 레서David Leser, 케이틀린 마크스Caitlin Marks, 로스 마틴Ross Martin, 메리 마틴Mary Martin, 피터 모건Peter Morgan, 리지 오셰이Lizzie

O'Shea, 캐트린 옴스태드Catrin Ormestad, 마이크Mike와 제스 오터먼Jess Otterman 부부, 셀레나 팹스Selena Papps, 저스틴 랜들Justin Randle, 제프 스패로Jeff Sparrow, 헬가 스벤슨Helga Svendsen, 클레어 라이트Clare Wright.

런던에서 활동하는 무스타파 카드리Mustafa Qadri와 야스미네 아메드 Yasmine Ahmed, 그리고 그들의 멋진 아이들인 자인Zain과 이만Iman은 끝없는 사랑과 우정의 원천이었다. 당신들의 존재 자체에 감사한다.

버소Verso 출판사와 탁월한 편집자 리오 홀리스Leo Hollis, 그리고 이 책을 세상에 나오도록 인도해준 담당 팀 전체에 감사한다.

오스트레일리아 출판사 스크라이브Scribe와 대표 헨리 로젠블룸 Henry Rosenbloom, 그리고 이 자료의 중요성을 믿어준 담당 팀 전체에 감사한다.

저작 및 영화 에이전트 자이트가이스트Zeitgeist 에이전시는 오랫동 안 나와 함께해주었다. 싸움을 거는 것을 추구하는 작업을 지원해준 베니슨 올드필드Benython Oldfield와 섀런 갤런트Sharon Galant, 토머신 치너리 Thomasin Chinnery에게 고맙다는 말을 하고 싶다.

아버지 제프리Jeffrey는 언제나 내가 하는 일을 확고하게 지지해주었 다. 무한한 사랑과 이해를 베풀어준 아버지에게 감사한다. 이스라엘과 팔레스타인에 관한 아버지 자신의 견해는 시간이 흐르면서 크게 바뀌었 고, 우리가 같은 길을 걷고 있다는 게 기쁘다. 유감스럽게도 어머니 바이 올렛Violet은 이제 더는 우리 곁에 없지만 어머니가 보여준 공감의 정신 은 사라지지 않았다.

마지막에 거론하지만 더없이 소중한 이로, 세상 어디서도 찾기 힘든 파트너 앨리슨 마틴Alison Martin과 어여쁜 두 아들 라파엘Raphael과 애틀러 스Atlas에게 고맙다는 말을 하고 싶다. 세 사람은 내가 이 책을 완성할 수 있도록 사랑과 공간과 지원을 아끼지 않았다. 우리의 삶은 모험과 초영

웅과 가족의 포옹, 글루텐프리 음식, 그리고 더 공정하고 더 나은 세상에 대한 믿음이 뒤섞인 소용돌이다. 세 사람 모두 온 마음을 다해 사랑한다. 세 사람의 사랑이 나를 지탱하고 용기를 준다.

한 인간이자 유대인으로서 나는 이스라엘인과 팔레스타인인의 평등과 정의가 이 분쟁을 해결하는 유일한 길임을 안다. 이 책은 수십 년간 이어진 차별을 끝장내고 그런 차별이 지속될 수 있게 해준 은밀한 방식을 폭로하기 위한 시도다.

미래는 아직 쓰이지 않았다.

| 옮긴이의 말 |

2018년 10월 2일 전 세계를 충격에 빠뜨리는 사건이 발생했다. 부인과 이혼 절차를 밟기 위해 튀르키예 주재 사우디아라비아 총영사관을 방문한 자말 카쇼기라는 사우디아라비아 국적의 언론인이 그곳에서 실종되었다. 나중에 드러난 것처럼, 총영사관 내부에서 카쇼기를 끔찍하게 살해한 사우디아라비아 정부 요원들은 시신을 토막 내어 없애버렸다. 눈엣가시인 반정부 언론인 살해의 배후로 사우디아라비아 왕세자 빈 살만이 지목된 가운데 튀르키예와 사우디아라비아, 미국이 진실 게임을 벌이는 와중에 사우디아라비아 정부가 이스라엘 NSO 그룹에서 개발한 휴대전화 해킹 프로그램 페가수스를 이용해 카쇼기의 일거수일투족을 추적한 전모가 드러났다. 반정부 언론인을 외국 주재 총영사관에서 백주 대낮에 암살한 사건의 배후에 이스라엘 사이버 해킹 기업이 있었던 것이다. 이 책에서 다루는 이스라엘 군사·기술·산업복합체의 실체가 처음으로 대중에 폭로된 사건이었다.

1948년 이스라엘이 건국된 이래로 이스라엘은 중동 전체, 그중에서도 특히 자신들이 점령한 팔레스타인인을 상대로 100년 넘게 전쟁을 벌였다. 제국의 시대가 막을 내리던 때에 영국을 등에 업고 나라를 세운 이스라엘은 중동에서 유일한, 아니 세계에서 유일한 유대 국가로서 독특한 생존 이데올로기를 강조하면서 종족민족주의의 정체성을 강화하는 길을 걸었다. 2,000년 넘게 그 땅에 살던 팔레스타인 아랍인과 공존하는 대신, 국가를 창건할 때부터 75만 명을 추방했고, 그 후로도 체계적으로 팔레스타인인을 차별하고 제1~4차 중동전쟁을 거치며 계속 많은 수를 쫓아냈다. 특히 1967년 제3차 중동전쟁으로 1947년의 유엔 분할안에 따라 팔레스타인 지역이었던 땅을 대대적으로 점령하자 이제 점령국가의 몸집이 더욱 커졌다. 지금의 가자 지구와 요르단 강 서안에 사는 수백만 팔레스타인인을 점령하고 통제해야 했고, 그들이 저항할 때마다 군경을 동원해 진압했다. 이 과정에서 감시와 통제, 시위 진압, 분리 장벽 등의 기술이 나날이 발전했다.

　　이 책에서 지은이는 이스라엘이 일상적으로 감시·탄압하는 팔레스타인인과, 걸핏하면 침공하거나 폭격을 퍼붓는 주변 국가의 아랍인만이 아니라 세계 전체를 위협하는 깡패 국가로 부상하는 면모를 낱낱이 파헤친다. 과거에 서독으로부터 받아낸 대규모의 홀로코스트 배상금을 기반으로 시작된 무기 산업은 거듭된 전쟁을 거치면서 전쟁 국가 이스라엘을 떠받치는 핵심 산업이 되었다. 이스라엘은 2021년 무기 판매 113억 달러를 기록하면서 세계 10대 무기 수출국에 올라섰다. 하지만 이스라엘이 점령지에서 실전 시험한 군사 기술을 내세워 '스타트업 국가'라는 브랜드로 승승장구한 이면에는 민간인 감시와 통제, 불법적인 휴대전화 해킹, 폭격과 표적 암살에 사용되는 드론, 이민자나 난민을 막기 위한 감시탑과 장벽 등이 도사리고 있었다. 그리고 이스라엘산 무기를 구매한 주요 나라의 면면도 이스라엘 못지않게 수상쩍다. 피노체트의 칠레, 과테말라·엘살바도르·코스타리카·콜롬비아의 암살대, 아파르트헤이트 국가 남아프리카공화국, 니카라과의 소모사 독재, 샤가 통치한 이란의 사바크, 투치족을 학살한 르완다의 후투족, 군사 독재 시기의 아르헨티나 등이 주요 구매자였다.

이스라엘이 전장에서 시험을 거쳤다고 홍보하는 무기는 실상 팔레스타인 민간인을 일상적으로 감시하고, 저항을 차단·진압하며, 대규모 시위가 벌어지거나 하마스 등이 무장 공격을 벌이면 무차별적으로 보복 공격을 하는 데 사용된 것들이었다. 이스라엘은 언제나 테러리스트 탓을 했지만 아동과 여성을 비롯한 민간인 희생자가 압도적으로 많았다. 해외에서 사용된 이스라엘 무기와 감시·통제 장비도 그 대상은 미국-멕시코 국경의 이민자, 유럽으로 향하는 난민, 과테말라의 마야족, 미얀마의 무슬림 로힝야족, 미국의 흑인과 원주민, 인도의 카슈미르인과 무슬림 등이다.

2001년 9·11 테러는 세계 곳곳의 권위주의 정권이 '보안 조치'를 강화하는 손쉬운 구실이 되었으며, 이스라엘은 이를 등에 업고 무기를 대규모로 판매하는 한편 감시와 안면 인식 기술도 더욱 고도화하고 홍보했다. 동예루살렘이나 가자 지구, 요르단 강 서안에서 이스라엘은 24시간 철통 방비와 감시, 드론 암살, 휴대전화 해킹 및 도감청에 주력했는데, 이렇게 고도로 특화된 기술을 전 세계에 홍보하고 판매했다. 특히 가자 지구 접경 65킬로미터를 따라 높이 8미터, 지하 100미터까지 차단하는 장벽을 세웠다. 이 책에서 지은이는 이스라엘의 이 모든 군사 장비와 기술의 근원을 추적하면서 그 희생자들까지 찾아 세계 곳곳을 돌아다니고, 이스라엘 내부의 양심적인 반대 세력에게도 많은 도움을 받는다.

2023년 10월 17일부터 22일까지 열린 서울 국제 항공우주 및 방위산업 전시회(서울 아덱스)는 역대 최대 규모였다고 한다. 개막일인 10월 17일 밤, 이스라엘 방위군은 가자 지구의 알아흘리 아랍 병원에 폭격을 퍼부어 최소 500명의 민간인이 사망했다. 서울 아덱스에서 이스라엘 국방부가 주관하는 이스라엘관에는 엘빗시스템스와 IAI를 비롯한 12개 무기 회사가 제품을 전시했다. 지난 10년간 한국의 대이스라엘 무기 수출액은 313만 달러에서 824만 달러로 세 배 가까이 늘어났다. 2021년과 2022년 연속 대이스라엘 무기 수출에서 미국, 오스트리아, 이탈리아에 이어 4위에 올라 있다(이스라엘은 자국산 무기를 수입하는 국가와 액수를 정확히 밝히지 않기 때문에 한국이 얼마나 많은 이스라엘 무기를 수입하는지는 밝혀진 바가 없다). 미국의 무상 무기 지원이 적지 않고, 이스라엘이 자체 생산하는 무기도 많기 때문에 절대적 액수로 높은 수치는 아니지만, 2014년 제3차 가자 전쟁에서 이스라엘이 가자 지구에 지상군을 투입한 이후 한국의 무기 수출이 급격히 늘어났다는 점이 눈길을 끈다. 한편 2017~2021년에 전 세계 무기 수출에서 한국은 8위, 이스라엘은 10위다. 이 책에서 다루는 이스라엘의 무기 수출이 남 이야기만은 아님을 알 수 있다.

이 책에는 '정확한 수치는 알 수 없지만' 같은 문구가 종종 등장한다. 책에서 다루는 내용의 성격상 관련 기업들은 인터뷰를 거부하기 십상이고, 정부도 정확한 통계를 공개하지 않는다. 또한 이스라엘-팔레스타인 분쟁의 역사와 20세기부터 21세기까지 이어지는 세계 각국의 독재 정부와 분쟁, 전쟁 등에 익숙하지 않은 독자라면 맥락을 파악하기가 쉽지 않다. 더군다나 보잉이나 록히드마틴, 레이시온 같은 미국의 세계적인 무기 기업보다 규모도 작고 이름도 생소한 이스라엘 기업들이 툭툭 튀어나와 독자를 괴롭힌다. 하지만 가장 어두운 산업 현장에 직접 뛰어들어 취재하고, 위험한 현장으로 달려가 당사자와 그 가족을 인터뷰하면서 눈이 번쩍 뜨이는 새로운 사실들을 발굴한 지은이 덕분에 이제 우리는 편하게 책장을 넘기며 음침한 세계를 훤히 들여다볼 수 있다. 가장 원시적인 무기인 펜 하나를 들고 최첨단 산업을 추적한 탐사언론인 앤터니 로엔스틴에게 박수를 보내고 싶다.

2023년 11월
유강은

Abunimah, Ali. *One Country: A Bold Proposal to End the Israeli-Palestinian Impasse.* New York: Metropolitan Books, 2006.

Ben-Menache, Ari. *Profits of War: Inside the Secret US-Israeli Arms Network.* New York: Sheridan Square Press, 1992.

Bergman, Ronen. *Rise and Kill First: A Secret History of Israel's Targeted Assassinations.* London: John Murray, 2019.

Bresheeth-Zabner, Haim. *An Army Like No Other: How the Israel Defense Forces Made a Nation.* London: Verso, 2020.

Bridle, James. *New Dark Age: Technology and the End of the Future.* London: Verso, 2019.

Byler, Darren. *In the Camps: China's High-Tech Penal Colony.* New York: Columbia Global Reports, 2021.

Cain, Geoffrey. *The Perfect Police State: An Undercover Odyssey into China's Terrifying Surveillance Dystopia of the Future.* New York: Public Affairs, 2021.

Chomsky, Noam. *Fateful Triangle: The United States, Israel and the Palestinians.* London: Pluto Press, 1999(한국어판: 노암 촘스키 지음, 최재훈 옮김, 『숙명의 트라이앵글』, 이후, 2008).

Cook, Jonathan. *Blood and Religion: The Unmasking of the Jewish and Democratic State.* London: Pluto Press, 2006.

Deibert, Ronald J. *Reset: Reclaiming the Internet for Civil Society.* Toronto: Anansi, 2020.

Farrow, Ronan. *Catch and Kill: Lies, Spies and a Conspiracy to Protect Predators.* London: Fleet, 2019.

Feinstein, Andrew. *The Shadow World: Inside the Global Arms Trade*. London: Penguin Books, 2012.

Fisk, Robert. *Pity the Nation: Lebanon at War*. Oxford: Oxford University Press, 2001.

Foster, Kevin. *Anti-Social Media: Conventional Militaries in the Digital Battlespace*. Melbourne: Melbourne University Press, 2021.

Friedman, Thomas. *From Beirut to Jerusalem: Second Edition*. London: HarperCollins Publishers, 1998(한국어판 : 토머스 L. 프리드먼 지음, 이건식 옮김, 『베이루트에서 예루살렘까지』, 21세기북스, 2010).

Grandin, Greg. *Empire's Workshop: Latin America, the United States and the Making of an Imperial Republic*. New York: Picador, 2021.

Halper, Jeff. *War against the People: Israel, the Palestinians and Global Pacification*. London: Pluto Press, 2015.

Hever, Shir. *The Privatisation of Israeli Security*. London: Pluto Press, 2018.

Hubbard, Ben. *MBS: The Rise to Power of Mohammed bin Salman*. London: William Collins, 2020(한국어판 : 벤 허버드 지음, 박인식 옮김, 『무함마드 빈 살만』, 메디치미디어, 2023).

Kimmerling, Baruch. *Politicide: Ariel Sharon's War against the Palestinians*. London: Verso, 2003.

Meier, Barry. *Spooked: The Secret Rise of Private Spies*. London: Sceptre, 2021.

Miller, Todd. *Empire of Borders: The Expansion of the US Borders around the World*. London: Verso, 2019.

Perlroth, Nicole. *This Is How They Tell Me the World Ends: The Cyber Weapons Arms Race*. London: Bloomsbury Publishing, 2021(한국어판 : 니콜 펄로스 지음, 김상현 옮김, 『인류의 종말은 사이버로부터 온다』, 에이콘출판, 2022).

Polakow-Suransky, Sasha. *The Unspoken Alliance: Israel's Secret Relationship with Apartheid South Africa*. New York: Pantheon Books, 2010.

Reinhart, Tanya. *Israel/Palestine: How to End the War of 1948*. Sydney: Allen and Unwin, 2003.

Said, Edward W. *Power Politics and Culture: Interviews with Edward W. Said*, edited and with an introduction by Gauri Viswanathan. London: Bloomsbury, 2004(한국어판 : 에드워드 W. 사이드 지음, 최영석 옮김, 『권력 정치 문화』, 마티, 2012).

Weizman, Eyal. *Hollow Land: Israel's Architecture of Occupation*. London: Verso, 2012.

Yizhar, S. *Khirbet Khizeh*. London: Granta, 2008.

York, Jillian. *Silicon Values: The Future of Free Speech under Surveillance Capitalism*. London: Verso, 2021(한국어판 : 질리언 요크 지음, 방진이 옮김, 『보호받고 있다는 착각』, 책세상, 2022).

Zertal, Idith and Akiva Eldar. *Lords of the Land: The War over Israel's Settlements in the Occupied Territories, 1967–2007*. New York: Nation Books, 2007.

Zuboff, Shoshana. *The Age of Surveillance Capitalism: The Fight for a Human Future at the New Frontier of Power*. London: Profile Books, 2019(한국어판 : 쇼샤나 주보프 지음, 김보영 옮김, 『감시 자본주의 시대』, 문학사상사, 2021).

| 주 |

들어가는 말 · 지금, 무슨 일이 벌어지고 있을까?

1   Nathan Thrall, "The Separate Regimes Delusion: Nathan Thrall on Israel's Apartheid," *London Review of Books* 43, no. 2, January 21, 2021.

2   Peter Beinart, "Why American liberals now call Israel an apartheid state," The Beinart Notebook(blog), February 15, 2022, peterbeinart.substack.com.

3   Amos Schocken, "A lesson in Zionism for MK Amichai Chikli," *Haaretz*, December 8, 2021.

4   Haggai Matar, "IDF censorship hits an 11-year low," *+972 Magazine*, June 28, 2022. 이스라엘에서 이루어지는 극단적인 형태의 검열을 비난하는 이스라엘 언론인은 거의 없지만, 2022년 요시 멜만은 이렇게 말했다. '언론이 무기 판매에 관한 정보를 공개하는 것을 금지하는 서구의 나라는 하나도 없다.' Yossi Melman, "How Israel's censor helps arms dealers," *Haaretz*, July 31, 2022.

5   Maha Nasser, "US media talks a lot about Palestinians – just without Palestinians," *+972 Magazine*, October 2, 2020.

6   Ben Lorder, "How the Israeli flag became a symbol for white nationalists," *+972 Magazine*, January 22, 2021.

7   Edward Said, "Permission to Narrate," *London Review of Books* 6, no. 3, February 16, 1984.

8   Noam Sheizaf, "An Israeli home for America's New Right," *+972 Magazine*, July 18, 2022.

9   Max Fisher and Amanda Taub, "Netanyahuism is winning in Israel – and globally," The Interpreter, *New York Times*, April 11, 2019.

10   Peter Beinart, "Benjamin Netanyahu, father of our illiberal age," The Beinart Notebook(blog), June 14, 2021, peterbeinart.substack.com.

11   Gideon Levy, "An overwhelming one-man theater performance by Benjamin Netanyahu," *Haaretz*, August 18, 2016.

12   Anat Peled and Milan Czerny, "How Israel has become a dangerous model for Russia and Ukraine," *Haaretz*, February 14, 2022.

13   Greg Grandin, *Empire's Workshop: Latin America, the United States, and the Making of an Imperial Republic*, New York: Picador, 2021, p. 5.

14   Yossi Melman, "A wild, dangerous military-security complex has wielded power in Israel," *Haaretz*, January 20, 2022.

15   Sam Sokol, "Zelenskyy says post-war Ukraine will emulate Israel, won't be 'liberal, European,'" *Haaretz*, April 5, 2022.

16   Daniel B. Shapiro, "Zelenskyy wants Ukraine to be a 'big Israel.' Here's a road map," *Atlantic Council*, April 6, 2022.

17   Eitay Mack, "How Israel is helping Putin," *Haaretz*, March 7, 2022.

18   Eitay Mack, "Israel's support to Ukraine involves no policies, only disgrace and shticks," *Wire*, March 23, 2022, thewire.in.

19   James Bridle, *New Dark Age: Technology and the End of the Future*, London: Verso, 2019, pp. 243 – 4.

20   Jeff Sommer, "Russia's war prompts a pitch for 'socially responsible' military stocks," *New York Times*, March 4, 2022.

21   Yossi Verter, "Israel has failed this week's test of humility and enlightenment," *Haaretz*, March 4, 2022.

22   Yoram Gabison, "An early winner of Russia's invasion: Israel's defense industry," *Haaretz*, March 1, 2022.

23   Richard D. Paddock, "Infiltrated 30 groups, ADL figure says: Spying, Roy Bullock, admits selling information to South Africa was wrong but insists he never acted dishonestly," *Los Angeles Times*, April 21, 1993.

24   Alex Kane and Jacob Hutt, "How the ADL's Israel advocacy undermines its civil rights work," *Jewish Currents*, Spring 2021.

25   Ben Hartman, "American law enforcement learns anti-terror tactics from Israeli experts," *Jerusalem Post*, September 9, 2015.

26   Richard Silverstein, "Israeli Border Police demonstrates riot control methods, tear gas drone to US Border Patrol," *Tikun Olam*, September 19, 2022.

27   "An empire of patrolmen: An interview with Stuart Schrader," *Jacobin*, October 18, 2019, jacobin.com.

28   Mara Hvistendahl and Sam Biddle, "Use of controversial phone-hacking

tool is spreading across federal government," *Intercept*, February 9, 2022, theintercept.com.

29   Sari Horwitz, "Israeli experts teach police on terrorism," *Washington Post*, June 12, 2005.

30   Jewish Voice for Peace, deadlyexchange.org.

31   Alex Kane and Sam Levin, "Internal ADL memo recommended ending police delegations to Israel amid backlash," *Jewish Currents*, March 17, 2022.

1 · 필요하다면 기꺼이 팔게요!

1   Andrew Cockburn and Leslie Cockburn, *Dangerous Liaison: The Inside Story of the US-Israeli Covert Relationship*, New York: Perennial, 1992에서 재인용한 고문의 말.

2   Daniel Silberman, "One Chilean's story," *Guardian*, October 28, 1998.

3   Philip Shenon, "US releases files on abuse in Pinochet era," *New York Times*, July 1, 1999.

4   Giles Tremlett, "Operation Condor: The cold war conspiracy that terrorised South America," *Guardian*, September 3, 2020.

5   피노체트의 공범자들에게 책임을 물으려는 시도가 여러 차례 있었다. 2021년 오스트레일리아 법원은 자국에 거주하는 칠레 여성 아드리아나 리바스Adriana Rivas를 칠레로 송환해 1976년과 1977년에 일곱 명을 납치한 혐의로 재판을 받도록 명령했다.

6   미국 국무장관 조지 슐츠George Shultz는 1984년의 한 문서에서 영국, 프랑스, 이스라엘, 독일이 칠레에 무기를 공급한다고 밝혔다.

7   John Brown, "Investigate Israel's complicity with Pinochet's crimes," *+972 Magazine*, March 2, 2017; Grace Livingstone, "Torture 'for your amusement': How Thatcher's government misled MPs and public about its dealings with the Pinochet regime," *Declassified UK*, April 21, 2020.

8   Colin Shindler, "When Jews made friends with Pinochet the tyrant," *Jewish Chronicle*, March 1, 2018.

9   Judy Maltz and Jonathan Gorodischer, "Under Pinochet's nose: The Israeli diplomats who rescued hundreds of dissidents from Chile," *Haaretz*, June 13, 2022.

10   Eitay Mack, "He is not a follower of the nations of the world: Pinochet knew why he loved the Israeli ambassador," *Haaretz*, June 30, 2022.

11   Eitay Mack, "The kibbutz that sells riot control weapons to war criminals," *+972 Magazine*, November 8, 2017.

12   Ayelett Shani, "I won't stop until Israel admits its ties with the Pinochet regime," *Haaretz*, November 5, 2015.

13   칠레의 인기 정치인 다니엘 하두에Daniel Jadue가 2021년 칠레 총선거에서 주요 대통령 후보로 급부상한 뒤, 칠레의 많은 저명한 유대인 단체가 그를 반유대주의자라고 비난 했다. 하두에가 팔레스타인계로서 반시온주의 입장을 내세우자 유대인 주류파가 격 분한 것이다.

14   George Biddle, "Israel: Young, Blood and Old," *Atlantic*, October 1949.

15   Jon Schwartz, "New documentary, *Exterminate All the Brutes*, was 500 years of genocide in the making," *Intercept*, May 2, 2021, theintercept.com.

16   Shira Pinhas, "The imperial roots of 'shrinking the conflict,'" *+972 Magazine*, May 17, 2022.

17   Haim Bresheeth-Žabner, *An Army Like No Other: How the Israel Defense Forces Made a Nation*, London: Verso, 2020, p. 290.

18   엘빗에서 재정 지원을 받은 책 한 권이 2021년에 출간되었다. 『불가리아군과 불가리아 유 대인 구출, 1941~1944 The Bulgarian Army and the Rescue of Bulgaria's Jews, 1941‒1944』는 제2차 세계대전 중에 불가리아 국가가 유대인을 구조했다는 허위 주장을 펴는 수정주의 역사 책이다. 엘빗은 불가리아 무기 시장에 발판을 마련하고자 했다. Raz Segal and Amos Goldberg, "Distorting the Holocaust to Boost the International Arms Trade," *Nation*, July 26, 2022.

19   Thomas L. Friedman, "How Israel's economy got hooked on selling arms abroad," *New York Times*, December 7, 1986.

20   1981년 〈파이낸셜 타임스〉에 공개된 또 다른 자료는 무기 산업에 전체 노동력의 4분의 1인 30만 명 이상이 고용되어 있다고 주장했다(이 수치는 군대가 포함된 것이다).

21   Benjamin Beit-Hallahmi, "Israel's global ambitions," *New York Times*, January 6, 1983.

22   Bresheeth-Žabner, *Army Like No Other*, p. 294.

23   앞의 책, 293쪽.

24   "Israel's Latin American trial of terror," Al Jazeera English, June 5, 2003, aljazeera.com.

25   한국어판: 테오도르 헤르츨 지음, 이신철 옮김, 『유대 국가』, 도서출판b, 2012.

26   Ofer Aderet, "Zionist Arabs, trains from Berlin: What Herzl got wrong about Israel," *Haaretz*, May 26, 2022.

27   David Horovitz, "A Passover prayer, to safeguard the modern miracle of Israel," *Times of Israel*, April 15, 2022.

28   Noam Chomsky, *The Fateful Triangle: The United States, Israel, and the Palestinians*, London: Pluto Press, 1999, p. 110.

29   Sasha Polakow-Suransky, *The Unspoken Alliance: Israel's Secret Relationship*

with Apartheid South Africa, New York: Pantheon, 2010, p. 5.

30 더 자세한 내용은 'armyupress.army.mil'에서 볼 수 있다.

31 Polakow-Suransky, *Unspoken Alliance*, p. 6.

32 Ofer Aderet, "Publicly, Israel is a boycotted enemy: But behind the scenes, a great deal happens," *Haaretz*, March 31, 2022.

33 Eitay Mack, "The unwritten history of Israel's alliance with the Shah's dictatorship," *+972 Magazine*, June 24, 2019.

34 Aderet, "Publicly, Israel is a boycotted enemy."

35 Mack, "Israel's alliance with the Shah's dictatorship."

36 Eitay Mack, "How Israel helped whitewash Indonesia's anti-leftist massacres," *+972 Magazine*, September 9, 2019.

37 Eitay Mack, "Israel embraced Romanian dictator's support – knowing he was anti-Semitic," *+972 Magazine*, December 3, 2019.

38 21세기에도 루마니아는 여전히 이스라엘과 가까운 관계이며 드론을 비롯한 방위 장비를 가장 많이 구매한다. 지난 25년간 루마니아는 주로 엘빗과 라파엘Rafael을 통해 이스라엘 무기 10억 달러어치를 사들였다. 2022년에 러시아가 우크라이나를 침략하자 루마니아는 서둘러서 훨씬 더 많은 무기를 구입했다. Yossi Melman, "Romania looks set to be the first European country to buy Israel's Iron Dome," *Haaretz*, September 2022.

39 Lahav Harkov, "From Gaza to Paraguay? The Israeli government's transfer plans," *Jerusalem Post*, August 12, 2020.

40 Margo Gutierrez and Milton Jamail, "Israel in Central America," *Middle East Report* 140, May/June 1986, merip.org.

41 Eitay Mack, "The Zionist James Bond? How a Mossad agent helped a brutal dictator retain power," *Haaretz*, March 25, 2021.

42 John Brown, "Israel cooperated with the Argentine regime that murdered thousands of Jews," *Haaretz*, September 13, 2017.

43 Azriel Bermant, "Israel's long history of cooperation with ruthless, anti-Semitic dictators," *Haaretz*, July 4, 2018.

44 Public lecture by Yohanah Ramati, member of the Foreign Relations Committee during the Likud government(1977 – 84), Florida International University, March 6, 1985.

45 Victor Perera, "Uzi Diplomacy," *Mother Jones*, July 1985.

46 Jan Nederveen Pieterse, *Israel's Role in the Third World: Exporting West Bank Expertise*, Amsterdam: Emancipation Research, 1984.

47 Cheryl Rubenberg, "Israel and Guatemala: Arms, Advice and Counterinsurgency," *Middle East Report* 140, May/June 1986, merip.org.

48   Rubenberg, "Israel and Guatemala."

49   John Brown, "The relocation of the Guatemala embassy is steeped in many
      weapons from the past," *Haaretz*, September 25, 2018.

50   Gabriel Schivone, "Israel's shadowy role in Guatemala's dirty war," *Electronic
      Intifada*, January 20, 2017, electronicintifada.net.

51   Schivone, "Israel's shadowy role."

52   Amos Harel, "'We arrested countless Palestinians for no reason,' says ex-top
      Shin Bet officer," *Haaretz*, February 17, 2022.

53   Chomsky, *Fateful Triangle*, p. 181. 인용문 전체는 다음 인터넷 주소에서 볼 수 있다.
      twitter.com/edokonrad/status/1516699173483024386.

54   *Remotely Piloted Drones in the Third World: A New Military Capability*,
      Washington, DC: CIA, 1986.

55   2022년 이스라엘의 인권변호사 에이타이 맥이 폭로한 문서들을 통해 모사드가 1950년
      대부터 수십 년간 레바논의 폭력 세력과 공모했으며 팔랑헤당과 기독교도 민병대의
      긴밀한 동료였음이 드러났다. Ofer Aderet, "What historical Mossad files reveal
      about Israel's 'most planned war,'" *Haaretz*, September 8, 2022.

56   Lizzie Porter, "A legacy of torture: Inside Lebanon's Khiam jail," Al Jazeera
      English, August 14, 2017, aljazeera.com.

57   Ofer Aderet, "Documents expose torture, hunger in Israeli-run prison in
      south Lebanon," *Haaretz*, March 23, 2022.

58   Thomas Friedman, *From Beirut to Jerusalem: One Man's Middle East Odyssey*,
      New York: HarperCollins, 1998, p. 159.

2 · 더없이 좋은 사업 기회

1   Greg Myre, "High-Tech industry in Israel goes from boom to bust," *New York
      Times*, December 26, 2005.

2   Max Fisher, "As Israel's dependence on US shrinks, so does US leverage,"
      New York Times, May 24, 2021.

3   2010년 미국 국무부에서 공개된 위키리크스 문서에서 폭로된 것처럼, 이스라엘 국방
      부 정치군사국장 아모스 길라드Amos Gilad 소장에 따르면 이스라엘과 미국의 긴밀한
      관계는 워싱턴의 의도에 대한 전 세계적 불신과 미국의 이익을 증진하지 못하는 무능
      력에 기여했다.

4   Fisher, "As Israel's dependence on US shrinks."

5   Douglas Farah, "Israeli rifles have tortuous trail, turn up with Colombian
      trafficker," *Washington Post*, July 18, 1990.

6 앞의 글.

7 Belen Fernandez, "Private security and the 'Israelites of Latin America,'" Al Jazeera English, January 8, 2012, aljazeera.com.

8 James Bennett, "A day of terror: The Israelis; spilled blood is seen as bond that draws two nations together," *New York Times*, September 11, 2001.

9 "Report: Netanyahu says 9/11 terror attacks good for Israel," *Haaretz*, April 16, 2008.

10 Naomi Klein, *The Shock Doctrine: The Rise of Disaster Capitalism*, New York: Penguin, 2007(한국어판: 나오미 클라인 지음, 김소희 옮김, 『자본주의는 어떻게 재난을 먹고 괴물이 되는가』, 모비딕북스, 2021), p. 435.

11 Sam Adler-Bell, "The capitalist's kibbutz," *Jewish Currents*, Spring 2020.

12 An interview with Saul Singer, co-author of the book *Start-up Nation* and one of Israel's greatest thinkers, Tech N' Marketing(blog), December 25, 2014, technmarketing.com.

13 Dan Senor and Saul Singer, *Start-up Nation: The Story of Israel's Economic Miracle*, New York: Twelve, 2009, chapter 4.

14 Omer Benjakob, "'Make drones, not porn': Top Israeli defense firm seeks moral high ground over tech industry," *Haaretz*, May 24, 2022.

15 Gil Press, "6 reasons Israel became a cybersecurity powerhouse leading the $82 billion industry," *Forbes*, July 18, 2017. 2022년 6월 텔아비브에서 정부, 민간 기업, 벤처캐피털 펀드 등이 모인 가운데 열린 연례 '사이버 주간Cyber Week' 회의 동안 정부가 이끄는 하이테크 전쟁을 민간 부문에 아웃소싱하는 사례가 늘어나는 현상이 주요하게 다뤄졌다. Sophia Goodfriend, "At Israel's Cyber Week, generals and CEOs sell warfare as techno-utopia," *+972 Magazine*, August 15, 2022.

16 Krisna Saravanamuttu, "Israel advises Sri Lanka on slow-moving genocide," *Electronic Intifada*, July 30, 2013, electronicintifada.net.

17 Eitay Mack, "Myanmar's genocidal military is still a friend to Israel," *+972 Magazine*, April 23, 2021.

18 미얀마에 방위 장비를 판매한 것은 이스라엘만이 아니다. 베이징도 미얀마 독재 정권에 안면 인식 기술을 판매한 바 있으며, 미얀마는 이 장비를 전국 각지에 설치해서 국민을 추적 감시하고 있다.

19 Noa Landau, "Israeli envoy wishes Myanmar leaders 'good luck' on Rohingya genocide trial," *Haaretz*, November 27, 2019.

20 Eitay Mack, "Israel saw brutal Myanmar regimes as a business opportunity, documents reveal," *Haaretz*, October 6, 2022.

21 Oren Ziv, "Despite international sanctions, Myanmar officials attend Tel Aviv weapons expo," *+972 Magazine*, June 4, 2019.

22   이스라엘은 현재의 제노사이드 정권과 협력하는 데 전혀 거리낌이 없지만, 또한 동시
     에 과거에 벌어진 여러 제노사이드를 공개적으로 인정하는 것도 거부하고 있다. 미국
     대통령 조 바이든이 2021년에 공식적으로 인정한 튀르키예의 아르메니아인 제노사이
     드는 1915년과 1916년에 일어났다. 이스라엘은 튀르키예와의 관계 때문에 아르메니
     아인 제노사이드를 인정하려 하지 않으며, 기밀 해제된 문서에서 입증된 것처럼, 이스
     라엘 관리들은 수십 년간 세계 각지의 여러 나라와 개인들에게 이 제노사이드를 인정
     하지 말라고 압박을 가해왔다.

23   Mack, "Israel saw brutal Myanmar regimes as a business opportunity,
     documents reveal."

24   Mack, "Myanmar's genocidal military."

25   Gidi Weitz and Hilo Glazer, "How Israel tried to dump African refugees in
     blood-drenched dictatorships," *Haaretz*, December 25, 2020.

26   Eitay Mack, "A classy government: Wrapping the Zionist left ministers in sushi
     rolls," *Haaretz*, November 27, 2021.

27   David Lyon, ed., *Surveillance as Social Sorting: Privacy, Risk and Digital
     Discrimination*, London: Routledge, p. 11.

28   Neve Gordon, "Working paper III: The political economy of Israel's
     homeland security/surveillance industry," The New Transparency Project,
     April 28, 2009.

29   Sophia Goodfriend, "The start-up spy state," *+972 Magazine*, April 6, 2022.

30   앞의 글.

31   Shir Hever, *The Privatisation of Israeli Security*, London: Pluto Press, 2018, p. 1.

32   Antony Loewenstein and Matt Kennard, "How Israel privatized its occupation
     of Palestine," *Nation*, October 27, 2016.

33   Jessica Buxbaum, "Privatizing the occupation: How Israeli corporations came
     to police the Palestinians," MintPress News, September 7, 2021. 이스라엘 비정
     부기구 '후프로핏 Who Profits'은 점령의 유지, 확대, 지속 가능성에 공모하는 기업의 명
     단을 갖고 있다. whoprofits.org.

34   Hever, *Privatisation of Israeli Security*, pp. 97–8.

35   앞의 책, 176~7쪽.

36   "The private equity opportunity in aerospace and defense," KPMG
     International, July 2021.

37   Keren Assaf and Jonathan Hempel, "Israel's annual weaponry festival
     is inseparable from occupation in Palestine," *Mondoweiss*, April 29, 2022,
     mondoweiss.net.

38   Goodfriend, "Start-up spy state."

39   "World military spending rises to almost $2 trillion in 2020," Stockholm

International Peace Research Institute, April 26, 2021, sipri.org.

40 Joe Roeber, "Hard-wired for corruption," *Prospect*, August 28, 2005.

41 Amitai Ziv, "How Israeli firearms fall into the hands of Mexican drug cartels," *Haaretz*, December 9, 2020.

42 Olivia Solon, "Why does Microsoft fund an Israeli firm that surveils West Bank Palestinians?" *NBC News*, October 28, 2019.

43 Melissa Hellmann, "A tale of two AI cities," *Seattle Times*, April 18, 2020.

44 Avi Bar-Eli, "Israeli exports arms endangering human rights because it serves our interests, top defense official admits," *Haaretz*, December 7, 2021.

45 Ali Abunimah, "Biden spokesperson Jen Psaki worked for Israeli spy firm," *Electronic Intifada*, March 25, 2021, electronicintifada.net.

46 Jonathan Hempel, "The watchful eye of Israel's surveillance empire," *+972 Magazine*, May 3, 2022.

47 "Israeli firm develops body-cams with facial recognition," *AFP*, January 23, 2022.

48 Elizabeth Dwoskin, "Israel escalates surveillance of Palestinians with facial recognition program in the West Bank," *Washington Post*, November 8, 2021.

49 Yaniv Kubovich, "Israelis troops' new quota: Add 50 Palestinians to tracking database every shift," *Haaretz*, March 24, 2022.

50 Gideon Levy, "Another star is born but the Shin Bet remains a cruel organization," *Haaretz*, October 13, 2021.

51 Eitay Mack, "As descendent of Auschwitz Victims, I've no interest in the Yad Vashem laundromat," *Haaretz*, January 22, 2020.

52 Orly Noy, "Foreign Ministry to High Court: War criminals welcome at Yad Vashem," *+972 Magazine*, April 24, 2020.

53 Nir Hasson, "A settler's quixotic battle against Israeli arms exports to murderous regimes," *Haaretz*, May 10, 2018.

54 Amos Harel, "Ukraine war: While some countries take a moral stance, Israel expects an arms bonanza," *Haaretz*, July 1, 2022.

55 Chen Maanit, "Israel's Supreme Court calls for harsher punishments for arms dealing," *Haaretz*, October 26, 2021.

3 · 평화를 가로막다

1 "'Wars on Gaza have become part of Israel's system of governance': An interview with filmmaker Yotam Feldman," *+972 Magazine*, May 22, 2013에서

재인용한 요탐 펠드만Yotam Feldman의 말.

2   David Cronin, "App makes killing Palestinians as easy as ordering pizza,"
    Electronic Intifada, December 2, 2020, electronicintifada.net.

3   Baruch Kimmerling, *Politicide: The Real Legacy of Ariel Sharon*, London: Verso,
    2003, p. 3.

4   Adam Raz, "When the Shin Bet chief warned that educated Arabs are a
    'problem' for Israel," *Haaretz*, September 16, 2021.

5   Jennifer Byrne, "Interview with Martin van Creveld," *ABC Australia Foreign
    Correspondent*, March 20, 2002.

6   Kimmerling, *Politicide*, p. 169.

7   Stephen Farrell, Dan Williams, and Maayan Lubell, "Palestinians out of sight
    and out of mind for Israelis seared by 2000 uprising," Reuters, September 29,
    2020.

8   Gideon Levy, "The Second Intifada, 20 years on: Thousands died in a struggle
    that failed," *Haaretz*, September 26, 2020.

9   Ben White, "Israel-Palestine: Normalising apartheid under the guise of
    'shrinking the conflict,'" *Middle East Eye*, September 24, 2021, middleeasteye.
    net.

10 Yaniv Kubovich, "Israel completes vast, billion-dollar Gaza barrier," *Haaretz*,
    December 7, 2021.

11 Byrne, "Interview with Martin van Creveld."

12 Zach Mortice, "Why the Gaza Strip may be the city of the future," Bloomberg
    City Labs, September 27, 2021.

13 Kevin Foster, *Anti-Social Media: Conventional Militaries in the Digital
    Battlespace*, Carlton, Vic.: Melbourne University Press, 2021, pp. 172–3.

14 Sophia Goodfriend, "Naked gun," *Jewish Currents*, December 5, 2019.

15 Marisa Tramontano, "State social media and national security strategy: Israel's
    Operation Protective Edge," E-International Relations, April 20, 2021, e-ir.info.

16 Neve Gordon, "How Israeli opponents of the Israeli occupation are losing the
    digital war," *Haaretz*, March 6, 2022.

17 Tramontano, "State social media."

18 "A lab and a showroom: Israeli military industries and the oppression of the
    Great March of Return in Gaza," Coalition of Women for Peace, June 2018.

19 Daniel A. Medina, "An Israeli drone conference is featuring a product recently
    used on Gaza," *Quartz*, September 17, 2014.

20 Ali Abunimah, "Snipers ordered to shoot children, Israeli general confirms,"
    Electronic Intifada, April 22, 2018, electronicintifada.net. 이스라엘 방위군 제대 군

인들이 이스라엘 간행물 〈+972매거진〉에 밝힌 것처럼, 이스라엘군 고위 사령부에 따르면 가자에서 팔레스타인 민간인을 죽이는 것은 일정한 수를 넘지 않는 한 용인된다. Yuval Abraham, "'We killed a little boy, but it was within the rules,'" *+972 Magazine*, August 11, 2022.

21 Oren Ziv, "The Israeli army is now using a 'talking' drone to disperse West Bank protests," *+972 Magazine*, February 3, 2020.

22 Coalition of Women for Peace, "A lab and a showroom."

23 앞의 글.

24 Anna Ahronheim, "Israel's operation against Hamas was the world's first AI war," *Jerusalem Post*, May 27, 2021.

25 "Why did they bomb us? Urban civilian harm in Gaza, Syria and Israel from explosives weapons use," Airwars, December 9, 2021, airwars.org.

26 Mohammed Abu Mughaisib and Natalie Thurtle, "Born under attack to be buried under attack, a life without rest in Gaza," *Médecins Sans Frontières*, August 10, 2021.

27 "Gaza: Apparent war crimes during May fighting," *Human Rights Watch*, July 27, 2021.

28 2021년 이스라엘-가자 충돌 이후, 미국의 진보적 의원 세 명이 보잉이 만든 무기를 이스라엘에 수출하는 것을 중단하라고 촉구했다. 이스라엘은 가자 공격 시기에 이 무기들을 사용한 바 있었다. 하지만 하원의원 알렉산드리아 오카시오-코르테스 Alexandria Ocasio-Cortez, 라시다 탈리브 Rashida Tlaib, 마크 포칸 Mark Pocan의 시도는 무위로 돌아갔다. 세 의원의 반대에도 불구하고 바이든 행정부는 보잉에 수출 허가를 내줌으로써 이스라엘에 7억 3,500만 달러어치의 폭탄을 판매하는 것을 승인했다. 워싱턴은 또한 2021년 5월 전쟁 이후 가자를 재건하기 위한 경제 원조로 500만 달러 이상을 승인해주었다.

29 Seth Frantzman, "Innovations in the US-Israeli security alliance," *Tablet*, July 9, 2019.

30 Shir Hever, "Gaza war: Hamas reveals new capability as it reduces Israel's military edge," *Middle East Eye*, May 30, 2021, middleeasteye.net.

31 Ali Abunimah, "Justin Trudeau buys drones 'tested' on Palestinians," *Electronic Intifada*, February 11, 2021, electronicintifada.net.

32 Umar A Farooq, "Pro-Palestinian groups urge Canada to cancel purchase of Israeli drone," *Middle East Eye*, March 17, 2021, middleeasteye.net.

33 Palestine Action press release, February 2, 2021. 영국 경찰은 2020년에 엘빗시스템스의 헤르메스 드론 900대를 일반 감시 목적과 시위대 추적용으로 사용하기 시작했다.

34 Patrick Hilsman, "How Putin uses Israeli drones to bomb civilians in Syria," *Haaretz*, May 9, 2021. 2022년 러시아가 우크라이나를 침략한 뒤 모스크바는 드론 역

량이 상당히 부족해졌는데, 전하는 바로는 이란의 지원을 기대하고 있다고 한다.

35 Patrick Hilsman, "How Israeli-designed drones became Russia's eye in the sky for defending Bashar al-Assad," *Intercept*, July 16, 2019, theintercept.com.

36 "After six years of Russian airstrikes in Syria, still no accountability for civilian deaths," Airwars, September 30, 2021, airwars.org.

37 Sagi Cohen, "Israel's army recruited 15 drone operators for a special mission. It turned into a multi-million dollar start-up," *Haaretz*, November 19, 2021.

38 Sagi Cohen, "US military tests Israeli VR-controlled drone-intercepting drones," *Haaretz*, September 8, 2020.

39 Imogen Piper and Joe Dyke, "Tens of thousands of civilians likely killed by the US in 'Forever Wars,'" Airwars, September 6, 2021, airwars.org; Spencer Ackerman and Laura Poitras, "On US intelligence's Wiki, anxiety about legal challenges to drones," *Forever Wars* (blog), October 23, 2021, foreverwars. substack.com.

40 Murtaza Hussain, "The psychological tolls and moral hazards of drone warfare," *Intercept*, October 25, 2021, theintercept.com.

41 Cohen, "Israel's army recruited 15 drone operators."

42 Nicky Hager, "Israel's omniscient ears," *Le Monde Diplomatique*, September 2010. A shared NSA/Unit 8200 base is also based at Ora, southwest of Jerusalem; Richard Silverstein, "New IDF Unit 8200 secret spy base identified in Ora," Tikun Olam, June 13, 2018, richardsilverstein.com.

43 James Bamford, "Edward Snowden," *Wired*, August 2014.

44 Glenn Greenwald, "Cash, weapons and surveillance: The US is a key party to every Israeli attack," *Intercept*, August 4, 2014, theintercept.com.

45 앞의 글.

46 2021년 공개된 뱅크오브이스라엘의 연구에 따르면 2019년 현재 아랍계 직원의 1.2퍼센트만 첨단 기술 분야에서 일하는 반면, 이스라엘 유대인은 그 비율이 10.7퍼센트였다.

47 Adi Pink, "Veterans of Unit 8200 are feeling like a million bucks (a year)," *Calcalist*, November 2, 2018.

48 Donna Rachel Edmunds, "Ex-IDF intelligence soldiers may be aiding Israel's enemies: journalist," *Jerusalem Post*, December 26, 2019.

49 Seth Adler, "Inside the elite Israeli military Unit 8200," Cyber Security Hub, June 11, 2020.

50 Alex Kane, "How Israel became a hub for surveillance technology," *Intercept*, October 18, 2016, theintercept.com.

51 "Africa gives Israeli firms IAI, Elbit and Mer a backdoor into the worldwide UN base security market," Africa Intelligence, November 9, 2020,

africaintelligence.com.

52   Amos Harel, "Top Israeli intel officer goes where no one's gone before. And you can find it on Amazon," *Haaretz*, October 1, 2021.

53   Peter Beaumont, "Israel's Unit 8200 refuseniks: 'You can't run from responsibility,'" *Guardian*, September 12, 2014.

54   "Any Palestinian is exposed to monitoring by the Israeli Big Brother," *Guardian*, September 13, 2014.

55   Amos Barshad, "Inside Israel's lucrative – and secretive – cybersurveillance industry," *Rest of World*, March 9, 2021, restofworld.org.

56   Lubna Masarwa, "Israel can monitor every phone call in West Bank and Gaza, says intelligence source," *Middle East Eye*, November 15, 2021, middleeasteye. net.

57   Ronen Bergman, *Rise and Kill First: The Secret History of Israel's Targeted Assassinations*, London: John Murray, 2019, pp. 529 – 37.

58   Richard Behar, "Inside Israel's secret start-up machine," *Forbes*, May 30, 2016; Asa Winstanley, "UK Labour Party hires former Israeli spy," *Electronic Intifada*, January 19, 2021, electronicintifada.net.

59   John Reed, "Unit 8200: Israel's cyber spy agency," *Financial Times*, July 10, 2015.

60   Rory Cellan-Jones, "Coronavirus: Israeli spyware firm pitches to be Covid-19 saviour," *BBC News*, April 2, 2020.

61   "NSO Group's breach of private data with 'Fleming': A Covid-19 contact-tracing software," *Forensic Architecture*, December 30, 2020.

62   Joel Schectman, Christopher Bing, and Jack Stubbs, "Special report: Cyber-intel firms pitch governments on spy tools to trace coronavirus," Reuters, April 29, 2020. 이스라엘의 사이버 해킹 기업 NSO 그룹이 대중적으로 널리 노출되자 경쟁업체들이 시장을 확보할 기회를 노리게 되었다. 전 이스라엘 정보기관장 탈 딜리안의 회사 인텔렉사가 번성하는 것은 어떤 국가의 규제도 받지 않는 까닭에 스리랑카, 사우디아라비아, 오만 등 수많은 나라와 집단에 사이버 무기를 판매할 수 있기 때문이다. Omer Benjakob, "As Israel reins in its cyberarms industry, an ex-intel officer is building an empire," *Haaretz*, September 20, 2022. Crofton Black, Tasos Telloglou, Eliza Triantafillou, and Omer Benjakob, "Flight of the Predator: Jet Linked to Israeli Spyware Tycoon Brings Surveillance Tech from EU to Notorious Sudanese Militia," *Haaretz*, November 30, 2022.

63   David Halbfinger, Isabel Kershner, and Ronen Bergman, "To track coronavirus, Israel moves to tap secret trove of cellphone data," *New York Times*, March 16, 2020.

64 Eitay Mack and the Seventh Eye, "For Israeli press, surveillance is only a problem with targeting Jewish citizens," +972 Magazine, June 19, 2020.

65 Amira Hass, "Cyberbullying: The Shin Bet's new pastime in Palestine," Haaretz, November 26, 2021.

66 Refaella Goichman, "Shin Bet tracking, police check-ups: pandemic spurs rise in Israel's big coronavirus brother," Haaretz, April 9, 2020.

67 "Who Profits" tweet, May 12, 2021.

68 Nir Hasson, "'We'll settle the score': Shin Bet admits misusing tracking system to threaten Israeli Arabs, Palestinians," Haaretz, February 3, 2022.

69 Deniz Cam and Thomas Brewster, "To fight coronavirus, this city is asking 911 callers to agree to self-surveillance," Forbes, March 17, 2020.

70 Sam Biddle, "Coronavirus monitoring bracelets flood the market, ready to snitch on people who don't distance," Intercept, May 25, 2020, theintercept. com.

71 Yaniv Kubovich, "Israel eyes expanding export of surveillance systems in shadow of coronavirus," Haaretz, May 13, 2020.

72 Ronen Bergman, "Israel's not-so-secret weapon in coronavirus fight: The spies of Mossad," New York Times, April 12, 2020; Yossi Melman, "The Mossad is flaunting too much during the coronavirus crisis," Haaretz, April 19, 2020.

73 Noa Shpigel, "Missiles out, ventilators in: Israeli defence contractors answer the coronavirus call," Haaretz, April 15, 2020.

74 David Halbfinger, "Israeli army's idea lab aims at a new target: Saving lives," New York Times, May 7, 2020.

75 David Halbfinger, "Ultra-Orthodox enclave in Israel opens to outsiders to fight a virus," New York Times, April 15, 2020.

76 Damien Radcliffe, "Here's how Israeli tech companies are helping tackle Covid-19," ZDNet, September 22, 2020.

77 Eitay Mack, "Israeli High Court ready approval of corona 'dystopia' measures in Bnei Brek exposes Palestinian playbook," Mondoweiss, April 12, 2020, mondoweiss.net.

4 · 이스라엘 점령을 세계에 판매하다

1 Antony Loewenstein, "Australia's brutal refugee policy is inspiring the far-right in the EU and beyond," Nation, June 29, 2018.

2 Gidi Weitz and Hilo Glazer, "How Israel tried to dump African refugees in

blood-drenched dictatorships," *Haaretz*, December 25, 2020.

3   David Sheen, "Black lives do not matter in Israel," Al Jazeera English, March 29, 2018, aljazeera.com.

4   2019년 텔아비브 근처에 있는 공군 기지에서 이스라엘이 독일 드론 조종사들을 훈련시키기 시작했다. 2021년 이스라엘에서 진행된 블루플래그Blue Flag 군사훈련은 이 나라에서 벌어진 사상 최대의 공중 훈련으로서 독일, 요르단, 미국, 이탈리아, 그리스, 프랑스, 인도, 영국이 참여했다.

5   Jasper Jolly, "Airbus to operate drones searching for migrants crossing the Mediterranean," *Guardian*, October 21, 2020.

6   Umar Farooq, "'The drone problem': How the US has struggled to curb Turkey, a key exporter of armed drones," *Pro Publica*, July 12, 2022, propublica.org.

7   Keren Assaf, "The Israeli arms companies that will profit from the latest assault on Gaza," *+972 Magazine*, August 16, 2022.

8   Sara Creta et al., "How Frontex helps haul migrants back to Libyan torture camps," *Spiegel International*, April 29, 2021.

9   Ian Urbina, "The secretive prisons that keep migrants out of Europe," *New Yorker*, November 28, 2021.

10   유럽해양안전청은 2021년에 최대 여덟 명까지 태울 수 있는 구조 장비를 갖춘 드론을 활용하기 시작했다. 시워치는 이 장비 때문에 해상에 있는 이민자들의 위험성이 커질 수 있다고 우려했다. 프론텍스가 이 구조 장비를 견인 도구로 사용해서 이민자들을 리비아로 끌고 가 리비아 해안경비대에 인계할 수 있기 때문이다.

11   Judith Sunderland and Lorenzo Pezzani, "EU's drone is another threat to migrants and refugees," *Human Rights Watch*, August 1, 2022.

12   Kaamil Ahmed and Lorenzo Tondo, "Fortress Europe: the millions spent on military-grade tech to deter refugees," *Guardian*, December 6, 2021.

13   Daniel Howden, Apostolis Fotiadis, and Antony Loewenstein, "Once migrants on the Mediterranean were saved by naval patrols. Now they have to watch as drones fly over," *Observer*, October 4, 2019.

14   "European arms in the bombing of Yemen," *Forensic Architecture*, June 22, 2021.

15   Apostolis Fotiadis and Niamh Ní Bhriain, *Smoking Guns: How European Arms Exports Are Forcing Millions from Their Homes*, Amsterdam: Transnational Institute, 2021.

16   Bill Goodwin, "EU aid funds used to train 'unaccountable intelligence agencies' in high-tech surveillance," *Computer Weekly*, November 11, 2020.

17   유럽연합과 프랑스, 이탈리아의 방산 계약 업체들이 지원하는 유로드론Eurodrone 프로

젝트는 2028년 내에 프랑스, 독일, 이탈리아, 에스파냐에 드론 세 대씩 20세트를 인도하는 것을 목표로 한다.

18   Zach Campbell, Caitlin Chandler, and Chris Jones, "Hard power: Europe's military drift causes alarm," *Guardian*, May 19, 2021.

19   Zach Campbell, Caitlin Chandler, and Chris Jones, "Sci-fi surveillance: Europe's secretive push into biometric technology," *Guardian*, December 11, 2020; David Cronin, "EU funds Israeli spies," *Electronic Intifada*, June 26, 2020, electronicintifada.net.

20   Differentiation Tracker, European Council on Foreign Affairs, ecfr.eu/special/differentiation-tracker.

21   Campbell, Chandler, and Jones, "Sci-fi surveillance."

22   Maeve Higgins, "How the $68 billion border surveillance industrial complex affects us all," *Vice*, June 11, 2021.

23   "Coordinating a maritime disaster: Up to 130 drown off Libya," *Alarm Phone*, April 22, 2021.

24   Apostolis Fotiadis, Ludek Stavinoha, Giacomo Zandonini, and Daniel Howden, "A data 'black hole': Europol ordered to delete vast store of personal data," *Guardian*, January 10, 2022.

25   Derek Gatopoulos and Costas Kantouris, "In post-pandemic Europe, migrants will face digital fortress," Associated Press, June 1, 2021.

26   해적당 정치인 파트릭 브라이어는 생체 인식 대중 감시를 비롯한 감시snooping를 위한, 유럽연합의 지원을 받는 연구 프로젝트가 늘어나는 것을 우려했다. 아이보더컨트롤 iBorderCtrl이라는 한 아이디어는 사람이 거짓말을 할 때 안면에 드러나는 '미시적 표정'을 판독하는 것을 목표로 삼았다. 이 아이디어는 호라이즌 계획을 통해 유럽연합의 개발 지원으로 450만 유로를 받았지만, 정확도에 의문이 제기되었다. 2021년 10월, 유럽연합 의회는 생체 인식 대중 감시를 금지하기로 의결하면서도 안면 인식 및 관련 기술의 사용을 유지하길 원했다.

27   "Surveillance company Cellebrite finds a new exploit: Spying on asylum seekers," *Privacy International*, April 3, 2019.

28   Matthias Monroy, "Frontex and Europol: How refugees are tracked digitally," Security Architectures in the EU (blog), October 25, 2021, digit.site36.net.

29   유럽 언론인들의 모임인 프론텍스파일 Frontex Files이 2021년에 이 모든 정보를 보도했다. frontexfiles.eu/en.html.

30   Matthias Monroy, "Border drones (Part I): Unmanned surveillance of the EU's external borders by Frontex," Security Architectures in the EU (blog), July 22, 2021, digit.site36.net.

31   Urbina, "Secretive Prisons."

32 "Frontex failing to protest people at EU borders," *Human Rights Watch*, June 23, 2021.

33 Daniel Howden and Giacomo Zandonini, "Niger: Europe's migration laboratory," News Deeply: Refugees Deeply, May 22, 2018.

34 Thanasis Koukakis, "Why every democracy should fear Israeli spyware," *Haaretz*, April 27, 2022.

35 Sabby Mionis, "Israel-Greece relations reach new heights," *Jerusalem Post*, March 10, 2021.

36 Gur Megiddo, "Will Greek islands become a 'haven for the Jewish people' in case of an emergency?" *Haaretz*, March 15, 2022.

37 그리스 당국이 해상에서 곤경에 빠진 난민을 못 본 체하거나 구조를 포기한다는 증거는 무수히 많다. Petra Molnar, "Inside new refugee camp like a 'prison': Greece and other countries prioritize surveillance over human rights," *Conversation*, September 27, 2021, theconversation.com을 보라.

38 국경의 군사화는 장벽으로 국경을 에워싸는 세계 각국의 양상과도 들어맞는다. 비정부기구 트랜스내셔널연구소Transnational Institute가 2020년에 펴낸 보고서 「장벽이 쳐진 세계A Walled World」에 따르면 지난 50년간 세계 곳곳에서 63개의 국경 장벽이 세워졌다. 트랜스내셔널연구소가 2021년에 펴낸 보고서 「글로벌 기후 장벽Global Climate Wall」에 따르면 세계 최강대국들은 2013년에서 2018년 사이에 기후변화 완화보다 국경 보안에 두 배 더 많은 돈을 썼다.

39 Isobel Cockerell, "Greece aims long-range sound cannons at migrants across its border," *Coda*, July 28, 2021.

40 Hebh Jamal, "German broadcaster requires employees to 'support Israel's right to exist,'" *+972 Magazine*, September 8, 2022.

41 괴테협회Goethe Institute는 2022년에 저명한 팔레스타인인 모하메드 엘쿠르드Mohammed El-Kurd와 함께 공개 행사를 열 예정이었지만, 그가 '괴테협회가 받아들일 수 없는 이스라엘에 관한 발언을 몇 차례 한 바 있다'는 이유를 들어 그의 초청을 취소했다.

42 Peter Beinart, "What Germans owe Palestinians and Jews," *Beinart Notebook*(blog), June 14, 2022, peterbeinart.substack.com.

43 Judy Maltz, "'Just Jewish': Most European Jews don't belong to any denomination, new study reveals," *Haaretz*, February 2, 2022.

44 Cnaan Liphshiz, "41 percent of young European Jews have considered emigrating due to anti-Semitism," Jewish Telegraphic Agency, July 4, 2019.

45 Liran Friedmann, "Despite Bennett's pleas, Western Jews don't want to emigrate to Israel," *Ynet News*, October 11, 2021.

46 Phillip Connor, "A majority of Europeans favor taking in refugees, but most disapprove of EU's handling of it," Washington, DC: Pew Research Center,

September 19, 2018.

47 Douglas Bloomfield, "Israel may profit from Ukraine-Russia war," *Jerusalem Post*, May 25, 2022. AIPAC은 1950년대 이래 이스라엘을 옹호하는 중심 세력으로서 전쟁과 전쟁범죄, 끝없는 점령 내내 유대 국가에 대한 초당적 차원의 지지를 끌어모았다. Doug Rossinow, "The dark roots of AIPAC, 'America's pro-Israel lobby,'" *Washington Post*, March 6, 2018.

5 · 변함없이 사랑받는 이스라엘의 지배

1 Todd Miller, *Empire of Borders: The Expansion of the US Border around the World*, London: Verso, 2019, p. 5에서 재인용.

2 Haim Bresheeth-Žabner, *An Army Like No Other: How the Israel Defense Forces Made a Nation*, London: Verso, 2020, p. 10.

3 Eitay Mack, "Wait for the Uzi's – Israeli relations in the 60s with MLK and African leaders were hardly idealistic, despite nostalgia," *Mondoweiss*, July 21, 2020, mondoweiss.net.

4 Eitay Mack, "When Israel supported boycotts against a white supremacist regime," *+972 Magazine*, March 10, 2021.

5 Sasha Polakow-Suransky, *The Unspoken Alliance: Israel's Secret Relationship with Apartheid South Africa*, New York: Pantheon, 2010, p. 8.

6 Chris McGreal, "Brothers in arms: Israel's secret pact with Pretoria," *Guardian*, February 7, 2006; Eitay Mack, "NSO's employees sleep soundly even as journalists, rights activists targeted by Pegasus do not," The Wire, August 9, 2021.

7 McGreal, "Brothers in arms."

8 앞의 글.

9 Ari Ben-Menashe, *Profits of War: Inside the Secret US-Israeli Arms Network*, New York: Sheridan Square Press, 1992, p. 210.

10 Chris McGreal, "Revealed: How Israel offered to sell South Africa nuclear weapons," *Guardian*, May 24, 2010.

11 Barak Ravid, "Biden and Israel PM renewed agreement on covert nuclear program," Axios, September 1, 2021, axios.com.

12 C. L. Sulzberger, "Foreign Affairs," *New York Times*, April 30, 1971.

13 Carl Bernstein, "The CIA and Media," *Rolling Stone*, October 20, 1977.

14 Eitay Mack, "One year after Pegasus revelations, the state of Israel continues to evade scrutiny," *Wire*, July 18, 2022, thewire.in.

15 Ali Abunimah, "Occupation good for Palestinians, says Israeli opposition chief," *Electronic Intifada*, September 10, 2019, electronicintifada.net.

16 Ran Greenstein, "What lessons can Palestinians really take from the struggle of black South Africans?," *+972 Magazine*, September 11, 2022.

17 Ilan Baruch and Alon Liel, "Former Israeli ambassadors to SA say Israel took inspiration from apartheid regime," *Daily Maverick*, June 8, 2021.

18 Akiva Eldar, "People and politics: Sharon's Bantustans are far from Copenhagen's hope," *Haaretz*, May 13, 2003. 엘다르는 예전에 '샤론이 제안한 팔레스타인 국가 지도'를 자세히 설명했는데, 이는 반투스탄 열 곳을 세우려는 남아프리카공화국의 계획과 무척 흡사했다(그중 네 곳만 만들어졌다). 샤론은 요르단 강 서안에 열 곳, 가자에 한 곳을 만들기를 원했다.

19 Polakow-Suransky, *Unspoken Alliance*, p. 219.

20 Miller, *Empire of Borders*, pp. 11 – 12.

21 Arif Ayaz Parrey, "Kashmir banega Palestine?" *Wande Magazine*, August 5, 2020.

22 Arif Ayaz Parrey, "Storm in a Teacup," prelude to Alana Hunt, *Cups of Nun Chai*, 2020, cupsofnunchai.com.

23 Hilal Mir, "Israel's annexation plan 'immoral': Kashmiri activist," Anadolu Agency, July 7, 2020.

24 "Anger over India's diplomat calling for 'Israel model' in Kashmir," Al Jazeera English, November 28, 2019, aljazeera.com.

25 Armin Rosen, "As its conflict with Pakistan heats up, India looks to Israel for arms, tactics," *Tablet*, March 8, 2019.

26 Jimmy Johnson, "India employing Israeli oppression in Kashmir," *Electronic Intifada*, August 19, 2010, electronicintifada.net.

27 Somdeep Sen, "India's alliance with Israel is a model for the world's illiberal leaders," *Foreign Policy*, September 10, 2020.

28 Siddiqa Ahmad and Aabida Ahmed, "Mourning over empty graves in Indian-controlled Kashmir," *Haaretz*, November 21, 2021.

29 Abhinav Pandya, "Israel's Fauda vs Turkey's Ertugrul: In India, the battle between two hit TV series is more than a culture war," *Haaretz*, July 17, 2020.

30 Avi Bar-Eli, "Netanyahu allows Israeli arms dealers to fly to India, despite Covid lockdown," *Haaretz*, February 1 2021.

31 Abhijit Iyer-Mitra, "India needs tips from Israel on how to handle Kashmir. Blocking network is not one of them," *The Print*, August 19, 2019.

32 Aakash Hassan, "Kashmir's vanishing newspaper archives," *Coda*, November 23, 2021.

33 Abdulla Moaswes, "Hindu nationalists are transforming India into an Israel-style ethnostate," *+972 Magazine*, January 8, 2020.

34 Samaan Lateef, "India's intifada: Why Modi is arresting pro-Palestinian protesters," *Haaretz*, May 23, 2021.

35 Saudamini Jain, "In India, the latest India-Hamas war became a battle on social media," *Haaretz*, June 12, 2021.

36 Rana Ayyub, "India is a fascist state," *Rana Ayyub*(blog), October 21, 2021, ranaayyub.substack.com.

37 Kumar Sambhav and Nayantara Ranganathan, "How a Reliance-funded firm boosts BJP's campaigns on Facebook," Al Jazeera English, March 14, 2022, aljazeera.com.

38 Aakash Hassan, "'My phone haunts me': Kashmiris interrogated and tortured by cyber police for tweeting," *Intercept*, December 6, 2020, theintercept.com.

39 Arundhati Roy, "'The damage done to Indian democracy is not reversible,'" CNN, June 22, 2022.

40 Ross Anderson, "The panopticon is already here," *Atlantic*, September 2020.

41 Paul Mozur, Muyi Xiao, and John Liu, "'An invisible cage': How China is policing the future," *New York Times*, June 25, 2022.

42 Omar Shakir and Maya Wang, "Mass surveillance fuels oppression of Uighurs and Palestinians," Al Jazeera English, November 24, 2021, aljazeera.com.

43 베이징은 이스라엘 하이테크 기업들과의 관계를 공고히 굳히려 하면서 점점 많은 이스라엘 기업과 제휴하고자 한다. 다만 미국은 중국이 기밀과 기술을 훔칠까 두려워하며 이에 반대한다. Didi Kirsten Tatlow, "China targets Israeli technology in quest for global dominance as US frets," *Newsweek*, August 10, 2022.

44 중국 시장의 거대한 규모가 방산 계약 업체들에 매력적이다. 2021년 이스라엘의 3개 제조업체가 허가를 받지 않고 중국에 순항미사일을 판매했다는 이유로 기소되었다.

45 Jimmy Johnson, "China imports Israel's methods of propaganda and repression," *Electronic Intifada*, December 28, 2010, electronicintifada.net.

46 Thomas Friedman, "What comes after the war on terrorism? War with China?," *New York Times*, September 7, 2021.

47 Ian Birrell, "Revealing: How taxpayers' aid money is still being used to fund despotic regimes in North Korea and China," *Daily Mail*, December 22, 2019.

48 Lourdes Medrano, "'Virtual' border fence revived: Another billion-dollar boondoggle?," *Christian Science Monitor*, March 19, 2014.

49 Will Parrish, "The US border patrol and an Israeli military contractor are putting a Native American reserve under 'persistent surveillance,'" *Intercept*, August 26, 2019, theintercept.com.

50 Geoffrey Boyce and Sam Chambers, "Robotic dogs patrolling the US border will not stop migrants. But they may lead to more deaths," *Washington Post*, February 23, 2022.

51 John Reed, "Israel's Magal sees Mexican wall as no barrier to business," *Financial Times*, November 18, 2016.

52 다국적 기업의 전 지구적 계약을 정리해놓은 미국 웹사이트로 테크인콰이어리Tech Inquiry가 있다. techinquiry.org에서 'Rafael' 항목을 보라.

53 마갈은 인도 정부와 국경을 안전하게 지키는 계약을 체결했지만, 최종적인 시장인 미국에서는 돌파구를 열지 못했다.

54 Ryan Devereaux, "Indigenous activists arrested and held incommunicado following border wall protest," *Intercept*, September 16, 2020, theintercept.com.

55 엘빗의 기반 시설에 대해 정치인들은 대부분 침묵으로 일관했지만, 텍사스 주의 열여섯 번째 지역구인 엘패소의 연방 하원의원 베로니카 에스코바르Veronica Escobar는 주목할 만한 예외였다. 에스코바르는 2022년 8월 워싱턴 DC의 민주당 지도부에 편지를 보내 '사생활을 침범하는 감시 기술'이 '국경 지역'에 있는 유권자들에게 부정적인 영향을 미치고 있다고 우려를 표명했다.

56 Todd Miller, "How border patrol occupied the Tohono O'odham nation," *In These Times*, June 12, 2019.

57 Parrish, "Native American reserve under 'persistent surveillance.'"

58 Sam Biddle, "Start-up pitched tasing migrants from drones, video reveals," *Intercept*, December 14, 2021, theintercept.com.

59 Ken Klipperstein and Alex Emmons, "Border police want a bite of burgeoning anti-drone industry," The Intercept, May 4, 2021, theintercept.com.

60 Petra Molnar and Todd Miller, "Robo dogs and refugees: The future of the global border industrial complex," *Border Chronicle*, February 18, 2022.

61 Todd Miller, *More Than a Wall: Corporate Profiteering and the Militarization of US Borders*, Amsterdam: Transnational Institute and No More Deaths, 2019.

62 Mark Akkerman, *Financing Border Wars: The Border Industry, Its Financiers and Human Rights*, Amsterdam: Transnational Institute, 2021.

63 Todd Miller and Nick Buxton, *Biden's Border: The Industry, the Notes for Democrats and the 2020 Election*, Amsterdam: Transnational Institute, 2021.

64 Isaac Scher, "The right of return is landback," *Jewish Currents*, April 5, 2022.

65 Jimmy Johnson, "A Palestine-Mexico border," *Nacla*, June 29, 2012, nacla.org.

66 Todd Miller and Gabbriel Schivone, "Gaza in Arizona," TomDispatch, January 25, 2012, tomdispatch.com; Nick Esquer, "Israeli tech start-up lands in Arizona, strengthening ties," *Chamber Business News*, March 6, 2019.

67   Michael D. Shear and Julie Hirschfeld Davis, "Shoot migrants' legs, build alligator moat: Behind Trump's ideas for border," *New York Times*, October 1, 2019.

6 · 휴대전화에 심어진 대중 감시

1   Interview with the author, March 2021.

2   William M. Arkin, "Joe Biden inches toward war with Iran, makes Israel full military power," *Newsweek*, December 21, 2022.

3   William M. Arkin, "Joe Biden inches toward war with Iran, makes Israel full military power," *Newsweek*, December 21, 2022. James Bamford, "Shady companies with ties to Israel wiretap the US for the NSA," *Wired*, April 3, 2012.

4   오리건 노동조합의 대다수는 주정부가 NSO 그룹을 지원하는 것에 공개적으로 반대 했으며, 2022년 오리건 주 연금기금에 이 회사에서 투자를 철회할 것을 요구했다.

5   "British Gas pensions cash used to buy Israeli spyware group NSO," *Financial Times*, February 17, 2022. 노발피나캐피털은 NSO 그룹 지지에 반대하는 압력에 직면한 끝에 2021년 해체되었다. 노발피나가 붕괴하기 전에 창립자 중 한 명은 예멘에서 사우디아라비아를 위해 활동하는 지뢰 제거 회사에 투자하는 식으로 인권 침해를 지지한다는 펀드의 이미지를 바꾸려고 했다. Kaye Wiggins, "From spyware to landmine clearance: How Novalpina Capital fell apart," *Financial Times*, February 18, 2022.

6   Edward Snowden, "The insecurity industry," Continuing Ed with Edward Snowden(blog), July 27, 2021, edwardsnowden.substack.com.

7   Ronen Bergman and Mark Mazzetti, "The battle for the world's most powerful cyberweapon," *New York Times*, January 28, 2022.

8   "Revealing Europe's NSO," *Lighthouse Reports*, August 28, 2022.

9   Guy Megiddo, "'We're on the blacklist because of you': The dirty clash between Israeli cyberarms makers," *Haaretz*, December 17, 2021. 이스라엘 기업 쿼드림QuaDream은 NSO와 비슷한 기술을 만들어서 사우디아라비아와 멕시코 에 판매했다. Christopher Bing and Raphael Satter, "iPhone flaw exploited by second Israeli spy firm – sources," Reuters, February 4, 2022.

10   Mark Mazzetti, Ronen Bergman and Matina Stevis-Gridnef, "How the global spyware industry spiraled out of control," *New York Times*, December 8, 2022.

11   Avi Bar-Eli, "Israel exports arms endangering human rights because it serves our interests, top defence official admits," *Haaretz*, December 7, 2021.

12   Ronan Farrow, "How democracies spy on their citizens," *New Yorker*, April 25,

2022.

13 말마브는 나라를 당혹스럽게 하는 문서들을 이스라엘 국가문서고에 은폐하면서 1948년 초창기부터 진짜 역사를 흐릿하게 만든 전력이 있다.

14 Eitay Mack, "One year after Pegasus revelations, the state of Israel continues to evade scrutiny," The Wire, July 18, 2022, thewire.in.

15 위키리크스가 2015년 공개한 문서에서 폭로된 바에 따르면 미국 국가안보국은 앙겔라 메르켈 독일 총리를 비롯한 수많은 독일 관리의 전화를 수년간 도청했다.

16 Bergman and Mazzetti, "Battle for the world's most powerful cyberweapon."

17 Roula Khalaf and Helen Warrell, "UK spy chief raises fears over China's digital renminbi," *Financial Times*, December 11, 2021.

18 Raphael Satter, "Exposed Israeli spy linked to apparent effort by NSO Group to derail lawsuits," Associated Press, February 11, 2019.

19 Alex Kane, "A top progressive consulting firm is doing PR for an Israeli spy company," The Intercept, April 6, 2019, theintercept.com.

20 Tomer Ganon and Hagar Ravet, "The dodgy framework and the middlemen: How NSO sold its first Pegasus licence," *Calcalist*, February 24, 2020.

21 Mark Mazzetti et al., "A new age of warfare: How internet mercenaries do battle for authoritarian governments," *New York Times*, March 21, 2019.

22 Ronen Bergman, "Weaving a cyber web," *Yedioth Ahronoth*, January 11, 2019.

23 Eitay Mack, "Honduras and the Jerusalem embassy: How Netanyahu backed arms and cocaine deals," *Haaretz*, May 1, 2022.

24 Nicole Perlroth, "Spyware's odd target: Backers of Mexico's soda tax," *New York Times*, February 11, 2017.

25 Oded Yaron, "The secret of NSO's success in Mexico," *Haaretz*, November 30, 2020.

26 Cecile Schilis-Gallego and Nina Lakhani, "'It's a free-for-all': How high-tech ended up in the hands of Mexico's cartels," *Guardian*, December 8, 2020.

27 Nina Lakhani, "Revealed: Murdered journalist's number selected by Mexican NSO client," *Guardian*, July 19, 2021.

28 앞의 글.

29 Nina Lakhani, "Fifty people linked to Mexico's president among potential targets of NSO clients," *Guardian*, July 20, 2021.

30 페가수스가 해킹한 전화번호의 정확한 숫자는 알 수 없으며, 분명 50개보다는 훨씬 많겠지만, 〈하레츠〉와 국제앰네스티 보안연구소가 2022년에 내놓은 보고에서는 전 세계에서 450개가 확인되었다. Omer Benjakob, "The NSO file: A complete (updating) list of individuals targeted with Pegasus spyware," *Haaretz*, January 19, 2022.

31 아랍에미리트는 2010년 이스라엘이 자국 영토에서 하마스 고위 공작원을 암살한 것

에 분노했다. 양국 간 유대가 단절되었다가 2013년 이스라엘이 아랍에미리트 정부에 페가수스를 제공한 뒤에야 복원되었다. Ronen Bergman and Mark Mazzetti, "The battle for the world's most powerful cyberweapon," *New York Times*, January 28, 2022.

32 Elizabeth Dwoskin and Shira Rubin, "'Somebody has to do the dirty work': NSO founders defend the spyware they built," *Washington Post*, July 21, 2021.

33 앞의 글.

34 많은 이스라엘인은 벤앤제리스가 팔레스타인 점령지에서 아이스크림 판매를 중단한 다고 발표할 때는 격분하면서도 NSO가 독재자들을 지원한다고 전 세계에서 비난받을 때는 별로 신경 쓰지 않았다.

35 "Digital violence: How the NSO Group enables state terror," *Forensic Architecture*, July 3, 2021.

36 Cole Stangler and Abdellatif El Hamamouchi, "Morocco's surveillance machine," *Intercept*, October 21, 2021, theintercept.com.

37 NSO는 휴대전화 해킹 툴을 미국 경찰과 마약단속국에 판매하려 했다. (전하는 바로는 실패했다.) 가격이 너무 비쌌기 때문이다. Joseph Cox, "NSO Group pitched phone hacking tech to American police," *Vice*, May 13, 2020.

38 Omer Benjakob, "Pegasus spyware maker NSO has 22 clients in the European Union. And it's not alone," *Haaretz*, August 9, 2022.

39 Bergman and Mazzetti, "Battle for the world's most powerful cyberweapon." NSO는 미국의 휴대전화 네트워크에 접근하기 위해 '현금 보따리'를 제공하는 등 미국 시장에 침투하기 위해 다양한 전술을 시도했다. 내부 고발자 게리 밀러Gary Miller 에 따르면 NSO는 당시 그가 일하던 모빌리엄Mobileum에 현금을 제시했다고 한다. Craig Timberg, "NSO offered 'bags of cash' for access to US cell networks, whistle-blower claims," *Washington Post*, February 2, 2022.

40 Bergman and Mazzetti, "Battle for the world's most powerful cyberweapon."

41 Patrick Kingsley, Isabel Kershner, and Ronen Bergman, "War in Ukraine forces Israel into a delicate balancing act," *New York Times*, February 27, 2022; Stephanie Kirchgaessner, "Israel blocked Ukraine from buying Pegasus spyware, fearing Russia's anger," *Guardian*, March 24, 2022.

42 Thomas Brewster, "Ukraine starts using facial recognition to identify dead Russians and tell their relatives," *Forbes*, March 23, 2022.

43 Eitay Mack, "The Uganda files: How Israeli arms brutal dictators who recruit child soldiers," *Haaretz*, December 24, 2021.

44 Mehul Srivastava, "The secret Uganda deal that has brought NSO to the brink of collapse," *Financial Times*, December 22, 2021.

45 앞의 글.

46   Ben Hubbard, "The rise and fall of MBS's digital henchman," *New York Times*, March 13, 2020.

47   Amos Harel, "Police using Pegasus spyware against Israelis shows: NSO is an arm of the state," *Haaretz*, January 18, 2022; Tomer Ganon, "Step-by-step: How Israel police used NSO's Pegasus to spy on citizens," *Calcalist*, January 20, 2022.

48   Alex Kantrowitz, "How Saudi Arabia infiltrated Twitter," *BuzzFeed News*, February 19, 2020, buzzfeednews.com; Stephanie Kirchgaessner, "Revealed: Saudis suspected of phone spying campaign in the US," *Guardian*, March 30, 2020.

49   Ben Hubbard, *MBS: The Rise to Power of Mohammed bin Salman*, London: William Collins, 2020, p. 224.

50   Ofer Aderet, "Publicly, Israel is a boycotted country. But behind the scenes, a great deal happens," *Haaretz*, March 31, 2022.

51   Yossi Melman, "The Saudi spy chief who pioneered secret relations with Israel," *Haaretz*, July 12, 2022.

52   Dana Priest, Souad Mekhennet, and Arthur Bouvart, "Jamal Khashoggi's wife targeted by spyware before his death," *Washington Post*, July 18, 2021; Dana Priest, "A UAE agency puts Pegasus spyware on phone of Jamal Khashoggi's wife months before his murder, new forensics show," *Washington Post*, December 21, 2021.

53   Ronen Bergman and Mark Mazzetti, "Israeli companies aided Saudi spying despite Khashoggi killing," *New York Times*, July 17, 2021.

54   사우디아라비아는 다양한 방식을 활용해 반정부 인사를 공격 대상으로 삼는다. 2022년, 전 트위터 직원이 사우디아라비아 반정부 인사에 관한 자세한 내용을 사우디아라비아 정권에 넘긴 혐의로 기소되어 미국에서 재판을 받았다.

55   Phil Miller, "Israeli hacking firm invited to London amidst human rights outcry," *Declassified UK*, September 30, 2021, declassifieduk.org.

56   영국 고등법원은 2022년 8월 사우디아라비아의 인권운동가 가넴 알마사리르Ghanem Al-Masarir가 자신의 전화에 NSO 스파이웨어를 심고 런던 중심부에서 폭행한 사우디아라비아 왕국을 고소할 권리가 있다고 판결했다.

57   Nicole Perlroth, *This Is How They Tell Me the World Ends: The Cyber-Weapons Arms Race*, New York: Bloomsbury, 2021, p. 186.

58   Uri Blau, "Pegasus spyware maker NSO is conducting a lobbying campaign to get off US blacklist," *Pro Publica*, July 12, 2022; Mark Mazzetti and Ronen Bergman, "Defence firm said US spies backed its bid for Pegasus spyware maker," *New York Times*, July 10, 2022.

59   Nick Cleveland-Smith, "Israeli spyware floods Washington with lobbyists despite blacklist," *Responsible Statecraft*, July 29, 2022.

60   Bar-Eli, "Israel exports arms endangering human rights."

61   Kaye Wiggins et al., "NSO's cash dilemma: Miss debt repayment or sell to risky customers," *Financial Times*, June 1, 2022.

62   Lily Hay Newman, "Google warns that NSO hacking is on par with elite nation-state spies," *Wired*, December 15, 2021.

63   Bergman and Mazzetti, "Israeli companies aided Saudi spying."

64   Eitay Mack, "'Trust the dictator': Israel's new methods of 'supervising' cyber arms exports," *Haaretz*, December 8, 2021.

65   Joanna Slater and Niha Masih, "Indian activists jailed on terrorism charges were on list with surveillance targets," *Washington Post*, July 20, 2021.

66   Andy Greenberg, "Police linked to hacking campaign to frame Indian activists," *Wired*, June 16, 2022.

67   Arundhati Roy, "This is no ordinary spying. Our most intimate selves are now exposed," *Guardian*, July 27, 2021.

68   Farida Nabourema, "In Togo, there is nowhere to hide," *New York Times*, October 6, 2020.

69   Stephanie Kirchgaessner and Jennifer Rankin, "WhatsApp spyware attack: Senior clergymen in Togo amongst among activists targeted," *Guardian*, August 3, 2020.

70   Amitai Ziv, "Where Netanyahu went, NSO followed: How Israel pushed cyberweapon sales," *Haaretz*, July 20, 2021.

71   앞의 글.

72   Mehul Srivastava, "How Israel used NSO as diplomatic calling card," *Financial Times*, July 21, 2021.

73   Shay Aspril, "Why Israelis don't care about the NSO scandal," *Haaretz*, August 19, 2021.

74   "Substantial majority of Jewish Israelis feel unregulated cyberarms sales are 'immoral,'" *Haaretz*, August 9, 2021.

75   Sever Plocker, "NSO's software isn't dangerous, people who use it are," *Ynet*, November 4, 2021.

76   Ramon Eshkar, "NSO is not just about cyber intelligence," *Calcalist*, November 4, 2021.

77   Shuki Sadeh, "Israeli military vs. NSO: The battle for talent is getting dark," *Haaretz*, June 29, 2021.

78   Richard Silverstein, "Israel's Unit 8200 produces spyware far more powerful

than Pegasus; and Mossad, Shin Bet use it," Tikun Olam, July 27, 2021, richardsilverstein.com.

79 Ron Deibert, *Reset: Reclaiming the Internet for Civil Society*, Toronto: Anansi, 2020, p. 329.

80 시그널Signal 앱의 개발자인 막시 말린스파이크Moxie Marlinspike는 셀레브라이트의 전화 해킹 툴의 실효성에 대해 의문을 제기했다. 그는 2021년 이 시스템에서 취약점을 여러 군데 발견했다고 주장했다. 그 결과 영국, 이스라엘, 오스트레일리아를 비롯한 많은 나라의 활동가들이 데이터가 변조되었을 가능성이 있다면서 자국 경찰에 이 툴의 사용 중단을 요구했다.

81 Oded Yaron, "Putin investigators targeting LGBTQs, Navalny, use Israeli phone-hacking tech," *Haaretz*, September 23, 2020.

82 NSO의 페가수스가 원격으로 장치를 해킹할 수 있는 것과 달리, 셀레브라이트 장비는 상대의 휴대전화를 입수해야 한다.

83 베트남은 지난 10년간 이스라엘 국방 장비의 주요 시장으로 부상해서 최소한 15억 달러 상당의 계약을 체결한 것으로 추정된다.

84 Yarno Ritzen and the Al Jazeera Investigative Unit, "Bangladesh bought phone-hacking tools from Israel, documents show," Al Jazeera English, March 8, 2021, aljazeera.com. Oded Yaron, "Ethiopia obtains phone-hacking tech from Israeli firm Cellebrite," *Haaretz*, December 18, 2022.

85 Gur Megiddo, "Revealed: Israel firm provided phone-hacking services to Saudi Arabia," *Haaretz*, September 16, 2020.

86 Mara Hvistendahl and Sam Biddle, "Use of controversial phone-cracking tool is spreading across federal government," The Intercept, February 9, 2022, theintercept.com.

87 Mara Hvistendahl, "Chinese police kept buying Cellebrite phone hackers after the company said it ended sales," The Intercept, August 17, 2021, theintercept.com. 셀레브라이트에 의해 전화를 해킹당한 홍콩의 민주화 운동가 조슈아 웡Joshua Wong은 2020년 홍콩 당국이 셀레브라이트 기술을 활용해 최소한 4,000개의 휴대전화에 '동의 없이' 침투했다고 주장했다. twitter.com/joshuawongcf.

88 셀레브라이트의 주요 경쟁자는 스웨덴 휴대전화 포렌식 기업인 MSAB다. 이 회사 또한 미얀마 같은 억압적 국가에서 활동한다. 이 회사는 유럽연합이 지원하는 IT 기술 연구 프로그램으로 이스라엘에도 투자한 호라이즌 유럽Horizon Europe을 통해 유럽연합의 자금을 받고 있다. Zach Campbell and Caitlin L. Chandler, "Tools for repression in Myanmar expose gap between EU tech investment and regulation," *Intercept*, June 15, 2021, theintercept.com.

89 Megiddo, "Revealed."

90 Jack Nicas, "The police can probably break into your phone," *New York Times*,

October 21, 2020.

91 Anonymous, "I worked at Israeli phone-hacking firm Cellebrite. They lied to us," *Haaretz*, July 27, 2021.

92 Shuki Sadeh, "A shady Israeli intel genius, his cyber spy van and million dollar deals," *Haaretz*, December 31, 2020.

93 Bill Marczak et al., "Pegasus vs. Predator: Dissident's doubly infected iPhone reveals Cytrox mercenary spyware," Citizen Lab, December 16, 2021, citizenlab.ca.

94 Mark Mazzetti, Nicole Perlroth, and Ronen Bergman, "It seemed like a popular chat app. It's secretly a spying tool," *New York Times*, December 22, 2019.

95 Adam Entous, "How a private Israeli intelligence firm spied on pro-Palestinian activists in the US," *New Yorker*, February 28, 2019.

96 Oliver Holmes, "Israel intel firm denies it was hired by Trump aides to discredit Obama officials," *Guardian*, May 8, 2018.

97 Gur Megiddo, "Black Cube, a late Mossad chief and a rogue op against a top Romanian official," *Haaretz*, October 21, 2020.

98 Barry Meier, *Spooked: The Secret Rise of Private Spies*, London: Sceptre, 2021, pp. 108–9.

99 "Israeli private intelligence company Black Cube out of control," *Real News Network*, June 11, 2019.

100 Kadhim Shubber and Tom Burgis, "Black Cube executive says UK austerity helped business," *Financial Times*, February 8, 2021.

101 Meier, *Spooked*, p. 109.

102 Madeline Earp, "David Kaye on the Pegasus Project and why surveillance reform should reach beyond NSO and Israel," Committee to Protect Journalists, August 2, 2021, cpj.org.

103 Danna Ingleton, "NSO blacklisting: Global reckoning begins for spyware and its tools of repression," *Haaretz*, November 6, 2021.

104 Snowden, "Insecurity industry."

7 · 왜 팔레스타인인을 좋아하지 않을까?

1 Muna El-Kurd video comments, Twitter, May 19, 2021.

2 Billy Perrigo, "Inside's Facebook's meeting with Palestinian officials over posts inaccurately flagged as incitement to violence," *Time*, May 21, 2021.

3 Avani Dias, "'There's not enough brutality': Former TikTok moderator says workers left up 'disturbing' violence against Palestinians," ABC Radio, November 9, 2021, abc.net.au/triplej/programs/hack.

4 Linah Alsaafin, "Palestinians criticize social media censorship over Sheikh Jarrah," Al Jazeera English, May 7, 2021, aljazeera.com.

5 Elizabeth Dwoskin and Gerrit De Vynck, "Facebook's AI treats Palestinian activists like it treats American black activists. It blocks them," *Washington Post*, May 28, 2021.

6 Elizabeth Dwoskin, Nistasha Tiku, and Craig Timberg, "Facebook's race-blind practices around hate speech came at the expense at black users, documents show," *Washington Post*, November 21, 2021.

7 Chris Looft, "Facebook employees questioned apparent restrictions on Palestinian activist's account: Documents," ABC News, October 29, 2021.

8 Dwoskin and De Vynck, "Facebook's AI."

9 시기심이 지나친 인간이나 인공지능이 2020년 가자 보건부의 페이스북 페이지가 삭제되게 만들었는데, 나중에 복구되었다. 이는 세 번째로 벌어진 삭제였다.

10 Mona Shtaya, "Who gets to speak out against their occupier on social media?" +972 *Magazine*, March 22, 2022.

11 Ryan Mac, "Instagram censored posts about one of Islam's holiest mosques, drawing employee ire," *BuzzFeed News*, May 13, 2021, buzzfeednews.com.

12 Zoe Schiffer, "Google employees call for company to support Palestinians and protect anti-Zionist speech," *Verge*, May 18, 2021, theverge.com.

13 Hannah Murphy, "Facebook employees demand changes around Palestinian content," *Financial Times*, June 2, 2021.

14 Ameera Kawash, "The occupation enters the Metaverse," +972 *Magazine*, February 22, 2022.

15 Sam Biddle, "Facebook report concludes company censorship violated Palestinian human rights," The Intercept, September 22, 2022, theintercept.com. 메타는 독립 컨설팅 기관인 '사회적 책임을 위한 경영Business for Social Responsibility'에 보고서 작성을 의뢰했다.

16 Sam Biddle, "Documents reveal advanced AI tools Google is selling to Israel," The Intercept, July 24, 2022, theintercept.com.

17 Sam Biddle, "Google and Amazon face shareholder revolt over Israeli defense work," The Intercept, May 19, 2022, theintercept.com.

18 Anonymous Google and Amazon workers, "We are Google and Amazon workers. We condemn Project Nimbus," *Guardian*, October 13, 2021; Charmaine Chua, Jake Alimahomed-Wilson, and Spencer Louis Potiker,

"Amazon's investments in Israel reveal complicity in settlements and military operations," *Nation*, June 22, 2021.

19 2022년 4월 이스라엘의 요청을 거부한 드문 사례에서 페이스북은 이스라엘이 '분명하게 하마스와 연결되어 있다'고 주장하는 한 페이지를 삭제하는 것을 거부했다. 그런 주장을 뒷받침하는 증거를 전혀 발견하지 못했다는 게 이유였다.

20 Sam Biddle, "Facebook anti-terror policy lands head of Afghan Crescent Society on censorship list," The Intercept, May 22, 2022, theintercept.com.

21 Emanuel Maiberg, "Israeli mob organized destruction of Arab businesses on WhatsApp," *Vice*, May 20, 2021.

22 Ran Shimoni, Kahanism, "Arab 'occupation,' violence: Far-right stronghold emerges outside Tel Aviv," *Haaretz*, February 15, 2022.

23 Haya Haddad and George Zeidan, "Why do Google and Apple Maps recognize illegal Israeli settlements, but not Palestine?" *Haaretz*, September 29, 2020.

24 "Systematic efforts to silence Palestinian content on social media," 7amleh, June 7, 2020, 7amleh.org.

25 Marwa Fatafta, "Elections or not, the PA is intensifying its authoritarian rule online," +972 *Magazine*, April 29, 2021.

26 Mariam Barghouti, "Survey: 52% of Palestinians believe their personal data isn't protected adequately," *Mondoweiss*, July 21, 2022, mondoweiss.net.

27 Shoshana Zuboff, "The coup we are not talking about," *New York Times*, January 29, 2021.

28 Amal Nazzal, "YouTube's violations of Palestinian digital rights: What needs to be done," Al-Shabaka, December 27, 2020, al-shabaka.org.

29 이스라엘 종교행동연구센터Religious Action Centre가 2022년 공개한 연구에 따르면 2014년에서 2021년 사이에 인종차별과 폭력 선동 고발의 77퍼센트가 아랍인을 상대로 이루어졌다. Or Kashti and Chen Maanit, "77% of incitement charges in Israel filed against Arabs, study reveals," *Haaretz*, August 1, 2022.

30 Joseph Cox and Emanuel Maiberg, "YouTube removes Israeli government-linked ad that justified bombing of Gaza," *Vice*, May 19, 2021.

31 Marc Owen Jones, "Amnesty apartheid report: How Israel is using Google Ads to whitewash its record," *Middle East Eye*, February 10, 2022, middleeasteye.net.

32 Hillel Cohen, "Via Facebook, Israel is trying to change Palestinian perception of the occupation," *Haaretz*, August 8, 2020; John Brown and Noam Rotem, "Exclusive: The IDF is monitoring what Israeli citizens say on Facebook," +972 *Magazine*, July 15, 2015.

33 Yossi Gurwitz, "When Kafka met Orwell: Arrest by algorithm," *Mondoweiss*, July 3, 2017, mondoweiss.net.

34 행정 구금은 이스라엘이 팔레스타인인을 가두는 통상적인 방식이다. 2022년 10월 현재, 798명이 이런 식으로 구금되어 있는데, 절대다수가 팔레스타인인으로 2008년 이래 가장 많은 숫자다. 이스라엘의 억압 수준은 다른 곳에서도 높아지고 있었다. 2022년은 요르단 강 서안의 팔레스타인인들이 2005년 이래 가장 많이 살해당한 해로, 10월 말까지 요르단 강 서안과 동예루살렘 두 곳에서 이미 120명이 목숨을 잃었다.

35 Orr Hirschauge and Hagar Shezaf, "How Israel jails Palestinians because they fit the 'terrorist profile,'" *Haaretz*, May 31, 2017.

36 Sheera Frankel and Mike Isaac, "India and Israel inflame Facebook's fights with its own employees," *New York Times*, June 3, 2021.

37 Jasper Jackson, Lucy Kassa, and Mark Townsend, "Facebook 'lets vigilantes in Ethiopia incite ethnic cleansing,'" *Guardian*, February 20, 2022; "Pro-military death squad rallies openly on social media," Frontier Myanmar, June 2, 2022, frontiermyanmar.net.

38 "Myanmar: Facebook's systems promoted violence against Rohingya; Meta owes reparations," Amnesty International, September 28, 2022.

39 Sam Biddle, "Facebook allows praise of neo-Nazi Ukrainian battalion if it fights Russian invasion," *Intercept*, February 25, 2022, theintercept.com.

40 Alan Macleod, "Meet the ex-CIA agents deciding Facebook's content policy," MintPress News, July 12, 2022, mintpressnews.com.

41 Munsif Vengattil and Elizabeth Culliford, "Facebook temporarily allows posts on Ukraine war calling for violence against invading Russians or Putin's death," Reuters, March 11, 2022. 페이스북 콘텐츠 관리자들은 러시아의 우크라이나 전쟁에서 나온 그래픽 이미지는 너그럽게 다루라는 지시를 받았다(하지만 팔레스타인 분쟁에는 이런 지침이 적용되지 않았다). Sam Biddle and Alice Speri, "Facebook tells moderators to allow graphic images of Russian airstrikes but censors Israeli attacks," *Intercept*, August 27, 2022, theintercept.com.

42 Ryan Mac, Mike Isaac, and Sheera Frenkel, "How war in Ukraine roiled Facebook and Instagram," *New York Times*, March 30, 2022.

43 Mona Shtaya, "Who gets to speak out against their occupier on social media?" *+972 Magazine*, March 22, 2022.

44 Alice Speri and Sam Biddle, "Zoom censorship of Palestine seminars spark fight over academic freedom," *Intercept*, November 14, 2020, theintercept.com; Yarden Katz, "How Microsoft is invested in Israeli settler-colonialism," *Mondoweiss*, March 15, 2021, mondoweiss.net.

45 Perrigo, "Inside's Facebook's meeting."

46 Ryan Mac, "Amid Israel-Palestinian violence, Facebook employees are accusing the company of bias against Arabs and Muslims," *BuzzFeed News*, May 27, 2021, buzzfeednews.com.

47 Jillian C. York, *Silicon Values: The Future of Free Speech Under Surveillance Capitalism*, London: Verso, 2020, p. 44.

48 Sam Biddle, "Facebook's secret rules about the word 'Zionist' impede criticism of Israel," The Intercept, May 15, 2021, theintercept.com.

49 Lara Friedman, "Israel-advocacy groups urge Facebook to label criticism of Israel as hate speech," *Jewish Currents*, August 19, 2020.

50 Neve Gordon, "Redefining anti-Semitism on Facebook," Al Jazeera English, September 22, 2020, aljazeera.com.

51 페이스북은 분기마다 어떤 종류의 콘텐츠를 관리하는지에 관해 자세한 내용을 공개한다(아주 세세하게 공개하지는 않는다). 2021년 4/4분기의 경우에 페이스북은 선동과 폭력을 근거로 2,170만 건의 게시물에 조치를 취했다고 밝혔다(3/4분기의 1,240만 건에서 늘어난 수치다). 페이스북은 이 게시물들 중 이스라엘-팔레스타인과 관련된 비율이 어느 정도인지 밝히지 않았다.

52 Neta Halperin, "The memory of the Holocaust is being influenced by TikTok. Here's how," *Haaretz*, February 15, 2022.

53 "Palestinian civil society organizations issue a statement of alarm over the selection of Emi Palmor, former general director of the Israeli Ministry of Justice to Facebook's Oversight Board," 7amleh, May 14, 2020, 7amleh.org.

54 Lahav Harkov, "Emi Palmor: The Israeli watchdog in Facebook's ban on Trump," *Jerusalem Post*, May 1, 2021.

55 Case decision 2021-009-FB-UA, Facebook Oversight Board, September 14, 2021.

56 Sam Biddle, "Revealed: Facebook's secret blacklist of 'dangerous individuals and organizations,'" *Intercept*, October 13, 2021, theintercept.com.

57 Shoshana Zuboff, *The Age of Surveillance Capitalism: The Fight for a Human Future at the New Frontier of Power*, New York: PublicAffairs Books, 2019, p. 515.

맺는말 · 공존할 것인가, 돌연변이가 될 것인가

1 Gideon Levy, "Israel is strong – at extortion and pity," *Haaretz*, March 10, 2022.

2 Uzi Rabin, *Israel's Defense Industries: From Clandestine Workshops to Global Giants*, Jerusalem Institute for Strategy and Security, 2018.

3   Philip Weiss, "Israel will be 'gone' in 20 years – says Wilkerson, former State Dept. aide," *Mondoweiss*, September 22, 2021, mondoweiss.net.

4   Jeff Halper, *War against the People: Israel, the Palestinians and Global Pacification*, London: Pluto Press, 2015, p. 4.

5   Maeve Higgins, "How the $68 billion border surveillance industrial complex," Vice World News, June 11, 2021.

6   Gili Melnitcki, "A third of Israeli Jews will be ultra-Orthodox by 2050, forecast finds," *Haaretz*, November 22, 2022.

7   Arkadi Mazin, "Israeli settlers' grim offer to Ukraine's Jewish refugees," *Haaretz*, March 27, 2022.

8   Eyal Weizman, *Hollow Land: Israel's Architecture of Occupation*, London: Verso, 2012, pp. 6–7.

9   Kathryn Joyce, "The new right's grim, increasingly popular fantasies of an international nationalism," *New Republic*, January 6, 2022.

10 Murtaza Hussain, "Right-wing Israeli author writes the 'virtue of nationalism' – and accidently exposes its pitfalls," The Intercept, May 5, 2019, theintercept.com.

11 Edward Said interview with Timothy Appleby, *Globe and Mail*, Toronto, 1986, in Said, *Power, Politics and Culture: Interviews with Edward W. Said*, New York: Bloomsbury, 2004, p. 288.

12 Yaakov Katz, "Israel has a racism problem – and it comes out on Jerusalem Day," *Jerusalem Post*, May 29, 2022.

13 Amira Hass, "Will someone finally say Israel has lost it?" *Haaretz*, May 31, 2022.

14 Jack Khoury, "Ukraine war is warning to Palestinians," *Haaretz*, March 23, 2022. 팔레스타인인들에게 악몽이 될 또 다른 시나리오는 도널드 트럼프 같은 미국의 깡패 대통령이 다시 등장하는 것이다. 전하는 바로 트럼프는 요르단 국왕에게 당신의 나라가 요르단 강 서안을 장악하면 '좋은 거래'가 될 거라고 말해 충격을 안겨주었다.

15 Haggai Matar, "From Israel to Russia, occupiers are remaking the world," +972 *Magazine*, March 27, 2022.

16 이스라엘은 엄청난 수의 무기를 판매하는 것 외에도 남아도는 제품을 판매하는 데 열심이어서 2022년에는 한 신문에 광고를 실어서 로켓, 지뢰, 박격포탄 등 구입 가능한 제품 목록을 보여주기도 했다. Oded Yaron, "Any buyers? Israeli army looking to sell leftover weapons," *Haaretz*, September 4, 2022.

17 Shuki Sadeh, "Inside the shadowy world of Israeli arms dealers," *Haaretz*, January 11, 2020.

18 Areeb Ullah, "UN releases list of companies with ties to illegal Israeli settlements," *Middle East Eye*, February 12, 2020, middleeastyeye.net.

19   David Rosenberg, "In the BDS fight, 'D' is the letter Israel should really worry about," *Haaretz*, October 31, 2021.

20   David Hearst, "Amnesty apartheid report: Why Israel fully deserves its place as a pariah state," *Middle East Eye*, February 2, 2022, middleeastyeye.net.

21   이 글을 쓰는 지금, 미국의 여러 주에서 BDS(불매, 투자 철회, 제재) 운동을 저지하는 입법을 한 뒤 대법원이 이 운동의 합법성 여부를 언제 판정할지는 아직 분명하지 않다. 2022년 6월 제8순회항소법원은 이스라엘 제품 불매가 헌법 수정 조항 제1조의 보호를 받지 않는다고 판결해서 대법원에 이의를 제기할 기회가 마련되었다.

286, 287

디버트, 론(Deibert, Ron) 237

디스인포콜렉티브(Disinfaux Collective) 159

디지털 오리엔탈리즘(digital orientalism) 272

디지털 팔레스타인 개념(digital Palestine concept) 268

딜리안, 탈(Dilian, Tal) 136, 242

|ㄹ|

라마티, 요하나(Ramati, Yohanah) 65

라비, 옴리(Lavie, Omri) 210

라빈, 이츠하크(Rabin, Yitzhak) 173

라이언, 데이비드(Lyon, David) 87~8

라토드, 니할싱(Rathod, Nihalsing) 227~8

라피드, 야이르(Lapid, Yair) 47, 185, 215, 247

러시아(Russia) 28, 30~1, 121~3, 158, 168~9, 206~7, 217, 275~6

레게리, 파브리체(Leggeri, Fabrice) 152

레바논(Lebanon) 21~2, 63, 68~72

레비, 기드온(Levy, Gideon) 23, 100~1, 285~6

레예스, 파울(Reyes, Paul) 77

레이건, 로널드(Reagan, Ronald) 63

레이보비치, 아비탈(Leibovich, Avital) 113

레이엔, 우르술라 폰 데어(Leyen, Ursula von der) 150, 158, 162

레퍼드, 에이드리언(Leppard, Adrian) 248

로드리게스, 호세 곤살로(Rodríguez, José Gonzalo) 76

로디지아(Rhodesia) 51, 171

로스차일드, 조너선(Rothschild, Jonathan) 200

로열유나이티드서비스연구소(Royal United Services Institute, RUSI) 194

로이, 아룬다티(Roy, Arundhati) 189~90, 228~9

로즈, 벤(Rhodes, Ben) 246

로힝야족(Rohingya minority)(미얀마) 84~6, 275

루마니아(Romania) 60, 246

루보비치, 하임(Rubovitch, Haim) 69

루세사바기나, 폴(Rusesabagina, Paul) 216

르완다(Rwanda) 29~30, 75, 83, 216, 233

리바스, 오펠리아(Rivas, Ofelia) 197

리블린, 레우벤(Rivlin, Reuven) 84

리비아(Libya) 148

리비아 해안경비대(Libyan Coast Guard) 148~9

리엘, 알론(Liel, Alon) 173~4

리오도세(Riodoce) 202

리쿠드당(Likud Party) 172

|ㅁ|

마갈시큐리티시스템스(Magal Security Systems) 191, 196~7

마담, 탄비(Madam, Tanvi) 182

마르가니, 살라(Marghani, Salah) 157

마르작, 빌(Marczak, Bill) 252

마야족 인디오(Mayan Indians) 67~8

마약(drugs, 멕시코) 202, 211~2

마이어, 배리(Meier, Barry) 249~50

마제티, 마크(Mazzetti, Mark) 209~10

마츨리아흐, 오렌(Matzliach, Oren) 105

마크롱, 에마뉘엘(Macron, Emmanuel) 216, 236

마하지나, 알라(Mahajna, Alaa) 219~20

만델라, 넬슨(Mandela, Nelson) 178

망게, 테오도로 응게마 오비앙(Mangue, Teodoro Nguema Obiang) 87

맥, 에이타이(Mack, Eitay) 27, 42, 53~4, 61, 68, 71, 75, 85~6, 100, 101~4, 184, 202, 207~8, 209, 234, 238, 240, 241~2, 295

맥고완, 로즈(McGowan, Rose) 249

팔레스타인 실험실

초판 1쇄 인쇄 | 2023년 12월 5일
초판 1쇄 발행 | 2023년 12월 12일

지은이 | 앤터니 로엔스틴
옮긴이 | 유강은
펴낸이 | 박남숙

펴낸곳 | 소소의책
출판등록 | 2017년 5월 10일 제2017-000117호.
주소 | 03961 서울특별시 마포구 방울내로9길 24 301호(망원동)
전화 | 02-324-7488
팩스 | 02-324-7489
이메일 | sosopub@sosokorea.com

ISBN 979-11-7165-002-6 03300
책값은 뒤표지에 있습니다.